ZHENGMIANZHANCHAN

YUANGUOMINDANGJIANGLINGKANGRIZHANZHENGQINLI

正面战场
九一八事变

原国民党将领抗日战争亲历记

宋希濂 董其武等著

中国文史出版社

图书在版编目（CIP）数据

九一八事变/ 宋希濂，董其武等著. —北京：中国
文史出版社,2013.1

（正面战场：原国民党将领抗日战争亲历记）

ISBN 978 – 7 – 5034 – 3700 – 7

Ⅰ．①九… Ⅱ．①宋… ②董… Ⅲ．①九·一八事变
（1931）– 史料 Ⅳ．①K264.206

中国版本图书馆 CIP 数据核字（2012）第 286385 号

责任编辑：马合省　卢祥秋

出版发行：**中国文史出版社**

社　　址：北京市海淀区西八里庄 69 号院　　邮编：100142

电　　话：010 – 81136606　81136602　81136603（发行部）

传　　真：010 – 81136655

印　　装：北京新华印刷有限公司

经　　销：全国新华书店

开　　本：720 × 1020　1/16

印　　张：25.5　　　字数：400 千字

版　　次：2013 年 1 月第 1 版

印　　次：2020 年 9 月第 4 次印刷

定　　价：83.00 元

目　　录

前　　言

　　抗日战争是中国人民一百年来第一次彻底打败帝国主义侵略的民族解放战争，是反法西斯第二次世界大战的重要组成部分，在中国和世界的历史进程中都占有重要地位。为取得抗日战争的胜利，全国军民浴血战斗，英勇牺牲，为国家、为民族立下了不朽的功勋。为了全面反映抗日战争的概貌，为史学工作者提供研究资料，特将全国政协和各地政协征集的原国民党将领回忆抗日战争的文章，经过审慎的选择和核实，汇编成《正面战场·原国民党将领抗日战争亲历记》丛书。本书是丛书中之一部。

　　日本帝国主义者怀着灭亡中国、称霸世界的野心，于二十世纪三十年代初发动了侵华战争。日本帝国主义者首先制造了九一八事变，侵占我国东北三省，建立伪满洲国；继而又占据热河，窥伺察哈尔、绥远和河北以及平津两市；最后则孤注一掷，向平津和整个华北发动大规模的进攻，企图以武力吞并整个中国。

　　一九三一年九月十八日夜，日本帝国主义在沈阳北大营附近制造了柳条湖事件，发动了对中国东北的武装侵略。当时驻在东北的日本关东军仅有一个师团和六个守备大队的兵力，东北军主力虽大部驻防关内，但在东北三省地区尚有正规军步、骑兵二十个旅，还有部分空军与海军。由于南京国民政府推行不抵抗的错误政策，下令东北军对日本的武装侵略绝对不抵抗，因而使东北三省迅速沦陷。在此期间，东北军的部分爱国官兵，自发地与日军进行战斗。东北地区的广大军民也纷纷起来组织义勇军，展开对日本侵略者的斗争，表现了中华儿女的爱国主义精神与英雄气概，由于得不到南京国民政府的支持，终于陷于失败。所幸由中国共产党领导的抗日武装，逐渐发展成为遍布全东北的抗日联军，并一直坚持战斗。

一九三二年一月二十八日，日本帝国主义者对上海实行武装进攻。驻防上海地区的第十九路军奋起抵抗，在第五军的支援和全国人民的支持下，我军与日军奋战四十余日后，南京国民政府最终和日本帝国主义者签订了《淞沪停战协定》。一九三二年三月，日本帝国主义者劫持清逊帝溥仪，在东北组织了伪满洲国政府。至此，东北三省成了日本帝国主义者殖民统治下的沦陷区。一九三三年春，日军大举进犯热河，并向长城各关口进攻。当地驻军曾在东起山海关、西至古北口的长城沿线进行了英勇抵抗，但还是没能阻止日军侵略的步伐，随即日军突破长城防线，进逼平津，侵略魔爪伸到了华北地区。

从九一八事变以后到七七事变发生的六年间，中国人民及其军队相继进行了一些局部的抗战。这些抗战，可以说是一九三七年七月七日抗日战争全面爆发前的序战。为了说明战争序战阶段的情况，进一步研究中日战争历史，我们搜集整理了这个时期军事斗争的资料，并编成此书。收入本书的资料，均为在这段历史中参加过某一地区或某一战役的国民党军将领的回忆，是他们亲身经历的记录，具有一定的研究与参考价值。

本书内容，只限于九一八事变后到七七事变发生期间有关国民党军队抗击日本侵略军的情况，其他方面的情况均未列入。

东北义勇军有很大一部分是由原东北军正规部队转变而成的。九一八事变后，东北军的一部分自动抵抗日军的进攻。这时，他们仍是以东北军的名义作战的，故一九三二年二月哈尔滨失陷以前东北军的作战，未列入义勇军的专题范围内。其后，东北三省的主要城市和大部分城镇为敌军所占，残留东北军大部瓦解，有一部分自立番号，与当地民众相结合，组织成各种抗日义勇军，以各种名义、各种形式继续打击日本侵略者，所以我们将东北军这些残部的斗争编在"东北义勇军"专题内。此外，东北义勇军无统一的指挥系统，且番号复杂多变，组织成分复杂，所以直到目前仍没有完全弄清。因此，本书只收入了一些大股武装的斗争材料。

由于时间仓促和编辑水平所限，难免有疏漏和错误之处，敬希各界人士和读者予以批评指正。

编　者

第 一 章

九一八事变　东北沦陷

中村事件始末

※

日本军国主义发动九一八事变之前，就曾蓄意制造了万宝山事件①和中村事件，企图侵占东北三省并进而吞并整个中国。我是中村事件的亲历者，现将其始末概述如下。

社会背景与中村大尉出现

一九二八年前后，东北兴安岭科尔沁各旗一带土匪活动甚为猖獗。其时我任东北炮兵军参谋处长，曾会同军法处长王璞山在永平防地上书

※ 作者当时系东北兴安屯垦公署军务处长兼第三团团长。

① 万宝山位于吉林省长春县境内（今德惠县万宝镇）。一九三一年四月一日，长春市居民郝永德受日本人怂恿，成立长农水稻公司，自任经理。日本军国主义者企图通过郝盗卖中国土地租给朝鲜侨民，以达到其收买土地、设领置警之目的。郝在日本领事馆的授意下，在万宝山地区为日人盗买土地三千余亩，租期十年。契约上写明"此契约于县政府批准日发生效力，如县政府不批准，仍作无效"。郝未呈报县政府批准即将土地租给朝鲜侨民。朝鲜侨民为引伊通河水浇田，在中国农民田里挖沟，使农田遭到破坏。中国农民向政府申诉。六月七日，长春县政府派人劝告朝鲜侨民停工。但是，日本驻长春领事唆使朝鲜侨民继续挖沟筑坝，并派日本军警前来"保护"。七月一日，我方遇害农民忍无可忍，自动集合五百多人前来填沟，双方发生冲突。日本警察公然开枪，打伤我方农民一人，捕去十人，并保护朝鲜侨民强行通水。我方长春县政府也被迫派警察前往万宝山，双方形成军事对峙。日本军国主义者借此大造舆论，扩大万宝山事件，煽动仇华，在朝鲜国内制造杀害华侨的惨案，七月上旬就有一百余人被杀。事后，中国政府曾几次照会日本政府，并与日方进行了外交谈判，但始终处于僵持状态，直到九一八事变爆发，中日交涉才结束。

给炮兵军军长邹作华，建议将编余的炮兵屯垦殖边。旋经张学良批准，并予屯垦军经费四百万元。当以三十万元购买蒙旗荒地，地点选在索伦山之阳，北界索岳尔济山的分水岭，沿洮尔河南至白城子，总长四百五十华里；东西夹交流河、绰尔河之间，宽三百余里，在交、洮、绰三条河的河谷之间。草木畅茂，沃野千里，划为兴安屯垦区。

一九三一年，我任东北兴安屯垦公署军务处长兼第三团团长，率第三团驻佘公府。这年二月某日（日子记不清），据第一团第一营营长迟广胜的电话报称：有便衣乘马的外国人三名及俄国人一名，在绰尔河东岸盘桓，旋向札赉特公爷府方向驰去。复有本区顾问寿玉庭发来的情报内称，札旗巴公秘密召集各旗王公会议，当将这个消息报告给兴安屯垦公署备查。又据哈尔滨特警处通报："有日人要求发给护照进入贵区，本处未批准。"（这段通报是以后我向特警处王瑞华处长联系，他复我的。）

其实，当兴安屯垦区成立伊始，东北长官公署就曾照会驻沈阳的各国领事馆说："兴安区乃荒僻不毛之地，山深林密，唯恐保护不周，谢绝参观游历。凡外国人要求入区者一律不发护照。"各国领事嗣即复照认可，唯日本总领事默无一言。

日总领事默无一言，不外以下原因：

一、蒙古王公对兴安屯垦不明真相，初期多方反对；并依靠日本庇护，多不愿出售荒地，留待日本"拓殖"。经邹作华派我任交际处长游说蒙古王公后，多数愿将其荒地出售，唯有图什吐旗蒙王叶喜海顺，几经劝说，终无成效。叶喜海顺原系前清肃亲王之婿，保皇思想浓厚，早与日寇勾结，图谋不轨（九一八事变发生后投敌，曾充伪满洲国兴安省北分省省长）。

二、由于北宁铁路联运开始，建筑洮索铁路在即，创建火犁机耕农场于王爷庙（现在乌兰浩特），设飞机场于七道岭子等措施，均为日本所忌，以为有碍其"满蒙拓殖政策"的侵略。

三、因东北修筑洮昂、齐克铁路，且打通（打虎山至通辽）铁路联运、葫芦岛开港，日本认为这些影响了其南满铁路和大连港的经营。

四、日本在其"拓殖政策"上加紧控制蒙古王公，豢养土匪，骚扰滋事，并煽惑大汉奸洮辽镇守使张海鹏反对屯垦。

一九三一年五月二十四日，新编骑兵第六连连长宫品一报称，该连新招募骑兵编练完毕，我遂前往校阅。二十五日晚，团部中尉副官赵衡来报告说，三连连长宁文龙查获日本间谍四名，地点在四方台附近，董副团长请我回团部处理。我据报后连夜返回团部，凌晨方达。少校团附董平舆当即向我报告，捕获之间谍为日本人二名、俄国人一名和蒙古人一名，并呈上所搜获日本间谍中村震太郎的文件等多种。经详加检阅，计有：一、日文十万分之一军用地图一张。二、中文同比例之军用地图（前奉天测量局出版）一张。（中、日两种军用地图都经用铅笔勾改，显然是经现地印证后校对过的）三、晒蓝纸俄文地图一张。四、透明纸作业一张。五、洮索铁路路线图一张，附立体桥梁涵洞断面图一张（一部分，系自测自绘）。六、草图一张（系自测自绘）。七、笔记本两本：一本记载其个人私事，其头篇记载昭和六年一月，日本帝国参谋省派遣他做情报科情报员——陆军大尉中村震太郎赴满洲兴安区一带活动和在东京驿送行的情况；一本记载他所经过地点，如洮南府、哈尔滨、齐齐哈尔、海拉尔、免渡河和扎免采木公司。八、报告书两封，主要报告他所遇到的人和事，如洮南府满铁办事处负责人（忘记姓名，系张海鹏的代言人）和在巴公府的会谈记录等。九、表册三份：一册是调查兴安区屯垦军的兵力，枪炮种类、口径，官兵数量，将校姓名，驻屯地点，营房景况、容量、坚固程度，车辆马匹粮食辎重；一册是调查蒙旗、县的人口、物产及畜群之多寡，森林矿藏之有无，蒙、汉军民之情况；另一册是调查地方风土情况，如土壤、水源、气候、雨量、风向等项。十、所携带之物品：洋马三匹，蒙古马一匹（鞍装俱全）；三八式马枪、南部式手枪各一支；望远镜一架；测板标杆标锁一套，图板一块，方、圆框罗盘针各一件；寒暑温度计一具；天幕一架，防雨具一套；皮衣、罐头食品等数件。

证据确凿，构成间谍罪行

我将上列文件译成中文后，证实中村震太郎确系"日本帝国参谋省情报科情报员陆军大尉"身份，即对他进行审讯。中村系中等身材，面方而多髭须，身着深灰色棉裤、棉袄，外罩俄式皮制夹克，头戴三耳火车头式革制皮帽，上套风镜一副，脚穿短筒皮靴。在审讯中，中村的态度傲慢自大，自称是"大日本帝国陆军大佐"，蛮横暴躁，以不会中国话为由企图推卸间谍罪责。嗣乃用日语审讯，中村从其衣袋中掏出名片一张，上写"日本帝国东京黎明学会会员中村震太郎"。从他的神气上也可以看出他是日本军人的样子，但他依然供认是"退役"的陆军大佐。另一日人叫井杉延太郎，他说："我们都是军人，中村是陆军大佐，我是曹长（上士班长），现已退役，在扎免采木公司工作。中村指派我做案内（助手）。这些地图都是由中村自己掌握，我不管。"问他晒蓝纸俄文地图是从哪里来的，井杉答："我不知道，中村不认识俄国字，用时就叫俄国人看。俄国人不会说中国话，只会日本话。"再对中村讯问，他什么也不说。

从以上所获种种文件和井杉口供来看，中村确是"日本帝国参谋省情报科情报员"，被派遣来兴安区做谍报工作无疑。因此对中村不再继续讯问。

我思索中村一路所接洽过的人物，都是反对兴安区的汉奸和南满办事处的"拓殖"者。他们勾结张海鹏与扎旗巴公爷阻挠开垦，而且济匪养匪企图颠覆兴安区。中村此来，显与这些人有直接关系，记录上又把他们的这些计划都摘录下来。据营长迟广胜从索伦山来的报告和寿玉庭的情报来看，中村曾在巴公府开会。我觉得胸有成竹，即作出如下判断：一、肯定中村是间谍，因为他的笔记本载明是参谋省派出；二、他到洮南又增加新的任务，肯定他是搞破坏的间谍，参与"拓殖"工作；三、参与蒙古王公召开的会议，即将采取颠覆破坏的行动。

但中村配备的俄国人有什么作用？蒙古人又有什么作用？据井杉供称："雇用俄国人是给他看地图和问路。"至于那个蒙古人，经我派团部蒙古籍军士了解的情况，确是巴公爷派来的联络员。这样，我又想到中村的任务可能分为两项：即日本参谋省要他马上提供有关蒙古入侵方案的报告；满铁拓殖会社要他提供联络的计划。

既然如此，对中村大尉如何发落？间谍文件和证物又如何处置？我心目中打下了初步腹案，认为弱国的外交总是不利的，这个案件一经揭开，日本是非索回不可的。现在正处于剿匪之际，权柄在手，既要处理这个间谍案件，莫如召开官佐会议，集思广益地征询意见，然后再作决定。

二次审讯

在华灯初上时，各官佐齐集于团部大军帐内（第二营营长与第三营营长正外出未参加），由我提出破获日本帝国参谋省情报科陆军大尉中村震太郎间谍一案应如何处理，并说明，从已缴获的文件和军用地图等证物、证件加以综合分析，肯定他是破坏间谍，大家对这个案情有什么见解，请各发表己见。首先发表意见的第一营营长陆鸿勋和副团长董平舆，二人均认为秘密处死刑为对，因为本区已向驻沈阳各国领事照会不保护外国人来垦区游历在案；有的说弱国无外交，一经暴露，一定会被日本政府要回去，更会再派间谍来破坏；也有的说放他走出去，在路上杀掉；更有的说在剿匪职权上也应该行使紧急处置权。在征得到会官佐意见后，我提出的主张是明正其罪行，公开处置。但他们说这是徒找麻烦。于是我再提出第二步办法讯取他的口供。在官佐会议结束之后，即再进行审讯。在审讯时，中村不仅蛮横如故，更加变本加厉地耍野蛮，竟与官兵格斗起来，激起士兵怒火。我本来不主张刑讯的，在此情况下，迫不得已才大声喊："捆倒了打。"不料中村大尉竟拿出日本法西斯武士道的本领与官兵格斗起来。此时，我遂抽出战刀要手刃强寇。日本人最怕杀头，中村见我抽出战刀，他的气焰方始少煞。经讯问后，在令其在笔录上画押时，他又借机厮打，致惹起官兵的愤怒。官兵拳打脚踢并用枪把子打在中村的头上，将其打晕倒卧在地。陆鸿勋营长说，像这样只有采取秘密处死的办法了。于是我下令说："第三连连长宁文龙、第四连连长王秉义，把中村大尉等四名间谍犯，一并枪决。"为严守保密计，派团部中尉副官赵衡为监斩官，押赴后山僻静处所执行，连同行李、马匹，除重要文件呈报外，一律焚毁灭迹。在执行时已是午夜十二时三十分。天亮时我携带所缴获的间谍证件和证物等驰赴兴安屯垦区公署向代理督办高仁绂（督办邹作华行将出国考察垦政，故由兴安区总办高仁绂暂代）报告处理中村大尉的结果。同时，我在兴安区防地拟就快邮代电连同其间谍文件、证物托苑崇谷（苑在座，他因新授团长职衔去北平晋谒张学良）至北平呈报张学良副司令长官。适张在协和医院养病，乃交副官长汤国桢转呈。

折冲外交，去沈等候对质

兴安屯垦区第三团秘密处决日本间谍中村大尉等是五月二十五日午夜十二时三十分左右的事，而日本驻沈阳领事林久治郎直到八月初旬才向东北长官公署荣臻参谋长（张学良适在北平养病期内，由荣代理副司令长官职务）提出抗议。在其初次提出抗议时带有讯问性质，是试探性的。但在确悉我方对此未做外交准备时，才一步进逼一步。八月十二日，辽宁省政府和东北长官公署用"文电"向屯垦公署询问："是否有中村震太郎其人到区游历？"屯垦公署答复"并无其人"。同时电我注意。而此时的《盛京时报》、《朝鲜日报》和《泰东日报》（都是日本设在东北的机关报纸）上纷纷报道"中村震太郎入蒙游历失踪"。同时日本在交涉上一天紧迫一天，最后就公开地揭开说："闻中村震太郎入蒙地携带的鸦片和海洛因，为兴安区土匪杀害。"日本在华的报纸，都是日本帝国主义在华的机关报，是专门挑拨是非、颠倒黑白、造谣中伤的报刊。沈阳《盛京时报》等捏造"中村震太郎入蒙地携带的鸦片和海洛因，为兴安区土匪杀害"等情，纯系淆惑世人听闻，企图推卸其间谍活动的责任。适于此时（大约是在七月末或八月初）我奉到北平张学良副司令电报指示："妥善灭迹，做好保密。"故此，我采取"以静制动"的办法对待，同时向张学良请求退还中村间谍证件和证物，以利于与日领林久治郎交涉，并向荣臻说明出事后未向他报告的错误，致陷他于不悉底蕴的境地。因此荣心存芥蒂，实际错误是在我身上，我应该分报沈阳和北平。以致日领林久治郎向荣询问时，荣以不明真相含糊其词。于是林久治郎态度更加强硬地说："谁杀害的，由谁偿命！"而日本在东北的报纸于是大噪，每天报道中村震太郎为兴安区胡匪队伍杀害；旋又公然指名第三团团长关玉衡的士兵之所为，甚至在日本报纸上报道："第三团官兵为抢劫鸦片、海洛因而害人越货，必须把关玉衡枪决抵偿，并着该区赔偿一切损失。"为此，兴安区当局对日本的诬蔑不得不予以驳斥："查本区自成立伊始，东北长官公署即已向驻沈阳各国领事照会在案，谢绝到兴安区参观游历，因保护难周，不发护照，凡私自入于该区而有意外发生时，该区概不负责。"虽然有了这样的声明和驳斥，但仍不能抑制日本在外交上的压迫。不仅日本浪人在沈阳滋事寻衅，而日本特务机关长土肥原贤二则到处煽风点火，公然要求亲自到兴安区勘察。长官公署劝其切莫前往，并谓这样做法是给关玉衡以极大的压力，致酿成事件不好收拾。而土肥原贤二执意非亲至该区搜查不可。在制止不住的情况下，姑且允其只身前往，长官公署并派铁参谋（忘其名字）伴同前往和加以保护。在土肥原贤二动身前故作危言耸听地说他带关东军步兵一团到兴安区用威力搜索。这虽然是土肥原贤二的故作吹嘘之言，但本区不得不予以防范。因此，本团与第一、第二两团在农隙训练之际，调齐队伍，严阵以待。迨至土肥原贤二到达白城子车站，甫下车就被检查和验照后始予放行。为此，他才感到有些不对头，所以在其抵达屯垦公署时竟要求派兵随行保护时，又遭到高仁绂总办的"本区尚无此例"的拒绝后，只得与铁参谋向葛根庙出发。在途中备受检查和盘问，他看到部署森严，料想至佘公府是要受到很多困难。土肥原之所以要到佘公府的目的，不外乎收买蒙古人为他寻找中村大尉的尸骨。结果，蒙古人无敢应者。故此对铁参谋说："关玉衡鲁莽得很，回去吧！"（这段情报是当时洮索路路段养路段职员何荣昌报告的。此人现在河南平山任矿务局工程师）

土肥原在回到沈阳后大肆宣传说："兴安区部队要哗变，一切准备妥当，只待发动。"而日领林久治郎则在外交上更加施加压力，不是迫使东北当局把关玉衡逮捕至沈阳为中村震太郎偿命，就是以"暂停谈判准备行动"作要挟。

前已略述，我将中村大尉处决后向高仁绂代理督办报告时，曾托苑崇谷把中村间谍活动的证件等转呈北平张学良副司令。在中村事件外交案发生后，我又奉到张副司令的"灭迹保密"的电令指示。因此，我是有恃而无恐的。但荣臻参谋长在未获有中村大尉间谍活动罪证时，一时急切无以应付的情况下，又怕兴安区部队果真哗变，造成一波未平一波又起的形势。因此，除与我函电商议外，并于九月十日前，又派前东北炮兵重炮旅旅长王致中以私人资格来兴安区与我商讨时说："玉衡！千万不可把事态扩大（指哗变）。老荣说：'能拿出证据再好没有；如果拿不出来，先放你走，就说在事前出国游历去了，可把你送到满洲里，你顺便就入苏联了，只要保持兵不哗变，日本人就无所借口。'"我听了这番话就知道荣参谋长不信任我。我说有证据确在北平行营，我立即将张学良给我的电报拿给他看（王致中据此用"兴密"给荣电说明张副司令电的大意）。他看后说："这倒占得住理了！你有这样把握，何不出而折冲外交呢？咱们都是老同事，我还能给你窟窿桥走吗？荣参谋长绝对保证你的安全，我可以代表他签字给你。"此时我的妻子在侧说："走苏联是上策，到沈阳折冲外交，日本人是不讲理的，乃属中策。可是哗变全军皆带家属，谈何容易！乃是下策。"我说："我取中策，我所办的案子件件有据，宗宗有理。只要将原始证件全部调来，我就去沈，如果蛮不讲理，我相信我团官兵宁为玉碎不为瓦全。可以给荣参谋长打电报，赶紧向张副司令长官调取中村震太郎间谍活动证件，我一定到沈阳对质就是了。"

此时，林久治郎在沈阳对荣参谋长一天三次抗议说："你不叫日本出兵，你自己出兵解决！"荣被迫不得已，始派宪兵司令陈兴亚率宪兵一团，大张旗鼓地赴兴安区去拿办。殊不知我和王致中早已悄然到沈矣！到新站（西边门）由炮兵总监冯秉权用汽车把我接到小东关小津桥冯的私邸暂居，并在冯处见到北平派刘多荃统带送来给荣的中村间谍活动证件，并嘱我也过过目。盖此时沈阳南满驿、商埠地的日本人和汉奸闹得乌烟瘴气，谣言纷纷地传说："已经把某人押解进城，投于某监狱中。"从而也引起日本新闻记者携带照相机，到处查寻给我照相。而日本守备队也一天几次到监狱去揽闹。冯总监对我说："荣为保护你的安全，才把你接来敝寓，城内尚平静无事，小津桥这带更为安全，请你放心吧！"当晚冯并设宴为我和王致中洗尘，且有荣参谋长在座。在宴会上我即席向荣说明前次越级把中村大尉等间谍活动的证件和证物托人直接报呈北平张副司令的错误做法，当面解释并致歉意。同时，刘多荃也在座。刘是北平张副司令长官特派其亲身来送中村间谍活动证件者。此外，还有宪兵副司令李香甫亦在座，都是熟人。席间曾谈及陈兴亚司令大张旗鼓的做法，是做给日本人看的，陈司令率队走了数天，现在才行军到马三家子。继而又研究我的住处问题说，在李副司令家里最好，原因是前面有利达公司，且挂米字旗为掩护，日本浪人不敢去捣乱，而且外人没有知晓是李的住宅。席散后我即乘汽车赴李宅，这是一九三一年九月十六日的事。

日领理屈词穷，提出无理要求

九月十七日晨，李香甫对我说："到帅府看看什么时候谈判，你是否也列席？"李说毕就匆匆走出。迨至傍午，香甫回家对我说："尚在高压阶段，证物现尚未提出，是怕日领林久治郎用暴力，必先经辩论驳倒他后才能拿出来。"晚间香甫回来，我再询问谈判消息时，他说："竟日在外布置监察警戒，未去帅府，内情不详。"次日，长官公署赵法官来访，我以为是交涉失败了是来传我到案的。坐下后他说：事情较前缓和多了，但尚未结束。原来是想叫你抵面对质的，及至提起你来，林久治郎势甚凶狠。我们生怕出事，就改口说，已看押在监，将你的书面抗议拿给他看，而林久治郎仍不服，直至将中村的文件和证物一部分交给他看时，他的态度才大变，似有转圜的余地，然后再将全部材料都交给他看了。而在此时荣参谋长的态度和谈锋也有力了，林久治郎的气焰一落千丈地说："事关军部，得回去请训。"至夜晚林久治郎返回重行谈判时，提出以下四项条件：

一、道歉；

二、处罚责任者；

三、赔偿一切损失；

四、保证以后不得再有类似事件。

日领林久治郎所提出四项条件都在每条内附有一个解释，如：

第一条，必须由兴安区首长行之。

第二条，按中国法律自行处罚。

第三条，除行李马匹作价赔偿外，须按日本陆军抚恤条例，中村大尉按阵亡抚恤之。

第四条，洮索铁路之建设，可购买满铁剩余材料，并准许日本人在兴安区购买土地从事开垦耕种。

荣参谋长阅毕林久治郎所提出的四项条款后称："我也得请训，等候张副司令批示再行换文。"双方谈判至此遂告中止。

赵法官在讲完这些话以后，又继续对我表示不是来传我到案，而是荣参谋长恐我惦念叫他来说明的。并说："关于对您的处理的问题，将来批准这段外交的话，也就是把您调离兴安区，一了百了矣！"说毕就辞出。李香甫说："这算喜事，晚间设宴为你祝贺。"正说话间有宪兵走来报告说，今早见南满站的墙上贴了布告，咱们抄录下来了："大日本奉天驻屯军，近日以来举行秋操，满铁附近居民突闻枪声勿得惊慌，此布。"现在街上人心惶惑不安。香甫听完报告，就急赴长官公署面报，直至下午归来说，北平回电话：日本示威运动不要管它。我正想询问关于四项条件有无电话的事，李又匆匆出去了。

此次来沈阳，我是身着便衣来的，为了行动方便，也叫随从李贵臣换上便装。几天来听说外面情况紧，便叫他到街上探听消息。据他回报说：街上行人个个自危，商店、钱庄多未开门，物价上涨，日本兵砸监狱，汉奸亲日派在街道上横行霸道，尤其见了我们的士兵故意寻衅滋事。这日虽然有日兵、浪人和汉奸等滋事生非，但还未发生较大的事故。香甫和我正在闲谈中，宪兵来向香甫报告说，北大营西卡子门外守兵与日本兵发生冲突，已经开枪。又据北市场的宪兵报告，日本守备队百余名向北大营方向出动，时间是夜晚十时三十分，戏院等娱乐场所均行停演。此时，日本守备队和日商（日本在乡的军人）五百多名已冲进北市场。马路湾警察派出所又来电话报告称，日本兵已向被包围者（我商民等）开枪射击，我们正在还击抵抗中，也是夜晚十时三十分左右。可见两路日寇是在同时行动的。复据报：自南来的列车，满载日军到站，未停直向北驶去，据云文官屯有战事。我军第七旅云：某团已在北大营还击。至十一时后，又据报第七旅之一团由北大营撤走，向山城子地方转移，是为了避免与日寇冲突不叫开枪，李香甫说是北平来电话不让抵抗，同时命第七旅撤退的。此时，日寇正沿商埠地分两路向城关进犯，李香甫去帅府回来称：北平来电话不要再抵抗，已将肇事情况向国联公布云云。当夜十二点左右敌寇的火力骤增，已迫近商埠南市场。十二点以后，有炮声甚巨，讯悉是讲武堂学生出动千余名出击，至下夜二时左右炮声寂然。据说是帅府有令不让抵抗才停止的。日寇攻城的兵力有五六百人，而在乡军人和便衣持枪者也不过五百人，就攻陷了南、北市场，因为这些地方没有正式军队，只有宪兵一营多人，警察的战斗力极为薄弱。拂晓前日寇趁机节节进逼，枪声彻夜不停，在日寇爬城时炮火更为激烈，及其冲入城内时，首先包围帅府，将残余的卫队团捆绑用卡车载走。于下夜二时左右，李香甫化装到荣宅（荣臻的寓所）时，宅内早已无人，又到二纬路意大利领事馆探询荣的消息和下落，而门役推托不知，便又想到荣宅靠近美国领事馆，可能他走不出去的。这时我便问李香甫怎么办。他说："咱们俩共命运吧！我招待你是私情，原来在你来沈折冲外交时，同时负有监视你的任务，那时不好明言，现在四项外交条件提出后就松多了。现在咱们俩既在一起，我还能不顾全你？只好共同想办法吧！今天可不能闯关，看看情况再说。"李香甫在与我说这番话时，就又另行化装了一番，好似城市士绅的打扮。李贵臣正在这时外出哨探回报说："门关把守得很紧走不得，街上汉奸们臂上缠'自卫者'，大西门墙上贴有'布告'，有鬼子兵十多名把守，悬挂了几个人头。我没有停留，'布告'上说些什么也没有去看，只看下款仍用中华民国年月日，署名是'治安维持委员会委员李毅'。今天外边太乱，不能走，明天再说！"

不抵抗主义招来侵略战祸

九月二十日，在晨光曦微中，我和李香甫离开了这座已被日寇侵陷的沈阳城。在途中，听说皇姑屯尚通火车开往关内去，因此，就奔向皇姑屯车站去。售票处人群非常拥挤，据在车站听到的消息，满铁兵车已是昼夜不停地向北开驶。我对李香甫说眼看事态扩大了。但是皇姑屯车站上尚无日寇踪迹，老百姓搭车去关内者甚多，我们也登上开往关内的火车。在车上听到旅客们谈论"九一八"夜的消息，他们说先是日寇叫亲日派、汉奸们宣传中国兵如何不讲理，无端地把文官屯柳条沟的铁道破坏，有的说是北大营兵干的，有的说是西卡子门开火不久第七旅就撤退了，也有的说沈阳没有兵，可是洮辽、安东两镇守使还没有兵吗？因为张海鹏、于芷山两个镇守使都投降日寇了。

列车在驶抵打虎山车站时，我对李香甫说："我要换车回兴安区去，你到北平给我代呈一封信给张副司令。"这时，我和李一同下车到了一家小旅馆，这时打虎山还未被日寇占领。

李香甫在探询中所得洮辽一带退军的消息很多，据报：日本多门第二师团在郑家屯以北、开通一带击溃该地驻军，向黑龙江省地区进犯；又讯：日寇广濑第八师团自旅顺登陆，现已到达沈阳，并准备向吉林、长春方面前进，后续尚有大量部队。这样看来，凡此都是由于沈阳当局那天晚上不抵抗所致，假如那天晚上予以抗击，就有很大可能以地方事件解决，不致扩大。在我写完呈张副司令的信后，又给宁安老家拍了一份电报，告诉我父亲我已脱险，但对于兴安区的消息是不明真相的，同时我的眷属还在彼处。正在车站上徘徊时，忽然遇到骑兵第二旅旅长张树森。据他谈，他的骑兵被敌机轰炸溃散，又经日酋多门师团的扫荡已收容不起来了。他又说兴安区在九月十八日向黑龙江省退却，全部归马占山指挥，集中在嫩江桥构筑防御工事，屯垦军的家属大部分向哈尔滨输送。此时打虎山车站上突然挂出不售通辽、辽源客票的通知，我只得仍赴北平。在去北平的车上，也听到现时北平同样很纷纭，人民纷纷责难政府放弃沈阳的屈辱政策，引起学生列队到政府请愿、示威游行等等。抵平后访知荣臻参谋长在中央饭店寓居，极守秘密。我于二十三日晚在电话中和荣联系后，于次日早去该饭店谒见荣参谋长，在寒暄后，我便对荣说，张副司令生我的气吧？荣说："没有什么！"同时并将我在打虎山车站准备回团部的事说了之后，荣说："你的队伍归赵振武带领了，已经向黑龙江集中，马占山为总指挥，在嫩江桥堵截日寇北犯，当面的敌人是日酋多门第二师团。昨天的情况不明。你先回利通饭店等候，听我的电话再约你去见张副司令。"

面陈经过，慰勉留用

九月二十四日晚八时许，接到荣参谋长电话命我即到中央饭店。及至汽车抵中央饭店门前时，荣亦与同车至顺承王府官邸。晋谒张副司令后，张笑容可掬地对我说："你还跑出来了！"我答："全仗荣参谋长的掩护。"在我晋谒张副司令面陈事件经过时，除荣参谋长在座外，还有副官长何立中和汤国祯等亦在座，我正要向他"报告经过"。他说："不谈了。"我说："对不起您，误了大事！"他说："六十多条外交案件，你这是个小案件，没有什么。"接着又问："你有钱用吗？"问毕就写了张条子交给何副官长，又说："江桥完了，你回不去了。"又对何立中说："给予关玉衡参议名义，月支二百元。"至此，我即行礼辞出。

次日晨，饭毕我即到行营见何立中副官长，他说："昨晚的条子是批给你五百元钱，一切都给你办好了。你不要住东城。"晚间我即移寓在西单花园饭店内。这几天内学生游行示威的队伍不少，墙壁上张贴的尽是"打倒张学良"和"打倒不抵抗主义者"的标语。

九一八事变纪略

李济川※

一九三一年九月十八日，日本关东军发动了震惊中外的九一八事变，并占领沈阳。现将我对事变前中日交涉及事变的一些亲见亲闻，叙述如下。

从时局紧张到北平请命

这次事变是日本军国主义大陆政策的具体贯彻，始而他们以中村大尉事件等为借口，用外交手段对东北当局进行压迫。那时，海陆空军副总司令张学良正在北平（即今北京，下同）协和医院养病；东北边防军代理长官张作相亦在锦州小岭子私第为伊父治丧。沈阳主持外交的只有张学良的参谋长荣臻、辽宁省政府主席臧式毅、外交特派员王镜寰。在事变的头些天，就盛传日本军国主义要实行武装占领，他们在军事方面做了些布置，除关东军调至满铁附属地外，对在乡军人，也发给了武器。

九月十四日突接张作相电，要我速去锦州，面商要事。我当天到锦州小岭子张作相公馆。张说："上次参谋长荣臻到我这里来，我告诉他，东北外交和军事都要依靠中央，不能单独行动。中日问题已到严重关头，臧主席（式毅）和荣参谋长想如何办理呢？"我答以没有头绪。并告以多门师团的部队开到南站，日本在乡军人都发了武器，战火大有一触即发之势。张作相要我马上去北平，按照他的意思请示张学良究竟怎么办，是准备抵抗，还是屈膝求和，我当即辞出，下午四点钟去车站。

※ 作者当时系东北边防司令长官公署副官处副处长。

次日八时到北平。下车后，直赴协和医院。时张学良患重感冒，在该院休养，住东北角地下室内，由侍卫副官长谭海引入。张问我沈阳情况怎样。我说："东北目前局势严重，究竟如何处理？我受辅帅的指示，来向副司令请命。"张说："我因病头脑不清，精神也不好。前几天荣参谋长来，我已告诉他，东北大事，由张辅帅、臧主席和荣参谋长三人酌情处理。对重要问题咱要依靠中央，不能单独对外。中村事件的交涉，可向辅帅说，微末事情，咱们可以相机办理。"又说，"请辅帅赶快回沈阳主持政务。"我说："今天的紧急情况，还不知怎样处理？"张说："蒋委员长告诉我，东北外交总的方针是和平解决，不能酿成军事行动。我们能解决的就解决，不能解决的由中央负责。你迅速回去，请辅帅相机处理。前些日子驻日大使汪荣宝从东京回来，已到锦州和张辅帅说过：日本各地都在搞游行示威，跃跃欲试，想以武装占领东北。你赶紧回去吧！"

当夜十二时我到锦州小岭子，面见张作相汇报。他对我说："荣参谋长来时，我已告诉他，关于中村事件，任何赔偿道歉我们都可以担负过来。"我由沈阳来时，情况就十分紧急，形势相当严重。这时我就问他多咱能回沈阳，明天一起回去行不行。我还说："沈阳没有大员主持，军、政两方互相推诿，恐把事情弄坏。"他说："京津方面安福系来了不少人吊唁，大概明后天他们走了，我就回沈阳。"

中村事件最后一次交涉

我于九月十六日离开锦州小岭子，即乘快车回沈阳。下车后，遇见副官处驻站副官李凤楼和许仲仁。他们很惊慌地对我说："处长啊，不得了，情况严重，南站日本军队和在乡军人都成行成列地拥挤不开。马路湾西边日本忠魂碑附近，放有十余门大炮，情况紧急，恐怕今天就过不去。"我告诉他们要沉着，有事用电话联系，明天辅帅就回来。

九月十八日上午，我前往三经路荣臻参谋长公馆，见门前汽车很多，宾客盈门，正为伊父庆祝寿诞。我一进楼，见当中摆设寿堂，香烟缭绕，灯烛交辉，颇极一时之盛。到东客厅内，满屋大员，抽鸦片、打麻将，更有张筱轩的京韵大鼓，热闹非常。荣参谋长叫我上楼。他问我："副司令和辅帅有何指示？"我说，辅帅指示对中村事件，日方要求赔偿道歉，我们都可以担负起来，关于要价还价问题，等辅帅回来再说。

时近中午，下楼就餐，大家将入座，日本驻沈阳总领事林久治郎突来祝寿。林对寿堂行三鞠躬礼。礼毕，约荣臻于午后四时在东北边防司令长官公署会谈。

林久治郎走后，荣参谋长对我说："午后三点你先到公署，并约王明宇（外交特派员）一同在公署等我。"我于午后三时到公署，打两次电话请王明宇未到。林久治郎于四时来公署，他见荣臻不在，就问我："荣参谋长怎么没来？"我说："他家宾客很多，一会儿就来。"我随即用电话告诉荣臻，说林久治郎已到。不久，荣参谋长来了，开始关于中村事件的会谈。因事机秘密，林会说中国话，这次会谈没有译员。会谈之前双方很严肃，甚至连外交上的礼节都免了。屋内只有荣、林和我。林说："关于中村事件现在已到严重关头，参谋长如何答复？"荣一转身将中村搞间谍活动的证物拿出来，有中村在兴安岭一带绘制的军用地图和其他文件，让林久治郎看，并说："林领事你看看，这些东西让我没法办，你们没有向交涉署照会，没有我们的护照，我们不能负保护责任。"林说："参谋长，现在经过这么多次会谈，还把这东西拿出来干啥！"林看到这些物证，精神很紧张，急得满头大汗，拿出手帕紧擦。

稍后，林久治郎静下来，用蛮不讲理的口吻对荣说："日本军人横暴，不服从外交官指示，行动自由，这是我们陆军省的断然办法，到现在这个紧要关头，别的谈不到了。"荣也很愤怒地说："我们的军人也是横暴。你们没有护照，擅入兴安岭屯垦区绘图拍照，辱骂他们，我们也没办法。"我当时急得冒汗，看事情已成僵局，荣并未按辅帅的指示办，马上站起来说："参谋长，我是副官处副处长，本没有参与军事和外交大事的权利。不过我有传达任务，请参谋长按辅帅指示办事。否则，我担负不起责任。"是时，林久治郎用手帕擦汗，斜视我一眼。荣站起愤怒地说："我不能作亡国史的头一页。"我说："亡国史头一页不是你作的，谁说了谁负责。"这样一来，林就知道了我方对中村事件处理态度的底细。林一跃而起说："这件事情不能办了，我回去了。"并用威胁的口吻说："中日友好关系最后破裂，我不能负责。"说完转身而出。荣送出二门，我送到大门外。

林久治郎走后不久，臧式毅到，问林久治郎来怎么谈的。荣说："没有结果。"我告诉臧式毅说，荣参谋长没有按辅帅的意思去办。荣说："这事我算办不好了。"臧说："赶紧找王明宇，让他就来。"不久，王明宇到来，手执文明杖，若无其事地笑哈哈地走进来。荣说："明宇，你怎么才到？"王明宇很稳当地说："我去南站大和旅馆，本想面见本庄繁（关东军司令）谈谈，未遇。土肥原（特务机关长）对我说：'本庄司令有事去大连，你们对于中村事件怎么办呢？能办就办，不能再推了！'"臧式毅顿足对王明宇说："你赶快去日本领事馆找林久治郎，对他说，有关中村事件的任何赔偿道歉，我们都先担过来。至于讨价还价，明天辅帅回来再合计。"

北大营的炮声

我八点到家，吃完晚饭已是十点二十五分，忽听一声炮响。我赶紧去边防公署。到大东门时，城门已闭，这时已响了第四炮。我对守门警察说："你们的厅长（警察厅长黄显声）在厅没有？赶快打电话或派人去找。"到公署门前，见有卫队第二十四团吴营长带领两排卫队守卫公署。我到副官处，只见值日副官萧涤五一人。我赶到办公厅给荣参谋长打电话，荣随即到公署。不久，北大营步兵第七旅来电话告急说："西门外有日军行动。"电话是荣接的，他问："你们旅长呢？"回答不在营。五分钟后，王旅长（王以哲，字鼎芳）到，他对荣说："战事已经发动，怎么办呢？"荣说："往北平给副司令打电话，请示一下。"于是，荣亲自给张学良打电话。接电话的是张的侍卫副官长谭海。他说："副司令陪美国驻华武官到前门开明剧院看戏去了。"荣问："对东北局势，副司令有什么指示？"谭在电话中说："副司令指示，要慎重从事，遵照中央的命令，坚决不要抵抗！"

这时东北电政监督朱光沐来电话，约荣参谋长和我到电政局，为的是向北平通话方便。当时我对电话室说："谁来电话，可向电政局找我。"于是和王旅长、荣参谋长一同去电政局。这时北大营第七旅又来电话告急，说："日军由柳条湖出发，已突破西卡门。"荣臻告诉他们："无论如何，就是日军进入营内，也不准抵抗，武器都要收入库内。"对方问："日军要命怎么办？"荣说："军人以服从为天职，要命就给他。"刚说完话，奉天典狱长倪文藻也来电话告急，说："日军爬城，在城上向狱内开枪射击。"我说："凤山（倪文藻字）哪，目前不能派军前去保护，你们自己要沉着固守。"

这时东北航空处参谋长陈海华（字建文）也来电话说："情况危急，我们机场有四十二架待飞的飞机，怎么办？"我说："建文，赶紧飞锦州，飞去一架是一架，锦州不可能降落，辽河以西任何地方都行。"

臧式毅来电话，让我们到他公馆去。我告诉电政局，再来电话时往省长公馆打。这时荣参谋长还想往北平打电话，可是线路已被破坏，打不通。同时小西门警察也都告急，说："日军攻城，如果城门不开，他们就用炮打。"我告诉他们听命令，暂时不开。倪典狱长又来电话说："城上站满日本兵，用机枪向院内扫射，在禁犯人已有暴动行为。"我说：

"在此情况下，你开门放。"航空处参谋长陈海华来电话："我支持不了啦，各方派人找飞行员，一个也没找到。"我问荣参谋长怎么办，荣说："让陈参谋长酌情处理吧！"就这样，机场内的飞机及其他设备，拱手让给了日本侵略者。

这时，秘电处处长张志忻来了，拿着南京军委会十万火急电报，原文是："顷准日本公使馆照会，内开：陆军省奏明天皇，准予关东军在南满附属地内自动演习。届时望吾军固守防地，切勿妄动，以免误会，切切此令。军事委员会签。"大家看完电报，心情稳定了，认为没事了。臧式毅说："快到拂晓了，他们的'演习'也要结束了。"

语未毕，北大营第七旅来电话，请旅长速即回去。我问什么事，回话说："日军满院都是，已砸开枪库，打死中校军械官。"王以哲闻讯后，对荣臻、臧式毅说："在这样严重的情况下，是否将在外军命有所不受？难道我们就不能还手吗？"荣说："鼎芳，你回去吧，随时来电话，有事听命令。"王遂出门，但他的汽车已被日军掠去，中途受阻折回。

事后得知，北大营第七旅绝大多数官兵，并没有执行"不准抵抗，把枪放到仓库里，挺着死"的命令。在日军逼近营垣四周的铁丝网时，官兵们奋不顾身地抗击装备优良、人数众多的敌人。由深夜二时许，激战一个多小时，伤亡很大，在求援无望的情况下才突围，撤退到东山嘴子集结待命。

官员逃避与汉奸活动

九月十九日拂晓五点多钟，日军占领北大营后进入城内，秩序顿时混乱。这时我们都在臧公馆，臧式毅说："日军已进城，就不是什么演习了，我们派人向日军作交代吧。"遂派秘书长赵鹏第去省署，派我去长官公署，向日军作交代。

我与赵鹏第分头去省府和长官公署。我到长官公署后，得知卫队第二十四团吴营长被俘，公署牌子被砸碎，号房电话也被砸碎。我急返回向臧式毅复命。时荣臻已不在，我问："荣参谋长到什么地方去了？"臧说："他已躲了，你尽快把制服脱去，快走吧！"我去到大东门时，城门早已封闭；又到大南门，日军并未拦阻。满铁公所门前，站了很多日本在乡军人和军官，公署顾问日人大山千一郎站在门前和我相视一笑，让我快走。我遂到帅府事务处司库樊谦祥宅，换上便服回家。

中午，我又去臧式毅公馆，见袁金铠（政务委员）、李友兰（本溪煤铁公司总办）、佟德一、张振鹭（财政厅长）、金毓绂等正谈交涉问题。

有人说："我们几个人去南站见本庄司令。本庄不接见，告诉传达说：'我们日军完全占领了沈阳，东北官吏没有接谈的必要。'"既而又有法团①代表去见本庄繁，本庄说："对于地方秩序维持问题，你们可以酌情办理。"法团代表拟出办法：一、成立保安维持会；二、成立自治警察团。交给本庄看，当即照准。袁金铠说："人家日本人已经占领沈阳，还有啥办法呢，就成立这个会团吧！"没有人吱声。臧式毅和我说："你赶快去北平报告，省署派教育会姬金声会长去。"

我于九月十九日下午二时由皇姑屯上车，走了三天两夜，二十一日到北平谒见了张副司令，将九一八事变详情作了报告。张说："沈阳事情，我全知道，我正在想第二步办法，将长官公署迁到锦州，仍以张辅帅代理，现正等候中央指示。"

---

① 法团是法人团体的简称。法人团体包括商会、农人会、学团等。

日军进攻北大营和我军的撤退

赵镇藩[※]

事变前的敌我形势

日军图谋东北，由来已久。由于清政府昏庸腐败，允许日本在南满驻军，日军早已控制了辽、吉两省的重要城镇和主要交通干线。迨至九一八事变前，日军在东北的侵略势力已根深蒂固。当时日本驻在辽、吉的军队实力和分布情况如下：一为铁路守备队，司令部设在公主岭，下辖六个大队，分驻公主岭、沈阳、大石桥和连山关，是永久驻屯性质，由国内各正规师团抽调兵力编成；一为驻屯师团，师团司令部驻辽阳，下辖两个步兵旅团和一个骑兵联队、一个炮兵联队。一个旅团司令部驻柳树屯，所属两个联队，分驻柳树屯、旅顺；另一个旅团司令部驻铁岭，所属两个联队，分驻辽阳、公主岭；骑兵联队驻公主岭，炮兵联队驻海城。此外还在旅顺设有要塞司令部，辖旅顺重炮兵大队，以及属于关东军的宪兵队和特务机关等。以上所有部队统归关东军司令部指挥。关东军司令部原设在旅顺，九一八事变前移到沈阳。在日军的编制上，关东军司令部的职权很大，司令官直隶日本天皇，有帷幄上奏之权，遇有非常事件，可当机立断，也就是说，只要日本军阀认为条件成熟，随时就可以制造借口，发动侵略战争。

一九三一年，日本军阀力谋实现其大陆政策，多方制造借口，向我寻衅。是年八月，日本侵略者继万宝山事件之后，又借口中村事件，积极准备军事，企图发动进攻。八月下旬，日本铁路守备队即秘密向苏家

※ 作者当时系东北军独立第七旅参谋长。

屯、沈阳一带集中，同时驻在朝鲜境内的第十九、第二十师团全部开抵图们江沿岸，并举行水陆联合演习，侵占我国龙多岛和图们江领水；南满铁路沿线日军亦同时举行演习二周，武装示威。九月初，新任关东军司令官本庄繁到南满路沿线巡视并检阅部队。九月八日，日军越境在沈阳北边门外架机枪演习，并在合堡大街实行街市战斗演习，随后并不断地演习城市边沿战、夜战和拂晓战等等。日本在东北的在乡军人，亦于九月八日奉到密令，分别集中至沈阳、长春、哈尔滨报到。沈阳日军当局并于九月十日左右分别召集沈阳日侨开会，以中村事件来借题发挥，煽动日侨仇华情绪，并发给枪支，摩拳擦掌，跃跃欲试。这时适有驻沈阳的日军第二师团第十五旅团第三十三联队要"瓜代"归国，我们照例为村田联队长钱行，他在酒兴正浓时道出了自己的心情说："中国好，不愿意归国。"又说，"归国后不能升级，又不能进入陆军大学，只有退伍。"表示留恋东北。随后他又在酬谢我们时向我透露，他的联队奉到新的命令，归国的部队必须等到新兵到齐后同时返国，他感觉奇怪。同时我们还获得这样的情报：沈阳南满站附属地缝纫厂正大量赶制中国军服，用途不明。所有以上征候，都说明东北形势险恶，大有山雨欲来风满楼之势，当时东北有识之士都预感到日军对东北的侵略战争就要爆发了。

在形势这样危急的情况下，东北在军事上陷于非常空虚的状态。吉、黑两省只剩下五个旅，而且多为装备低劣、两团编制的省防旅。而处在日军强大兵力威胁下的辽宁，也仅留王以哲第七旅、张廷枢第十二旅和张树森骑兵第三旅分驻沈阳、锦州和通辽，常经武第二十旅驻洮南一带；连同火力很弱、平日缺乏训练而又被腐朽昏庸的张海鹏和于芷山所掌握的洮辽和东边两个镇守使署所辖的两个省防旅在内，辽宁全部兵力也不过五六个旅。特别是当时东北军队的高级军官们缺乏抗日意志，充满恐日心理，平素毫无对日作战准备。因此，日军一旦发动进攻，就不战而溃了。

第七旅的应变措施

基于上述种种情况，王以哲和我反复进行了研究，认为如果万一发生事变，我旅必将首当其冲。为了研究对策，遂于八月间召集第七旅上校以上军官和情报人员共同分析研究。大家一致判断必然要发生事故，当即将所得材料加以整理，交王以哲携赴北平向张学良报告，并请求将关内东北军调回一部分，以防万一。不久王以哲回沈阳，向我们传达了张学良的应变指示。王以哲说："张副司令已经派人将情况报告了蒋介石，蒋指示暂不抵抗，准备好了再干，一切事先从外交解决；并告诉张学良要效法印度甘地对英国不合作的办法来应付日本，遇事要退让，军事上要避免冲突，外交上要采取拖延方针。"接着又接到张学良转来蒋介石的铣（八月十六日）电，主要内容是：竭力退让，避免冲突，千万不要"逞一时之愤，置国家民族于不顾，希转饬遵照执行"等语。

王以哲对于执行蒋介石、张学良的不抵抗政策当时是比较"忠实"的。他由北平回来后，又一次召集团以上军官研究我军如遭受日军攻击时如何对付的方案。我和团长王铁汉、张士贤、王志军以及丁、朱两参谋都说："遭受日军攻击，采取不抵抗方针怎么能成呢？那样，全军势必遭受歼灭。"王以哲笑着说："这是中央的命令，有什么办法？我们要绝对服从。"大家都不同意王以哲的意见，朱参谋说："中央命令固然要服从，可是也不能坐着等死。"有人说："根据上峰的指示，敌军不来我们不能走，但是敌军若来了我们想走也不成，只有起来应战。"最后王以哲作了个见机行事的决定。所谓"见机行事"，就是敌来我跑，但是逃跑也得抵抗呀，否则也逃跑不了。经过反复研究，我旅决定对于日军的进攻，采取"衅不自我开，作有限度的退让"的对策：如果敌军进攻，在南、北、东三面待敌军进到距营垣七八百米的距离时，在西面待敌军越过铁路时，即开枪迎击；在万不得已的情况下，全军退到东山嘴子附近集结，候命行动。为了应付事变，还采取了下列各项措施：一、官兵一律不准归宿；二、加强营垣工事；三、继续加强侦察；四、为了防止敌军伪装我军官兵进行偷袭，特将我军官长改变姓名，更换符号颜色，放在兜内，以易于识别。

日军进攻北大营情形

九月十八日上午，日军第二师团第三十三联队长村田来到北大营要求见王以哲，我答以王旅长出席水灾会议未回。村田对我说："赵参谋长，这些天咱们之间多事，容易发生不友好、不信任的问题。咱们相处得很好，如果一旦发生事故，希望不要扩大事态。"我回答说："你的意见很好，但是最好不要发生任何事故。"

当日白天平静无事，至晚间十点二十分左右，突闻轰然一声巨响，震动全城（事后方知是日军在南满路柳条湖附近炸毁铁路，诬为我军所为，以作发动事变的借口）。不到五分钟，日军设在南满站大和旅馆的炮兵阵地即向我北大营开始射击，并据情报人员报称，日军步兵在坦克掩护下向我营开始进逼。我得报后，向三经路王以哲家打电话。王说，他去找荣参谋长研究。当时因王以哲旅长不在军中，我除一面立即下令全军进入预定阵地外，一面用电话直接向东北边防军参谋长荣臻报告。他命令我说："不准抵抗，不准动，把枪放到库房里，挺着死，大家成仁，为国牺牲。"我说："把枪放到库房里，恐怕不容易办到吧！"过了不久，我又借汇报情况为由，打电话给荣臻，希望他改变指示。我说："这个指示已经同各团长说过了，他们都认为不能下达，而且事实上也做不到，官兵现在都在火线上，如何能去收枪呢？"荣臻仍然坚持说："这是命令，如不照办，出了问题，由你负责！"我问他王以哲是否在他那里，他说："曾来过，已经回旅部去了（王在回旅部途中被阻折回）。"我觉得荣臻难以理喻，就挂上电话，命令各单位仍按原定计划准备迎击敌军。

到了十一点钟左右，北大营四面枪炮声更密，有如稀粥开锅一样。这时荣臻又来电话问情况，我向荣臻报告说，敌人已从西、南、北三面接近营垣，情况紧急，把枪放进库内办不到，并向他建议是否可将驻洮南的常旅（第二十旅）调来。他仍说不准抵抗，并且说，调常旅已经来不及了，指示我们必要时可以向东移动移动。

深夜二时许，敌军已迫近营垣四周的铁丝网。我鉴于情况非常危急，就决定利用敌军迟滞前进的间隙，从南、北两面出击，以掩护非战部队由东面按照原定计划向东山嘴子撤退，集结待命。我军与敌人激战到下半夜三点多钟，伤亡颇多（事后调查，计伤亡中校以下官兵二百九十余人），敌人已从南面突入营垣。我当即命令旅的卫队连，反击突入营垣之敌。这时我旅所有对外联系的电话全部不通，同时西面的敌人也突入营垣，接着旅部前后都发现敌人，展开了巷战，我始下令突围。当部队突围时，仍有部分军官盲目执行荣臻不准动的命令不肯走，最后硬由士兵架着突围而出，始免于被日军俘虏。

北大营打了一夜，王以哲始终未回军中，也未来电话指示部队如何抗击敌人的进攻。及至我率部队脱出重围抵达东陵附近时，始遇我旅军械官方贵传达他的命令说："旅长让我告诉参谋长，将枪搜集到一起放在东山嘴子库房内。"我说："敌人还在后边追着，那怎么能成呢？"我没有执行王以哲的收枪命令。

在抗击敌人进攻的战斗中，第七旅的大多数军官和广大士兵都是英勇的，他们奋不顾身地抗击着装备优良、人数众多的日军的进攻，他们还不知道他们的长官下了不抵抗的命令，因此，他们一面反击敌人一面问："兄弟部队为什么不前来增援呢？""我们的飞机为什么不起飞参战呢？"及至撤出北大营，他们还很关心地问："我们几时反攻回来呢？"这说明了广大东北军的军官和士兵是爱国的。但是有一部分团以上军官战斗意志却是消沉的。虽然事前已规定官兵不准不归宿，但旅长王以哲经常不在军中，日军进攻北大营了还不回旅指挥；团长张士贤当晚也回家未归；另一个团长王铁汉炮响起来了才临时赶回军中，因而指挥不灵，使部队的战斗威力不能很好地展开，不得不在日军的猛烈进攻下狼狈撤退。

同时，驻在北大营的军事单位很多，而事前又缺乏联系和统一应变的措施，战事发生后又没有统一的指挥，大家都争着及早脱出危险，以致由于有些单位撤退过早，反而暴露了部队突围的企图，使敌人的攻势愈益猛烈。及至营垣内发生巷战，还有很多部队被敌人牵制着不能脱离战场，最后陷于狼狈逃命状态，使部队遭受很大损失。

我军撤退经过

十九日清晨五点多钟，我军撤退到东山嘴子，稍加整顿。六点多钟，发现敌军骑兵来袭，当即决定向山城镇转移，因山城镇地形复杂，且驻有于芷山部，同时也便于解决补给和冬服问题。出发后，约十点多钟，因有敌机三架空袭，决定就地隐蔽休息，俟天黑后行动。我军在敌军空、骑、步联合部队的追击下，三日后才到达山城镇。

当我见到于芷山，把敌军攻击北大营的经过和我军转移到山城镇的原因告诉他时，想不到他竟然要求我们离开山城镇。他说："你们的给养和冬服问题我可以帮助解决，不过有一个条件：你们得离开此地，免得我们遭到日机轰炸。"我见他心地如此卑劣（此人以后投降日军，做了伪满大汉奸），感到非常气愤，对他说："日本人还能分于芷山、王以哲两旅不同吗？"双方争执不下，最后他见我的态度很坚决，就要求王以哲来面谈。恰巧这时听说王以哲已到草市车站，正在打听我的下落，我随即派人把他请来。王以哲来后，我向他说明情况，认为不能接受于芷山的条件。他说，这里不能久待，能得到给养就算了。

我随即同王以哲研究此后的行动问题，决定第一步先到锦州候命。王以哲说，为了解决补给问题和请示机宜，他要换上便服先走，部队交给我负责率领。当时我不赞成去锦州，因为我认为短期内可能反攻，走了容易回来难，主张留下打游击，以策应反攻，但王以哲坚决不同意，理由是械弹给养无法补充。

部队到达锦州后，王以哲已先到。他见到我，行了一个九十度的鞠躬礼，对我说："当时如果听我的话（指把枪放在库里）就坏了，我这个旅长是你给我的，谢谢你。"

不久我们部队即离开了东北，开进了山海关，进驻清河镇大楼休整。

九一八事变目击记

李树桂[※]

一九三一年一月，我在沈阳东北陆军高等军事研究班第二期毕业后，被分配到北大营东北陆军独立第七旅司令部（旅长王以哲）任少校参谋，并兼任教授步兵研究班的战术课。七月又被派任本旅军士队的总队长。该总队包括两部分人：由全旅军士及上等兵中选拔二百多人，携带武器参加；另外东北保安总司令部所属军需、军医训练班的学生二百多人也参加，由本旅代办六个月的入伍生教育。

军士队共编四个中队。从步兵研究班毕业学员中，选拔优秀的尉级军官分任中队长及中队附。军士队进行了修整环境、清理宿舍、购置用具和教材等一系列工作，准备于九月十九日上午九时举行开学典礼，请柬业已发出。谁知九月十八日夜就发生日军夜袭北大营中国驻军的突然事变。

一九三一年九月十八日夜十时许，突然从营房西侧、南满铁路方向发生了一声霹雳的巨响，震撼了沈阳全城，也震醒了刚刚入睡的全旅官兵。我正惊惧疑虑中，一发炮弹击中了我的寝室的屋顶，将我由床上震到地上。我在灰尘迷雾中爬起来穿上衣服，只听到西围墙附近已经一片机关枪、步枪射击声以及炮弹的连续爆炸声。我拎着手枪将出屋门，又一声轰然巨响，一发炮弹击中外屋会议室的西北角。霎时间烟尘弥漫，半壁屋顶摇摇欲坠。我立即卧倒在地。当我带着轻伤跑出屋外时，听清枪声确从西围墙传来，而且比刚才更激烈了。几个中队长齐来报告："日

※ 作者当时系东北军独立第七旅军士队总队长。

军已占领西围墙，正向第六一九团及步研班营房射击中。"我一面派传令兵去旅部请示（电话已中断）；一面令各中队在营房东侧集合，伏卧在甬路上，派军士两名去西围墙侦察情况。这时北院第六二〇团传令兵跑来说，旅部赵参谋长让我团通知军士："一律不得轻举妄动，更不能向日军还击，原地待命。"当时我想，在敌人枪炮密集射击下，怎能等着挨打呢？正踌躇中，派的军士来报："日军已过围墙，冲进第六一九团的营房了。"我静听一下，果然枪声已向前、向两侧扩展，火力更密集起来，情况变得严重了。于是我当机立断，一面派人向旅部继续请示行动，并派两名中队长向第六一九团密集枪声处详细侦察；一面令各中队按四至一队的顺序，以低姿势跑步到营房西侧壕沟内潜伏，同时派出警戒哨在西沟沿任警戒。我乘机爬上炸塌的房顶，借颓垣的遮蔽观察形势。适值旅部后面骑兵连草垛中弹起火，在漫天火光映照下，我隐约看见西面营房前，有人影跑动。随着爆豆似的枪声，人影应声倒地，有的人正在没命地奔逃。显然这是日军在追杀我方士兵。这时北院第六二〇团尽管人员都已起来，还听到口令声，可能已集合隐蔽待命，但毫无动静。草垛火光已微弱下去，除敌人炮弹爆炸时发出火光外，周围漆黑一片。日军到底进来多少？有没有日军沿南围墙壕沟窜过来？一时判断不出来。但我们肯定这是日军有计划、有准备的侵略行动。因为几个月以来，日军已经不止一次地向我们挑衅。可是我怀疑旅部为什么不立即按演习计划下达撤退命令呢？是否西营房的第六一九团，甚至连旅部和第六二一团都撤不出来呢？这时潜伏在壕沟里的各队学兵们一听警戒兵传话，又看到火光下日军枪杀我西营房士兵的惨状，莫不义愤填膺，怒火中烧，纷纷装弹入枪膛，准备射击。这时我派去旅部请示的军官回来汇报说："参谋长让我回来报告总队长，旅长从城里来电话，总部荣参谋长指示，日军进入营房，任何人不准开枪还击，谁惹起事端，谁负责任。"学兵们一听立即纷纷提出质问："那咱们就这样眼看咱们的弟兄都被打死吗？""为什么叫小鬼子这样欺负我们？""我们就这样白白等死吗？"我无法回答，连忙和各中队长厉声制止，才静寂下来。这时派出侦察的军官又回来报告："旅部、第六一九团和第六二一团的士兵，已有少数人跑到东边来了，大部分仍没消息和动静。估计可能被日军火力封锁或被密集火力压制在营房的一侧，或压制在林荫路附近，必须赶快进行火力支援，否则有被全歼的危险。"又说，"据逃过来的士兵讲，日兵进入营房内，由于无人还击和抵抗，如入无人之境，见人就杀，一个不留。有的死守'原地待命'的安排，竟被日兵用刺刀活活挑死在床上；有人冲逃出来，日兵仍追着枪杀。"学兵们一听，立刻又叫嚷起来："队长，难道我们不是人吗？他妈的，咱们和鬼子拼了吧!""简直是欺人太甚了! 我们也有枪，怕什么!"其中第一、第二中队因有枪、有弹，吵嚷得最厉害。第三、第四中队虽是徒手兵，也按捺不住内心的愤懑，七嘴八舌地议论起来。我和各队军官们虽然心情和学兵们一样，但迫于命令，只得仍以压抑的口吻要求大家镇静，听候上级的指示。这时敌方的枪炮声越来越密集了，显然是日军得到增援，正在向前挺进。忽然在旅部以及第六二一团附近的林荫路上响起了自卫还击的枪声，虽然稀稀落落，但我们听来，却是那样的清脆、有力，而且越来越猛烈了。我初步判断这可能是处于绝境的士兵们，出于自卫迫不得已地向日军开火了。可是十分清楚，如果没有我们这方面的火力支援，林荫路附近士兵仅凭少数抵抗火力，是不能持久地与日军对抗并脱身的，情况不容再拖延了。这时持枪的学兵和大部分军官纷纷要求马上开始射击。我也在考虑是否先干一下，把友军救出来再说。正要下达"开始射击"的口令时，忽然旅部的传达长跑来，口头传达总部和旅长转张副司令（张学良）转奉蒋委员长的命令："日军进攻，绝对不准抵抗。缴械任其缴械，占营房任其占营房。"因为这是最高级的命令，人们听后都寂然无声了，但全总队士兵的惊讶、怀疑和愤懑是可想而知的。良久，一个学兵说话了："现在不是缴械和占营房的问题，而是日本小鬼想要全部打死我们!"另一个说："我们这里看情况还能跑得出去。可是，旅部和那两个团怎么办? 难道扔下不管吗? 任凭小鬼全部歼灭吗?"又一个接着说："就是现在想走，恐怕只能走出一小部分了。"的确，这些人说的都是实际情况。我们只有不顾一切马上逃跑，不然会被敌人全部歼灭的。但我们是军人，当然得听从上级的命令。于是我又派一个中队长和中队附由北院过去到旅部向参谋长请示。一面命令各队按四至一队的顺序，马上跑步撤到营房后面隐蔽，暂避敌人的火力，由第一队留一个分队任掩护。当学员兵沿着壕沟往后低身跑时，日军机、步枪突然向这边扫射起来。几个没战斗经验的学兵，因姿势稍高，中弹负伤。邻近的人就搀扶着他们随后赶来。留在后面掩护的分队，一看这样，眼睛都红了。有的人干脆不顾一切，在忍无可忍的情况下，也向日军射击起来。我和两个中队长一再制止，他们才愤愤不平地退下来。当我们最后到达房后时，先退到这里的军官向我报告说："第六二一团有一部分撤到这里来了。"我马上率全总队，继第六二一团一部分之后，按原来顺序向东卡子门快速前进。这时派去旅部的中队长及队附跑回来报告，参谋长指示："旅长命令以第六二〇团任掩护，其他团队按演习计划向东大营大操场撤退。"不久，就看见东围墙上卡子门两侧空隙处，有几十条步、机枪喷出愤怒的火舌，指向逼近的日兵。对方的枪声已明显地稀疏下来。这是日本侵略者的攻势开始遭到初步压制。大家长长地舒了一口气。当军士队到达东卡子门时，发现第六一九团、第六二一团已经绕道第六二〇团院墙，撤到这里。有的军官背几支枪，有的搀扶着伤员，衣帽不整，队形混乱，十分狼狈。军士队等候两团走后，立即跟了上去。当我们走出很远，第六二〇团掩护的枪声，仍在时断时续地响着，但不如最初那样猛烈了。我们顺便向第六二〇团预备队打听，才知道旅部和直属连队已先行撤出，正在前方领着我们这支退兵前进呢！我看了一下怀表，正是夜半十二点多钟。

由于第六二〇团的掩护，日军炮兵延伸射程，盲目向东大营路上轰射，他们没有越过围墙追击我们。

全旅溃退的部队，像一条乌合之众的长龙，在黑夜里行走着。忽然受到敌炮的远程追射，队伍顿时混乱起来，向东急促奔逃。最痛苦的莫过于伤员了，包扎本来就草率，无药可医，还得拼命地跟上队伍。重伤员虽有人换班抬着，但因颠簸震动，痛苦呻吟之声一路不绝于耳。士兵们边走边骂："蒋介石纯粹是日本鬼子的干儿子，为什么打上门了还不让还手？叫我们白白送命！""难道日本鬼子是人，我们就不是人吗？""咱们为什么听蒋介石的？得了他什么好处？""这是蒋介石想借刀消灭咱们的东北军呀！""老师（张作霖）要活着，日本小鬼子就不敢来！"……在军官们的一再制止下，士兵们的咒骂声稍平静些，但低声私语的咒骂声、斥责声仍然不断。这时敌人的大炮延伸射程，向山嘴子东大营狂轰起来。

九月十九日晨三时许，全旅官兵到达东大营大操场清点人数。这时在城内的团、营长都跑步赶来，掌握队伍。我们发现讲政堂十一期学员及教职员工等已麇集在大操场的一侧。原来他们也得到总部转达的"不准抵抗"的命令，为了躲避敌炮弹的轰炸，自动集合在大操场的。步科学员背着空枪，骑、炮科学员牵着空马，群龙无首，乱作一团。正当两队会合时，几发敌人的炮弹在操场东边和南侧爆炸了。于是人们犹如惊弓之鸟，又继续慌乱地向东溃逃，显然是想逃出敌人炮弹射程以外去躲避一阵，这就引起全操场的秩序混乱。这时又接连打来几发炮弹，大部队就不顾一切地拼命向东狂跑，狼奔豕突，争先恐后，窘态毕露，而敌炮仍在尾随追击中。黎明时，先头部队已到达灰山街村附近，后尾拖得很长，两侧田地漫山遍野黑压压地拥挤着武装的人群。大家都以为到了安全地带，可以喘息一下了。不料敌机掠空而来，向俯卧的队伍侦察、扫射、投弹。所幸队伍闻声疏散，纷纷躲进树林、高粱地里卧倒，没有受到损伤。当敌机俯冲时，机中人影和机尾上的太阳徽清晰可见。这次仅来一架飞机，盲目投射一番就飞走了。于是部队重整队伍，入村休息。这时由沈阳城内外逃来的宪、警、守卫队以及一部分老百姓也掺杂在我们的队伍中。我立即组成纠察队，由十名持枪的学兵、一名中队附率领，佩戴临时制成写有"旅司令部纠察队"的红袖章，维持秩序。并与当地的村、保长联系，出具借条，由他们帮助我们安排了一顿早饭。其他各队也仿效这个做法，出具借条，饱餐后各奔前程。

下午，旅长王以哲找到了我们。我来到旅部，知道他是化装由沈阳城内出来，直奔东大营预定集合地，又尾追前来的。于是各团、队长依次向他汇报。这时我才知道第六一九团伤亡较重，不仅在营房内因严令卧倒假寐，被日兵刺杀一部分；当撤离敌人火力圈时，腹背受敌，又受损伤。而第六二一团以一部分兵力掩护，绕道旅部经第六二〇团院内跑出，所以损伤较轻。该团驻东陵的一个营尚没有消息；另一个营跑得又快又远，已派人去联络，尚未返回。第六二〇团掩护我们撤退，敌人不敢尾追，故无伤亡。军士队在转移时，有三名徒手学兵负轻伤，可以随队行动。旅长听了我们汇报后表情凄惨，没说什么，当即决定各团、队清点人数，逃散的部队马上派人找回，清查枪械、弹药、装备，集中伤员，军士队解散，军士各回原队，入伍生分到各连当兵，我也回到参谋处。讲武堂学员少数愿留下的到参谋或副官处听候差遣。接着旅长就去巡视岗哨，探望伤员，和地方负责人接头工作。其他人员分头执行旅长的指示。

队伍休息一宿后，第二天继续向东前进，途经章党、苍石、斗虎屯、草市等村镇。第六二一团一个营、讲武堂骑兵队和沈阳散兵等经东丰县也先后到达山城镇。经和驻军旅长兼东边镇守使于芷山联系，稍予接济，即暂驻该地待命。于旅多次和总部联络不上，旅长命我化装回沈阳后沿沈山路线寻找总部接头，请他们来电指示行动。我冒着风险混进沈阳，风闻总部已移往锦州，乃连夜乘车到锦州，终于在薛家屯一家粮栈内找到总部，经向总部参谋处科长王达汇报后才得知，总部昨晚已用无线电与山城镇于旅长处的队伍联络上了，总部命令旅长王以哲绕道即来锦州集结待命。这时我心里的一块石头才终于落地。

在等候部队到来的几天里，总部派员和地方机关联系，寻找全旅各团、队的驻地、编号标志，并委托地方机关代管。锦州车站连日来受到敌机的狂轰滥炸，遭到一定的破坏。薛家屯一带也被波及。我随总部人员多次到郊外躲警报。这期间由总部透露，得知当北大营和沈阳失陷后，在短短的六七天里，日军又占领了本溪、安东、抚顺、辽源、通辽等许多城镇。不久，吉林、长春、洮南等地也相继沦陷。我身为军人，受东北父老的抚育，而今竟弃置国土沦陷不顾，深受良心上的谴责，心情十分沉重。我确信，如果九一八之夜，全旅绝对服从蒋介石"不准抵抗"的严令，一枪不放，驯从地听任日军的杀伤，那么第七旅早就不存在了。正是由于士兵和下级军官们激于义愤，为了自卫，自发地奋起抵抗，才促使旅长下达了以第六二〇团任掩护撤退的命令，稍挫日军的凶焰。第七旅虽有伤亡，受到损失，总算基本上保存下来了。至于人、马、武器、弹药、营房设施、个人财产方面的损失就无法估计了。

十月上旬，第七旅绕道黑山县打虎山附近，黑夜越过铁路到达锦州休息整训待命。

当全旅官兵由北大营撤退在各村镇宿营休息时，军官们都在私下争论。有人问我："我们这样屈辱地撤退，到底对不对呢？""蒋介石'不准抵抗'的严令，有无道理？"等等。而广大士兵群众由于背井离乡，远别亲人，他们都主张坚决抵抗，驱逐日军，重返家园。而军官们总是要找出各种理由为自己执行命令辩解。有人认为："军人的天职是服从命令，管他别的什么呢。"有人认为："这种撤退和不抵抗是为了顾全大局，使冲突不致扩大并免去外交上的许多麻烦。"有人甚至把这看作是"抛家为国，忍辱负重"，或者认为"日帝造成这样不合理的局面，国际上是要干涉的，国联会伸张正义，对日帝会施加压力的"等等。然而事实是那么的无情，只有一个星期的工夫，辽、吉两省除辽西一隅外，几乎全部沦入日军之手。两千里国土，三千万骨肉同胞，包括军官的家属、士兵的家长，全部处在水深火热之中；肥沃的土地，无尽的宝藏，都成了日军的囊中物。日军得寸进尺，继续向黑龙江、内蒙古一带扩张。不足百日，除锦州附近一小块地区外，整个东北三省已被其全部占领，这一切都教育了我们军官，包括高级军官在内。

当我们受命从锦州向关内的清河镇转移时，途中，在一节车厢上，我清楚地听到旅长王以哲沉痛地讲了这样一段话："如果九一八之夜，我们坚决抵抗，事情就不是这样的结局，敌人的野心可能遭到遏止。我们犯了一个根本性的错误，我们将成为千古罪人，真是有口难辩呀！"正因为他有了这样的认识，终于在一九三六年，在更多的事实教训下，在伟大的中国共产党"停止内战、团结抗日"政策的感召下，他成了和共产党接触、联系的东北军高级将领中的第一人，并在同年四月九日极力促成张学良将军在第一〇七师的防地、延安天主教堂内秘密会见了敬爱的周恩来副主席，共同商讨了联合、团结的大计，从而为红军、东北军、西北军共同抗日统一战线的建立奠定了基础，为发动西安事变起到了十分重要、积极的作用。

九一八事变亲历记

姜明文[※]

事变前的情况

事变发生之前，日本关东军司令官本庄繁对于南满铁路沿线驻军调动频繁，在乡军人也都发了武器。小北边门外通向北大营路上的沙土坑一带，有朝鲜浪人开设的赌场和暗娼，打架斗殴，一时闹得很乱，无疑是日人要借机寻衅。第七旅旅长王以哲得到这些消息，召集连长以上军官会议，决定一些办法。为了应付突然袭击，首先将北大营四周的土围墙，划分为各团守备的地段；并以练习土工作业为名，构筑各种掩体工事；在北大营北小山一带，还构筑了野战工事。此外严禁士兵进城。有事进城，须由官长率领，且不准走沙土坑这条路；士兵胸前佩戴符号，背面盖上连长图章，以防假冒。

日军突然袭击

一九三一年九月十八日，是农历辛未年八月初七日（星期五）。这天正是全旅发放八月份官兵薪饷之日。上午我由团部领到支票，到大北门里东三省官银号领取现金，回连后给官兵发饷。晚九点熄灯号后，士兵均已就寝，十时许突然从西边传来地雷爆炸的巨响；不久又是一阵密集的枪声。此时我正躺在床上，看张恨水著的小说《春明外史》。闻声后判

※ 作者当时系东北军第七旅独立第六二○团第三营第九连连长。

断是日军在挑衅，立即传令各排士兵起来整装，领取枪弹，到集合场上集合。

　　星期五按旅司令部的规定，是我的"宿假"（即回家住宿日），因为我是营值星官，营长（于天宠）又不在营，所以没有回家。我到集合场，约十几分钟，各连均已跑步到集合场，检点人数后，简单地说明方才发生的地雷声和枪声的情况。当时群情激愤，即按照旅里事先的部署，向既设的阵地前进。我这个连尚未完全走出营门（第三营、团迫击炮连、通信排和团部住在一个院内），中校团附朱芝荣由团部出来喊："姜连长把队伍带回来。"于是我令各连仍回集合场待命。我们营的四个连长（第十连长王德义，第十一连长杨再山，第十二连长廖云龙）来到中校团附朱芝荣跟前。朱说："旅长来电话啦，叫队伍不要动，把枪交回库房里，士兵回宿舍睡觉。日本人如果进营来，由官长出来交涉；要什么给什么，不要打。"我们四个人听到这几句话，都愤怒地说："要命也给吗？"朱芝荣说："这是旅长的命令嘛。"在那个时代，讲的是"军人以服从为天职"，只好把队伍各自带回本连。当时我向本连士兵说："都把子弹袋扎好（每个士兵有两条子弹袋，二百发子弹），手榴弹带好，枪不准离手，在床上休息，听到我的哨音马上出来集合。"我向各排长把旅长的电话命令告诉他们，并叫他们好好掌握住士兵，我就到团部听消息去了。

　　北大营在沈阳城北，距城约七八里，占地面积很大。营房建筑的形式是按连纵队、营方队、团纵队形式盖的。四周筑有土围子和外壕，东西南北四个卡子门各设哨所，都有士兵守卫。南北卡子门外是街道和商店住户。后来在东边修建了一个团的营房。当时第七旅全部出东向西，按第六一九团、第六二〇团、第六二一团的顺序排列驻扎的。西边的土围子距"南满铁路"约一华里，日本兵在爆炸铁路后，紧跟着一阵密集枪声，不久即冲入北大营土围子，进入第六二一团各连兵舍。士兵在睡梦中惊醒，来不及穿衣服，更没有领取枪弹的时间。枪弹平时都放在枪库里，连部住的那幢房子有枪库、服装库、杂械库、办公室、连长室。日本兵冲入兵舍，见人即用刺刀扎，士兵赤手空拳，纷纷向东逃跑；有的只穿衬衣，有的打赤脚，甚至有赤背的，仓皇狼狈，不堪言状。他们经过我营门口时，气喘吁吁地说："日本兵进来啦，不放枪净用刺刀扎，我们连衣服都来不及穿了。"当时我们把这些士兵收容起来，让他们穿上衣服，有富余的枪也发给他们，没有枪就发给他们手榴弹（按规定每连有"七九"捷克式步枪一百二十支、捷克式轻机枪十二挺，因兵额不足，或差勤、病假等所以有富余枪）。

　　当我再次集合各连队伍时，日本兵发射的炮弹落在我们营的讲堂、兵舍、厨房、库房等处，但都没有爆炸，说明炮弹头上是没有"引信"的。俄顷日本兵到了北大营大操场内，吹起前进号、冲锋号。枪声不断，听其声音都是放的"空包"；因为没有"子溜子"声音。这种"空包"是军队平时演习时用的。当时我们在营门口临时堆些装土的麻袋作掩体，并派士兵爬到树上瞭望。虽然在夜间，但也能影影绰绰地看到一些。在树上的士兵有时向大操场放几枪。这样，日本兵始终没有朝我们这个方向前进，没有接近我们的营房。这种情形一直延续到夜间十二点多钟。

仓皇撤退

在十一点多钟时，团长王铁汉骑马由家里绕道来到团部，接着到各营走了一遭，立即和旅长王以哲通电话。这时我正在团部。王铁汉在电话中除了报告当时情况外，只有连连地答应"是……是……是"。最后他说："请旅长放心，我绝对听你的命令。"电话撂下后，立即召集各营、连长来团部。他向大家说："旅长来电话啦，说'副司令长官（指张学良）已接到南京蒋总司令（指蒋介石）的电话，叫我们不要抵抗；必要时可以退出去，留待政府向日本交涉'。"

十二点以后，大操场上忽然枪声大作，前进号、冲锋号吹个不停。听其声音完全是日本兵的实弹射击。不久枪声稀落，一时静寂无哗。我们当时以为日本兵退却，是上边交涉的结果，实则这是我们的幼稚想法，敌人把兵力都运动到东、北两个方面的土围子外去了。此时和旅长的电话已经不通。一直持续到十九日凌晨四点多钟，王铁汉也没有和旅长联系上，急得像热锅上的蚂蚁；于是又召集各营、连长商量。他说："现在和旅长的电话已经不通了。第六二一团在二台子一带收容，第六一九团已退出营房向东去了，旅部和直属连也都走了。我们怎么办？"大家齐声说："既有电话告诉必要时退出去，现在电话不通了，我们也走呗！"王铁汉说："好吧！我们都由北面出去。先到榆林堡—大洼一带集合。"随后各连长率领本连士兵冲上北面的土围子，刚登上壕顶，外面又枪声大作，日本兵已经把我们包围了。我们立即以炽烈的火力还击，将对方的火力压制下去，遂即越壕逃出，一时官兵各不相顾。我率领本连士兵，经过我们自种的大白菜地，向北小山跑去。日军用火力追击，幸无伤亡，得以继续向榆林堡前进。此时太阳已经冒红，村里有人在挑水。士兵们跑得口渴，搬起水桶就喝。那时正是高粱、苞米快成熟的时候，这是天然的隐蔽物，可是兵士都灰心丧气，个个像放了泡的气球一样。我检查本连的人数，缺了十几个。想来不一定是死亡，多半是借机逃跑了，只好听之任之。到二台子，本营其他三个连已到齐了。第十二连连长廖云龙对我说："因为父母年老，不能随队伍前进。"叫我把他这连兼管一下。我说："叫王排长（名字忘记，中尉排长）负责吧！等见着团长时再说，那你就走吧！"这样廖云龙就离开了部队。我和王德义、杨再山率领部队继续前进。过了榆林堡，遇到了狼狈而来的营长于天宠。他说是随第六一九团找到队伍的。我将情况告诉他一遍。当天我们这个营在辉山驻宿，派人找团长取得了联系。

九月十九日以后我们的行动

九月十九日天明，日本兵向城内推进。旅长王以哲和随从副官张长发以及卫士等人，换成便衣，由小东城门出城。王逃出沈阳，找到了部队，令各团向山城镇前进，拟与东边镇守使于芷山会合。后来得到消息：于芷山态度不明，因而又令各团向东丰、海龙方面前进，企图与吉、黑部队联合。部队到达东丰县，驻了几天，我这个连驻在城北王家大院。这时已是农历八月十四日，买了两口肥猪，给官兵过个中秋节。在这几天的狼狈逃跑中，士兵有的骚扰百姓，拿走一些东西，我们均给以应有的处分。

我们在东丰县驻了几天，即乘沈海路火车西行，到南口前下车，利用青纱帐的隐蔽，由虎石台—乱石山中间的空隙，通过南满铁路，再过辽河，向彰武县、新立屯前进。在接近南满铁路时，部队先在高粱地内隐蔽，利用夜间越过铁路。当部队在高粱地隐蔽时，日本兵的铁甲车不时在铁路上巡视，并用探照灯向左右探照；因为他们知道北大营的部队，都向沈阳以西逃跑了，必然要过铁路西进的，所以时时警戒。我们利用夜暗时，迅速地通过铁路，幸而未被发现。过辽河后，士兵精神稍为安定。到达新立屯休息两天，又乘大通路火车，经大虎山转北宁路，直开北平。在路过锦州时，辽宁省政府（已迁到此地）代理省长米春霖曾到车站来看望。到北平后，旅司令部驻清河镇，各团分别驻在怀来县、南口、昌平一带。我这个连驻在昌平县城内一家商号内，从此开始整顿补充，这已是十月中旬了。

（沈阳市政协文史资料研究委员会供稿）

九一八事变时的张学良

洪　钫[※]

　　一九三一年九一八事变爆发时，我正任陆海空军副总司令行营秘书处机要室主任，随同张学良将军在北平办公，现将我当时所知关于张学良在事变当时的情况，追记于下。

　　先是，张学良自五月二十八日起，患重伤寒症，入协和医院治疗，直至九月上旬，病始痊愈，但因身体过于羸弱，仍在协和医院休养。彼时日本图谋东北的阴谋，已很为显露，其见之于积极行动的有增兵朝鲜、满洲改置常驻师团、更换南满铁路公司正副总裁与朝鲜总督等等。同时，石友三在华北叛变和阎锡山突然由大连返晋，也都是与日本有勾结的。九月十二日，张学良曾接国民党政府外交部电，大意谓：据驻日中国大使馆电告，近日日本政府决定对满蒙的最后方针，认为中村震太郎的失踪，系被中国虐杀，已密令驻屯南满沿线日军，相机为紧急有效的处置。张学良乃急令驻沈阳的东北边防军司令长官公署参谋长荣臻答复驻沈阳的日本总领事林久治郎说，关于中村事件，经过我方第四次的调查，已将兴安区屯垦军第三团团长关瑞玑扣押，即为负责处理。意谓中村事件如能协商解决，或不致发生严重事端。不料日本军阀，竟不待交涉的解决，突于九月十八日的夜间，悍然发动进攻。

　　九月十八日夜间，张学良偕其夫人于凤至和赵媞小姐正在前门外中和剧院看梅兰芳表演京剧《宇宙锋》，忽据其随从副官报告，沈阳有长途电话前来，甚为紧急。张学良立即返回协和医院，接通荣臻的电话。据荣报告："驻沈阳南满站的日本联队，突于本晚十时许，袭击我北大营，

　　※　作者当时系陆海空军副总司令行营秘书处机要室主任。

诬称我方炸毁其柳条湖铁路路轨，现已向省城进攻。我方已遵照蒋主席'铣电'的指示，不予抵抗。"（按蒋介石于八月十六日，曾有一"铣电"致张学良谓："无论日本军队此后如何在东北寻衅，我方应予不抵抗，力避冲突。吾兄万勿逞一时之愤，置国家民族于不顾。"张学良曾将这个"铣电"转知东北各军事负责官长一体遵守。）张学良令其将续得情况随时报告，但此后沈阳电话即呼叫不通。十九日午夜一时许，接到荣臻十万火急的电报，内容与其电话报告相同。及至秘书处将这个电报送至协和医院，张学良正在召集戢翼翘、于学忠、万福麟、鲍文樾等重要将领开会。张学良首先说明："日人图谋东北，由来已久，这次挑衅的举动，来势很大，可能要兴起大的战争。我们军人的天职，守土有责，本应和他们一拼，不过日军不仅一个联队，它全国的兵力可以源源而来，绝非我一人及我东北一隅之力所能应付。现在我们既已听命于中央，所有军事、外交均系全国整个的问题，我们只应速报中央，听候指示。我们是主张抗战的，但须全国抗战；如能全国抗战，东北军在最前线作战，是义不容辞的。这次日本军队寻衅，又在柳条湖制造炸坏路轨事件，诬称系我方的军队所为，我们避免冲突，不予抵抗，如此正可证明我军对他们的进攻，都未予以还击，更无由我方炸坏柳条湖路轨之理。总期这次的事件，勿使事态扩大，以免兵连祸结，波及全国。"当时各将领亦以张学良的主张为然，连夜即照荣臻所报告的内容电报南京中央政府。

十九日晨，张学良又召集顾维钧、汤尔和、章士钊、汪荣宝、罗文干、王荫泰、王树翰、刘哲、莫德惠等人举行会议（张学良在沈阳时设有东北外交委员会，以上顾维钧等人，均系该委员会的委员），咨询对于东北外交问题的意见。当时发言较多的，为顾维钧、汤尔和二人。顾维钧主张，东北外交须先请由国联迫使日本撤兵，再谈其他问题，国联绝不愿日本的势力坐大，有碍机会均等的原则；国联如对东北问题无法解决，将来世界各国将如何对待《国联盟约》、《凯洛格非战公约》和《华盛顿九国公约》？因此无论如何，国联绝不能坐视这些条约成为废纸。汤尔和说（汤系新由日本返回沈阳，于九月十一日由沈来平的），根据他在日本的观察，日本内阁现正抑制日本军部势力，不愿使东北的事态扩大。汤又说，币原外相曾经亲自和他谈过，日本如吞并满蒙，实不啻吞了一颗炸弹，我们如用国联的力量来抑制日本，正可使日本内阁便于对付军部。

逾二日，张学良又邀请当时平津的所谓名流李石曾、胡适、吴达诠、周作民、朱启钤、潘复、张志潭、胡惟德、陈篆、曹汝霖、陆宗舆、王克敏、王揖唐、顾维钧、汤尔和、章士钊、汪荣宝、罗文干、王荫泰、以及东北高级官员王树翰、刘哲、莫德惠、于学忠、万福麟、王树常、戢翼翘、鲍文樾等二十七人，磋商东北问题。出席诸人也均以依靠国联、听命"中央"为是。由于这两次的会议，张学良迷信南京政府和依赖国联的思想更深了。在第二次的会议后，即推章士钊、汪荣宝二人起草电报，向南京政府申述关于东北外交问题的意见。二十三日，张学良复派万福麟、鲍文樾飞南京见蒋介石，蒋嘱万、鲍二人说："你们回去告诉汉卿，现在他一切要听我的决定，万不可自作主张，千万要忍辱负重，顾及全局。"万、鲍二人回平将此意转达后，张学良又召集戢翼翘、于学忠、王树常、王树翰等研商大计。于学忠曾经建议："日本军人现仍继续侵占东北各地，横行不已，我们虽避免全面的冲突，但也应集中几个旅的兵力，牺牲他三团人，给敌人以打击，以挫其侵略气焰，并取谅于国人。"于学忠还建议，吉、黑两省的军事负责长官，都应各返防地掌握部队。张学良当时说，"这些主张都甚好，我现正命荣臻生（荣臻的字）新编一军，可即令他担任这项任务。"翌日晚，张学良单独邀于学忠谈话，推托说："因为荣臻生已率领部队撤下，你的意见已经赶不及照办。我已数次劝告吉、黑两省的军事负责长官返回原防，看他们的举动，均有不愿即行回去的意思，只好候候再说。"

在这个时候，北平市各界人民、东北籍旅平学生以及东北军的中下级官兵，都要求与敌人作战，群情激昂。张学良接见北平市各界人民抗日救国会的代表们说："我姓张的如有卖国的事情，请你们将我打死，我都无怨。大家爱国，要从整个做去，总要使之平均发展。欲抵抗日本，必须中国统一；如果中国在统一的局面之下，我敢说，此事不会发生。我如有卖国的行为，你们就是将我的头颅割下，也是愿意的。"他又召见东北籍旅平学生会的代表们说："我的听从中央，忍辱负重，不求见谅于人，只求无愧于心。我敢断然自信的：第一，不屈服，不卖国；第二，不贪生，不怕死。我现以二事与同学们约：一、请你们尽力研究中日间的条约关系和妥善解决途径，有何意见，可随时函告；二、有愿投笔从戎的，请先行报名，以便将来我和你们一同抗日。"他又向主张立即与敌人作战的中下级官佐们分别讲话说："我爱中国，我更爱东北，因为我的祖宗庐墓均在东北，如由余手失去东北，余心永远不安。但余实不愿以他人的生命财产，作余个人的牺牲，且不愿以多年相随、屡共患难的部属的生命，博余一人民族英雄的头衔。日本这次来犯，其势甚大，我们必须以全国之力赴之，始能与之周旋。如我不服从中央命令，只逞一时之愤，因东北问题而祸及全国，余之罪过，当更为严重。诸君爱国的热忱，可暂蓄以待时，将来必有大可发挥的一日。"在这时，张学良对于东北的问题，国难家仇，痛苦极深。战乎？和乎？矛盾丛生。而在军事上的布置，外须执行蒋介石不抵抗的命令，内又无东北军作战的整个计划和充分的准备，只有把一切的幻想寄托于国际联盟。这就是九一八事变当时张学良对事变的措置情况。

江桥抗战和马占山降日经过

谢　珂[※]

日军侵占辽、吉后的黑龙江局势

九一八事变爆发后，由于蒋介石、张学良的不抵抗政策，数日之间，沈阳、长春、吉林相继沦陷。日军于辽、吉得手之后，即积极进图黑龙江省，但因黑省远处日军在东北的势力范围以外，且与苏联接壤，日军进犯亦有所顾忌。当时洮辽镇守使张海鹏叛变投敌，日军乃谋利用张逆为前驱，使先攻占黑省，以便兵不血刃地再由张逆手中夺取过来。日军遂大量接济张逆械弹，并派遣特务帮同张逆策划进犯黑省。

黑省自接到北平不抵抗主义电令后，又陆续听到辽、吉两省沦陷的惨状，并闻张海鹏在洮南有投敌攻黑的阴谋，人心顿呈不稳现象。当时，我任东北边防军驻龙江副司令公署参谋长，遂即访问龙江日领清水八百一，问："日军对黑省有何企图？"清水未具体答复，仅说"日军在东北是地方事件，决无领土野心"云云。此后清水有时也来访问，意在探听消息。

黑省军政两界自辽、吉陷落以后，颇为恐慌，并因省主席万福麟远在北平，群龙无首，如何应变，亦莫衷一是。日军睹此情形，更大事制造日军行将至黑的空气，意在恫吓，增加纷扰。省会龙江自九月二十日起，市面交易几陷于断绝，迁往东荒（即黑龙江东部各县）及泰安镇的人民络绎于途。九月二十四日，各校奉教育厅令休假二十日，学生各返还原籍，群众心理更加混乱。万福麟电令黑省，略谓："黑省军事暂由警

※　作者当时系东北边防军驻龙江副司令公署参谋长。

务处处长窦联芳负责照料，参谋长谢珂副之。"但窦氏接电后并不关心也不负责，军事上一切仍由我处理。

洮辽镇守使张逆海鹏，于九月底有日军几人到其私宅居住，允许供给大批械弹，张当即宣布独立，企图进犯黑省。消息传到龙江，全城大为震惊，重要人员的家属有移居哈埠的，也有远走平津的。洮昂路局长万国宾为了试探张逆的意图，派省府委员马景桂前往洮南，伪称黑省有欢迎张氏之意。张逆当谓："本人年近古稀，毫无野心，唯日人压迫太甚，部下主张分歧，暂赴黑省躲避亦无不可。"马闻之急回黑省报告。九月二十八日，黑省警务处处长窦联芳、民政厅长刘廷选携北平张学良及万福麟电赴洮南，劝张坐镇洮南，防敌北犯，勿为日人利用，致贻后世之讥。张初不悦，嗣经他人苦口力劝，张意稍悔。十月初，北平副司令行营委张海鹏为蒙边督办，万国宾亦派员至洮南访张，表示好感。张于十月十一日派其长子张冠军到黑省答礼，并接洽军饷及给养问题，黑省当即委张冠军为上校参事，并极力与张海鹏周旋，一般人士以为自此张海鹏与黑省可能走上和平的道路。但自十月初张逆得到日军供给大盖枪两万支，并允许随时接济弹药以后，即秘密召集所属，讨论进袭黑省的阴谋。张逆经其部下推为保安边防总司令，同时编八大处，积极扩充军队。消息传到了黑省后，万国宾令将全路车辆陆续调到昂昂溪，以防张逆使用。

黑省自辽、吉沦陷以后，九月下旬即开始布置军事，由军署分电海拉尔、满洲里、黑河和东荒各地的驻军积极准备补充，听候随时调遣。当时黑省军队除王永盛第二十九旅、于兆麟第三十旅等两个国防旅调赴关内讨伐石友三以外，在黑省的部队多半为省防部队，共三万余人。

十月初，我认为黑省环境复杂，日军在所必图，遂向万国宾（身兼十余要职，黑省的政治、财经、交通、报纸、学校以及军事中的人事问题等均与万有关系）建议，应电请北平副司令行营选派带兵大员来省坐镇，应付危局。万初尚犹疑，继经我详细解释，说明洮南距省不远，一旦日军援助张逆进犯，非常危险，为了镇定人心，统一指挥，此举极有必要。万始认为可行，当即决议由我们两人分电北平请示，请由马占山、苏炳文两人中选派一人担负黑省责任。十月中旬得到回电，特任马占山代理黑龙江省政府主席，黑省军事派马占山为总指挥。谢珂为副指挥兼参谋长。

军署于九月下旬调中东路驻小蒿子站的程旅朱凤阳团进驻泰来，对洮南方面警戒，派工兵一连驻守嫩江桥并构筑北岸阵地的据点工事。十月初，调驻拜泉的吴松林旅开到龙江附近待命。此时日领清水带日军步兵少佐林义秀向我提出要求，谓日军拟派一中队经洮昂路开到昂昂溪驻扎。我当即答复说，现在我军由泰来至昂昂溪沿途军队甚多，如日军来昂，途中恐有误会。林请通知沿途军队，我答，现在军事时期，为了保卫黑省安全，不能令任何外方军队通过；如日军来昂，途中危险，本人不能负责。此后日军亦未敢前来尝试。

十月中旬，张海鹏闻黑省已派马占山为主席，图黑的空气日益紧张。我即电北平副司令行营报告日军援助张逆图黑的情形并请示方略。复电大意谓："如张逆海鹏进军图黑，应予以讨伐，但对于日军务须避免直接冲突。"

十月十五日上午，省政府召集各厅长、委员、国民党省党部负责人员和地方士绅等五十余人开会，军署由我参加，讨论应付当前局势问题。北平来电内容，由我报告。会上大部人员认为张海鹏图黑难以抗拒，其中以黑龙江劣绅李维周、赵仲仁为代表。窦联芳认为日军支援张海鹏，黑省兵单，抵抗非常不利。国民党省党部委员吴焕章认为可以抵抗，但响应的太少。开会结果，未能作出决定而散。军署在省府开会以后，由我召集各处处长唐凤甲、王治澜、李冠三、金希均、蔡亚民、李鸿逵等，及部队方面卫队团团长徐宝珍、炮兵团长朴炳珊等二十余人，开会讨论对张海鹏进犯黑省的对策。各人均以北平既有电令指示，应遵照电令施行，最后决议准备即时迎击。我以奋勇杀敌并应严守纪律鼓励出发部队，并饬军需处发饷一个月，借支一个月，安置家眷。我随即下令即日夜间卫队团全部出发，工兵营两连、辎重兵一连、炮兵一营归徐宝珍团长指挥，开赴嫩江桥北岸构筑阵地，并令军务、军医两处迅速筹设运输、救护机构，将库存的九十九挺捷克式轻机枪（原有百挺，有一挺拿去作模型仿造）发到卫队团使用。当时万国宾反对发枪，对我说："这是督办（万福麟）购置的，不请示督办不能动用。"我向万解释："辽宁、吉林陷落时，成箱的枪械交与日军，今天迎敌非常需要，如黑省不亡，枪仍存在士兵的手中，假如沦陷，在士兵手中比成箱损失好得多。"万理屈词穷，终于不得不同意发给卫队团使用。当军队决定出发时，窦联芳向我要求说："千万不可打。"我说："北平有电令，如何不打？"窦说："只要不打，将来责任由我负。"我说："这是大家决定的，你负不了这个责任。"至是，省府以万国宾为首的厅长、委员等均连夜逃到哈尔滨，公安局长梁横也逃往哈埠。万国宾逃哈时携有大小皮箱十数件，到哈后即抢购金票，哈埠金票价格一时为之暴涨。日领清水请求保护，于十七日夜率领馆员退往哈尔滨，行前有致我保护侨民的谢函一件。我为了维持市面秩序，暂派朴炳珊为龙江警备司令，将炮兵两营开进省城备用。派公安局督察长刘允升代理局长,并令教导队学生暂时维持地方治安;同时由军署电令马、苏两旅各抽调步兵一团开到昂昂溪,电满洲里程旅积极准备补充待命。另电哈满护路军司令将护路部队急速重新布置,保护交通安全。

张逆海鹏于十月十三日派少将徐景隆带三个团为前锋进犯黑省,十五日开到泰来,同时有日军飞机两架到龙江附近上空示威。我方令驻泰来的朱凤阳骑兵团撤到泰康以西,掩护江桥我军左翼的安全。十六日拂晓,张逆前锋进抵江桥南端,我军开炮迎击,伪司令徐景隆误触我驻守江桥工兵埋在南岸的地雷阵亡。我军当即齐出阵地进行袭击,把张逆三个团一齐击溃,四散逃走。同时我军把江桥破坏三孔,阻止敌军再犯。日寇以张逆军队质量太弱,且无斗志,必须增派日军进攻黑省,才能成功。

马占山到龙江就职

马占山在黑河接到代职电令后,即率步兵李青山团乘"大兴轮"西上,同时并电促在哈的窦联芳、赵仲仁等返省。马于十月十九日午后二时半抵哈,即搭东铁三时的车赴龙江,当夜到达。是时黑省重要机关接到万福麟电令,凡擅离省者以弃职潜逃论罪,因此,窦联芳、万国宾等亦回龙江。二十一日上午,马占山正式就任代理主席的职务,当即发表朴炳珊为黑龙江省城警备司令,并向各省市、各党部、各报馆发出就职通电,同时万福麟对黑龙江省城及各县父老兄弟发出说明辞职原因的通电。马占山就职后,即致电前方激励将士,并发出悬赏购买张海鹏首级的布告,张贴各处。当马占山就任代理主席后,我就把军署一切情形详细汇报,关于物资款项、军用物品等令负责部门即时开列清单详细呈报马占山存查。一日,万国宾向我说:"马占山到此是指挥军事的,关于军署一切物品应由参谋长负责支配,马应另组指挥部,要啥可向参谋长负责商请。"我说:"现在大敌当前,黑省大局如此危险,还能分家吗?马主席既然负军政的责任,一切事务应向马请示,各项物资更该由马支配。我今后一切应服从马主席,否则黑省前途不堪设想。"万国宾的计策未得施行,即派其表兄弟张中校副官印刷传单对我造谣攻击,进行离间。我见传单后,把情形向马说明,因此在江桥抗战期间,普通事务均顺利无间。

十月中旬,有驻洮索铁路沿线的东北屯垦军少将统带苑崇谷带领步兵三团、骑兵一团、炮兵一营,由景星绕道来省(军队由中东路运到昂昂溪），马占山命令苑部改编为暂编步兵第一旅，并电告北平备案，随即下令该旅开驻大兴以西布防，骑兵暂在富拉尔基以西对景星方面警戒。

日军进攻黑省的准备

马占山就职后，日本领事清水亦于十月二十日由哈尔滨回任，同时到黑龙江省会齐齐哈尔的有日本上院议员七人，均为窥探黑省情形而来。

十月二十六日，日军第二十九联队借口匪患，进占四洮全线，此是日军以军队援张逆海鹏犯黑的第一步。马占山为了刺探张逆动静，派国防处参谋长王静修前往洮南。王于二十八日回省，据其报告，张有再犯黑省的准备。

十月二十七日，有日军步兵少佐林义秀以关东军司令代表名义向马提出要求书："限黑省政府于十一月三日以前将洮昂路嫩江桥修竣，否则，日方以实力掩护自行修理。"同时，日方极力宣传，以为采取积极行动的前奏。二十九日，日方不俟我方动工修理，又由清水领事向省政府送致代修江桥的通牒，略谓："洮昂系满铁借款铁路，且于交通运输经济上有重大关系，如长此放任，华方的自行修理桥梁认为绝对不可能。故与有密切关系的满铁决即派人着手修理，希望黑省军队断勿妨碍，并予以适当的保护。倘妨碍修理，则日本方面将予以适当的措施。"此是日军援张犯黑的第二步。

张海鹏于十月三十日午前在洮南召集军事会议，到会者有各团长，并有日军官等十一名列席，讨论再犯黑省的军事计划。日方以张在泰来的军队有向洮南撤退情形，深表不满，日酋山本等当面斥张，并派日军官须本、加藤、大矢、吉村四名与张同到泰来，监视张军的行动。山本并由洮南派少佐林义秀再至龙江见马占山，接洽修复江桥问题。日军以监视张军的军官业经与张赴泰来，遂由四洮路派铁甲车三列，内载重炮两门、日军一小队，进出洮昂路向嫩江桥进发。日军少佐林义秀于十一月二日午前十时至黑省，偕日领清水谒马占山，声称"奉日本政府及关东军司令官的训令，因洮昂路修理，原有日人借款，既有借款关系，嫩江桥应由日方派满铁工人修筑，已派兵来监护工作"等语。当由马氏答复："南满铁路对于洮昂路仅有借款关系，债权者不能代债务者修理，且洮昂路并非黑省所属，亦不能代为承认由满铁兴修，可由黑省代为通知洮昂路自行修理。"林义秀悻悻而去。另有致马占山通牒一件，内容如下：一、嫩江桥不得为战术上使用；二、至十一月三日正午止，南北两军各由桥梁撤退至十公里以外地点，至修竣为止，不得侵入其地域以内，修竣的日期，俟预计后，随时通知两军；三、不承当上述要求或妨碍修理者，认为对日军有敌意，即行使用武力。此无疑是向黑军进攻的通牒。

当日马占山与我等讨论研究对付日军的策略，我说："江桥阵地非常坚固（利用道木、铁轨、铁板构筑），如后撤，无异于让防，尔后更难以抵御。我阵地距江桥桥头正面约四五里，是很好的桥头堡，日军对此阵地感觉头痛，妄想欺骗我们舍去这个良好阵地。"当时黑省大汉奸赵仲仁在座，在当时形势之下，也未敢有所表示（有些会议马邀赵参加）。因北平电令有避免向日军直接冲突的指示，各人均有所顾忌，不敢主张下令进攻日军，但采取自卫措施是必要的。最后决定江桥阵地不能向后撤离，目前对日方采取应付的态度，如日方问及，即说已经向后方撤退十公里了；对修桥的事暂取放任态度。三日午后，日飞机两架飞到昂昂溪站上空侦察甚久始南去。十一月四日晨六时许，日领清水与我军政当局会商，同乘齐客九〇三次专车赴大兴站，勘测已破坏的江桥（此桥是木制，距洮南站一百八十七公里），八时乘九〇四次车归省，当时并未抵江桥附近，显系借词侦察我方军情。同时上午八时许，复有日机飞来散布传单于昂昂溪等站，大事恐吓；十一时许，日军炮兵由桥南向我阵地轰击。我军不得已乃采取自卫行动，也还击了几炮。

嫩江桥的激战

十一月三日上午十一时，日军铁甲车两列，士兵三十余名，开到江桥，并有飞机五架飞翔天空，实行以武力掩护修桥。我军为避免与日军冲突，即将少数防守江桥的部队撤退到本阵地。日军飞机向我阵地投掷炸弹，伤我士兵九名。天黑时，日军百余名渡过江桥（破坏处用木材垫好），对我阵地施行射击，并用飞机投弹，伤我士兵七名。至夜深时，因我方力求避免冲突，未与抵抗，日军始行退去。

四日早五时，日军少佐林义秀、日领书记早崎、我方秘书韩树业，为了避免两军冲突，乘汽车到昂昂溪，会同石兰斌（石驻昂站，负中间指挥部责任）到前方哈尔葛江桥视察。石向我驻军讲话，林少佐亦向渡过江桥的日军讲话，彼此训诫士兵严守纪律，避免冲突。当石正在训话之际，林竟迫石签字承认将驻军撤退，并迫石立即下令。石谓本人是步三旅参谋长，无权下令。正交涉中，日军突进入我防地，捕去我哨兵三名，虽经石再三交涉，终未放回。日军此举，显系挑衅。是日午间，日军百余名在我左翼渡江，向我军猛攻，并来飞机五架掷弹，我军死伤数十名，大兴车站亦被炸毁。至是，我军忍无可忍，不得已实行正当自卫，给以还击，日军乃退。下午六时，日军复以炮火掩护步兵一大队渡江，并携带山炮多门，另有飞机七架、铁甲车四列配合向我猛攻。我军正面是徐宝珍卫队团阵地，官兵皆激于义愤，奋勇杀敌。左翼是骑兵连防守，该连少校张连长阵亡。在炮战中，我炮兵也阵亡连长一名。是日我方官兵计伤亡数十名。日军连日苦战，迄未得逞，乃于五日变更阵容，驱使张海鹏的军队在前，由日军督饬向我军猛攻，张部不支败退。是役我军伤亡百余名；敌军死伤数目，据日方发表，死者一百六十七人，伤六百余名，张逆部死伤七百余名。日军素藐视黑军，认为黑军装备较差，但我卫队团自补充捷克式轻机枪以后，发挥了极大的战斗力量，出于日军意料之外。自此，日军广播中说，黑军也有新式武器云云。六日拂晓，日军向我阵地大举进攻，据闻是役有步兵两联队、野炮四十余门、重炮八门、飞机八架、铁甲车四列，自早至晚，终日激战。我军伤亡太重，又遭敌机连续轰炸，运输断绝，为了保持余力，于六日下令江桥部队乘夜撤到大兴站以北整顿补充。

自十一月四日以来，日军开始向我进攻，以六日最为激烈，上而飞机，下而大炮，晚间有探照灯指示炮兵射击。是役敌军伤亡亦重，闻有滨本步兵联队几被完全歼灭，高波骑兵队亦死伤殆尽。这是日军到东北以来空前损失的一次。我军伤亡六百余名。自与日军冲突以来，我方随时将战况向北平报告，新闻记者也发表消息，从此各地贺电有如雪片飞来。我军虽放弃江桥阵地，而全军士气仍极振奋。马占山十一月七日将连日战况和退保三间房阵地的苦衷，以及誓与敌周旋到底、绝不屈让的决心，通电各方。

三间房的激战

三间房距江桥约五十华里，距龙江约七十华里。十月下旬，马占山下令暂编步兵第一旅开驻三间房大小新庄一带布防。十一月初，我率领参谋同苑崇谷旅长视察该线地形，作为我军第二道防线。左翼由大兴以西起，沿三间房大小新庄一带的村落，构筑据点工事，并指派苑崇谷为该线指挥官。

十一月六日，江桥守军奉令撤到大兴以北整顿补充后，当派步三旅李青山团、步二旅吴德林团接大兴吴松林骑兵旅防地，并将该旅东调，掩护我军左翼，以防江桥方面敌军侧攻。

马占山于十一月七日早晨，率参谋处长金奎璧等乘汽车到前方视察，对卫队团团长徐宝珍等加以嘉奖鼓励，并在昂昂溪中间指挥部指示收容补充等事宜。马于八日下午回省，派我赴前方主持。北平副司令行营和南京国民党政府，因马捍卫省土有功，来电奖誉，并令全权主持军政，各将领对马亦愿听命一切。唯省府委员赵仲仁别有阴谋，极力阻挠马的军事计划。他谬称黑省代表，暗中曾与驻黑日领清水、驻哈日领大桥秘密接洽，欲使马让出省垣，由张海鹏主政。乃日领已允，而战事忽剧，赵自此被日领拒绝往见。

十一月八日起，战事较缓，一由于日军不敢轻视我军，一由于国联对日有严重的劝告。但同时日军少佐林义秀又向马占山送至本庄繁强迫马氏下野的通告，限时答复，林并以个人名义用书面表明日方真意，兹译录于次：

本庄繁通告（十一月八日）

马主席如欲避免日军之进入齐齐哈尔，应速披沥试意，希速于八日夜十二时以前提出回答。此致黑龙江主席马占山。

林义秀短札

考察现在之时局，避免战祸，维持地方治安为唯一之方法，即马主席于此时下野，同时黑省政府与张海鹏和平授受政权，除此之外无他良策。

马阅后均置之不理。

日军在江桥一战损失颇重，竭力补充实力。第二师团长多门二郎九日晨自长春转往洮南规划一切，旅顺驻屯军的重炮队于十日上午开抵公主岭，即晚由四洮路赴洮南。洮南近郊辟有飞机场。当时洮南方面发现救国军，为蒙边四旗七县所组织，集众三千余人，在东平、镇东起义，张逆部队进攻失利，日军遂拨炮助战，因此进攻黑省暂时停止。日军侵黑的损失，实出于意料以外，深恐消息传出，对其军事不利，因此宣传黑军得到苏联军火接济。日军经过这次失败，对于黑省的侵略，除调重兵以外，并采取用少数飞机更番投弹的手段，以疲劳我军，另以骑兵迂回我军侧后，进行扰乱。景星、朱家坎方面曾发现过少数日军，我方派程旅骑兵一部开驻景星，右翼已无所顾虑。

关于江桥战斗经过和撤守情形，马占山于十日与我合衔的通电抄录于后：

（衔略）慨自辽吉事变，日军对于黑省，必欲取而甘心，百计千方，思遂其所谓计划。初则蛊惑张海鹏北犯，充其傀儡，我军奉令阻止变军，不得已将洮昂路江桥拆断数处，所谋因未得逞。继则派其少佐林义秀来黑，以洮昂路江桥日本有债权关系为理由，引日领向我交涉，拟由满铁代为修复，并要求我军退出江桥十五华里，张军亦然。查我军原驻距江桥十八华里之大兴车站，与所要求并不冲突，该少佐同时并声明日军除掩护工人修桥外，绝不作军事行动。我军为尊重国联决议，避免日军口实计，隐忍曲全，无可如何。该军于三日夜突向我大兴驻兵投掷炸弹。我为和平计，曾与清水领事求双方避免冲突，遂于四日上午八时派石上校兰斌偕同该少佐赴江桥察勘，及促双方撤退，以免误会，俾便动工。当令我军开始向后方移动，而林义秀等甫离江桥，不意日军竟乘隙将我警戒哨兵掳去三兵，并发现挑战行为。经交涉至下午三时，该少佐偕领馆书记官早崎，由我方韩秘书树业、那副官连宿陪同乘专车再赴江桥视察。乃专车甫过大兴车站，即被日军飞机数架迎头纷投炸弹，那副官当被炸伤，专车不能前进，林等遂回省城，盖前方日军，方在向我猛烈攻击中也。我军将士悲愤填膺，莫可自止，不得不施以正当自卫，稍抑敌锋，以保祖国疆土，以存华族人格，誓抛热血头颅，弗顾敌我强弱。占山等于无可如何之余，犹竭力保持和平之旨，严令将士只准防御，不得攻击。该少佐目睹日军此等行为，不仅不加制止，反更要挟我军退让，黑省一切由其宰割。呜呼耻矣！此次攻击大兴，日军四千余人，黄衣铜帽，大炮四十余门，飞机七八架，铁甲车三列。其过江攻击之兵，并无张海鹏军，是知张氏屡经劝告觉悟，声言系受日军愚弄压迫之情，于此殆亦有征也。日军自四日午以来，开始向我攻击，下而炮炸，上而飞机，陆空交施，凶暴至极。我将士拼死抵抗，不为所屈，碧血横流，再接再厉。占山等以大兴地势难守，未忍将士孤注一掷，因于六日下令左右互助掩护，再撤退至距江桥五十华里之三间房车站一带，以资固守。八日，该林少佐持本庄司令通告，令占山速将黑省政权授予张海鹏，否则日本军即进占黑龙江省城，现尚在交涉中。是役也，我军因无防空军器，致官兵伤亡五六百名之多。虽然，士气仍未稍馁，依然振奋异常。现在雪地冰天，防御横暴，不唯当地各界共见共闻，即各友邦人士亦所目睹。诚恐日方颠倒责任，欺人自欺，并以举国同胞，殷殷企注，此次日军侵入北满之事实，与其宣言大相反背，爰将经过本末情形宣告中外，以明真相，而定是非。占山等守土有责，爱国心同，早知沙塞孤军，难抗强日，顾以存亡所系，公理攸关，岂能不与周旋，坐以待毙？援田横五百之义，本少康一旅之诚，谨先我同胞而赴国难焉。特电奉达，敬盼垂察。马占山、谢珂叩灰（十日）印

日军在江桥受挫后，宣传苏联接济我方军火，以掩饰其薄弱真相，马占山于十一日通电驳斥。是日午，日机两架飞昂昂溪上空侦察，经我射击，向南方飞去。本日晨，哈尔滨各界组织慰劳团六七十人，携带物品到龙江慰问，当由马占山代表全体将士致谢，并向各代表表示抗敌决心，誓不屈服。各代表分头到各医院慰问受伤战士，午后返哈。是日有英伦《每日邮报》及上海《密勒氏评论报》记者亦访问了马氏，对马氏英勇奋战称赞不已。自兹以后，中国各地纷纷汇款劳军，甚至外国青年来信请求马占山签字的大有人在。中外报纸均争先登载黑省抗日消息，这足以说明日本帝国主义者的侵略政策，为爱好和平的人民所深恶痛绝。

黑省战事消沉了四日，至十二日战事又重新沸热。十一月十二日午时，林义秀又送来本庄繁的通告，提出三点要求：一、马占山下野；二、黑军由省垣撤退；三、日军部为保证洮昂路的安全，将向洮昂路昂昂溪行动，并限十二日夜十二时以前回答。马占山当即电北平请示张学良将军，得复电"饬死守，勿退却"。十二日晚马答复日方，略谓："一、下野本无不可，但须有中国中央政府命令，派人前来，方能交代，如张海鹏一类者，虽有中央命令亦不交与政权；二、关于退兵一事，在我国领土，我自有权，非日本所能干涉；三、昂昂溪车站为中国与苏联合营的铁路站，贵军要求进兵，殊与芳泽代表在国联所声明的日本无领土野心一语自相矛盾。且余奉令保守疆土，在未奉到明令让渡与日本前，碍难照办，同时在法律、事实两方面，亦非贵国所应要求。"其实日军未等答复，早已在前线采取行动。

我军自江桥撤退以后，马占山和我曾经召集参谋、军务、军械等处秘密讨论，认为日军虽然暂时受挫，绝不甘心，三间房阵地薄弱，很难持久，应速筹备下一部署；万不得已，军政两署移驻海伦，与哈埠抗日军队成为掎角之势，主要阵地放在克山、拜泉、泰安镇一带。此种计划虽已决定，但绝守秘密。库存步枪三千余支、子弹数百万粒，应利用晚间向泰安镇运走，而后分存东荒各县，连同其他军用物品为将来补充编队之用，并决定自十二日起，由军务、军械两处负责运输。

十二日午后一时许，日军先以骑兵五六百名向我乌诺头、张花园

（三间房附近）等处吴旅防地进攻，激战历四十分钟敌始退却。午后三时，日军大部来攻，有长谷旅团在我左翼，森连满铁守备队在我右翼，并飞机数架投弹助攻。经我苑旅竭力抵抗，至午后六时，敌军改为炮战，我军亦以炮还击，八时停战。是夜程旅骑兵两团奉令由满洲里、扎兰诺尔开到昂昂溪待命。十三日拂晓，日军攻我新立屯阵地，飞机数架投弹助战，几次进扑，经我抵抗，均未得逞。十四日拂晓，日军骑兵扰我汤池、蘑菇溪间的骑兵防线，并用重炮向我射击，大兴方面战斗亦烈，并有坦克数辆助战。我程旅骑兵涂全胜团向前增加，士气一振。萨力布骑兵团亦继续开到增援，蘑菇溪方面调卫队团两营增援，三间房阵地派步一旅孙鸿裕团两营增援，我全线阵地与敌激战一日，敌军均未得逞。

十五日早三时，马占山乘载重车带参谋、卫兵赴前线督战，先到昂昂溪指挥部。适驻黑日领清水于十四日夜由省到昂候车，谓将赴哈，临行马曾挽留，并谓："领事离黑，应按外交惯例签字再去。"清水谓："此行是本人私事，其他一概不知，故未照办。"其余馆员亦均撤退。这是日军大举进攻省垣的信号。当日晨，洮昂线战事稍停，但日军后方大部援军开到。我方令绥化一带的保安大队王克镇部两千名编为一个独立团，加入大兴正面。是日午，日军坦克袭我前进阵地，我军稍退。十六日上午十一时，日飞机一架在富拉尔基上空投弹，有数枚落在东铁工房附近，东铁当局大为恐慌，急电哈总站请示。同时日军以步、骑、炮、空、坦克约四千余名向我全线猛攻，我军奋勇抵抗，双方鏖战，极为猛烈。我军因装备太差，死伤甚重。日机数十架飞我上空，适天气骤变，大风突起，尘土蔽天，两军陷于混战状态，敌飞机失效。午后三时许，日军攻势渐缓。十七日，日军利用飞机轰炸和重炮射击，以疲劳我军。当时参加的张逆海鹏的部队，除被击毙者外，多数潜逃，战场上完全由日军作战。十八日晨，日骑、步、炮约三个联队对我三间房主阵地施行猛攻，飞机、坦克、重炮配合作战。激战至午，多门师团前来增援。我军伤亡过重，不得已乘夜向昂昂溪方向撤退，大兴方面同时亦向后撤，沿途被飞机轰炸，死伤的极多，步二旅团长吴德林在乌呼马站身受重伤。当十八日激战中，马占山由昂昂溪站用军用电话调省垣某团，限一小时乘车开到前方，该团迟到了三小时，马愤极，当将该团长枪决。连日以来，部队伤亡过重，马下令全军退保省垣，当夜电告北平，并向各方面发出撤兵通电。

十九日四时，马率军、政两署人员退出省垣，由商务会组织商团维持地方秩序。日军前锋于是日午越过东铁乌黑站，见我军业已撤走，午后二时骑兵一部入城；晚间日军第二师团长多门二郎率大部进入省垣，分驻城内外各地，我方军用物资，一无所得。多门驻于边防副司令长官公署。城内街上满布日军，张贴各种标语，路绝行人，凄惨万状，唯见日旗满街飘扬。二十日下午，日骑兵五百余名沿齐克路追我到宁年站，经我骑兵迎击，退归黑垣。至是，日人委张景惠兼任伪省长，成立黑省伪政权，并迫龙江各界筹备欢迎。自此，龙江即陷于傀儡政治的局面。

黑军撤抵海伦

二十一日马占山等抵达克山，所部尚有两万余人，即在该地收容军队，并配备防务。二十二日召开军事会议，讨论布防问题，到有谢珂、程志远、吴松林、苑崇谷、朴炳珊、徐宝珍、金奎璧等，决定以程志远为骑兵总指挥，吴松林为副指挥，驻克山；程旅朱凤阳团与吴旅王克镇团（绥化保安队改编）驻泰安镇，苑崇谷为步兵总指挥，徐宝珍为副指挥，驻拜泉，其他各部由各指挥妥为布置；炮工辎驻于海伦；警备司令仍由朴炳珊担任，负海伦治安责任；前方各部布置，对敌采取守势。

二十三日，马占山和我到达海伦，驻于广信涌油坊。是日，马占山电报北平及各地，略谓"占山率同军、政两署人员移驻海伦，部队分驻克山、拜泉等地，敬待后命"云云。至此，虽有少数日机到齐克路上空侦察，殊少军事行动。日军既占龙江，据有政治中心，对于海伦乃改用政治手腕进行阴谋活动。

黑军集中克山、拜泉以后，前方军队亦陆续收容到了各防地，从事补充整顿。军、政两署均设在海伦广信涌油坊内，各机关分设在各商号。省府委员如民政厅长刘廷选、建设厅长马景桂、教育厅长郑林皋、省委潘景武等，先后达海伦。党部委员到此者有吴焕章、王宾卿、王化南等，其他各机关重要职员百余人亦先后到此。

马占山积极整顿军事，编制新军。有许多东北青年学生在中国共产党的发动下纷纷到海伦从戎。关内各地学生有"援马团"、"义勇军"等组织，愿赴黑援马。马对东北学生到海伦要求入伍的，令苑崇谷组织"学生团"，担负各地宣传工作；对关内学生则有"齐电"请各报馆转各省市劝阻东来，并婉谢其爱国热忱。这足证明当时全国人民对黑省抗日的热烈支援。肇东一带蒙古王公对马孤军奋战，极表钦佩，亦要求收编蒙旗精壮，自成一军，先在肇州一带训练，有事听候指挥。海外国内各地慰劳捐款接济纷来。马占山派专人张瑞三担任保管，因此张瑞三常往来海、哈两地，报告捐款汇存的情况。

此时日军因即将有事于辽西，而且也知道海伦地近山林，人亦强悍，亦不愿急作军事行动。日军作战部队多由南满调来，御寒装备甚差，进入黑垣时，冻伤过半，黑垣市上的乌拉（防寒鞋）毡靴抢购一光，因而对于东荒各地的严寒亦有所畏惧。

日军与汉奸合谋诱马

十一月三十日，日驻黑师团长多门忽致函海伦马占山，提出下列四项：一、马占山对于克山、泰安镇的中国军队如能劝说使之投降时，可通知新井顾问；二、马占山如确定回省，日期亦可通知新井顾问，林少佐亲往迎接至泰安镇亦可；三、马占山生命由林少佐担保，绝无意外情事；四、马占山准带卫队八十名入城。马接到此函后，置之不理。

当马占山到海伦后，汉奸赵仲仁亦到海伦。赵的汉奸行为久已暴露，但马对赵始终接近，且有时参与机密事项。赵常到哈见张景惠和日军，并时常劝马亲日。另有哈尔滨义祥火磨经理韩云阶（后为黑伪省长，精通日语）常见马密谈，并与赵仲仁内外结合，往来于海、哈之间做汉奸活动。虽历经我等向马建议远离此辈，马总以"赵仲仁胆小怕事，韩是买卖人，无关轻重"来答复。实际上此两汉奸已成为马的入幕之宾，正在密谋将马出卖。

马占山对多门来函既未置理，因此日军又派关东军参谋长板垣征四郎一行到海伦来做说客。此事与赵、韩两汉奸关系甚大。十二月六日，本庄繁派板垣偕嘱托福岛、主计染宫及驻沈英法记者一行五人于当日到哈，下榻于北满旅馆，午时与张景惠及黑省劣绅赵仲仁会见，相谈极密。午后一时，板垣乘飞机赴黑垣与日军第八混成旅团长铃木美通会见，午后三时仍回哈埠，即令张景惠、赵仲仁当面向海伦通电话与马占山接谈，谓渠将往海伦相晤。马即于电话中拒绝，谓黑东民气甚盛，日军官切勿前来，否则发生意外不负责任；并说本人自离黑垣，已与日人无有直接交涉的必要，故无须彼此会谈。当时板垣即接听筒向马说话，谓日军欲请马主席仍回黑龙江，马置不答，挂上听筒而去。此是六日晚间的情形。

七日晨八时，板垣不待马占山的许可，径率一行日人及哈日领馆员彬山冈野，大阪《朝日新闻》、东京《日日新闻》各报记者，由赵仲仁与前充黑龙江省府秘书韩述彭等乘车过江，到呼海路马家船口站，先由赵仲仁以电话向海伦通话，代日人要求准许会见。马初不允，嗣经赵一再说项，并谓板垣前去绝不至有恶意，于是马乃允许在呼海路绥化站相晤。呼海路即挂专车一列，于上午十时五分，自马家船口开行。其时哈埠各报记者闻讯，多赶往要求同行，板垣不能拒绝，遂同乘一车前往。专车沿站未停，于午后一时五十分抵绥化站。停车后复由赵仲仁致海伦一电话，得复以"绥化既无方便地点，改在海伦相见"。专车继续向海伦进发，赵仲仁、韩述彭及中国新闻记者先搭普通客车前往，于午后三时半开车，晚七时至海伦。板垣与英、日、法记者于四点半开车，晚八时抵海伦。

当坂垣一行与汉奸赵仲仁等到海伦后，马派副官导往广信当休息，各报记者住于益泰永商店。马与我商议，拟先由我会见，看来意如何再决定应付之策。我说："板垣此来，当然是赵仲仁等与日人商妥的奸计，只要主席不答应具体条件就好，有什么困难可向下推；日人来到我们范围之内，量也不敢有何强迫行动。"马说："你可先会会他，然后再研究办法。"我即带翻译乘汽车到广信当与板垣谈话，板垣现出不安情绪，要求拜见马占山。我说："马主席现在很忙，贵官可将来意说明，我向马主席报告后，再决定会见时间。"板垣说："本人钦佩马主席英勇，此次专为亲善拜见而来，别无他意。"我说："如有书面要求，可以转呈。"板垣说："无有。"我即回见马占山说："板垣表示无何书面要求，为亲善拜见而来。"马说："我先分头会见中外记者，以后再会见板垣。"十时许，马先邀中国记者谈他本人的宗旨，谓"无论日人如何前来利诱威胁，我绝不能为降将军，或与日方妥协"，并嘱发表消息须一致，以免因日人来此而使外间发生误会。十一时半，马接见随板垣同来之外报记者，当表示云："此次中日事件，实属不幸，不过本人守土有责，不能不谋自卫，今后希望中、日、英、法等舆论界，不分界限，共同努力，使此类不幸事件永不发生，则世界真正和平，方能实现。"各记者询问约二十分钟退出。

夜十二时，赵仲仁偕板垣来访，马即于居所广信当内接见。日方为随板垣前来的嘱托福岛、主计染宫等四人，马则偕我及翻译二人与板垣见面，双方首致寒暄。板垣并取出关东军司令官本庄繁名刺，起立致辞，谓："余等此来系代表帝国关东军司令官本庄繁训令，向贵方提出两项要求：一、双方以前冲突，已成过去，此后当各不相犯，以保持东亚和平；二、东北地方在目前环境支配下，中日两方确应有彻底合作之必要。敝国关东军司令官尊重贵主席意旨，希望贵主席变更抗日举动，对关东军之真意，予以完全同意。倘能立刻双方停止军事行动，则敝国司令官为本以前救济东北民众之意，决仍将黑省军权交由贵主席担任，以共维东亚之和平。本人又有声明者：敝国关东军已下最大之决心，绝不许东北任何处有抗日举动之继续存在，即敝国政府亦有整个之计划使其实现，为将来彻底改造东三省之步骤。至敝国关东军对于呼海、齐克路所以无所表示者，因钦佩贵主席之英勇，故不即实行军事计划。"马占山当即答谓："关于贵代表所提第一项，本主席极端赞成。前次冲突，本主席为保全守土，实为环境促成，此后尚望双方遵照贵代表意见施行。关于第二项，亦极同意，但必须尊重中国主权，为诚意的亲善。黑龙江省此次所采取的行动，纯属自卫，本主席受命中国中央政府，不知其他，对于中日间的一切纠纷亦望贵国政府与敝国政府早日获得正当的解决。"板垣复向马询问："一、此次冲突系一时误会，能否即此谅解？二、对此次战事观感如何？三、现在究作何态度？对日军是否仍持反抗行动？请作明确答复。"马所答复大致与前相同，对于所询今后态度问题，则谓："个人态度早为贵方所明了，贵军如不相迫，即可保持和平。"至是，赵仲仁向板垣询问："贵参谋长所提不再继续抗日行动，是否请马主席签字？"板垣点首称"是"。我当即起立说："今天是中日两方亲善的会谈，也可说是彼此交换意见的会谈。关于和平是我方的愿望，马主席业已明确答复；所谓对日态度问题，如日方不来攻我，我们绝不反攻。签字一节，必须召集各团长以上的开会同意才行；否则马主席一人签字，也不能生效。"至是会谈已近尾声。稍停，齐到另一客室休息。此时板垣、福岛等令随来的人急电沈、哈，状至喜悦，若有莫大收获者。尔后板垣在日本陆军中扶摇直上，亦足以说明是"说马"有功。移时，中外记者纷纷来室拍照。日人请马占山坐于沙发当中，板垣等围马而座。汉奸赵仲仁兴奋地向马说："这是镁光照相，请不要害怕。"各记者连续拍摄数次，拍完后各回宿处。不久之后，中外报纸把摄影纷纷登出。翌晨板垣复访马一次，早九时，一行十余人由海伦出发，午后四时抵哈，即转沈阳报告。这是日军诱马重要的一幕。

八日晚，我在广信当严厉质问赵仲仁："昨晚会上你为什么要求马主席签字？"并斥责赵的卖国行为。赵笑脸应付说："不要误会。"马占山恐有冲突，出面解劝，因而我亦未便深究。

自从板垣在海伦晤马以后，外间对马颇多怀疑。马于九日通电表示态度，略谓："占山一介武夫，忝主省权，上维国家依界之殷，下凛同胞责望之切，守土系属天职，自卫斯为神圣。敌军入寇，不拒奚为？前以不忍省垣惨遭兵燹，未能与城偕亡，方觉惭愧不胜，乃重荷海内外同胞错爱，既承谆谆训勉鼓励，复蒙纷纷助款接济，大义如此，虽死难报。唯有谨率我黑省民众从事自救，此身存在，誓不屈服。夫人孰不死，与其奴颜婢膝以苟生，曷若救国卫民而早死，此中去从，已具决心。"

十二月十一日，马占山乘车到呼兰，八时二十分过江与张景惠相会，座中黑省代表有劣绅赵仲仁、吉祥、李维周等，哈埠有劣绅于镜涛、魏绍周、梁禹襄、英顺等，会议内容极密。外间纷传马、张会晤是马对日屈服的象征。

马自到哈会张后，某日深夜对我说："你知道近来日军为什么不向我们进攻吗？"我说："东荒地形复杂，我们还有实力，用兵费力。"马说："不对，这里有溥仪的一段关系。十余年前，我在天津，因为好奇，想看看小皇上是怎样的一个人，经人介绍见了溥仪。我叩了一个头，谈了些话，最后溥仪给了我一张古画、一个古瓶。从此以后，他记着了我是马旅长占山。这件过去的事我早已不在意了。这次抗日失利，听说溥仪向日方要求说，'马占山是我的人，不要再打了'，所以日本不向我们继续进攻。"我说："这不像一个什么理由。"马继续说："另外还听日本人说，如我愿回省垣，全省军事还交给我，并给我们军队换新枪十万支，到那时，我们有了力量，愿抗日也不晚。现在锦州也不能保了，张学良永远回不到东北了。我们也应该想自存之道，保全实力。不向日军冲突，就有办法。"我说："这个想法是永远办不到的，日人知道你有抗日的心理，他哪能给你换这些新枪呢？千万不可听赵仲仁的谎话，他是为了自己，甘做日本的走狗。主席的名誉是全体将士拥护出来的，中外皆知，如对日屈服，使援助我们的大失所望。现在我们遇有何种困难，或走到任何地方，也有人帮助接济，大家全不愿对日投降，请好好地考虑考虑。"马点首示意说："我对日本决不屈服。"

在马、张会晤后不久，一天晚上苑崇谷、朴炳珊、金奎璧等访我密谈。苑说："现在外间对马非常不满，我们打日本牺牲了不少人，马的态度令人不解。汉奸韩云阶常经过我的防地，这个汉奸我想秘密杀掉他，如何？"我说："汉奸自然可恨，尤以赵仲仁更坏，我曾向马谈过几次，不要与赵、韩这类人接近，马总说他对日本绝不屈服，赵、韩没有关系。杀一个韩云阶并不费事，恐怕我们内部引起了内讧，也可能弄到自相残杀起来（军队中有学生、行伍两派）。况马的情形中央和远方多不清楚，一旦内部发生冲突，恰是日人所希望的，我们的是非也难使外人明了。目下主要关键是使马本人明白是非，才有希望。"朴、金认为也对，苑崇谷也不坚持主张。但不久苑即辞职入关，旅长由朴炳珊接充，炮兵团长由金奎璧接充。

龙江傀儡政府的丑剧

张景惠为人昏庸，是颇适合日军要求的一个标准傀儡，辽吉失陷，日军利用他来应付哈局，龙江失陷，又利用他来应付黑局。板垣由海伦返哈以后，极力诱导马占山与张景惠联络。张、马固然有旧，其中又有一个典型汉奸赵仲仁与马接近，因此日军利用他对马进行软化，极为相宜。马自到海伦以来，鉴于国际形势与国内情形，内心矛盾很多，主要是想名利双保。他虽然加强扩军，只是为了挟此以自重，而抗日情绪则逐渐消沉下去。

龙江是黑省的政治中心，日军想利用张景惠主持，但张不愿舍去哈尔滨地盘，也很愿意拉马占山下水。龙江汉奸内部有赵仲仁、李维周两派，互争雄长，并不合日人的口味，张景惠也处理不了这个丑剧。黑省的太上主人是日本特务机关长林义秀，林也对两派汉奸的明争暗斗感觉头痛。因此，张推荐马，林也认为马对黑省有相当的威望，表示同意。

张景惠十一月二十七日派于镜寰率特区警备队五百名由哈尔滨赴黑（齐齐哈尔），翌晨特警处副处长英顺亦偕同顾问数人赴黑，准备接收黑政。

一九三二年一月六日，马占山由海伦赴哈与张景惠接洽后，张即于当日下午三时偕特区长官公署日本顾问新田等二十余人乘车赴黑垣（省会齐齐哈尔），夜二时半到站，赴官银号休息，并定七日上午十时接印视事。是日欢迎者除华方职员外，有日领事清水、外务主事早崎、满铁总办河野正直、旅团长铃木、特务机关长林义秀及苏领事博念格等。七日晨，军省两署满布岗位，省政府大礼堂交叉党国旗，中署中山遗像，中、日、苏各机关职员参与典礼者达数百名之多。行礼时首向党国旗行三鞠躬礼，继请张氏启印。迨欢迎者向张氏行礼时，铃木遽尔登台，立于张氏右侧接受礼式。继请张氏宣言，张默无一语，嘱外交办事处主任玉春将预先撰就的宣言稿用日语朗诵后，复译华语。其中全属日人口吻，听之令人齿冷。次由代理驻黑领事早崎致辞。一幕丑剧既毕，张景惠即于当日下午七时偕英顺、宋文林等返哈。

张景惠就任黑龙江省省长，事先既得马占山同意，关于代理主持黑政的人选，也得与马占山商量，马、张两方遂于一月十日商洽妥协，派黑省富绅吉祥为伪代理省长（时吉充两署顾问），马占山派国防筹备处参谋长王静修、民政厅长刘廷选、警务处长窦联芳来省辅佐吉祥。哄传多日的龙江傀儡政权就如此登场了。

代理伪省长吉祥视事后，一月十三日，日特务机关长林义秀到省署声称洮昂路不抵债，胁其承认以齐克路作价抵债。吉以本人系属暂代，拒不敢承。林大愤，急电张景惠速饬订约，遂于十五日签字。继又要求割黑垣烟酒公卖局、省党部、子药库、中学、农业学校、中国银行、农矿厅、南大营等处，为日军永久公用地；划兴隆街为界，南为日军驻屯区，北为华界，出入驻屯区不准佩带武器。吉祥表示承认。日宪兵队迁入省党部，中学、农校为铃木旅团驻所，于是勾结流氓，收买土地，包揽词讼，无恶不作。

一月十六日，马占山派程旅涂全胜、朱凤阳两团，各编一营开驻黑垣，二十二日安全抵省。张景惠即饬吉祥、商务会长杨香秋、韩雨三、李维周等赴海伦，迎请马占山返黑坐镇，并召刘钧衡赴哈磋商包围马氏办法。但此时马占山采取暂与周旋、待时而动的态度。二月一日有马占山为首的十五将领联衔表明心迹的通电，内有"占山等谨率部曲，效死杀敌，念兹在兹，义无反顾。唯由我海内外同胞，共凛匹夫有责之义，群起动员，毋任各个击破而保我子孙，还我河山，在此一举。彼有良械，我有热血，精神终胜物质，胜算贵在决心。祸燃眉急，切共图之，并盼各友邦人士一致主持公道"云云。列名次序为马占山、谢珂、苏炳文、程志远、张殿九、苑崇谷、吴松林、王尔瞻、崔伯山、徐景德、朴炳珊、徐宝珍、石兰斌、周兴岐、陈海胜。

吉祥只有两三个秘书，不分科室，到职月余，除订约签押、传达日人意见外，别无他事。二月十一日为庆祝日本建国纪念日，并预祝所谓"满蒙新国家"。是日（阴历正月初六日）日军当局指定龙江饭店为宴会地址。该处满贴标语，悬挂各国旗帜（无青天白日旗），五彩缤纷，状至华丽，并以龙江公园为庆祝场所。日方参加的有旅团长铃木美通、特务机关长林义秀、宪兵队长河野、满铁公所所长太田、日领清水等，及步炮兵千余名，唯苏领未到。华方到者代省长吉祥，参谋长王静修，前省议会议长李维周，团长涂全胜、朱凤阳，公安局长刘允升，警备大队长王丕承等百余人。园内触目皆是"庆祝新政"、"勿惑谣言"、"庆祝新国家成立"、"日本建国纪念日"、"东北同胞与东北民族联络一致"、"采列国新政，协和万邦"等不伦不类的标语。会场设望江楼下，中置巨案，交叉旭日旗，于日本军乐队奏乐声中，一些叛逆丑类行礼如仪。更有飞机一架于空中遍散各种传单，日炮兵队发射实弹一百零一发，声震天地，居民失色。礼毕已午后一时，乃列队游行，由日军乐队率领，出公园向北绕行各街，最后到龙江饭店而散。日、华官员入宴，首由铃木美通致辞，略谓："本日为我大日本帝国之最堪庆祝之纪念日，更为满蒙新国家建设将成的时节，斯乃我大日本帝国本诸世界和平、人类幸福以建国而无变者。此次满蒙新国家建设目的，亦为东亚永久和平并发展在满各民族之幸福。故今后彼此两国家，其主张既相同，自能相依相扶，共负使命，迈进前程，斯乃相信而无疑者也。本诸此意，故吾人希望新国家之早日建成为盼。遥于北满敬祝纪念佳节，预祝满蒙新国家之成立。"旋由伪代省长吉祥答词，略谓："若斯清和佳日，适为大日本帝国之纪元佳节，又为我满蒙新国家将行成立之时，实堪大庆。故吾深盼邻邦厚助，使我东北善政早施，以苏民困为盼。谨以此意敬祝铃木司令官以下各中外诸人之幸。"铃木高呼万岁，众叛徒皆唱和之，始散。丑态百出，可见日军视傀儡如玩物。

马占山投降日军

马占山自与张景惠接洽以来，外间对马的谣言颇多，迨二月十六日马飞沈阳参加所谓四巨头（即张景惠、臧式毅、熙洽、马占山）会议以后，马占山出卖黑龙江抗战的面貌已经公开。九一八以来在国民党政府不抵抗政策下，日军兵不血刃，几天之内即侵占辽吉两省重要城市，黑龙江将士在人民援助下，江桥一战稍示抵抗，即获得全国人民的拥护和赞扬，纷电驰援，并捐助大量金钱和物资。而马竟辜负人民的期望，投降日军，因此，全国人民和黑龙江将士非常愤慨，甚至当时上海新出的马占山牌香烟也停止出售。据闻马占山在海伦未赴沈阳之前，曾于二月十二日致国民党中央政府一电"表明心迹"。

东北自蒋介石实行不抵抗主义以来，助长了日军侵略的凶焰，挫折了人民抗敌的信心；而龙江一战，虽属局部，但对于人民的民族气节和爱国思想有很大的鼓舞作用。马占山想委曲自全于气焰方张的日帝国主义之下，纯是一种妄想。马自退守海伦以后，始终有未解决的矛盾存在，在一切措施上反映极多，最显著的是一面说对日绝不屈服，一面与汉奸保持联系，最后终于重返龙江，把全国共同赐予的民族英雄荣誉竟抛弃于不顾，使黑省昔日共同抗敌结成的团体陷于分化与瓦解，实为可惜。

马占山二月十六日到沈，据说是接受臧式毅所谓"联省自治"的主张，到后受到日军的威胁，变为接受"建国会议"。当时日军将预定的建设伪国计划分交汉奸于冲汉、赵欣伯等当面迫令四人接受，并限七日以内将"新国家"成立，且指定荣孟枚、宋文林为建国宣言起草者，所谓"联省自治"，至是竟成泡影。建国计划宣言内容，主要是要与中央政府脱离关系，令各人签字承认。当时马占山未允签字，于二月十八日回哈转赴海伦。二月二十一日，马致各方通电中有"现在唯有一面应付事机，一面另谋瓜代，于最短期间接替有人，应即负疚引退，以谢国人"云云，暗示回省之意。

二月二十三日，马带卫队二百名和各厅处职员等乘中东路车转道龙江，于当日十一时抵黑垣。日人对马欢迎，别有用心，除在各处张贴标语外，十二时骑、炮兵纷纷出动，在龙沙公园演习，并向西江沿一带放实弹炮一百发，飞机回翔天空散发传单，在示威之中以表示庆祝。日酉铃木美通率领欢迎者至军署，向马表示欢迎，并请致辞。马竟丧失民族立场地说："余病尚未痊愈，谨以一二语告诸君。现在国家已经如此，故余应民众之力请，不得已而归来，想余的初心诸位概已明了。现在新国家已将实现，唯希大众今后对于地方、对于己身，皆应彻底努力为是。至于以前与日军误会，扰民实深，今日思之，甚为惭愧。"随马返龙江的重要职员计有教育厅长郑林皋、民政厅长刘廷选、军署参谋长谢珂、国防处参谋长王静修、军署副官长唐凤甲等。各机关均添设日人为顾问。二十四日午，马在省政府大礼堂行就职（伪黑龙江省省长）典礼。事先布置在礼堂大门外的国民党的党旗和国旗，被铃木旅团长勒令撤去。军乐声中，行礼如仪。参加典礼的日酉为铃木、林义秀、土肥原、清水及军政各机关首领、日人顾问百余人。马略致数语毕，即由参议韩云阶朗读马占山出卖黑龙江抗战、就任伪职的宣言如下：

> 此次东北事变，我黑龙江省亦因一时误解，不幸引起战争，演成混乱局势，以致人民受此涂炭，遭此战祸，土匪横行，金融梗塞，商民极感痛苦。目下时届春耕，若不注意民食，恐秋收无望。占山猥以轻材，不明政治，自知原非胜任，唯对于我黑省人民之困苦，难以坐视。最近因黑省民众之敦促，迫于公义，实不得不勉膺艰巨，故本救民之热诚，以负地方之重任。年来东北苦于军事耗费，政治失常，而租税负担累年递增，失业者日渐其多，老弱者死于沟壑，强梁者铤而走险，遂至土匪横行，民不聊生。官府不察致乱之源，极思补救，乃更滥发纸币，钱法日坏，物价高昂，商店因之倒闭。占山服官黑省有年，深知此弊，早具改善之决心，此番更赖日本友邦表示无领土之企图，互作经济之提携，从此有善邻好意之援助，真诚之亲善，定当锐意革新，增进民生福利。目下当务之急，即先举办全省清乡，肃清匪患，裁汰冗兵，整理财政，减轻民众负担，注意金融调剂。至于整顿交通，开放富源，均为当务之急。且今后对于官吏确定登用之途，明示黜陟之道，毅然改进，则黑省前途，实利赖焉。占山不敏，素知我省地大物博，人情朴厚，果能上下一心，定能造成天下之乐土。今当就任长官伊始，谨此披沥至诚，聊申志愿，尚祈中外鉴察。

马回龙江以后，伪国成立的消息更为盛传，当二月十一日日军在祝贺日本建国纪念日时，同时预祝所谓"满蒙新国家"即将成立，街谈巷议，消息更真，日期更近。一日，马对我说："不日新国家就要成立，我必须亲到长春参加建国典礼，到时你负责代表欢迎新国家成立，现在应积极筹备，转知各处遵照办理。"我说："我尚需抽暇到哈尔滨去一次，把家眷接回来，关于筹备事项，当即告知各处积极办理。"

我自随马回省以后，暗中商同秘书刘伯岑准备出走，一齐出国，并从外交办事处主任王春处要了两张出国护照。三月二日，我与刘搭中东晚车赴哈，翌日交涉出国之事，拟由哈经满洲里走，因执照已添写真名，恐日人检查扣留，乃改由绥芬河站出国（绥芬河有某电灯厂长允代办出国手续）。伪国成立的日期已近，马发觉我未回省，改派国防处参谋长王静修代表欢迎伪国成立典礼。

三月八日马占山赴长春迎接溥仪，九日参加伪国成立典礼，同时发表兼任军政部长之职。

双城阻击战和哈尔滨的沦陷

赵　毅[※]

抗日派与投降派的斗争

　　吉林省的军政人员，在吉林沦陷以后随着形势的发展，逐渐分化成两派——抗日派与投降派。一方面，以熙洽、孙其昌等为首的投降派，早在日军卵翼下组织了傀儡政权；另一方面，以若干爱国军政人员为中心的抗日派，也适应形势的需要，在宾县建立起抗日救国政权。

　　在投降派方面：吉林伪组织成立以后，熙洽、郭恩霖、孙其昌、于琛澂等分别向各地驻军将领进行拉拢，威胁利诱，冀使与之同流合污。熙洽首先派吉海路总办李书铭偕同少校副官刘宝元到哈长路线和哈尔滨一带向各旅团长"慰问"，并声言只要服从熙的命令，关于个人地位和军队饷糈等都不成问题。郭则派其参谋处长佟衡及其胞弟郭雨霖，孙则派袁庆濂（袁金铠之侄），分头以私人名义向有关系的将领进行拉拢活动。于则派阿城电灯厂长张星桥等持其亲笔信深入部队策动合作。他们都是一方面宣传日本已动员几个师团，兵力强大，难以抵抗；另一方面就鼓吹团结，充实自己力量，消灭异己，然后待机"抗日"。当时坠入他们的圈套起了动摇的大有人在。

　　我也是汉奸们拉拢的对象之一。我原是驻双城的第二十二旅第六六二团团长，因旅长苏德臣在九一八事变后即去吉林投靠熙洽，张作相命我接任旅长职务。那时候，张作舟的第二十五旅、冯占海的卫队团以及在长春遭到日军袭击的炮兵团、辎重营等都先后集结于松花江以南地区。

　　※　作者当时系东北军第二十二旅旅长。

我指挥的第二十二旅，除第六六一团驻在敦化外，第六六二团和第六六三团都驻在双城及哈长铁路沿线。哈长路因有国际关系，在事变后始终畅通无阻。在吉林、哈尔滨两方对立的情况下，双城便成为哈尔滨的门户，我旅便居于举足轻重的地位。

在宾县抗日政权成立后，吉林伪组织要想统一全省，就必须经过双城夺取哈尔滨。因我和他们都有悠久历史关系，所以他们竭力对我威胁利诱，企图使我软化，跟他们同流合污。熙洽、于琛澂先后派车玉堂（双城商会会长）、张星桥、李书铭、刘宝元等人到双城找我会谈，并送到"委任状"任命我为"剿匪副司令兼参谋长"，附送大洋三万五千元。我当时把钱收下作为军饷，伪委任状和命令原封退回，并分别函复熙、于，责以大义。后来，孙其昌、郭恩霖两人又以和我师生、同学的关系，分派袁庆濂、郭雨霖、佟衡等分头向我进行游说，均被我严词拒绝。

吉林群奸在向各方面拉拢活动的同时，并抓紧时机利用省军械厂储存的武器（步枪两万多支、子弹约五千万发），以附逆的各部为基干，在日军直接扶持下，很快就编成了五个旅。熙洽为了统一军事、"扫荡"未附逆的军队起见，于十月底委派前被张作相撤职的骑兵师长于琛澂为"吉林省剿匪司令"（"匪"是指未附逆的军队），委派李文炳、刘宝林、马锡麟、王澍堂、李毓玖等为旅长。当时附逆的各部队下级官兵，都为那些大小汉奸们的花言巧语所迷惑，一时认不清他们的卖国伎俩，故而蜂拥蚁附地做了他们的爪牙，成为汉奸组织的有力工具。

与此同时，哈尔滨特区行政长官张景惠的态度，已由暧昧而明朗化。哈埠系哈满、哈绥两线的国际交通中枢，更为南、北满的政治、经济中心。张景惠的职权虽只限东铁特别区，与地方军政素无关系，但因他是张作霖当年的伙伴，资格最老，地位高而且重要，所以他的动向，影响很大。在事变以前，他早已成为日酋心目中的宠儿。板垣退之助不断与张有联系，汉奸谢介石（早已入日本籍）和张的干儿子日人义田经常包围他并为之奔走。随着形势的发展，他已由日军的宠儿变成了日军的代理人。

原来日军在扶植吉林群奸的同时，就着手在暗中扶植张景惠的工作了。他经日军由沈阳兵工厂拨给步枪三千支和一部分重武器，以扩充警察队维持地方秩序为名，大事招兵买马，扩充实力，企图等待时机，实现他们不可告人的目的。哈埠原驻有丁超和邢占清两个旅，张景惠名头虽高，武装力量甚小，所以他虽然亲日，暂时还不敢公开反对抗日。但到日军侵占了哈尔滨的时候，他的真面目就完全暴露无遗了。

在抗日派方面：初时，人们对熙洽等的认识还很模糊，因熙标榜着"忍辱负重"等谎言以淆惑视听，欺骗群众；及至十月初清朝遗孽罗振玉、金璧东等潜入吉林后，熙洽的汉奸面目始完全暴露，张作相对他也很绝望。但张始终遥领吉林军政长官名义，对熙的投敌卖国，并未下令撤职，亦从未通电声讨。迟至十一月间，张作相才电令吉林部分军政人员不要听从熙洽的伪命，委派诚允到宾县组织吉林省临时政府，与熙洽的汉奸组织相对抗；同时委派原吉林省陆军整理处副监李振声（后来附逆了）到哈尔滨代行边防副司令长官的职权，希望他在军事上有所作为。结果，因诚允与李振声两人意见不合，互相倾轧，以致数月之间，一事未办。

最明显的是哈尔滨竟成了"三不管"的地区。张景惠虽尚未打起投降的旗帜，却公开进行卖国活动，无人过问。镇守使丁超负有地方绥靖责任，但一则对同时驻哈的邢占清旅无权直接指挥，军事行动不免有所掣肘；二则丁并无抗日决心，虽宣称绝不与熙洽同流合污，暗中却派参谋长孙武忱等去给日酋本庄繁送礼物，妄想与日方合作，在哈独树一帜；李振声虽为张作相所委派的全省军政大员，但系只身到哈，又不孚众望，因之一筹莫展。这三个势力各自为谋，互相猜忌，形成谁也不管谁的局面。这种情况，使投降派势力日渐扩大。

约在一九三二年一月间（旧历腊月中旬），于琛澂的"剿匪部队"五个旅，已编制装备齐全，为了消灭不肯附逆的抗日力量，在日军的主使下开始了军事行动。于亲率李毓玖、马锡麟、刘宝林等旅由舒兰经榆树大举向北推进，一月十六日在榆树先把张作舟部（第二十五旅）击溃，并俘虏了张作舟本人和团长任玉山等。同时，于为了进军哈尔滨，要假道双城，一再派人到双城跟我商谈，并直接跟我通几次电话，都被我拒绝。他们看到我的部队是以逸待劳，而且严阵以待，乃绕道拉林，于一月二十三日在拉林把冯占海部击溃。这是抗日派和投降派武装冲突的开始。

于逆占拉林，曾约我去面谈，我劝他早日悬崖勒马，一致对外。于很不入耳，但因我系哈长护路部队，他既顾虑国际关系，又怕糜烂其双城家乡，故不敢扣留我。最后表示要我相信他，同他合作，将来他另有主张，并频嘱我于日军经过双城时，切勿冲突，我漫应之。

熙洽等汉奸准备就绪后，即下令撤免丁超、邢占清等的职务，并调动伪军节节向哈埠进逼。但不愿做亡国奴的军人们在这种形势下，也团结起来，一致抗日。当哈埠人心惶惶、形势岌岌可危的时候，依兰镇守使兼第二十四旅旅长李杜亲率步兵一团于一九三二年一月二十五日星夜赶到哈尔滨（道外），混乱局面，开始澄清。他首先会同丁超、王之佑在江北呼海铁路车站约马占山会面，痛陈抗日和保卫哈尔滨的利害。马表示赞成在哈成立统一军事机构，允予派队过江增援，并补助枪弹五十万发（实际上他正在做降日的活动）。丁超为了保持地盘，也极力表示合作。遂即由丁、李等召集所有抗日派军政人员在哈开会，决定保卫哈尔滨，并成立"吉林省自卫军总司令部"，统一指挥抗战军事，公推李杜为总司令，丁超为护路军总司令，同时由李、丁和王之佑、冯占海及我等会衔发表抗日讨逆通电和告民众书，号召军民一体奋起抗战。地方团体和银行界拨哈洋五十万元支援粮饷，哈埠人心为之大振。至此，哈尔滨便成为抗日救国的中心，同时也更成为敌伪所要"扫荡"的主要目标。

遗憾的是，李、丁等并未能以斩钉截铁的手段把张景惠消灭，对其卖国活动，竟仍听之任之，不加制止；而张作相对李、丁等在哈的抗日组织，始终未予以正式名义和鼓励，对其成败也是不加闻问。自卫军抗战所以失败，这也是一个重要原因。

双城阻击战

吉林于琛澂部先后在榆树、拉林击溃张作舟旅和冯占海部以后，接着就把矛头指向哈尔滨，而双城位处要冲，他们为了配合长春日军的北进，就非控制这个地方不可。

当时汉奸熙洽、孙其昌和郭恩霖等都妄想把我拉过去，但我和部队内的基干却有一个共同信念——不当汉奸，打日本。不过，我们在当时的力量还不够强大，不可能跟他们硬碰。因此，我不能不对他们虚与委蛇，以期能在有利时机发挥更大的力量。同时，我也曾对那些汉奸们存着一定程度的幻想，就是希望他们"猛醒"和"回头"。但是，幻想毕竟是幻想，形势逼着我们非同他们决裂不可。

于琛澂一面率领他的主力北上，向哈尔滨进逼，一面派刘宝林旅开到双城东十里铺附近，对我部进行监视和威胁，其目的仍在逼我跟他们合作。我因与刘是熟人，为使其对我不怀疑、不戒备，也曾虚与周旋。同时在吉林省城的孙其昌、郭恩霖也都和我通电话，告我以日军天野旅团兵车即将北开，路过双城，要我表示合作，不可冲突。

我是早已有了作战准备的，除已把所属部队作了适当的部署以外，还控制了三列装甲车。当得到日军将由长春出发的情报时，我看到形势已急，不容再事迁延，遂下了打的决心。二月一日拂晓，我亲率约五个营的兵力，轻装疾进，把尚在睡梦中的刘宝林旅包围起来，一举击溃，伪军官兵纷纷缴械投降。除刘宝林率领一部脱逃外，被我虏获大小枪五六百支，官兵七百多人。这一胜利给官兵以很大鼓舞。

我本来只想打日本侵略军，并不想打伪军，但在当时情况下，如不先解除刘宝林旅对我们的威胁，则不但无从实现消灭日军的愿望，反而还有被他们所消灭的危险，更谈不上保卫哈尔滨了。因此，我们决心先给伪军一个"出敌不意"，速战速决之后，马不停蹄地驰返双城，再作第二个"出敌不意"的部署，等待日军的到来。

我们解决了刘宝林旅以后，在赶返双城途中，于兰旗屯集合全体官兵讲话。我首先发问："我们已经把卖国的汉奸部队刘旅打垮，今后还应当打什么人？"官兵们异口同声地高喊："打日本！"真有声动天地、气吞河岳之概。我被士兵们这种爱国热情感动得热血沸腾，情不自禁地流下了眼泪，激动地说："你们真是爱祖国的好男儿呀，我代表东北老百姓欢迎你们抗日救国，感谢你们抗日救国！"这时候，全体官兵沸腾起来了，弟兄们个个摩拳擦掌，高呼"打日本""打汉奸"，情绪激昂，士气旺盛。在这种情况下，我们痛击日军天野旅团的计划，已经胜算在握了。

然而，事实上双城战役形成了两个阶段，前一阶段取得了胜利，后一阶段则遭到惨重的损失。

第一阶段：痛击日军天野旅团

我们原来的计划是：一面令第六六三团陈德才部在兰陵河岸老少沟隘路内布置埋伏，把铁道拆毁，以颠覆日军兵车，然后相机予以阻击；一面在双城车站布置埋伏，等待日军兵车开到后，相机予以歼灭。同时把这种计划报告给甫经在哈成立的自卫军总司令部，并要求他们派兵增援。

不料陈德才团（后来他投降伪组织，当了旅长）并未执行命令，不但未能给日军以袭击，连铁道也并未破坏，因之未能达到迟滞敌人前进的目的。二月一日（旧历腊月二十三日）午后，侦悉敌人的兵车已经安然经过老少沟，并且渡过了松花江桥，恰巧这时候我们在双城车站的伏击部署已经完毕。在晚八时左右，北上的天野旅团两列兵车先后开进双城车站，拟在双城集合，然后展开部署向哈尔滨进攻。因事先熙洽、郭恩霖等都认为我们一定默许日军由双城通过，甚至还认为我们也绝不敢触犯"皇军"，所以预向日方提出双城驻军已撤离铁道线的保证。日军也竟信以为真，未做任何战斗准备。那时正是摄氏零下二十多度的严冬，日军兵车两列相继进站以后，立即整队下车，架枪、吃饭，同时笼火取暖。当此稍纵即逝的时机，我们官兵在一声号令之下，以猛虎搏兔之势，三面发起突击，先用猛烈而集中的炮火和机枪火力把敌人压倒在站台上下，继以刺刀、手榴弹发起白刃战。日军措手不及，像热锅上的蚂蚁，有的拥作一团，有的钻在车下，有的跳墙爬入附近院落内希图逃命。我们这次奇袭，把敌人打得落花流水，天野旅团的主力遭受严重打击。

我们在老少沟的阻敌计划虽未实现，在双城车站的战斗，却完全实现了预期的计划，并且获得相当的战果（据当时估计，打死打伤的日军约计数百名）。这在当时的确是完全出乎敌人意料之外的一场激战。这是正规军队抗战继江桥战役之后的又一次胜利，对北犯的日本侵略军，确是一个迎头痛击，对熙、郭、于等汉奸更是一个当头棒喝——警告他们：绝大多数官兵是爱国的，是抗战的。

双城老百姓的帮助，也是令人难忘的。他们不仅在战斗前在人力物力上给了我们很多方便和援助，还在战斗开始后给我们运弹药、抬担架，甚至还有一些青年人投身到队伍中参加杀敌。至于烧水送饭，更属余事。

第二阶段：部队遭受惨重牺牲

双城战役，前一阶段是胜利了，可是接着就遭到日军陆空增援部队的突击，受到严重的损失。

当我们在双城车站给天野旅团以奇袭时，日军闻讯，立即由长春派出陆空部队驰赴双城应援，除装甲车、坦克以外，还有飞机二十多架配合作战。而我们在奇袭得手以后，未能机动灵活地及时撤出战场保持有生力量。同时，由哈派来增援的王孝芝团赶到双城近郊，看到战事仍在继续，日军飞机已来增援，因而畏缩不前，望风逃去，致使我旅陷于孤立。而且双城地形开阔，目标暴露，我旅在日军飞机、大炮、坦克猛烈轰炸之下，遭到惨重的损失。壮烈牺牲的，计有第六六一团团长吴永和、第六六二团营长苏成翔和连长金永山、张金城、李振海、张宝库，排长刘金胜、何万厚等校尉官二十余人，士兵伤亡约六七百人（多在车站左右和韩光第坟附近）。

我旅脱离战场向哈尔滨方向撤退后，哈尔滨的门户双城即于二月二日被日军占领。

日军天野旅团由于遭受我旅的严重打击，引为奇耻大辱，当我军撤退后，立即施行残酷的报复，以图泄愤。他们不但将我遗留在战场上的受伤官兵用刺刀刺死，就连已经阵亡的官兵尸体，亦多被剖腹，有的甚至挖心挖眼，并严令地方百姓不准收埋，暴尸达六七日之久，狼噬狗啮，惨绝人寰，直到过旧历年关后（正月初一）才许可地方收尸埋葬。双城人民钦敬这些烈士们为国捐躯，自动捐献棺木，将此数百忠骸排葬于双城西门外十里铺，并竖立忠勇墓的标志，以资永垂不朽。

哈尔滨的沦陷

一九三二年一月中旬，于琛澂部伪军经榆树向哈埠挺进后，在榆树的张作舟旅和在拉林的冯占海部，先后战斗失利，于逆遂得北上至阿城，逼近哈埠近郊。此时哈埠无人负责主持，而形势又日趋紧张，一月下旬李杜由依兰来到后，才扭转了混乱的局面。经过大家集议，决定保卫哈尔滨，并积极准备作战。

一月二十七日，于琛澂伪军向哈市的上号、南岗、三棵树进攻，但因伪军人心涣散，并无斗志，在李杜、丁超和冯占海等部队猛烈反击下，纷纷溃退。从此，我军军心大振，哈尔滨局势也趋稳定。

哈埠在击退于逆伪军的进攻后，即于一月三十一日正式组成了吉林自卫军总司令部，李杜、丁超任总司令，王之佑为前敌总指挥，冯占海、邢占清、王瑞华（后来附逆）和我都分别率领所属部队担任作战指挥。

双城失守，哈尔滨的门户已经洞开。日军掌握了哈长铁路线，利用火车增调大批军队，配合飞机、坦克、装甲车，节节北进，于二月二日迫近哈埠南郊地区。哈尔滨外围保卫战遂于二月三日在吉林自卫军总部的指挥下展开。参加这一战役的部队，有邢占清第二十六旅的两个团、王瑞华第二十八旅的一部、李杜第二十四旅的一个团和冯占海的部队。我部第二十二旅由双城退出后，也立即重加整顿，参加了战斗。当时我方的部署是：王之佑率部队布防于顾乡屯方面，指挥邢占清、王瑞华两部分别防守三棵树、南岗等地；我率第二十二旅（不足两团）防守上号地区；冯占海则率部向敌后迂回。日军于四日开始总攻，展开了激烈战斗。我军官兵都奋不顾身，争先杀敌，确曾给日军以很大打击。

但是，驻哈埠的丁超、邢占清等由于在事变后的四个月间，一贯存着"依靠国联调停"的幻想，观望徘徊，事先对军事毫无措施；及至于琛澂伪军和日军向哈埠进逼，他们才于惊慌失措中策划抵抗。李杜由依兰到哈，才仓促组成自卫军指挥机构。所以战事发生时，连极简单的防御工事都未构成，只好利用民房、围墙与敌人作战。在敌机轮番轰炸、坦克横冲直撞的强大攻势下，这些素无训练的军队自然不易支撑，然而竟能苦战两日之久，亦不能不算难能可贵了。李杜曾亲临前线指挥，曾把嗓子急哑，说不出话，要以身殉国，但已不能挽救战局。北满重镇哈尔滨遂于二月六日陷于敌手。

哈尔滨保卫战的失败，使当时吉、黑两省的抗战局势发生急剧的变化。马占山不但未履行其诺言派一兵、援一弹，而且哈埠沦陷不久就公开投降了日军；李杜、丁超、邢占清率部退往江北巴彦，然后又转进到依兰、密山一带；冯占海部曾活动于团山子，然后转进到方正一带；我率第二十二旅退到延寿一带。至此，以东北军为主体的抗战走向沉寂，东北各地义勇军代之而起，展开了以义勇军为主体的抗日斗争。

第 二 章

一·二八淞沪抗战

十九路军淞沪抗战

蒋光鼐　蔡廷锴　戴　戟※

淞沪战争的爆发

一九三一年九一八事变后，日本侵略军得寸进尺，妄想吞并整个中国。日军侵占东北三省得手以后，从一九三一年十一月起，先后在天津、青岛、汉口、福州、重庆、上海等地进行闹事挑衅活动。一九三二年一月中旬，日本帝国主义部署了以上海为中心的压制抗日运动和军事侵略的阴谋，派遣军舰三十余艘和陆战队数千人登陆，通过驻华军唆使所谓"居留民"集会游行，捣毁了虹口北四川路的一些中国商店，闸北区还发生日僧五名和三友实业社工人殴打冲突事件。就在此时，日本领事村井向上海市政府提出了封闭上海市各界抗日救国会和封闭上海《民国日报》等无理要求。当国民政府还没有作出答复以前，日方又在一月二十六日发出了"哀的美敦书"限令在四十八小时内（即一月二十八日下午六时前）对村井的要求作出"圆满"的答复，不然就要自由行动。上海市长吴铁城秉承蒋介石的屈膝投降政策，接受了这个最后通牒，在限期前封闭了抗日救国会，以打击爱国力量的手法来谋求对日军的妥协。不意在村井表示满意之后，日舰队司令盐泽幸一又在当晚发出了另一个以护侨为名的通牒，限令我第十九路军立刻退出闸北让给日军进驻。盐泽没有等待中国政府答复，就下令开始军事行动。午夜十一时余，日海军陆战队向闸北我军进行突袭，我军奋起自卫，向日军还击。淞沪抗战在日军

※　作者蒋光鼐当时系第十九路军总指挥；蔡廷锴当时系第十九路军军长兼右翼指挥，戴戟当时系淞沪警备司令。

的不宣而战下爆发了。

十九路军的抗战准备

九一八事变后，在中国共产党的号召和影响下，抗战呼声响遍全国。第十九路军驻扎江西时，在中国共产党和红军"中国人不打中国人"、"枪口一致对外"的正义号召的推动下，全体官兵三万余人，曾在赣州宣誓反对内战和团结抗日；调防淞沪一带后，在上海人民抗日宣传的影响下，更下定了为中华民族图生存、为中国军人争人格的决心。当时我军有些部队的驻地，靠近日军的营房，彼此可以望见。我军官兵故意每天在日军面前举行野外演习，让日军知道，第十九路军是不怕日本帝国主义的！

我军广大官兵虽然早有抗战的决心，但我们在组织上的准备工作，是不够充分的，特别是跟处心积虑要侵略中国的日军比较，更相差很远。敌人在发动九一八、一·二八事变以前，是经过长时期的动员工作的。而我们呢？政府既坚持不抵抗主义，当然谈不到准备；第十九路军本身从九一八起，连官兵军饷都领不到，要做准备工作，也是心有余而力不足。而且当时调沪不久，情况生疏，对于日军的真正企图，看得也很不准确。国民政府没有给我军提供任何有关的情报，我们直到战争前两星期，才从自己所得到的情报中判断日军的侵略已不可避免，才积极进行应战部署。

我们的军事布置工作，是在一月十五日以后开始的，距战争爆发还不到两星期。但在这段时间里，我们做了不少工作，这是我们能够有效地打击日军的关键所在。一月二十三日，我军在龙华警备司令部召开了驻上海部队营长以上干部的紧急军事会议。参加这个会议的有蒋光鼐、蔡廷锴、戴戟、张襄、区寿年、翁照垣、黄固、林劲、丁荣光、樊宗迟、杜庆云、王焘、张君嵩、顾高地、徐义衡、杨富强、钟经瑞、李扩、钟桓、云应霖、黄曦、王贻锷等。蔡廷锴、蒋光鼐、戴戟等都在会上讲了话。蔡廷锴在会上说："日本人这几天处处都在向我们寻衅，处处都在压迫我们，商店被其捣毁，人民被其侮辱，并加派兵船及飞机母舰来沪，大有占据上海的企图。我最近同戴司令一再商量，觉得实在忍不下去，所以下了决心，就是决心去死。但死也要有死的方法，所以今天召集大家来研究。"戴戟在会上说："天下兴亡，匹夫有责。成败何足计，生死何足论。我辈只有尽军人守土御侮的天职，与倭奴一决死战。"蒋光鼐在散会前说："从物质方面说，我们当远不如敌。但我们有万众一心的精诚，就可以打开一条必胜之路。何况我们还有两三万人，真不能挽救中国吗?"

紧急会议讨论决定了一切必要的应变措施（包括准备军粮物资等在内）。所有参加会议的人，都表示决心保卫上海，矢志不渝。根据会议决定，在下午七时向我军各部发出如下密令：

一、据报日方现派大批舰队来沪，多有向我政府威逼取缔爱国运动并自由行动之企图。

二、我军以守卫国土，克尽军人天职之目的，应严密戒备。如日本军队确实向我驻地部队攻击时，应以全力扑灭之。

三、第七十八师第一五六旅担任京沪铁道以北至吴淞、宝山之线，扼要占领阵地。第一五五旅担任京沪铁道线（包括铁道）以南至虹桥、漕河泾之线（南市、龙华之团即在原地），扼要占领阵地。

吴淞要塞司令率原有部队固守该要塞，并且与附近要塞之友军，确取联络。

铁道炮队及北站之宪兵营归第七十八师第六团团长张君嵩指挥。

丹阳第六十师黄茂权团，限明日（二十四日）开至南翔附近待命外，其余沈光汉师、毛维寿师为总预备队，在原地候命。

各区警察及保卫团受各该地军队高级指挥官指挥。

四、总指挥部移驻真如。警备司令部仍暂驻龙华。

一月二十四日，蔡廷锴与区寿年、谭启秀、黄固、翁照垣到达苏州，召集第十九路军驻苏高级将领沈光汉、李盛宗、邓志才等在花园饭店举行紧急会议。蔡廷锴在会上表明第十九路军抗战决心，并传达解释了二十三日发出的密令。参加的驻军将领，也一致表示反对不抵抗和拥护团结抗日。

两次会议以后，第十九路军各部基本上完成了战略战术的准备。全军动员起来了，有了充分决心，准备随时迎击来犯的敌军。

淞沪抗战的经过和我军的撤退

一九三二年一月二十八日深夜二十三点三十分，日军在闸北天通庵路突然向第十九路军翁照垣部袭击。我驻军依照总部二十三日下达的密令第二项"如日本军队确实向我驻地部队攻击时，应以全力扑灭之"的规定，当即给予还击，发生猛烈巷战。此时日军就用铁甲车二十余辆为前导，分兵五路从闸北各马路口进犯。总部接到报告后，蒋光鼐、蔡廷锴、戴戟三人星夜步行经北新泾到达真如车站，设立临时指挥部，依照原定计划，以电话命令后方部队迅速向上海推进。二十九日天亮，日本飞机出动助战，在闸北、南市一带滥施轰炸，战火逐渐扩大，但在我军坚强抵抗下，敌军各路进攻均被击退。我军先后截获其铁甲车三辆，毙伤敌军甚众。

敌方因进攻没有得手，第二天晚上二十点，通过英、法、美各国领事，向我提出停战要求。我们明知其为缓兵之计，但我军也要加强部署，所以接受了这个要求，命令前线停止战斗，严密戒备。指挥部同时即将原驻镇江以东的第六十师调到南翔、真如一带，并将第六十一师调运来沪，原在上海的第七十八师全部投入前线，加强防御。

二十九日上午，我军向全国各界发出通电，略谓："暴日占我东三省，版图变色，国族垂亡！最近更在上海杀人放火，浪人四出，世界残暴之举动，无所不至。而炮舰纷来，陆战队全数登岸，竟于二十八日夜十一时三十分公然在上海闸北侵我防线，业已接火。光鼐等分属军人，唯知正当防卫，捍患守土，是其天职，尺地寸草，不能放弃……第十九路军总指挥蒋光鼐、军长蔡廷锴、淞沪警备司令戴戟。"

一月三十日，日巡洋舰三艘、驱逐舰四艘、航空母舰两艘并随带陆战队五千人到沪。敌军增援后，对他们自己提出的停战要求，无耻抵赖，在三十一日二十三时，再度向我闸北防地猛攻，仍被我军奋勇击退。

战争开始的第一个星期，始终在闸北范围进行，敌军丝毫没有进展。二月四日，敌军开始第一次总攻，战火蔓延到江湾、吴淞一带，各线均展开了猛烈战斗。结果，在闸北方面向我青云路进攻的敌军被我击退，吴淞屹然无恙，江湾敌一联队（即一团）被我包围歼灭。我军乘胜反攻，各线激战达九小时之久，完全粉碎了敌军这次的总攻。敌司令盐泽幸一也因此被免职调回本国。

接替盐泽幸一的是海军第三舰队司令野村。野村到沪后，敌军续有增援，海陆空军已增加到万余人以上。二月十一日，野村对西方记者说："日军渡过蕴藻浜之日，即为日军行动终止之时。"又说，"日军在吴淞踏平华军壕沟之日，为时不远。请诸君拭目相观，届时即可结束华东之抵抗。"野村的口气，虽然也很骄傲，但与盐泽在战前所说"一旦发生战事，四小时即可了事"的狂妄态度比较，却较为圆滑一些，也反映出日军指挥官在遭到坚决抵抗以后，不再敢那么趾高气扬了。

二月十一日下午，日军一面出动飞机在闸北投下了大量烧夷弹，同时用大炮轰击；一面向蕴藻浜、曹家桥一带进攻，并不断增援。我守军猛烈抗击，最后展开肉搏战，毙敌数百人。战况的剧烈，为战事开始以来所仅见。至晚七时，我军将进犯蕴藻浜之敌，全部击退。

吴淞方面，当闸北战事重起时，日军曾分一部分海空军向吴淞炮台和吴淞镇进犯，另有一股进袭吴淞附近的张华浜。二月四日，敌集结大小战舰二十余艘，飞机数十架，对准我吴淞炮台轮番轰炸。至二月七日，炮台全部被毁，但我步兵仍坚守阵地，浴血阻击，使敌无法登陆。在蕴藻浜南端淞沪铁路桥梁旁的敌军，也被我第七十八师守军击溃。二月十三日，我驻守蕴藻浜北端纪家桥的第六十一师出击部队，也奋勇击退了强敌"久留米"师团的主力。敌原来企图从几面包抄我吴淞守军的计划，完全被我粉碎。

二月中旬，野村的职务已改由第九师团长植田谦吉接任。随植田开来上海的陆军达万余人。植田谦吉以总司令的身份，也发表了谈话。他说，他要迫使第十九路军撤退。二月十八日，植田谦吉向蔡廷锴提出了如下的"哀的美敦书"一件：

本职基于欲以和平友好之手段达到任务，热烈希望，兹对贵军通告左开各件：

一、贵军应即从速终止战斗行为，于二月二十日午前七时以前将现据之第一线撤退完了。于二月二十日午后五时以前从黄浦江西岸由租界西北端连接曹家渡镇、周家桥镇及蒲松镇之线起算，黄浦江东岸由连接烂泥渡及张家桥之线起算，各从租界境界线向北二十基罗米突之地域（包括狮子林炮台）内撤退完了，且在该地域内撤去炮台及其他之军事设施，并不新设之。

二、日军于贵军开始撤退后不行射击轰炸及追击动作，但用飞机之侦察，不在此限。又贵军撤退后，日本军队保持虹口附近之工部局道路地域（包含虹口公园之周围）。

三、贵军第一线撤退完了之后，日本军为确实实行起见，派遣有护卫之调查员于撤退地域。该项调查员带日本国旗，以资识别。

四、贵军对于该撤退地域外，上海附近之日本人生命财产应完全保护之。此项保证如不完全，日方当采用适当之手段。

五、关于上海附近（包含撤退区域）外国人之保护，容另商议。

六、关于禁止排日运动，一月二十八日吴市长（按：指吴铁城）对于村井总领事之约诺应严重实行，关于此项，当另由帝国外务官宪对贵国上海行政长官有所交涉。

如以上各项不能实行时，日本军将对贵军不得已采取自由行动。其结果所生之一切责任，应由贵军负之。

蔡廷锴接到植田这个荒谬绝伦的"哀的美敦书"后，即送蒋光鼐，决定召集高级官长会议。大家在会上看见这个文件都很气愤，指挥部立即下令前线部队集结炮火向日军阵地猛轰，作为对植田的复文。

这时，敌全部兵力已有二三万人，野炮六七十门，并有陆战队分布次要战线，敌舰数十艘集中于吴淞口，飞机增加为六十余架。

二月二十日晨，敌发动又一次总攻。先以大炮分向我江湾、庙行镇等地猛轰。步兵协同坦克部队，一路进击张华浜一带；另一路由杨树浦进犯，来势甚凶。我军在装备上比敌人差得多，但与敌人接战了二十几天，取得了一些经验。当敌人倾巢来犯、战火猛烈时，我军隐伏战壕以逸待劳，候敌军接近时即以手榴弹还击，敌人攻势每为我击破。向我炮台进犯的敌军，被迫后撤。闸北敌军千余人和坦克十余辆，因触地雷，死伤枕藉，残余兵士向沈家湾溃逃。江湾、庙行间的战斗也激烈异常。这两处阵地位于闸北与吴淞之间，形势重要，是敌攻击的重点。二十一日起，在敌酋植田亲自指挥下，以步兵数千人配合飞机、大炮，向我冲击，敌我死伤均重。延至二十三日黎明，敌试图从江湾车站包抄我江湾镇，我军对敌冲锋多次，弹雨血花，杀声震野，敌不支溃退。我生俘敌营长一名及士兵数百人，缴获步机枪数百支，江湾阵地始终确保。庙行镇方面，敌从二十二日起，向我竹围墩间的麦家宅阵地进攻，发炮数千发，飞机轰炸终日不停。我第八十八师第二六二、第二六四两旅奋力抗御，正在危急时，我第六十一师第一二二旅从右翼增援，第八十七师第二六一旅从左翼向敌包抄，庙行镇阵地终于转危为安。此役敌遭受重创，当晚敌第九师团有一部分散兵，逃到杨树浦汇山码头一带，企图觅船回日，其狼狈情况，可见一斑。

此后一连几天，敌方继续用飞机大炮向我阵地轰击。至二十五日，敌向庙行前线第八十七师第二五九旅、第六十一师第一二二旅和独立旅古鼎华团等新接防地进攻，炮火集中在金家码头一带，十几分钟内，落弹数百发。古团几乎支持不下，经第六十一师第一二一旅以预备队全部赶到增援，两部会合，拼命坚持。第七十八师第一五五旅生力军又从广肇山庄和何家宅一带向敌猛攻，反复冲杀；至晚又会同第一二二旅第五团向侵入小场庙的敌人反攻，最后展开肉搏，阵地终于收复。至是植田所布置的总攻计划也宣告破产。

此时，敌旗舰"出云号"被我敢死队潜水炸伤，日本国内震动，且因劳师动众，战事无法速决，引起了反战浪潮。但当权派骑虎难下，仍然进一步布置军事行动,改派前田中内阁陆军大臣白川大将接替植田,并加派菱刈隆为副司令官,增调三师兵力和飞机两百多架来华,兵力已达六七万人。而我军防守的战线绵延百余里,战斗一个月,人员武器丧耗极多,且补给无望,所以当时处境极为困难。

二月二十九日起,敌人在白川部署下,再度开始新的总攻,闸北八字桥、天通庵等地都展开激战。天通庵附近,敌我相持八小时。我第六十师不断派敢死队跃出战壕,短兵相接,迫使敌军全部向狄思威路退却。其他各处战斗,也都极剧烈。闸北八字桥形成拉锯战,我方三失三得,伤亡不少。敌人死伤极大,遗尸累累,其联队长(团长)林崛大佐被击毙。

三月一日,敌又开始新攻势,闸北战线,敌冲击未逞;江湾方面,敌向杨家楼方向扑攻,用重炮、钢炮、野炮和飞机连续猛轰,步兵乘势进袭,白刃相接,血肉横飞。第七十八师第一五五旅扼守广肇山庄附近,仅营连长即死伤十二人之多,士兵死伤过半。庙行镇方面,敌从两路进犯,我军全力抵御,杀死敌军甚多。我又调浏河一团增援,终将一度失去的阵地夺回。但由于浏河守军大部已调到正面增援,兵力单薄,敌趁此机会,强行登陆,致浏河沦于敌手。浏河的危急情况第十九路军是知道的,所以请军政部速派两师驰援浏河,但军政部置之不理。浏河失陷后,我军侧面后方,均受严重威胁,不得已于三月一日晚全军退守第二道防线(即嘉定、黄渡之线)。我军苦战月余,官兵日夜不得休息,后援不继,休整无暇,但士气始终旺盛,当退守时,无不义愤填膺,声泪俱下,决心要雪此深仇巨恨!

三月二日,第十九路军向全国各界发出了退守待援的电文:

> (上略)我军抵抗暴日,苦战月余,以敌军械之犀利,运输之敏捷,赖我民众援助,士兵忠勇,肉搏奋战,伤亡枕藉,犹能屡挫敌锋。日寇猝增两师,而我以后援不继。自二月十一日起,我军日有重大伤亡,以致力于正面战线,而日寇以数师之众,自浏河方面登陆,我无兵增援,侧面后方,均受危险,不得已于三月一日夜将全军撤退至第二道防线,从事抵御。本军决本弹尽卒尽之旨,不与暴日共戴一天……

三月三日,国际联盟开会决定,要中日双方停止战争。到五月五日,国民政府与日军签订了丧权辱国的《淞沪停战协定》。从五月九日起,日军自浏河、嘉定、南翔等地撤兵。第十九路军也已调离原第二道线,开往福建。

各方面对第十九路军抗日战争的支援

淞沪抗战爆发后，中国共产党在上海的地下组织，通过工会、学生会及其他群众组织，展开了对第十九路军的热烈支前工作。他们动员各界人民组织义勇军、敢死队、情报队、救护队、担架队、通信队、运输队等等，有的在前线配合作战，有的担任后方勤务的任务，对作战、供应各方面，起了积极有效的作用。如前线冲锋时，需要大量手榴弹应用，我军请军政部发给被拒绝时，就由总工会动员募集了几万只空烟罐，赶制"土炸弹"运往前方供用。凡前线迫切需要的交通工具、通信器材、工事物资、医药用品等，均通过各社会组织募集和供应。连前线战士每天两顿伙食，也组织郊区人民分区炊制和输送。

一月三十日上午，宋庆龄、何香凝先生等在真如进行慰劳。在她们的主持和组织下，一天工夫筹设了几十个伤兵医院。何香凝先生到前线慰问时，天正下大雪，而官兵只穿单、夹衣各一套。她回沪立即发动捐制棉衣运动，五天内制就了全新棉衣裤三万多套，运送给全体官兵穿用。

上海市商会会长王晓籁于二月五日到真如指挥部，随来二百多名童子军，交第十九路军指挥。他们在我军作战期间，始终坚持工作，直到我军在苏州举行追悼会后，才解散回沪复学。其中数人在前线牺牲。

东北冯庸大学、上海复旦大学及华北各大学的几百名学生，还有苏北人民组织的大刀队等，都要求使用伤兵的枪上前线杀敌。指挥部因为他们没有经过训练，所以没有批准他们去前方，只把他们分配在长江南岸守备；一部分到青阳港第二线参加防御工事工作。

海内外人民知道第十九路军在上海发动抗战后，有的写信，有的打电报，有的寄钱，也有的寄衣物食品等慰劳我们。人民群众对于我军的热烈支援，鼓舞和激励了前线官兵舍身抗敌的决心和勇气，这是我军之所以能以少胜多、以劣势装备抵御全副现代化军队的关键所在。

淞沪血战

翁照垣[※]

第一五六旅的作战任务与部署

第十九路军调到京沪线以后，第七十八师是被指定担任淞沪的卫戍的。淞沪卫戍原来由税警团担任，第七十八师到达后，才将南市和吴淞的防务移交第一五五旅第一、第二两团。闸北的防地暂时仍由税警第一团担任。直到一月四日，我部才奉军长命令，转令驻太仓之第六团前往接替。第六团于八日全部到达闸北大场一带，并将防务接替完毕。我们的旅部——第一五六旅，原在嘉定，也于十日移驻大场。十一日奉师长命令，将淞沪一带警戒驻地重新划分为：铁道以南，归第一五五旅担任警戒（铁道属之）；铁道以北，（由暨南大学北端起）及浏河、吴淞，归我旅。当时即派第四团担任吴淞、宝山之警戒，第五团仍担任嘉定和浏河的警戒，第六团仍留驻闸北大场原地。第四团于十四日上午完全到达并接替配备完毕。

二十三日的午夜，我们接到师长传达的军长的极密令：

一、据报日方现派大批舰队来沪，有向我政府威迫取缔爱国运动，并有自由行动之企图。

二、我军以守备国土、克尽军人天职之目的，应严密戒备。如日本军队确实向我驻地部队攻击时，应以全力扑灭之。

三、第七十八师第一五六旅担任京沪铁路以北至吴淞、宝

※ 作者当时系第十九路军第七十八师第一五六旅旅长。

山之线，扼要占领阵地。

四、第七十八师第一五五旅担任京沪铁道线（包含铁道）以南至虹桥、漕河泾之线（南市龙华之团在原地），扼要占领阵地。

五、吴淞要塞司令，率原有部队固守。

六、铁道炮队及北站之宪兵营，归第七十八师第六团团长张君嵩指挥。

七、丹阳第六十师之黄团，限明（二十四）日开至南翔附近待命外，其余沈、毛各师为总预备队，在原地待命。

八、各区警察及保卫团，受各该地高级指挥官之指挥。

同时师长下达命令：

一、第一五五旅旅部必要时移至北新泾，云团照原位置，谢团即行调驻北新泾、虹桥，杨团集结于真如。

二、第一五六旅旅部仍位置于大场；钟团应死守吴淞；丁团集结于大场，对江湾特别注意，并派队担任浏河之警戒；闸北张团应以机智灵敏之处置，应付当面之敌。如战斗开始，各就驻地，择要占领阵地，努力扑灭敌人。

我接到军长的命令后，当即下令：

一、第四团在吴淞、宝山一带地区，构筑强固工事，而死守之；

二、第五团除留一连在浏河担任警戒外，其余即集结于大场，并派出一营进驻江湾附近对该方面严密警戒；

三、第六团在大场之两营，务推进至闸北，扼要占领阵地，严密戒备。其余遵照命令办理。

第四、第五两团遵照上令配备警戒，第六团团长张君嵩报告：

一、……

二、各部到达后，即在闸北京沪线北站起，沿淞沪路之宝山路、虬江路、中兴路、天通庵路、青云路等各路口，至八字桥止，构筑防御工事；并预定该地带为第一抵抗线，由会文路至宋公园路之线，为第二抵抗线。

三、闸北之警察及保卫团已联络妥当，并饬在阵地前担任警戒。

四、宪兵仍令固守北站；铁路炮队则饬其在原地准备候命。

一月二十八日夜

由于预知日军图谋进犯，故我军也在各个扼要路口，布置防御工事。至一月二十八日的下午，两方对峙之态势，已到了剑拔弩张的时刻！上午九时，从横浜路附近的日本小学校，调来二百几十个海军陆战队员，继续与我们对峙着。江湾路的日军司令部附近，也有日兵四五十名、机枪三挺，向我江湾方面警戒。我军也密切注视事态之变化，因为在这一两天，日军当局曾一再声明将采取"必要的手段"，以实现他们的五项要求。

但是，这时却出现一个大转折，把我们脑海里准备去接受一场血战的幻影统统一扫而光！下午三时，我们接戴司令的一封密电：

一、奉参谋部长朱、军政部长何感午参电开，统密，查上海闸北一带防务，已令派宪兵一团，即日开往担任，所有该地之第七十八师部队，着即移驻真如、南翔，希将办理情形具报为要。又准宪兵谷司令感午电开，已派宪兵第六团准于明（二十七）日晨到沪接防各等因。

二、第七十八师第六团应即遵命将闸北一带防务，移交宪兵第六团接收，俟防务交替完毕，即移驻真如或南翔附近。

我当即将上述命令转饬第六团团长张君嵩遵照办理。

张团长一看这命令显然感到愤慨。因为这时日军进犯的企图更加明显了：日军司令部附近警戒更加严密，并配备了五辆铁甲车和三十几辆马达自由车，呈现进攻姿态。窦乐安路口也置有机枪四挺，武装马达自由车十余辆，士兵三四十人。同时日本小学的海军陆战队也增加到三四百人，日侨纷纷从闸北区域搬出；租界当局因觉察事态严重而于下午四时宣布戒严。日本的便衣队等更四出活动，大有一触即发之势。

现在回忆，如若当晚宪兵第六团能赶来接防，战事是否就不致发生呢？其实这是不可能的。因为占领闸北是日本军事当局的既定计划，无论当之者为第十九路军或宪兵团，这场战事都是不可避免的，除非我军屈服不战。当天午后八时，我接到张团长报告，说宪兵第六团已有一营到达真如，一则因为接防时间太晚，二则因为宪兵兵力不敷分配，故以电话商定宪兵六团明（二十九）日拂晓再来接防。我即令张团长继续严密警戒，不要因即将换防而放松警惕。实际上，这时两军间的空气已非常紧张。张团长一方面准备移交，另一方面仍在施行严密警戒。午夜事发以后，士兵能够沉着应战，实赖张团长布置得当；他的勇敢善战当然也是一个原因。

当晚十一时，我接到戴司令的电话：据报日军有占据闸北之企图，将于晚上向我军施行攻击，嘱我转饬部属，严密戒备。我这时虽没有看见日军司令"派兵护侨"的文告，但早已判断日军当晚必有所动作！接戴司令的电话后，我即令参谋主任下达通知：

一、据报今晚敌有占领我闸北之企图。

二、本旅决在原地固守，如敌来犯，即以全力扑灭之。

三、第六团应即进入阵地，严密戒备。其他各团，应在原地准备。

十一时二十分，张团长用电话报告：已遵令依原配备，饬各营进入阵地；另饬第三营营长吴履逊派兵一连防守宝山路，协同驻北站的宪兵第一团之一连，及铁道炮队，固守北站，为我军左翼据点。并报日军已在北四川路天通庵车站一带集合。我当即告诉他说："好好准备，杀敌机会快来了！"

十一时三十分，在寂静而又紧张的气氛中，忽然听到一阵极清亮的步枪声，接着便听到密如连珠的机关枪声……这时又接到张团长的电话："日军已开始向我们攻击了！他们由虹江路、广东路、宝山路、横浜路、天通庵路、青云路等处，用铁甲车掩护，向我们这边冲过来！……"

"打吧！不许退走，守住原有阵线……"

这便是战斗的开始！

我一方面令第六团奋勇作战，一方面令第五团准备增援。

战争打响约莫半个小时，混乱的激战渐渐稳定，枪声一阵阵加密。这时大部日军，以铁甲车数辆掩护，由虹江路、宝兴路、广东路等处向我正面阵地进攻，横浜路、天通庵路、青云路等处敌军，六七百人，也以几辆铁甲车掩护，向我们阵地冲锋，来势极为凶猛。日军跟在铁甲车后，从容不迫地前进。

我军士兵初次看见日本侵略军，一个个眼睛都红了。想到这是侮辱我们的国家、欺凌我们四万万同胞的敌人，现在又来屠杀我们，占领我们的土地，大家忍不住愤怒高喊："杀哟！杀哟！……"一阵机枪扫射之后，眼看敌人仓皇失措，随后一个个倒了下去……

铁甲车在突然停下片刻之后，又冲过来了！五十码、三十码……一排手榴弹雨点一般地飞出去，一阵巨响震耳欲聋，一团团烟尘飞腾起来。铁甲车这时转了头。惊慌失措的敌人，争先恐后，抱头鼠窜。我军的机枪又活跃起来。刹那间，在阵地前面，敌尸骸枕藉……

当时，我们在战报上写道："毙敌三百余人，伤数百人……"令人惋惜的是，我们还没有缴获敌人的铁甲车，只是炸坏了两三辆。

同日军初次的交战，我们发现我们的士兵不可思议的勇敢，而敌人却出乎意料的懦怯！在这次战斗中，我第五团第一营第二连下士班长潘德章，当敌人在广东路街口用铁甲车冲锋时，他沉着地用机枪扫射，击毙数十名日军，后来一颗敌弹打中了他的左臂，他仍咬紧牙关继续射击，终使敌人狼狈而退。同连上等兵伍培、伍全兄弟二人，在闸北宝山路奋不顾身地和敌人肉搏。他们左冲右突，见一个刺一个，刺毙约十几个之后，终为敌人所害，而敌人比他们多十倍！第三连中尉连附谭绍平和上士班长张桂林，在闸北宝山路宝源路口，当敌人冲来时，他们酣战如狂，在击倒十几个敌人之后，自己也受了伤。同伴请他们退下，他们却反而冲上前去，终于在一阵敌方的炮火之下，以身殉国。其他如第二营第五连连长钟国华、第三营第八连少尉连附（忘其名），都在截击敌人的铁甲车时，表现出特殊的勇敢。其他奋勇杀敌、慷慨牺牲的英雄事例不胜枚举。

我们预料，日军经过一次挫折后，必将发动更加凶猛的冲锋。这时，除正面力量足资支撑外，我又另调驻在江湾附近的第五团第二营，推进至江湾前的劳动大学附近，并由该营派出一连至八字桥，对敌人作佯攻之势，以牵制敌方兵力，同时掩护在天通路、青云路一带的第六团第二营的左翼。

果然，敌人在午前一时四十分，由虬江路口、广东路、宝兴路口等处，向我正面第一营的阵地发动冲锋，人数一千五百人左右，仍旧用铁甲车掩护。同时占领附近扼要之洋房，架起机枪，向我阵地射击，并在洋房上抛掷手榴弹，炸毁我防御工事。在猛烈的冲锋之下，我士兵仍然一步不退，用手榴弹和他们对掷，用刺刀和他们相格。不时轰然一声，敌我双方士兵都碎身于手榴弹的爆炸之下。

突然，敌铁甲车直冲过来，突破了我军阵地，将我士兵分成两截！我士兵非但誓死不退，反而跑上前去，向车上抛掷手榴弹。为了炸毁敌人的铁甲车，他们不惜自己粉身碎骨！此情此景，真足以惊天地而泣鬼神！有时敌铁甲车猛冲过来，他们毫无畏色，从容地将一颗颗手榴弹抛向跟在车后的敌人。有的敌人冲到了跟前，他们便端着刺刀冲上去肉搏。以致到后来，敌人就是有铁甲车掩护，也畏缩成一团，不敢前进了！敌铁甲车一连冲锋五六次，都无法将我阵线冲垮。就这样一次，二次，三次……我军伤亡虽重，但敌之伤亡更重。最后，我军炸毁敌铁甲车五辆，敌军冲锋才被迫停止。

在危急时，第一营的预备队也被调来增援。我遂占领各路口商店楼上，用机枪向敌射击，并向下抛掷手榴弹，给敌以极大杀伤。但在敌军狼狈退走时，我军也不追赶，一则因是深夜，二则自身损失也确实不小。最可痛惜的是，机枪连连长张金山和该营营附陆彬均在这一战役中阵亡。张连长和陆营附都是我军最勇敢的分子。陆营附在中弹后，仍继续前进，口里大呼："打倒日本帝国主义！"走了几十步，才猝然倒地牺牲。张连长被敌弹射中臂部后，仍负痛指挥，大呼杀敌，直至不能支持时，才仆倒于地。

与此同时，天通庵路、青云路、横浜路等路口我左翼阵线，也遭受敌之猛烈攻击。敌军人数约在五六百，同样用铁甲车掩护冲锋。经过几次肉搏之后，青云路和横浜路两处路口我防御工事都被敌铁甲车冲毁。敌付出了沉重的代价！即便此时，我战士并没有退走，他们敏捷地攀登到两旁的屋顶上，继续用手榴弹和猛烈的枪弹阻止敌军前进。横浜路医院和光明玻璃厂都是最扼要的据点。敌在遭受相当死伤后，纷纷向来路退却，他们误以为中了我军埋伏，不敢恋战。我恢复阵地后，又重筑起防御工事，依险据守。

各处的枪声，疏一阵，密一阵。敌人虽然不再一次接一次地猛烈冲锋，但仍企图以猛烈炮火将我压退！我军则乘机进行更坚强的部署：在虹江路附近配置两门迫击炮，归第六团第一营营长利长江指挥；在青云路也配置两门迫击炮，归同团第二营营长吴康鉴指挥；另外又令第五团团长丁荣光派第一营（缺一连）开赴闸北，归张君嵩团长指挥。第一营于二时许到达嘉兴路。由于该团第二营死伤甚众，兵力单薄，张团长便令丁团第一营在宝兴路和横浜路一带接防；第二营则向左面缩短防线，警戒天通庵路和青云路两处。旋令新开来的第五团第一营营长熊彪，将一连的兵力并配机枪一挺，接防宝兴路，右方与第六团第一营联络，其余的兵力均留作预备队，控制于中兴路附近。这时我想，日军绝不会就此罢休。因此，约莫三时，我便下命令第五团团长丁荣光，把该团第三营全部率来闸北增强兵力。丁团长于三时五十分率兵抵达青云路，令第三营营长陈德才，将兵力增至青云路至八字桥之间，右翼联络第六团第二营，左翼联络原驻守八字桥之一连，张团长又将所属第二营，拨归丁团长指挥。这时丁团长的阵地是从宝兴路口，沿天通庵路、青云路，直至八字桥一线。这种部署是很恰当的。整体部署完成之后，我军严阵以待，准备迎战敌之主力部队。

除正面战线外，这时仍有少数敌人在盲目地攻击，其他方面均转归沉静。我军在正面的力量是可保无虞的。

二十九日晨四时四十分左右，敌开始出动飞机。他们对我阵线投下炸弹和燃烧弹，但命中率很低。我阵地未受丝毫影响。炸弹大多落在民房上，倏忽间，广东路、横浜路和宝山路一带的商店民房纷纷着火，并迅速蔓延开来。我军这时一面积极应战，一面派人救火。然收效甚微，东边的火扑灭了，西边又烧了起来。

敌机一出现，我即令驻于大场的高射炮连李连长率所部高射炮两门，开抵闸北前线，担任防空任务，同时通知各团坚守所在阵地，以轻机枪射击敌机，补高射炮之不足。

敌机轰炸半个多小时后，我们预料其步兵定会再次发动冲锋。果然，在五点三十分左右，敌以铁甲车掩护步兵，向我们正面阵地攻击。我军应战约十分钟，决定转取攻势。在猛烈的炮火中，我军直冲到淞沪铁路以东，计划截击敌之后方，将其全部扑灭。敌在我勇猛冲击下仓皇失措，其一部流水向北四川路溃走，另一部行动迟缓即被我包围。这些敌人伏在广东路的洋房内负隅顽抗，并在路口铁道附近纵火焚毁民房。火势之烈，使我一时无法扑灭。我亦恐太深进敌之阵地而被截断后路，故在追击一程后，仍退驻原防。

在几次战斗中，我阵地有失而复得者，特别是天通庵车站为争夺之要点，最初车站曾一度被日军占领，少顷，当我第五团赶到后又夺了回来。此外，广东路口等处阵地，也一度被敌铁甲车所突破，由于我军苦战不懈，终于迫使敌人退却，并遭受重大损失。为了对付日军拂晓时发动的总攻击，我军必须有相当后备部队以资调遣。但是这时我第五、第六两团之兵力，已全部投于前线阵地。在此情况下，我不得不打电话给师长，请求加派后备兵力。师长遂令第一五五旅第三团第二营归我指挥，该营于七时左右抵大场待命。为了振奋士气，便利指挥，我留镇闸北第六团部，并随时出外巡视各处工事，勉励士兵；并令参谋主任丘国珍暂在大场指挥新到的第三团第二营，策应后方。

这时天已微明，敌机又在天空出现，肆无忌惮地侦察和投掷炸弹、燃烧弹。我阵地除在湖州会馆内的军警联合办事处中一弹，第六团第一营营部中一弹外，其余都中在民房上，引起猛烈的火灾。我高射炮和步枪、轻机枪，先后对空射击。据报，敌机两架受伤，一中机翼，一中机身，但都安全遁去。

上午十时左右，又开始一场激战。敌自料无法迅速冲破我阵地，故先用极强烈之炮火向我压迫，辅之以敌机狂轰滥炸，各处民房、商店陆续起火，烟雾漫天，商务印书馆总厂和东方图书馆这时先后着火。我高射炮、步枪和机枪虽继续对空射击，而火力微弱，对敌之杀伤几等于零！末几，我阵地也有数处被炸坏。火车北站的钟楼、大厅中弹起火，停在站内的中央铁道炮车被炸坏两节；防守北站的宪兵一连，因受不住炮火压迫，便纷纷崩溃下去。商务印书馆总厂和东方图书馆火焰漫天，已成不可救灭之势。

在猛烈的炮火和轰炸之后，敌又以铁甲车为掩护，出动千余人向我们宝山路、虬江路各路口猛烈冲锋，妄图占领北站。在宪兵退去之后，我北站兵力十分空虚，张团长急调该团第三营营长吴履逊率师部（缺一连）预备队，部署在虬江路口和宝山路口等处，兼顾北站方面。我正面阵地极为坚固，加上士兵屡次抵抗获胜，极大增强了自信心，越战越勇敢、越坚定。因此，在敌人的猛烈炮火和冲锋下，仍能沉着应战，毫无惧色，直到敌人气尽力竭时，又转守为攻。自开战端后，眼看不少战友壮烈牺牲，不少战友遭受残害，士兵们对敌人都恨得咬牙切齿。他们坚守在阵地上，没有一个先行退走。有的甚至在长官下令撤退时，宁愿违背命令，仍继续坚持作战，直到击退敌人，或者壮烈殉国！冲锋时，他们争先恐后，发狂呼大喊；肉搏时，他们目眦欲裂，奋不顾身。

战斗最激烈时，适值宪兵第六团第一营从真如赶到。我即令他们归张团长指挥，并令该营营长李上珍率所部赶赴北站，完全占领，另以一部占据附近洋房，据险死守。这样，我几濒危急的右翼据点才得以恢复！

这时，正面阵线炮火仍然猛烈，日军一次接一次地向我冲锋，每次照例是先来一阵猛烈的炮火和轰炸，接着是以铁甲车掩护步兵。这样反复六七次之后，直打到下午一时左右才沉静下来。在这次激战中，敌死伤二百余人，我们伤亡一百多人，无辜平民被炸死炸伤没有确数。我还牺牲了一位勇敢的上尉——第六团第三营第九连连长林玉。他被子弹射中头部，当即身死；所部战士义愤填膺，反守为攻，使当面之敌不支而退！

第六团第一营第二连二等兵宋德洪，射击非常准确。他在虬江路与强敌对抗，一连击毙十几名敌人。敌军纷纷溃散时，他一跃而起，去缴敌军的枪械，冷不防被一个受伤的敌人所袭击。在负伤之后，他仍将敌人击毙，拿回一批枪支。

还有一个连长，在酣战时，兴奋得把衣服一脱，光着膀子一直向前冲去，奇迹般地竟没碰到一粒子弹……

下午六点时，我接到师长转达的军长命令，将第六十师第二团第一营归我指挥。该营于六点三十分赶到闸北，由我拨归张团长指挥，在宝兴路附近各阵地增防。同时，中央铁道炮队也从后方开回北站附近，当即配置于共和新路路口附近，警戒北站西南一带，掩护我右翼阵地。

七时三十分，敌约一百人，向八字桥附近之日本玻璃厂发起进攻。我守军一排用机枪向敌扫射。战争仅持续十余分钟，敌便向天通庵路方面退去。其他阵地也有小的冲突，敌死数人，其余均溃散。

八时左右，我接到军长电话说：敌人托英、美各国领事出面调停，要求停战。我尊重各国领事的请求，已予应允，着我前线兵士停止射击。我即转令各团：

一、奉军长蔡电话，着即停止战争。

二、如敌不向我攻击时，除严密监视外，应即遵令停止放枪；倘敌来攻，务就地扑灭之为要。

这时，全线虽奉命停战，但敌小部队仍不断向我各阵地进袭。我官兵当然不会示弱，给进攻之敌以回击。事实上，敌人这种举动，不过是出于怯弱，他们担心我乘虚进攻。我军恪遵上方命令，只要敌不来犯，我亦不主动出击。至十时，战争又急剧而起。

从这天拂晓敌机参战，狂轰滥炸以致引起极大火灾。敌军又在广东路、横浜路和宝山路一带纵火焚毁民房，火势凶猛，终日不熄。我原有阵地前后，几乎全被焚毁。火焰所及，使士兵难以立足，只得将阵线向后略为移动。不料敌却以为有隙可乘，于晚十时又大举来犯。我官兵深知敌之狡诈，虽在暂时停战期间，我们亦未曾稍懈戒备，除一面奋起迎战，一面即令大场参谋主任丘国珍率第三团第二营开抵闸北待命。基于浏河未见敌踪，故将守备浏河之一连调回。丘参谋主任十一时先行赶到，第三团第二营官兵于午前（三十日）一时，由营长李炎燊率部开赴闸北太阳庙为总预备队，驻嘉兴宾馆，浏河之一连则在午前二时归回原营。

激战一直持续到拂晓，北站和虹江路一带炮火最为猛烈，然双方阵地并无变化。敌舰也向我开炮，通宵达旦，然未对我造成重大损失。仅天通庵路和青云路一带战事稍安。

停战和停战以后

三十日全天，双方协议停战。然在此期间，敌仍不断向我射击，步枪声、机枪声时断时续，不绝于耳。

宝山路一带大火继续燃烧，不少房屋被烧得只剩下一片断壁残垣。我士兵一面加紧构筑工事，一面奋力扑灭火患。

下午六时，据报敌陆战队分乘十余辆卡车，由租界驶往沪西，并向潭子湾方向前进，似将从中山路进攻我闸北右侧。又传闻敌有便衣队千余人，将由垃圾桥经北西藏路，袭取我北站。以后事实证明这一消息不确。而当时，我们来不及辨别真假，即派第三团第二营第一连开抵恒丰路，对麦根路一带警戒；另派一连附机枪一排，前往北西藏路一带警戒；同时呈请师长加派兵力警戒中山路，掩护闸北之右侧背。军长准予所请，旋加派第六十师第一团（缺一营），由真如开赴中山路附近一带严密警戒。

从这天开始，我官兵受到了广大民众的热情鼓励和慰劳。军长当时对我们训话说："这次战争上所表现的力量是民众的。所以，如有光荣可言，也是民众的光荣……"

当晚，日军仍断续向我阵地射击，猛烈的进犯则已停止。

三十一日拂晓，仍可听到零落的步枪声，此后便归沉寂，直到上午九点左右，天空又布满日机。这次日机共出动十七架，旨在示威，在我阵地上空盘旋近一小时，并多次往返于租界上空。下午三时左右，敌机又在空中出现，而这时各国领事和中日双方军事代表正在英领署谈判休战问题。

果然，双方未就停战达成任何协议，仅约定休战三天，各自请示政府。我官兵士气，并没受到休战的影响，大家摩拳擦掌，激昂慷慨，加之高级长官都在前线督战，人人均抱决死一战之信念。

二日午前一时，接师长命令：

一、奉总指挥蒋二月一日午后五时三十分命令开：

（一）在上海租界分向闸北虹江路等来侵之敌，经我军痛击后，退回租界及江湾以东一带；报各方报告，敌方已动员二师，有由吴淞上海登陆，大举来侵之企图。

（二）本军以待机歼灭敌人之目的，拟占领虹桥、北新泾、大场、胡家庄、吴淞之线，保持主力于铁道以北之地区，待机将敌一举而歼灭之。

（三）第七十八师附小炮一连（欠第一、第四两团）占领虹桥—北新泾—真如车站之线，保持主力于铁道线附近以南一带地区。

第一五六旅第四团占领吴淞，为我军右翼据点，而死守之。

第一五五旅第一团占领南市龙华各要点而死守之，掩护我军右翼。

第一五六旅附小炮连（欠第四团）、宪兵团（欠一营）占领闸北为前进阵地。撤回与否，静候命令。

（四）第六十师占领真如车站北端—大场—胡家庄及其北方之线，保持主力于中央（派出一部至浏河，担任警戒，注意敌舰之行动）。

该师应派一团至中山路口，对曹家渡日本纱厂方面警戒，并与翁旅长切实联络。

（五）作战境界之区分及警戒：

第七十八师、第六十师间以闸北沿铁路之线，线上属第七十八师。

各部队应于其阵地前方，择要派出警戒部队，构筑据点式之坚固工事。

（六）各部对本阵地，须构筑坚固之掩体障碍物，及广阔之外壕；尤须注意伪装假工事，以欺敌机。

（七）第六十一师之第一二二旅为总预备队，集中南翔候命。（该师第一二一旅防务移交完毕，概开南翔集中。）

二、师基于上命令之要旨，决定处置如左：

（一）第一五五旅（欠第一团及第三团第二营）应占领虹桥—真如车站之线，左翼与第六十师确取联络。第一团占领龙华南市各要点而死守之，掩护我军右翼。

（二）第一五六旅（欠第四团）、宪兵第六团（欠一营）及第一五五旅第三团二营，又小炮一连，应占领闸北为前进阵地，撤回与否，静候命令。

第四团附小炮一连，工兵一排应确实占领吴淞，为我左翼据点而死守之。

全线布置完毕，我旅阵线并无变动。

下午一时左右，敌似有向我发动总攻击之态势：先是空中窜来敌机四架，在闸北上空往返侦察，约两小时之久；继而敌在天通庵车站附近之炮兵，开始向我青云路、天通庵路、宝兴路、宝山路一带的阵地轰击，同时敌机也在空中投掷炸弹；枪声一阵紧似一阵。我许多士兵都在掩蔽部下，严待敌人冲锋。敌乘猛烈炮火之掩护，仍用两辆铁甲车开路，向我第五团第三营第八、第九两连阵地冲锋，旨在包围我左翼阵地。经过激战，我士兵终于不支，旋溃退下来。与此同时，在天通庵车站附近的我第五团迫击炮连阵地，因正当敌炮火之要冲，故连中三炮，阵地几被完全摧毁。战斗中，我第五团第三营第九连连长张福甫身负重伤，直到四日后才牺牲。他是一个最得部属爱戴的官长。同团机关枪第三连特务长受伤。士兵死伤各六名。

七时左右，师长派炮兵连长吴丹率炮两门赶抵闸北增援。我即令其在中兴路附近占领阵地，向敌司令部、日本小学及虹口公园一带轰击。当晚共发炮五十余发；江湾路敌司令部和北四川路日本小学均被我炮弹命中多处。双方炮声终夜不绝。敌在晴夜中，尚无来袭之企图。

敌炮声一直持续到天明，拂晓时尤为猛烈。我第五团迫击炮连，也在天通庵车站阵地附近洋房上，对敌正面之司令部射击，后据报，该连共发炮五十余发，命中率甚高。

下午二时左右，敌炮击更加猛烈。我全线阵地都招致敌炮威胁，特别是天通庵路一带我所占据的洋房，大多被敌炮摧毁。敌机也四处投弹，一时爆炸之声震耳。残破不堪的闸北商店和民房，又遭荼毒。敌人炸毁民房和商店，旨在使我失去作战的依凭。事实上，适得其反，我军不得不从原阵地退缩，反而依据颓垣残壁，猛力抵抗，并伺机向前推进。在火焰瓦砾之中，和敌肉搏。最后，敌焚烧所得效果，除烧毁大量民房外，对我士兵根本不产生影响。在敌轰炸和炮击中，我仅伤排长一名、士兵六名和阵亡士兵一名。

当天我发出告全线官兵书，提出如下口号：

> 军民团结一致！
> 反抗日本侵略！
> 誓死为国家求独立！
> 誓死为民族求生存！
> ……

下午一时五十分，我接师长命令：

一、兹奉军长令，派第六十师第一二〇旅邓旅长志才，率所部前往闸北接防。

　　二、仰该旅长将闸北防务移交邓旅接受后，即开回金家角附近，整理休息。

　　三、该旅务于本晚十一时以前，移交完毕。

我即饬第五、第六两团遵照办理，适邓旅长率第一二○旅官兵赶到。晚六时许，两旅正在赶办移交之际，又接师长命令：

　　一、据报敌军拟在吴淞登陆，有攻击我要塞企图。

　　二、仰该旅长候邓旅长接收闸北防务后，即率第五团开赴吴淞增防，并死守之；但与大场刘旅应切取联络，并对江湾方面特别注意。

　　三、其余各部，仍照本（三）日午后一时命令办理。

我即令第五团团长丁荣光，俟防务移交完毕后，用汽车运兵，星夜赶至吴淞增防，第六团开往金家角休整；我自己则带旅部人员，连夜赶到吴淞。

闸北方面，以后便由邓志才旅长，率第一二○旅官兵，继续抵抗。邓旅战斗力坚强，终于使敌无法袭取而转采攻击重心。

以上是我一五六旅在闸北作战的经过。从战斗打响之后，到全线移防为止，我旅也招致了严重损失，但是比起敌人的损失，我损失还是轻的。聊以自慰的是：我全旅官兵都抱着牺牲决心，每个人都发誓要杀一个敌人。这种决心，使我们无愧地宣告：我全体官兵无罪于同胞之前！

吴淞一月

转守吴淞

吴淞方面的战争，是在二月三日上午九时以后打响的，当时闸北方面正在激战。敌以极猛烈之炮火向我阵地压迫，我亦令炮兵连、迫击炮连和铁道炮队一齐向敌还击。为使我炮击产生最大威力，我又令吴淞炮台向杨树浦之日本汇山码头一带轰击。至十时左右，我已发十余炮。旋据钟经瑞团长报告：停泊在吴淞外的敌舰六艘，已开始活动，排成"一"字形，一起向我吴淞炮台射击。我炮台亦奋力还击，我守炮台湾之第四团第一营也以机枪助战。猛烈的炮火持续约两小时之久。敌驱逐舰一艘受重创，不久即沉没，另有炮舰三艘受伤。我炮台毁炮三门，第四团全无死伤。钟团长为预防敌舰炮击和敌机轰炸，诱敌登陆作战，特命兵士：

一、非俟敌兵登陆时，不要放枪；

二、增加工事强度，并须多掘地窖；

三、上午六时前早餐，下午六时后晚餐，使敌机、敌舰不易得到轰炸和射击的目标。

其时第四团之阵线是：第三营及第四连固守右自泗塘河、太兴桥沿蕴藻浜至吴淞镇东北端码头附近之线，另由该营派出第八连附机枪二挺，在蕴藻浜车站，占领前进阵地；第一营从第四连右翼起，沿黄浦江左岸至炮台右侧之线；第二营（欠第四连）占领宝山城，右与第一营、左与狮子林炮台守备营切取联络；团直属队为预备队，位于朱家宅附近。

我接师长命令后，连夜率同旅部人员，于四日上午一时抵达吴淞朱家宅第四团团部。上午六时，我即下令：

一、据报敌艇在吴淞登陆，有攻我要塞企图，我第六十师邓旅在闸北正与敌相持中，刘旅在大场、江湾一带警戒。

二、本旅（欠第六团）以掩护我军左翼之目的，决在吴淞死守，敌如来攻，即以全力扑灭之。

三、第四团在原阵地固守不动，第五团（欠第二营）应沿泗塘河左岸构筑工事，为预备阵地；对江湾方面，由该团派出警戒，并与刘旅切取联络。

四、第五团第二营在朱家宅附近集结，为旅预备队。各团务将工事构筑坚固，完毕后，应在驻扎村落加筑据点及掩蔽部。

五、米粮应尽量搜集准备。

旅部在这时移驻张家宅。我们预料，敌舰即将发动大规模攻击。

四日之战

上午十一时左右，敌舰十三艘和商船一艘，在黄浦江口内外往来移动，似有向我进攻和乘隙登陆之势。战端既开，我即命炮台向敌舰瞄准射击。我方发了几炮后，敌舰一部分退出口外，一部分驰进口内，在占领适当海面之后，一齐向我炮台还炮。一时炮声大作，愈战愈密。我第四团迫击炮连也发炮助战，我沿江一带守兵，也以机枪向敌舰射击，敌舰也用机枪还击。这次炮战之剧烈，是前所未见的。重量级炮弹，在阵地前后左右纷纷雨下，其中不少准确地命中我炮台，而我炮台仍继续发炮，直到敌机出战，我炮台几乎全部被毁。这时，敌机共二十四架，在炮台上空轮番轰炸，掷下重量炸弹无数。激战约两小时后，我炮台已陷于瘫痪。炮台上先后被炸毁大炮六门。要塞司令的参谋长滕某，即在是役阵亡，另有副官二人同时殉难。炮台守备营官兵，也伤亡极多，其余均在炮火猛烈时，因实在没法支持而溃散了。

敌因其在武器装备上占极大优势，轻易不肯罢休。在我炮台失去抵抗力时，敌舰仍照旧发炮，敌机也继续轰炸，企图乘机登陆占我阵地。我即令第四团守炮台湾之一营派兵一排，扼守炮台；协同在防守炮台左右的部队，竭力制止敌登陆。但当这一排人跑上炮台时，即遭敌机轰炸，死伤过半。幸存者仍据守炮台，奋勇迎战。与此同时，我各处阵地虽冒猛烈炮击和轰炸，仍坚守阵地，敌始终无法上岸。直到下午一时左右，敌才放弃登陆企图，炮声亦渐归疏落，至五时许始停止。在这场剧战中，我第四团第一营阵亡战士十名，负伤六名。

此后，我炮台便失去效用。

这时，第五团兵力的配备情况是：第一营占领在自太兴桥右至陈家坞桥止之地区，右与第三营，左与第四团联络；第三营占领第一营左侧至赵家木桥火药库止之地区；团直属队为预备队。

由于第四团第一营在炮台湾，第二营（欠一连）在宝山城，防线都很长，且兵力又太单薄，我恐敌人乘夜登陆袭击，兵力不够应付，故命第五团第二营营长黄康，拨出步兵两连，归钟团长指挥。黄营长拨出第五、第六两连，于六时左右赶到。钟团长即命第五连为第一营的预备队，第六连接替第四连的阵地，调第四连回宝山城归第一营建制。

五日上午十时左右，有敌机四架，在我吴淞镇阵地上掷下十几颗炸弹，少顷即逸去。同时敌舰五艘在黄浦江口移动时，亦向我开炮四十五发。我亦还炮。然战事未趋剧烈。是日，我第四团第一营仅伤士兵三名。

六日拂晓，据前哨报告：敌陆军四千多人，于夜间在张华浜登陆，有向我方阵地进攻态势。其后并无动静。只是天空有四架敌机盘旋侦察，江面有四艘敌舰往返巡视而已。

下午六时，师长令拨第八十七师高射炮第二连赶抵吴淞归我指挥，我即转饬钟团长，令其指挥该炮连在吴淞镇附近占领阵地，掩护铁桥头一带。

七日之战

一夜宁静，正是一场大战的准备，敌正计划大规模向我进攻。早上据前哨报告：在张华浜附近，发现敌铁甲车六辆，步兵甚众，有向我阵地进攻之迹象。我除令前线守兵严密监视外，即饬第五团第一营进入泗塘河阵地，以防敌在蕰藻浜上游偷渡，向我右背侧包抄。八时许，敌机二十四架在我吴淞镇阵地上空盘旋数周后，掷下重量炸弹数十颗。这天虽然下着带雪的微雨，但敌机仍能活动，只要目标稍显之处，都未能幸免。我虽构筑大量掩蔽部和假阵地，但因敌机投弹甚多，仍有相当损害。同时，停泊在张华浜码头附近和吴淞对面三夹水等处的敌舰二十四艘，也一齐向我全线猛烈轰击，炮弹纷下，隆隆之声震耳欲聋。吴淞镇即在如此猛烈的轰炸之下，燃烧，崩倒，震撼，很快变成一片废墟。张华浜车站附近，也发现敌重炮八门（据报另有野山炮二十四门）集中火力，向我吴淞镇和铁桥头一带阵地轰击。一时间山摇海沸，黑烟弥漫，而我士兵却从容镇定，阵地并未摇动。

果然，敌乘炮击正烈之机，在张华浜以铁甲车掩护步兵两千余人，向我蕰藻浜第八连的前哨阵地猛扑。我第八连连长赵金声督率所部，凭据工事向敌人射击。苦战近一小时，终因众寡悬殊，死伤过半，渐近不支。这时敌势更加凶猛。赵连长遂将余部退至铁桥前端，准备渡河归回本阵地，继续抵抗。当第三营营长梁文用电话将前线情况向我报告时，因炮声震天，电话中我误听为全线撤退，当即厉声说道："无论如何，不能撤退！"又令梁营长转饬赵连长仍率余部反攻，否则将以军法从事。但是，这时敌已经乘机推进至蕰藻浜附近，欲以单薄兵力从正面将敌击退，已不可能。赵连长遂率余部从蕰藻浜车站背后，绕过车站前端一带商店，用机枪向敌猛射。这样一来，便将敌截为前后两部。敌误以为中我伏兵，一时恐慌万状，完全失去战斗能力。我乘胜推进，有如秋风扫落叶，毙伤敌兵六七百人之多。正面之敌人，就这样奇妙地被我击退了！

这时，敌机和敌舰仍继续向我轰击。我士兵坚忍不拔，稳守阵脚，他们眼看同伴在敌炮弹之下身裂颅碎，更增加了复仇的决心。在吴淞镇东北端第五团第六连的壕沟中，当敌舰的炮弹飞来时，我整排士兵都被活埋在壕沟里面，尸身和枪械都无法抢收。其他各处炸死、炸伤的官兵也很多。第四团第三营营长梁文在铁桥头附近指挥作战时，敌机炸倒了他身旁的墙，他给压在碎块底下，后经其部属挖掘出来，竟没有压死。其他如同营第八连中尉连附冯玉山及其部下的班长士卒，第九连班长左桂生和士兵张齐发、梁海等，机关枪连的班长李锡先、王玉林、钟善华、邱盛宾、王学成、冯富强和士兵杨全胜、孔祥胜、邓明大、宋长发等，都是奋勇作战，争先杀敌而从死里逃生的战士。第五团第二营营长黄康作战的勇敢，竟至使敌人望而生畏。

战事一直持续到下午六时，炮声才渐渐稀疏。我前哨士兵死伤甚众，力量单薄，而敌之主力部队又麇集在张华浜一带，难保他们在晚上不卷土重来。因此我令他们乘黑暗用小船渡过蕴藻浜，回归本阵地休息。

当晚，情况仍很紧张。敌在蕴藻浜对岸时断时续地向我射击，意在防我夜袭。我第四团第三营与敌隔河对峙，也不时射击，以扰敌之安宁。

八日早上六时左右，敌贾昨日之余勇，用炮舰六艘、飞机二十余架，向我第三营阵地轰炸射击，以为步兵冲锋之序幕。少顷，即以铁甲车数辆掩护步兵千余人，向我阵地猛烈进攻。一时炮火异常紧密，激战三个小时左右，我阵地岿然不动，终于将敌从容击退。但敌机仍在空中掷弹，竟日不止，敌舰也不时发炮。我第五团第二营驻地中弹数枚，总计两团阵亡官兵五十三名，负伤二十三名。

九时，接师长发自真如之命令：

一、顷奉总指挥蒋二月七日午后十时二十分命令如次：

（一）据各方确报，敌陆军约一师团，将沿江湾浏河之线，压迫我军左翼，策应租界内之陆战队残部，有占领吴淞及闸北之企图。

（二）本军以保护国土、实行自卫之目的，展开于上海附近京沪铁路南北之线，保持主力于铁道以北地区；对来扰之敌，迎头痛击，压迫于黄浦江畔而歼灭之。

（三）第六十师担任北站、闸北、江湾之线，以一部固守北站闸北，主力集结于大场东北一带地区，相机迎击由浦江进犯之敌，左翼与翁旅切取联络。

（四）第七十八师除翁旅（欠第六团）死守吴淞外，其余在北新泾至真如之线，对中山曹家渡警戒。

（五）第六十一师以一团控置于罗店，派出一部至浏河、小川沙沿岸一带警戒江面，主力则应于八日拂晓前，集结于刘行至大场一带地区。如浏河方面无敌情时，则相机策应第六十师。

（六）第八十八师（计三团）及第八十七师宋旅（计二团）为总预备队，位置于南翔、虹桥间。

（七）宪兵第六团担任高昌庙、龙华一带警戒，仍归戴司令指挥。

（八）第八十八师王贲旅古团担任虹桥北新泾之线警戒，归区师长指挥。

（九）补给：粮食准备半月量，弹药储藏所设南翔。

（十）通信计划如另图（略）。

二、本师遵照右合要旨，决定处置如下：

（一）第一五五旅将虹桥北新泾之防务移交古团后，集结于真如暨南大学附近待命，但须派一团担任北新泾至真如之间，对中山路曹家渡警戒，左应与张团、右与古团切取联络；

（二）第一五六旅（欠张团）死守吴淞，应与第六十师联络；

（三）第一五六旅张团担任真如车站，以北至大场间之警戒；

（四）其余直属队在原地候命。

根据上方命令，我转饬各团遵照如下的布置：

一、敌情及友军情况如师命令所示。

二、本旅（欠张团）遵命在吴淞死守。

三、各团应注意之事项如下：

（一）加强工事，多开掩蔽部及交通沟，并在各驻地利用房屋，多做据点，以备各自为战；

（二）尽量准备粮食；

（三）每兵补足弹药五百发，手榴弹四枚。

我们当时所采的战略，就是在这次命令里面所说的"利用房屋，多做据点，以备各自为战"。我命士兵各在原驻地之小村落内，构筑坚固工事，以防敌登陆时各自为战。因我兵力单薄，敌以海陆空全力向我压迫，我与敌如作大规模会战，力恐不支；故我决定化整为零，使敌于实行占领时，不得不付出加倍之代价。参谋主任丘国珍尽日亲出各处，指导士兵构筑掩蔽部和交通沟等。这些工事，在当时条件下是颇为完备的。

从九日起，只双方除进行零落的炮战外，一连几天没有发生大的战事。九日上午自九时起，敌机不断在我阵地上空侦察。下午六时，师长拨地雷队一排归我指挥，我转饬钟团长，令他们继续破坏蕴藻浜各段之桥梁，并在沿河各要点埋设地雷。

十日上午九时，敌机仍在吴淞上空侦察我阵地，并以机枪断续向下射击。敌舰三艘在出入黄浦江口时，共向我发射二十余炮，同时用机枪向我沿江阵地扫射。如我备有重炮，敌舰肯定难逃我之惩罚。是日，我阵亡士兵四名，伤六名。

这时第六十一师已有一团进驻杨行，他们派出一营在曹家桥、纪家桥沿蕴藻浜北岸一带警戒，使我吴淞阵地右翼更为坚固。

十一日晨，据第四团第三营营长梁文报告：在蕴藻浜附近发现敌两千余人，其中一部向右方移动。我遂令梁营长严密注意，但以后并无变化，情况与昨相似：敌机三架，去来频仍，在我阵地上空频繁侦察；敌舰在出入江口时，依旧向我开炮。我又有少数战士在敌炮下牺牲。第四团阵亡士兵六名，另有一位排长受伤。

在曹家渡警戒的第六十一师前哨，这时已开始和敌人接战；纪家桥一带也步步吃紧。直至十二日晨，敌愈战愈凶，企图强渡。然纪家桥也是我第六十一师防地，兵力充足，可保无虞。我第四团为牵制纪家桥进攻之敌，令迫击炮连和第三营以猛烈炮火，向蕴藻浜对岸射击，敌相应还击，敌机也来侦察和投弹，敌舰七艘也在黄浦江往来游弋，向我发炮三十余发。我仅阵亡士兵二名，伤一名。

为了救济闸北战区难民起见，这天双方同意从上午八点至十二点停战四小时；而吴淞方面的炮声，并未因停战而停止，敌机竟日飞翔，并用机枪向下射击。

九时许，总理夫人①一行亲来前线慰劳我军将士。她们在土屋里落座时，敌机即在上空飞行。我奉陪她们巡视一周，至十一时许方离去。当她们走过田野时，敌机一再飞过头顶，并放枪。

纪家桥之战

从十一日起，纪家桥和曹家桥一带战事突然紧张起来，至十三日，终于激成一场酷烈的大战。

拂晓，敌利用烟幕掩护，在曹家渡一带偷渡。由于烟幕蔽天，当我前哨发觉时，敌已几乎偷渡完毕。这次进攻之敌两千以上。我守卫曹家桥、纪家桥一带阵地的是第六十一师，当即奋起应战。他们乘敌尚未构筑坚固阵地，经过短暂接触即发起冲锋。然敌人数既多，炮火又烈，机枪子弹有如密雨，我连续几次冲锋均未奏效，且付出了相当的牺牲。与此同时，敌也猛力发动反冲锋，我官兵奋死抵抗。继而我又接连增兵，

---

① 指孙中山夫人宋庆龄。

再次冲锋，无奈敌阵脚已稳，终不得手。从上午八时激战至下午一时，我反复冲锋达数十次。虽然伤亡惨重，形势危殆，但我官兵始终采取攻势，冀图将敌驱走。第六十一师的第一二二旅，用两团兵力，攻击敌正面；第一二一旅派出两营兵力，由庙行一带攻敌背后，而敌人愈战愈众。我各处部队均因取反攻之势，损失都很大。激战至二时左右，敌声势更猛，炮火加烈，使我难于接近。曹家桥和纪家桥都被敌占领。

下午一时左右，我令丁团派一连前往曹家桥与第六十一师联络，正值我该处部队苦战中，该连当即参加支援作战。至二时左右，我又调第五团丁团长率所部（欠一营及一连）由吴淞向曹家桥方面侧击敌右侧背，以援助第六十一师克复纪家桥；适值张副师长判断形势艰难，一时无克复希望，着丁团无须增援，丁团遂回原防。

张副师长认为：以敌人之众，白日反攻，恐不易得手。他计划发动一个巧妙的夜袭。晚上九时，他亲带两营人，用手榴弹和手枪，静悄悄地奔袭日军宿营地。整天疲劳的敌人，这时正在酣梦之中，直到手榴弹的炸裂声在耳边震撼，他们才惊起乱窜，惊慌之状，达于极度，不到一个小时，战斗便以我方完全胜利而告结束！

第六十一师夜袭时，我即令第四团第三营和迫击炮连猛烈射击，佯作进攻声势，与之配合。十时许，张副师长来电话说，他们已在九点四十分将敌全部解决。

在十一日下午的激战中，我军也遭受重大损失。第六十一师营长李荣熙于二时许阵亡。他是日本陆军士官学校毕业生，和我同一年级，是个实事求是的革命军人。他平素最恨日本侵略者，作战特别勇猛。团长郑为揖在阵地上受伤，仍奋勇指挥，后被战友强按到救护床上。

十四日，侵略军采用了最安全的攻击方法：天空，十余架飞机轮番轰炸；江面，十二艘敌舰猛烈炮击。我军将士对此依旧严阵以待。我第五团第二营第五连连长罗彬，因麻痹不幸被敌机炸死。这一天，我共阵亡官兵四名，伤四名。

十五日早六时左右，敌又向我攻击。揣其用意似在使我劳瘁，然后实行占领。这时，十三架敌机轮番在吴淞、宝山一带轰炸，敌舰八艘也一齐向这一地区射击。未几，敌以舢板数十只，满载陆战队，企图在我炮台正面登陆。被我击退后，第二次又来；第二次被击退后，第三次又来。如此反复十数次，全被我一一击退！在蕴藻浜车站附近，敌炮也不断向我第四团第三营阵地轰击，旨在摧毁我前线阵地。敌先后发炮不下数万发，直至下午六时左右才停止。我共阵亡士兵七名，伤官兵十一名。第四团第一营营长邓启炘在勇敢地指挥士兵击退敌舢板时，不幸受伤。

这时，庙行方面战事也开始吃紧。我们守备吴淞的部队，自开战以来伤亡甚众，而敌却积极增兵以图袭取。为死守计，我方也不得不增强兵力。遂请师长调回第六团建制。旋奉师长命令，准予调回该团第三营抵吴淞增防。十六日上午三时，营长吴履逊即率所部到达，驻扎离旅部不远的费家宅，作为旅的总预备队。

这天上午，方振武、张子廉、吴迈三先生代表民众团体前来慰劳，陈说沪上民众团体救国工作的状况，给我们以极大的欣慰。我也向各位代表表达我全体将士不畏牺牲之决心，吴迈三先生竟离座向我下跪，使我感动万分。

十六日战况较为平静，然敌机仍四处侦察，敌舰也据敌机所发的信号，向我发了几炮，同时在张华浜一带巡视。我士兵阵亡一名，伤四名。

十七日战况依旧。我士兵阵亡三名，伤一名。

我们揣测，敌此时亦感兵力不足，静待援军重新配置后，再图进犯。我们预感，一场更剧烈、更长久的战斗即将开始。

下午十时接师长从真如发来的命令：

奉总指挥十六日下午十二时命令开：

一、据确报敌全泽第九师团，及久留来第十二师团之一混成旅团，由敌第九师团长植田谦吉指挥，于本月十四日全部到沪，总数约三万人，联合敌海军陆战队之残部，企图进占我吴淞及上海南北市。

二、我军以保土自卫之目的，拟占领南市—龙华—北新泾—真如—闸北—江湾—吴淞—宝山—月浦之线，保持主力于铁道以北之地区，迎击由闸北—江湾—吴淞方面来犯之敌，待机出击，压迫之于黄浦江畔而歼灭之。其兵力部署区分如下：

甲、右翼军

应占领由南市—龙华—北新泾—真如亘闸北—江湾之线，保持主力于大场真如之间，迎击当面之敌，待机出击，压迫之于引翔港方面而歼灭之；但须以一部有力部队，死守南市—龙华，作全军右翼之据点，其详细之兵力部署如次：

（一）第八十八师独立旅（欠古团）暨宪兵第六团，担任警戒南市、龙华，虹桥亘北新泾河以南（河属之）之线。但须以有力部队，死守南市龙华为右翼之据点。

（二）第七十八师（欠翁旅）暨古团担任警戒北新泾河以北亘曹家渡、中山路、真如车站北端之线。主力控置于真如镇西方附近，相机迎击当面之敌及策应第六十师（警备配备同前令）。

（三）第六十师占领北站—闸北亘八字桥—江湾北端之线，主力控置于中央，迎击江湾当面之敌，乘机向虹桥、引翔港方面出击。

（四）第六十一师为右翼军预备队，集结于大场镇西南一带，以一部死守江湾镇。

（五）作战地境，暂不规定，唯各师之左右翼须与邻接师切实联络为要。

乙、左翼军

应占领江湾北端亘庙行镇东端—蔡家宅—胡家宅—曹家桥之线，主力控置于大场镇北杨行镇南及刘家行之间，迎击由江湾北方地区来犯之敌，乘机出击，向殷家行镇附近压迫敌人于黄浦江畔而歼灭之。但须以一部在罗店—浏河—小川沙方面，担任江西之警戒，相机策应吴淞。

要塞地区守备严归左翼军张军长指挥，须以有力部队，乘机进占张华浜车站，万不获已，则死守吴淞、宝山之要塞，以为全军左翼之据点。

丙、作战地境

右翼军左翼军以沈家行—江湾镇—大场之线为作战地境，线上属右翼军。

丁、航空队须努力防害敌机之活动而掩护我军之作战，如能做到，则努力爆击引翔港附近之飞机场及其炮兵阵地。

戊、上述各部，须于明（十八）日午前三时以前，完备一切战斗准备。

三、本师暨古团以死守吴淞及占领北新泾亘真如车站北端之线，相机迎击当面之敌，及策应第六十师之目的，其兵力部署如次：

（一）第一五五旅率第一、第二两团本（十七）日下午十一时以前，移驻国际无线电台西端王千里宅附近为师预备队；

（二）第三团担任北新泾河（河不在内）以北亘曹家渡沿中山路至真如车站在内之线之警戒，并须努力加强及改良已构成之工事，右翼与第八十八师独立旅，左翼与第六团切实联络；

（三）第六团（欠第三营）担任真如车站（车站不在内）以北亘大场镇（大场镇不在内）之线之警戒，并努力加强及改良已构成之工事，右翼与第三团，左翼与第六十一师切取联络；

（四）第一五六旅旅部率第四、第五两团及第六团之第三营死守吴淞，并须以有力部队，乘机进占张华浜车站，协助友军迫敌于黄浦江畔而歼灭之；

（五）各直属队暨古团，仍照现在位置，担任原定警戒任务。

四、通信及联络：

以电话为主，各部队照遵前令及作战计划办理。

五、补给：

（一）粮秣：各部队无论何时，须存贮半个月以上粮秣，由各部队就地采办，若万不获已，由师部军需处采办发给；

（二）弹药总库在真如。

六、卫生事项：

（一）各团应在前线设绷带所；

（二）师在真如设立野战病院，在南翔设后方野院。

七、军队区分表：

右翼军指挥官第十九路军长蔡廷锴：

第六十师

第六十一师

第七十八师（欠翁旅之第四、第五两团）附第八十八师独立旅古团

第八十八师独立旅（欠古团）附宪兵第六团及南市一带团警

左翼军指挥官第五军军长张治中：

第八十九师

第八十八师（独立旅一旅）

冯庸义勇军（现在浏河集结）

要塞地区指挥官：正指挥官谭启秀，副指挥官翁照垣。

第一五六旅〔欠第六团（缺一营）〕

航空队指挥官

午夜时，又接左翼军指挥官张军长本日下午四时发于南翔的命令，其第（一）（二）两项除重述总指挥命令之内容及军队区分外，对兵力部署等特作如下命令：

（三）本左翼军兵力部署如下：

1. 第八十八师（欠一旅）应占领江湾镇北端至周巷无名河南岸之线。右与第十九军，左与第八十七师确取联络，唯主力须控置于大场镇以北地区。

2. 第八十七师第二六一旅，应占领由无名河北岸沿胡家庄径应家桥之线，右与第八十八师、左与吴淞要塞地区队确取联络。

第二五九旅，应派兵一营，归第二六一旅宋旅长指挥，其主力为师预备队，应控置于杨行至刘行大道上之火烧场董陆宅附近。

3. 要塞地区队之任务，如总指挥蒋命令所规定。

4. 中央军校教导总队为军预备队，集结于刘行北之太平桥、张家桥附近。

（四）各师须于明（十八）日午前三时以前，分别与我第十九路军接管防务，并完成一切之战斗准备。（余略）注意：

日前我军与敌作战，纯系巷战性质，现敌军主力渐向北移，此后应特别注意野战。野战尤须顾虑敌利用重兵器，对我施行一点冲破，及侧翼包围，故我军对此，须应预防，其方法如下：

1. 兵力配备，前线不宜过厚，须置重兵于后方，力求纵深配备，以期减轻损害而策应便利。

2. 散兵壕切忌连成一线，致敌飞机易于侦察，应按地形地物，分散配备，重叠构筑，尤应设置掩盖；如得时间余裕，则增设二线三线，俾能强硬抵抗。

3. 距本阵地较远之处，配设假装物伪工事以乱敌目而分散其火力。

4. 机关枪阵地，为战线之骨干，务必求其坚固。

5. 指挥之重要者，为各级官之通信，故其设备须力求灵活，尤其部队与高级指挥官之联络，须十分确切。

根据师长的命令，我们要以有力部队，乘机进占张华浜车站，协助友军歼灭敌人，故我于十八日上午十时，令第四、第五两团各派官长，侦察出击道路和蕴藻浜可渡之地点，准备在必要时，以第四团固守原有阵地，而以第五团（欠一营）及第六团第三营担任出击。后据钟团长报告：蕴藻浜河水深约丈余，宽约五十米，且对岸敌有坚固防御工事向我瞰制，正面极难渡过；如出击时由永安纱厂右侧及胡家宅红屋附近实行强渡，比较容易。丁团长也有同样的报告。我即令丁团长准备一切。

下午四时，师长拨山炮两门抵吴淞，归我指挥。晚九时许山炮到达，我当即转饬归钟团长，令其在同济大学西约三百米的一座小村落占领阵地，准备掩护我军渡河出击。

十八日晚，军长即接到敌所谓哀的美敦书①！

十九日虽是敌佇待我对哀的美敦书答复的期间，但他们却继续进行军事活动：早上敌机凌空侦察，向我示威；黄浦江有日舰七艘，一齐向我吴淞沿岸阵地轰击；我守兵还击，敌又用机枪向我扫射；张华浜车站之敌炮，也继续用重炮向我蕴藻浜沿岸阵地轰击。以后我发现敌似在蕴藻浜车站附近埋伏地雷，第三营便用机枪扫射，敌死伤二三十人。我阵亡士兵一名，伤三名，第四团中校团附高强斌受伤。

晚上，师长拨来第八十八师榴弹炮两门，我即转拨归丁团长指挥，在金家宅西端小村落占领阵地。

二十日之战

敌人预料我军肯定不会接受他们的哀的美敦书，当十九日午后七时，我军长作出正式答复后，敌人便决定于二十日与我决战！

二十日上午七时，是敌哀的美敦书满限的时刻。就在这时，敌倾海陆空军之全力，向我们闸北、江湾、吴淞全线发动总攻击。在闸北方面，以八字桥激战最烈，敌用坦克车十余辆掩护步兵千余人冲锋，我以机枪猛射，用手榴弹投向敌人，并施放地雷炸毁敌人的坦克车。剧战终日，我阵地全未摇动，而敌却受到极大损失。在江湾方面，敌以最大兵力向我第八十八师庙行镇阵地压迫，同时用坦克车、炮队、骑兵和飞机，以崩山倒海之势，向我阵地进攻。我因兵力比较单薄，所在阵地竟被敌破坏，但仍奋勇支持，至下午二时左右，我略向后撤退，敌曾进占江湾跑马厅。以后我第六十一师增援部队赶到，协同反攻，将敌击退，缴获极多。在吴淞方面，从早七点起，便有敌舰十二艘，向我阵地猛烈炮击，同时敌机二十八架，也在天空投弹助威，张华浜的重炮八门、野山炮二十四门又复出现，紧密向我阵地射击。敌向我进攻几乎投入全部力量。我也尽所有炮类向敌还击。宝山城狮子林一带，是敌炮击最烈之处。在强烈的炮火下，我士兵沉着应战，有的竟被炮火的巨声所震聋。士兵们杀敌的士气极度高涨，有的竟不待命令，在猛烈弹雨中狂呼前进。

---

① 敦促投降的书信。

强密的炮战一直持续至下午三时许。这时敌用装甲电船三艘，掩蔽民船三十余只，每只满载陆战队三十余人，在飞机炮舰掩护下，妄图在我炮台湾附近江岸强行登陆。我以机枪向敌猛射，从容将敌击退，充分发挥了我机枪的威力。

敌被击退后，敌炮仍漫无目标地射击着，一直到晚八点钟才渐渐止息。敌全力发动的总攻，终以失败而结束。

我在吴淞方面，并未遭受重大损失，只是铁血军在其驻地潘家宅，被敌炮击中，死四人，伤十五人。

二十一日，从早六时起，敌在张华浜车站附近之重炮，仍向我们第四团第三营阵地间断轰击，前后共发数百炮，而我损失甚微，坚守不移。敌舰十三艘，敌机十八架，同时向我吴淞轰炸。至此，吴淞镇和炮台湾一带业已千疮百孔，炸无可炸，击无可击。民房损失虽难计算，但我战士却因听惯见惯，竟连威慑作用也微乎其微。这种不断的炮击只能表明敌人无法实现占领。

这时蕴藻浜方面发现敌军四百人左右，似有乘隙渡河进攻的可能。但被我机关枪和步枪所击退。敌士气不振，根本经不起猛烈反击。

这天下午，第四团第三营第八连连长赵金声以身殉国。自七日战后，赵连长当晚即由蕴藻浜撤回，于永安纱厂四周，构筑壕堑，在墙上凿枪眼，据险固守。不幸在下午三时炮弹正烈时，一颗炮弹从张华浜方面飞来，穿过铁窗，在厂内轰的一声炸裂，赵连长和排长刘德标以及士兵六名，都肢裂身碎，血肉横飞。赵连长的头颅和四肢均不知去向，只余一段残腔。

在这一天，士兵总共伤亡十二名，第三营机枪连长陈锡荣苦战多日，这天也受了伤。

第三营驻守在吴淞镇铁桥头附近，沿蕴藻浜北岸与对岸张华浜一带之敌隔岸相持，为时二十余天。每次敌机和敌炮向我轰击时，多以该营阵地为焦点，死伤之大自不待言，就是幸存的官兵，也疲惫不堪。十七日，我曾抽调驻守宝山的同团第二营第五连前往增防，这天下午接钟团长电话报告，说该营死伤已多，所剩官兵，多因炮火不断地激震，精神体力都非常劳瘁，其中有的被炮声震聋，有的由于兴奋过度而发狂，许多士兵都失了常态。我当即调第五团第三营与之对调，并于当晚乘黑暗秘密接换，十一时完毕。

敌军炮火直至下午六时左右才渐停息，机枪和步枪仍继续射击，终夜不绝。

从这两天后，直至三月一日，吴淞方面已无激烈的战争；战事的重心已移向江湾、庙行一带我中央阵地了。

二十二日这天，仍有敌机十二架、敌舰七艘，间断地向我阵地掷弹和炮击，第五团第一连驻所，不幸被敌弹所中，死伤士兵各一名。

二十三日，仍是敌机掷弹，敌舰发炮。敌机共六架，在晴空往来瞰视，共投下二十多颗炸弹。下午，敌共向我阵地发了三十多炮，我伤亡官兵六名。对于敌机的投弹和敌舰的炮火，我官兵都视如便饭和茶水，根本不放在心上。

在敌炮和敌舰向我们轰击时，我们发现还炮的炮火威力是很有限的，非但不能给敌以巨大的创伤，反而使敌人轻易找到攻击我阵地的目标。师长原拨给的两门山炮，由于还炮暴露目标，造成损失颇大。计阵亡四名，伤十一名。因此，我决定不再还炮，命令两门山炮归回建制。

在江湾、庙行镇方面，这时却是激战最烈的时候，日军集中武器和兵力，企图占领江湾、庙行，以达到他们在闸北和吴淞所未达到的目的。二十二日从午前三时起，二十三日从拂晓起，均血战竟日，战事之暴烈，远过于吴淞闸北之上，特别是在庙行镇附近的决战。

二十四日仍旧，从上午八时至下午五时，敌机间断地在我阵地上空侦察，先后共掷下炸弹二十余颗。敌舰二十余艘，向炮台湾附近发了三十几炮；并用机枪向沿岸扫射，历两小时之久。这天我们阵亡士兵两名，伤两名。

在庙行镇方面，敌因二十二日、二十三日损失惨重，一时难于补充组织反击。但到下午情势又复紧张起来，连接而来的是二十五日一整天的大战。

二十五日，吴淞仍无激烈的战事：敌机和敌舰照常活动，从上午六时起，敌机十四架，在我军阵地上空侦察和投弹。敌舰八艘，向我们间断射击。敌之意图，不过是对我实行瞰制。这天第五团士兵死伤各四名。

因为敌兵骤增，二十五日这天庙行镇的战况非常紧张。我方兵力是不敷分配的，而敌之援军却源源而至。下午五时，接师长命令，将第五团调往大场镇东南两千米处的夏家宅，为师预备队。我即饬第五团将防务分别移交第四团和第六团的第三营接替。这时，我吴淞之阵地区分是：

一、以第四团之第三营接防第五团第二营之阵地；

二、以宝山之第四团第二营（欠一连及机关枪一排）接防第五团第三营之阵地；

三、以第六团第三营接防第五团第一营及第四团第三营在泗塘河左岸之全线；

四、以第四团第二营及一连及机关枪一排，固守宝山城；

五、前拨第四团第一营为预备队之第五团第三连，归还建制；

六、铁血军担任宝行路、赵家木桥至火药库一带之阵地。

从上述部署，可见我方兵力之单薄！而敌军已把全部力量向江湾、庙行镇方面攻击，吴淞方面已居于次要地位。

这时，我命各部密切戒备，监视敌方活动。

二十六日，我调上海市民义勇军（二百余人，杂枪五十余支）前往守卫宝山城；而把原守该城之步兵一连（留一排）和机枪一排调归建制。同时又调大刀队四十余人归第四团第三营营长梁文指挥，准备和敌人肉搏。又由第八十七师拨借自动步枪十支，每营配备两支，留两支为旅部预备队，以在可能范围内增加吴淞兵力。凭借如此单薄之兵力，全靠我官兵的牺牲精神来震慑敌人。

从二十七日至二十九日，每天只是敌机侦察掷弹，敌舰发炮和以机枪扫射。二十七日我仅伤士兵一名，二十八日伤亡各一名，二十九日伤四名。敌军却在此时大增援军，敌十一师团和十四师团陆续赶到，白川大将亦在这时到沪，这是日军第三次易帅了。

在庙行镇方面，每天都在激战中，敌人全力攻击我中央阵线，并一再增援，使我陷于苦战。自二十五日起，我军每天都有严重死伤，所幸在阵线上尚无严重变化。关于江湾、庙行镇一带的血战，我只想略述本旅部分参战部队的作战经过：

第一五六旅第五团于二十五日奉命开赴大场镇东南约两千米处的夏家宅。第六团（欠第三营）也在二十七日下午十二时由真如开抵大场镇东面约一千五百米处的孙家宅附近。这时我第一五五旅已在燕毛湾、杨家桥、夏家荡、广肇山庄一带加入作战。

三月一日上午九时左右，敌又沿小场庙金穆宅一带，开始向我中央阵地总攻，起初仍用飞机和重炮向我阵地轰炸，随后便用坦克掩护步兵冲锋。激战至十二时左右，我第一五五旅阵地几乎全为敌人所摧毁，而敌之炮火又一阵阵加烈，敌军蜂拥向前，我几有全线动摇之势。就在这时，第五、第六两团便奉命归第一五五旅黄旅长指挥，以第六团推进至孟家角方面，第五团则由大场墙前宅推进至谈家宅。

第六团进至孟家角时，正值该处敌人炮火最烈，我奋战近一小时，颇有损伤；同时，我第二团在杨家楼的阵地，也被敌人突破。第一、第三两团在夏家荡和广肇山庄等处的阵地，因受右翼牵动，也纷纷溃退，敌乘势渡过小河西岸，进占谈家宅、孟家角的一部。这时团长张君嵩令其第一营由孟家角北端前方，第二营由孟家角南端前方一齐向杨家楼下方面增援反攻。同时第五团第三营奉命归张团长指挥，已开到孟家角附近；张团长即命该营由孟家角正面，协同第六团第一、第二两营，向前猛冲；旋又加上迫击炮连，在孟家角附近占领阵地，向敌猛烈射击，掩护我步兵前进。一直激战至下午二时，才将敌军击退至小河东岸。第二营克复了杨家楼下，但因屡次冲锋都越过敌猛烈炮火，伤亡极多；第一营也克复了孟家角被占的一部。二时十分以后，为指挥方便起见，第一团全部拨归张团长指挥。

当第六团反攻孟家角和杨家楼下之敌时，第五团团长丁荣光在墙前宅，令其第二营向谈家宅正面，第一营连接第二营左翼，向前冲锋，激战至二时二十分左右，第三团又全部拨归丁团长指挥，与敌人肉搏数次，终于在四时半左右，由第二营克复谈家宅阵地。

这时我方阵线又恢复了密切的联络：第一五五旅各团及第五、第六两团的阵地，从谈家宅、孟家角、杨家楼下至燕毛湾均连成一线。与敌之阵地极为接近。张团长和丁团长拟在五时左右全线举行反攻，以克复今早夏家荡、广肇山庄原有的阵地，遂因黄旅长命令在原地固守，故将计划取消。

就在当晚十二时左右，因中央左翼的阵地在敌超过我一倍以上的主力压迫下，开始溃退，全线遂呈动摇之象，向第二道防线总退却。

三月一日

三月一日上午九时，敌向我全线开始总攻后，吴淞方面仍遭受敌机、敌舰之轰炸；然敌进攻焦点是在庙行镇一带，吴淞方面不过是佯攻，以为牵制之计。

十一时左右，接左翼军指挥官张治中军长从刘行发来的命令：

一、敌有一部从七丫口登陆，似有扰我侧背之企图。我第四十七师之一部，由黄渡向太仓方面前进中。

二、本军目的，在使敌立足未稳之前，在浏河口北地区将其扑灭。

三、着宋旅长希濂率所部两团，由现驻地经刘行、罗店向浏河前进。

四、军校教导总队，应固守浏河，并以一部在茜泾营严密

105

警戒，俟宋旅到达后，即归该旅长指挥。

　　五、独立旅傅团应以一部在杨行北端，并派一小部进驻月浦镇，向狮子林炮台方向警戒，与我驻在盛家桥教导总队第二营切取联络。

　　敌军从浏河登岸以袭取我之背侧，这是我方严密防御的，但因兵力不敷分配，浏河方面，兵力竟非常空虚，若敌大部从浏河登陆时，我便无法停留在第一道防线上。

　　在吴淞方面，敌炮火多集中在宝山和狮子林之间。至下午四时左右，敌突用铁甲小汽船三只，掩护民船三十余只，向宝山城东门进袭，来势极为凶猛。我驻守该处只有上海市民义勇军二百余人（枪五十余）和步兵一排，竭力与之对抗。激战一小时后，义勇军虽然奋勇异常，然火力终较敌薄弱，形势渐渐危急。我闻报急令第四团第二营调兵一连（欠一排）附机关枪两挺、自动步枪两支，用汽车赶运至宝山增援，义勇军也拼命助战，终于将敌击败，狼狈退去。

　　下午八时，奉左翼军张军长电话，着我军准备撤退，并说敌确已从浏河登陆。我即转饬各部队将所有预备弹药、米粮、行李、材料等先用汽车运回嘉定。

　　这时我将士心情之痛楚是不问可知的。我吴淞方面兵力，已单薄到无可为战的地步！

　　旋接张军长九时半发自刘行的命令：

　　一、奉总指挥电令本军于今晚变换阵地，以备与敌作长期抵抗。

　　二、本左翼军应撤至马陆阵—嘉定—太仓之线，占领阵地。

　　三、第八十八师经由马桥宅—陈家行—广福南部—马陆镇—嘉定之道路，集结于嘉定，到达后，应警戒马陆镇—嘉定城—朱泾村之线，左翼军须与右翼军联系。

　　四、第八十七师孙旅附山炮营（欠一连）经由唐桥—刘行镇—广福北部—大桥镇—沈家木桥—嘉定城—娄塘镇之道路，到达后，应警戒朱泾村—娄塘镇—西竹桥之线，右翼须与第八十八师联系。

　　五、第八十七师宋旅及教导总队，经由浏河—陆渡桥向太仓集结，应警戒西竹桥—横沥桥—太仓城—西湖川塘之线，右翼须与孙旅联系。

六、独立旅第一团附山炮连及教导队总队第三营，经由杨行镇—罗店—嘉定—外岗镇—蓬阆镇（太仓西南约六千米突），在蓬阆镇集结待命。

七、独立旅第二团，应逐次在刘行镇、罗店布置警戒，负有掩护收容本师前线各部队之任务，俟全部通过罗店后，即经由嘉定外冈镇至钱门塘镇集结待命。

八、第七十八师翁旅，经由杨行—罗店—嘉定，在嘉定集结，暂归俞师长指挥。

九、各师撤退时，务须派出有力后卫，作逐次抵抗，其抵抗线如下：

第一抵抗线：马桥宅—唐桥—刘行；

第二抵抗线：广福—罗店。

十、各部队应于本日午后十一时开始撤退，不得私自提早。

以上命令到后，我即饬各部队遵命撤退，部署如下：

一、敌以优势之兵力，向我正面猛攻，另以一部四五千人，在浏河登陆，攻我侧背。我军为避免我敌决战，决于本日下午十一时，开始撤退至黄渡—方泰—嘉定—太仓之线，待机转移攻势。

我右翼军沿铁路线撤至黄渡—方泰之线，我左翼军沿沪太路撤至嘉定—太仓之线。

二、本旅遵命于本晚十一时开始撤退，经杨行、刘行、罗店至嘉定城暂归第八十八师俞师长指挥。

三、撤退之部署如下：

（一）第六团第三营及铁血军，应于十时半开始撤退；

（二）第四团除应派排长一员，率自动步枪四支，在铁桥头阵地，掩护主力撤退外（该排须至十二时后，始可撤退，如敌来攻，应以猛烈火力，阻其渡河），所有主力，于十一时开始撤退；

（三）宝山上海市民义勇军，及第四团之第四连，除留排长一员，率兵一班，附自动步枪三支，在宝山掩护主力撤退外（该排长至十二时后，始可撤退），其余均于十一时撤退；

（四）高射炮连统于九时五十分，先行撤退；

（五）工兵排应将沿途桥梁于我主力撤退后，即破坏之。

四、各种弹药米粮材料，先行汽车输送。

五、余在吴淞旅部，十一时乘汽车赴嘉定。

按照上述部署，我们的队伍开始渐次离开一月来奋斗牺牲、拼命守卫的吴淞！

这天晚上十时，我各部队开始先后撤退，至第二天早上六时左右，先头部队已到达嘉定城。俞师长令我部在嘉定东门沿北门至城外朱泾村一带占领阵地，构筑工事。

这时我命令各部：

一、敌有向我追击模样。

第八十七师在娄塘镇朱家桥至太仓一带，占领阵地；

第八十八师在东门右侧沿南门至马陆镇一带占领阵地。

二、本旅以协同各师拒止敌人，固守嘉定之目的，决于东门沿北门城基至朱泾村一带，占领阵地。

三、各部之配备如次：

（一）第四团应派兵一连，附机关枪二挺，在登桥镇占领前进阵地，掩护主力设防；其余由东门沿北门之城基，至朱泾村占领阵地，构筑强固工事，唯北门城外至朱泾村，至少须一营兵力配备之，左翼并须与娄塘镇之第八十七部队联络。

（二）第六团第三营及各义勇军，集结于东门城内为预备队，并须协同第四团构筑工事。

（三）第八十七师之高射炮二连，归回建制；第八十八师之一连，在城内占领阵地，担任防空。

（四）米粮应准备十天。

（五）交通网如另纸，即日完成之。

（六）余在嘉定城内旅部。

我军撤退时，还有一个奇妙的误传，报纸都加以记载。当时第四团有一部分及掩护部队，因失去联络，走错道路，误向浏河方面前进，遂在那里与敌遭遇，引起一场意外激战。敌误以为受了我之暗算，异常慌乱；我军原不预期作战，故亦未作何巨大的企图；但两方一直激战了四个钟头。敌因出其不意，始终惧而不敢进迫。我亦因人数过少，终于脱离敌人而回头向嘉定退却，一直至二日下午一时才到达嘉定。后来外间均以为我部是故意去和敌人痛打一阵之后，才从容撤走。实际不是这样。

三日下午奉师长命令：开至方泰镇归回建制。我部于四日上午六时到达，即在该处布防。四日下午又奉命开至昆山集中，至五日下午六时到达。

七日又奉命开至六径村，为军预备队。

这几天内前方仍然有小接触，敌机仍向我掷弹，但战事告一段落了。敌人未再向前推进，我除一面积极准备和迅速补充外，暂时也未作大规模反攻计划。

以上是我们这一旅作战情形的报告。

在这次战役中，敌由我旅所受之损失计：在闸北方面，死亡约五六百名，伤千余名；在吴淞和蕰藻浜方面，死伤七八百名；在江湾附近，死伤三百余名；合计两千余名。此外在闸北被我炸毁铁甲车六辆，惜因车身笨重之故，不易移动，后来仍被敌运回去。飞机被我击伤四架，另夺获不少军械。我方在闸北作战的第五、第六两团，共阵亡官兵一百一十八名，伤一百九十五名；在吴淞方面，第四、第五两团及义勇军等，共阵亡一百九十五名，伤一百六十八名；在江湾附近方面，第五、第六两团官兵，共阵亡一百五十九名，伤二百零五名；合计共阵亡四百七十二名，伤五百六十八名。

守备吴淞见闻

马行健[※]

一·二八淞沪战争爆发前，防守吴淞的是第七十八师第一五六旅第四团，当时我是该团团部上尉副官。我们团部先是驻在吴淞口江边的一所空屋内，战事迫近时，移驻在吴淞镇与同济大学之间靠公路旁一个只有几户人家的小村庄里。我团防务是吴淞镇至宝山县城的沿江沿海，战线辽阔。第三营负责吴淞镇及蕴藻浜沿河防线，第一营重点扼守吴淞江堤及沿海，第二营为预备队。

战事打响前，团部官长仅有团长、两个团附、我和一个姓苏的司号长。日军恃其海空优势，通常不在夜晚进攻，也很少在夜晚开枪。开战几天后的一个夜晚，中校团附出去视察阵地。不久，他的勤务兵跑来向我报告说中校团附负伤了，叫我派人去抬。我打电话通知卫生队派担架把他抬回团部，果然他腿上被打个小洞，经过包扎，送往后方医院。又过两天，少校团附突然发高烧，连夜去后方医治。不到一个星期，团部官长就减员到只有团长和我及司号长三个人了。

闸北战斗打响以后，日本飞机每天由吴淞口外海面起飞，经过吴淞地区至上海轰炸。日本兵舰每天早上由吴淞口外进入黄浦江，经过吴淞开往上海附近助战，傍晚返吴淞口外海面停泊。在敌舰由海外往返上海经过吴淞时，我防守沿江士兵立即进入阵地，以防止敌人登陆。尽管敌人没有登陆，我们士兵亦必向其射击。可惜我们士兵使用的都是湖北汉阳兵工厂和广州石井兵工厂生产的七九步枪，对敌人的铁壳兵舰，效力甚微。但日本兵舰对这种射击也不敢轻视，每次行近吴淞时，必先嘀嗒

※ 作者当时系第十九路军第七十八师第一五六旅第四团副官。

嘀嗒吹几声号，接着便用机关枪向我阵地扫射，同时用大炮向我沿江堤防轰击，致使堤岸为之震动。这种枪炮互鸣的交响乐，每天都要演奏几次，简直成为一种规律。

吴淞是上海的门户，由海外入侵之敌，要占领上海，必先占领吴淞，这是兵家常识。痛心的是，由于不平等条约的关系，日本海陆空军得以自由出入。可是在我团防守吴淞以后，他们就不能通行无阻了。如上所述，由吴淞经过的日本飞机兵舰，每次必遭到我团的截击，使其行动受到很大的威胁。于是在闸北开战几天以后，日军便用海空军掩护陆军在我未设防的张华浜登陆，并以该处为据点向我吴淞镇猛攻。吴淞镇前端有一条横流而过的蕴藻浜小河，宽二十米左右。街头河上建有一座水泥桥，桥这边有一所几层楼的纱厂厂房。敌人要占领吴淞，必须要通过这座桥，因而这座桥遂成为双方争夺的焦点。敌机五六架轮番在上空投弹，敌舰五六艘在附近江面开炮助战。炸弹炮弹纷飞，我士兵置之不理，专门与敌步兵拼杀。实际上在短兵相接、血战肉搏时，飞机大炮已失去作用。经过几天这样惨烈的交战，双方伤亡均极惨重。桥旁纱厂是我防守桥头赵连长的指挥所。有一天战斗激烈时，赵连长正在二楼窗口用步枪向敌人射击，不幸被敌人几发炮弹同时击中，一时楼内烟尘弥漫，视线不清，迨烟尘散后，只见赵连长双腿挂在附近纺纱机上，上身已被炸成血块，碎骨抛了满屋。赵连长的惨死，更激起我团全体官兵的杀敌决心。

赵连长死后的第二天晚上，我跑到他连阵地上去看看。我不知道蕴藻浜对面河边上就有敌人，正迈步上堤，想观察一下对面情况，身旁士兵急忙把我拉下堤来，告诉我堤上危险。我进入堤下掩体，借月光由射击孔向对岸一看，隐约可以看到对岸堤壁黑洞中伸出的敌人枪口。啊！原来双方相距这样近！虽然敌人武器比我们精良，但由于我士兵英勇壮烈，敌人始终未能越蕴藻浜一步。

有一天上午，同济大学侧背蕴藻浜小河对面有敌人活动。我因派第二营的一个连前往防堵。白天在敌机盘旋下行动是有困难的。我在驻地竹林旁看到该连前进的情景，很为感动。他们要通过长距离的平地，无地形地物可利用。他们以班为单位，分成九路纵队昂然前进，敌机用机枪扫射，他们毫不在意。敌机俯冲投弹，他们就地仰射。敌机升高后，他们继续前进。有条不紊，行若无事。这种不怕牺牲的大无畏精神，真使敌人望而生畏。无怪那时日本军阀诬蔑第十九路军是中国南方"流氓"，不知道死活。其实日本兵才是愚昧无知的"愚氓"，他们受武士道精神的欺骗，盲目地去为军国主义者卖命，甚至葬身异国还不知道为什么！

吴淞附近海岸有个炮台，扼长江及黄浦江口，被人们称为吴淞炮台。这是中国最早修建的海岸要塞。吴淞抗日战争爆发后，上海报纸为表达人民的愿望，经常报道敌人兵舰被我炮台击沉。停泊在吴淞口外的日本兵舰，确实在我炮台射程之内，但淞沪战争打了许多天，炮台并没开过炮。大概在二月二十日左右，第一五六旅旅长翁照垣同旅参谋主任丘国珍来到吴淞，就住在我们团部。恰巧第三天吴淞要塞司令邓振铨给翁旅长一封公函，说他因公赴南京，要塞司令职务由参谋长滕某代理，已嘱滕遇事听翁指挥。

这天下午四时左右，四艘日本兵舰照例由上海沿黄浦江返回海面，行至吴淞时，翁打电话给炮台，叫他们向日本兵舰开炮，炮台遵命向日本兵舰开炮，日本兵舰亦即开炮还击。一时炮声隆隆，我赶快跑到江边去看，但见双方炮战约半小时左右，在几声巨响之后，有一艘日本兵舰冒起冲天黑烟，我不禁高叫："打中了！打中了！"这时另外两艘日本兵舰立即趋前，一左一右夹住那艘受伤的兵舰，另一艘兵舰在后面掩护，各舰并同时施放烟幕，顷刻浓烟布满江面，日本兵舰在烟雾弥漫中狼狈逃窜外海，炮声停止，整个战场突然显得寂静。我走回团部，大家都一致高兴地说，这一仗打得好，真正击中了日本兵舰。

第二天上午七点多钟，就看日本兵舰二十多艘由海面鱼贯进入黄浦江，在炮台侧背江口至吴淞镇一带，一字般地摆开，同时许多飞机从外海飞来。我数了一下，共有三十六架。飞到炮台上空，立即轮流俯冲投弹，二十多艘兵舰亦同时向炮台开炮。一时飞机声、机枪声、炸弹声、炮弹声响成一片，震耳欲聋。我见情势紧张，急忙跑进团长室听候差遣。只见旅长、团长和参谋主任静坐室中，默默无言。少顷，旅长问："有防空洞没有？"我答："有。"旅长说："不必作不必要的牺牲，还是到防空洞躲一躲的好。"于是，他们进入作为团部指挥所的那个防空洞，我也随着进入。不几分钟，便又走出来隐在村旁竹林边观战。不到两小时，炮台炮声渐稀，未几，就听不见炮台的炮声了（敌舰炮声清脆，炮台炮声沉重，所以分辨得出）。但见炮台里边的人纷纷无秩序地外逃。炮台除炮手外，还有一个监护营，这么多的人狼狈逃窜，可见已失去战斗力。我急忙进入团指挥所，报告我所看到的情况。旅长说："已接到炮台电话，他们参谋长受伤，副官长阵亡。"团长说："赶快叫第一营派第一连进入炮台防守。"说罢，他就亲自用电话通知第一营营长。炮台外边有个海滩，为防敌人乘炸毁炮台之际，在炮台附近登陆，派兵防堵是必要的。我离开团指挥所继续到村旁瞭望。不久，便看到第一连由驻地走出，全连散开，个个跃进。这时敌人火力已大部转移目标，跟踪射击四散逃窜的炮台守兵。我第一连士兵穿过纷纷向后方逃窜的炮台守兵，冒着敌人猛烈的炮火，突飞猛进。但见敌弹落时，他们暂伏地面，尘烟未散，他们又向前狂奔。很快，全连就进入已成废墟的炮台，这时炮台守兵已全部逃光了。第一连士兵只持有陈旧的步枪，对天空的敌机、江中的兵舰，不能发挥威力，他们只是严阵以待，专等敌人登陆，与之肉搏。中午十二时以前，敌机敌舰停止攻击，分别退往外海，战斗告一段落。这一仗可以说是炮台失败了，我第一连胜利了。从此，每天必有几架敌机在炮台上空投几枚炸弹，敌舰亦有时向炮台打几炮。我第一连岿然不动，敌人亦始终未敢在炮台附近登陆。

不久，日本由国内派重兵在浏河登陆，浏河失守，我军陷于侧背受敌境地，情势十分危急。这内外交迫的险要情况下，第十九路军不得不通电全国，告以后援不继，忍痛撤退。

三月一日，我们团由吴淞撤出，在嘉定县城休息一天，随即开赴昆山与全师会合。接着我团奉命前进到京沪铁路青阳港桥头一带构筑阵地。团长派我同三个营长查看阵地。青阳港这条河比蕴藻浜宽得多也深得多。第三营营长梁文暗地同我商量，想分配他这个营防守桥的左翼，原来桥左沿港有许多天然小土包，地形地物较好；桥右完全是平地，无地形地物可利用。我因该营在吴淞作战时，伤亡较重，满足了他的愿望。不过我心想：蕴藻浜那样窄，敌人尚且冲不过来，青阳港这么宽，敌人怎能过得来？可是日军慑于我军威势，未敢继续进攻，名震中外的一·二八淞沪抗日战争就此结束。

闸北御敌

梁 岱[※]

布 防

一九三二年一月十八日，日本僧人在上海马玉山路与我三友实业社工人发生冲突，互相殴打，结果日僧受伤，日侨进行报复，于一月二十日纵火焚烧引翔港三友实业社的厂房。事后日侨开会，电请其政府派兵来沪，遏止抗日运动；会后结队游行，途经北四川路时，捣毁商店，打坏汽车，殴伤巡捕。这一连串事件的发生，显然是日本侵略者在幕后精心策划，指使其浪人故意肇事，制造紧张形势，借口以保护侨民利益为词，派遣军舰和海军陆战队到沪，实行登陆，伺机发动侵略战争。

一月二十七日下午十一时三十分，日本驻沪总领事村井苍松和日本第一遣外舰队司令野村吉三郎，致函我上海市府，大意说，帝国海军鉴于多数邦人，居住在闸北一带，为维持治安计，欲以兵力配备该处，以负保安之责；希望中国方面，将闸北所有中国军队及其敌对设施，从速撤退等语。同时，日海军陆战队已在虹口集中，继而向我闸北防军进迫。于此可见日军侵略我闸北的阴谋，是有计划地预先策划的。

一九三一年冬，京沪卫戍司令部成立，第十九路军奉命由赣南调来京沪线上卫戍，第七十八师驻上海、嘉定间，当时驻防上海闸北地区的部队，只有该师第一五六旅第六团一个团，兵力约两千人。团长张君嵩，副团长梁岱，第一营营长利长江，第二营营长吴康鉴，第三营营长吴履逊。该团于一九三一年十二月间奉命进驻上海，团部设在闸北太阳庙广

※ 作者当时系第十九路军第七十八师第一五六旅第六团团附。

114

肇会馆内。闸北地区毗连公共租界，而公共租界又是日侨聚居之地，日海军陆战队司令部也设在北四川路虹口公园附近。我团在冬防时期进驻闸北，当时抗日爱国运动此伏彼起，日本侨民不时恃强欺侮我国人民；为防事变于万一，乃在湖州会馆成立闸北军警联防办事处，张君嵩兼该处主任。及至日侨焚烧三友实业社，游行捣乱，同时日海军陆战队又登陆举行巷战演习，更引起我们的警惕，乃报请淞沪警备司令部核准拨款在闸北北站、虬江路、宝山路、天通庵路、横滨路、青云路、江湾路等处，构筑防御工事，以做自卫准备。这项工程，一月二十三日完成后，随即召集全团排长以上会议，在会上分析当前局势，指出日军有侵犯我闸北地区的野心，并认为九一八沈阳事变，东北军不战而放弃东三省，是奇耻大辱。全体一致表示，如敌来犯，誓死抵抗，愿以鲜血洒阵地，绝不让寸土沦敌手。会议决定即日起官兵不请假不离营，加强警戒，枕戈以待。会后并将兵力作如下部署：

一、第二营附迫击炮连（欠一排），沿横滨路、天通庵路、青云路之线，占领既设防御工事，右翼与第一营密切联系，特别向左翼天通庵以北地区警戒；

二、第一营附迫击炮一排，沿北站、虬江路、宝山路之线，占领既设防御工事，左翼与第二营密切联系，特别对右翼注意敌人利用公共租界的行动；

三、第三营为预备队，位于湖州会馆附近，以便于策应第一线营的战斗；

四、第一线营，在平时要以三分之一兵力，守备既设工事，并随时加强之；

五、作战时，湖州会馆军警联防办事处改为前线指挥所。

当日军蓄谋侵略，进行巷战演习，我团在马路上筑防布哨自卫时，上海局势就笼罩着战争气氛，尤以闸北地区的市民，人心惶惑，大有战事一触即发之势，纷纷迁入租界躲避。上海市长吴铁城将情况上报南京国民政府。何应钦曾亲自来沪对我们说："现在国力未充，百般均无准备，中日双方冲突事件，政府均拟以外交途径解决，为了保存国力，须要忍辱负重……"与此同时，接到师部转奉南京政府的撤兵命令，限令我团在一月二十七日将闸北防务移交宪兵第六团接替。撤兵命令下达后，全团官兵悲愤填胸，痛恨南京政府屈辱投降、软弱无能的亡国外交政策。到了二十八日傍晚，奉命前来接防的宪兵第六团，其先遣部队第一营，始乘火车到达北站，团部及其余部队，则在真如车站下车。团长率领各营长到团部协商交接防务。据说，该团仓促奉命，因集中、整装、输送的关系，延误到达时间，要求即晚交接防务。我们当时考虑该团后续部队尚未全部到达前线，现在情况又是如此紧张，黑夜交接，情况不明，敌如夜袭，于我不利。乃以电话请示师长区寿年，同意在明（二十八日）晨开始移交防务。事情果不出所料，是夜十时左右接淞沪警备司令戴戟来电话说："现在上海外国军队，纷纷在租界各重要街口布防警戒，日海军陆战队已在虹口附近集中，有向我闸北进攻企图，应即严为戒备。"据探报所得情况亦复如此，乃即电令第一线各营，按照预定计划，全部进入既设阵地，特别侦察虹口方面的敌情动态，如敌胆敢来犯，则迎头痛击，固守阵地，不得后退。以电话下达命令后，团长还和我亲往前线巡视，鼓励士气。对各级指挥官作相应的指示后，团长即返回团部。我留前线指挥所观察敌情的变化。是夜十一时三十分左右，日海军陆战队以铁甲车为前导，分由天通庵路、虬江路两方面向阵地袭击。刹那间，枪声、炮声和手榴弹声，冲破了沉寂的黑夜。当时敌军来势凶猛。我团官兵奋起抵抗，与敌展开冲杀，将来犯之敌击退，确保了阵地。一·二八淞沪抗日战役，首先由闸北巷战开始。

血　战

战事爆发后，未接防的宪兵第六团，奉令归我团团长张君嵩指挥，乃着该团第一营接防北站附近的阵地，并重新调整原有第一、第二营的防守区域，以加强第一线的防御力量。同时奉上级严令指示，因为部队集中需时，在后续部队未到达前，着我团最低限度死守原阵地三天，掩护我军主力到达战场。敌人夜袭不逞后，又于拂晓时以陆海空军配合，再次向我全线进攻。敌舰发炮轰击闸北地区，从航空母舰起飞的敌机用烧夷弹滥炸。商务印书馆总厂、北站和湖州会馆（前线指挥所）首被炸中，引起熊熊大火。在战争中救火队无法施救，任其延烧，一时烈火冲天，浓烟笼罩，形同烟幕。当延烧至我阵地前，火热灼肌肤，战士就以湿毛巾蒙面，沉着应战，坚守阵地。

我们最受威胁的是敌利用装甲车掩护步兵向我阵地冲击（当时战士称之为"铁牛"）。初战时我们吃亏很大，乃组织敢死队，潜伏阵前马路两旁的店户内，俟其驶近，即以密集之手榴弹将其炸毁。有的战士将十个手榴弹扎成一捆，埋在阵前五十公尺的马路中央，加以伪装，再用铁丝以一端集束十个手榴弹的引信管，另以一端牵至阵地内，看准其驶近目标时，将铁丝拉动，隆然一声巨响，"铁牛"应声倒地。我们在没有地雷配备的情况下，是用这样办法来对付敌人的装甲车。二十八日和二十九日两天，敌军反复数次向我阵地猛攻，均被击退，俘获敌军十数名，击毁和缴获装甲车三辆，从而坚定了全体官兵抗战的信心，鼓舞了全国人民同仇敌忾，粉碎了敌酋"四小时内占领闸北"的狂妄计划。

二十九日，上海全市商店罢市，学校罢课，抗议日军侵沪，呼吁抢救战区居民（因战事发生在夜半，许多居民惊醒后，在战火包围中，无法退出），因而驻沪各国领事在道义上不得不出面要求敌我双方停战数小时，保护闸北、虹口一带居民退出火线。并由万国红十字会从中斡旋，征得双方同意，决定在三十日正午停战三小时。我团乃乘停战时机，调整部署，加强工事。敌方亦因屡攻不下，借此喘息，再图进犯。在停战时，与我方阵地毗连的租界外国守兵，大声向我方战士喊叫"哈罗"，举手致敬，并将拇指竖起，意思是说：你们打得顶呱呱。三小时停战甫过，敌又连续发起向我全线进攻，来势比前两日尤为猛烈。但我军将士，浴血奋战，仍将敌击退。在此期间，我军为防敌迂回侧攻我闸北阵地，第七十八师第一五五旅已在江湾方面布防，同时，第一五六旅旅长翁照垣也奉命率领我团第三营，星夜开往吴淞，加强吴淞要塞的防务。而日军亦以敌酋盐泽幸一连日作战失利，改派野村吉三郎为指挥官，率久留米混成旅团约七八千人来沪增援，因而战火就沿着淞沪铁路线延烧到吴淞炮台了。

我团首先在闸北地区阻击日军的侵略，赢得了时间，掩护我军主力源源开到战场，加紧布防，参加战斗，这一任务能否完成，对尔后作战计划，是一个关键性问题。全国官兵认识到这一点，所以虽在敌人陆海空联合进攻之下，也不动摇，誓与阵地共存亡，决不后退。经过四天的剧烈战斗，全团少校团附以下官兵死伤过半，其中有营附陆彬、连长林玉、张金山、钟泰初及排长数名（忘记姓名），壮烈牺牲。我团于二月一日奉命将防地移交第六十师后，撤至真如暨南大学整补。此时全国青年激于爱国义愤，纷纷到前线来自愿要求入伍，参加抗日作战。在短短一个星期内，我团已将作战伤亡的缺额全部补足，但自动投军者，仍纷至沓来，乃将情况反映上级，并得到特别许可超额补充。日夜加紧训练和补充装备，准备再次上阵杀敌。

第十九路军在淞沪孤军抗敌，血战兼旬，屡挫敌锋，初期国府首脑采取投降政策，战事既开，又观望破坏，按兵不动，但在人民群众的压力和爱国将领的要求下，终于临时以第八十七、第八十八两师为基干，组成第五军，由张治中率领，于二月中旬开赴前线，归总指挥蒋光鼐指挥，增援蕴藻浜川北至吴淞之线。此外尚有税警总团王赓部，驻守龙华和浦东地区，与此同时，日本政府以盐泽、野村相继作战失败，又改派植田谦吉为统帅，率其精锐第九师团前来增援。植田抵沪后，向我军提出最后通牒，限我军在二月二十日撤出闸北，让其进驻，气焰嚣张，令人发指。其蔑视国际公法，侵犯我国主权，莫此为甚。当其无理要求被我军拒绝后，他即重新部署，调动主力，企图在江湾、庙行方面，突破我中央防线，以断我闸北、吴淞间之联络。当时我军防守该处的第六十师和第六十一师部队，乃与敌展开一场大血战，冲锋肉搏，往返争夺，令人惊心动魄。由于我军士气旺盛，顽强勇敢，沉着应战，一次又一次地击退敌人的猛烈进攻，终于将敌军全部击溃。是役敌军伤亡甚重，我军牺牲亦大，为我国战史上写下可泣可歌而又光荣的一页。植田的威风又被打下去了。

防守太仓

日本政府为了挽救其皇军的声誉，恢复其一败再败的颓势，乃先后又派白川义则和菱刈隆两员大将率领三个师团再次增援。同时，我团在短期内完成了整理、补充、训练任务，于二月二十五日再度奉命开赴杨家楼下增援。此时日军前后调来兵力，连同原有的陆战队，数达十万，且派来一员在日本军界中负有声望的宿将白川前来统率三军，看其来势，非侵占上海，绝不会罢休。白川到达上海后，即改变战略方针，于三月一日在闸北、江湾、吴淞全线，以陆海空军主力，向我正面猛攻；另由菱刈大将率兵一部，用战舰拖民船数十艘载运，经狮子林、宝山驶向浏河上游七丫口附近，在飞机掩护下，强行登陆，有侵占我太仓城企图。因此，我军侧背受到极其严重的威胁，淞沪阵地，有被敌迂回包围的危险。我总指挥部处此严重情况下，就毫不犹豫主动地命令全军于是日夜间，向常熟—昆山—青阳港之线撤退，转移阵地，继续抵抗。是晚九时，我军在夜色朦胧中开始撤退，撤退时秩序井然，人马不乱。我军主力离开战场约四十里后，天才大亮，为避免敌机侦察，部队停止荫蔽休息，俟至黄昏再继续向目的地前进。我军这一行动，出敌意料之外，所以敌人于三月二日午后，始察知我军确已撤退，才开始进击。而我前线留置的有力掩护部队，按计划与敌且战且退，迟滞敌人追击，完成掩护主力后撤的任务。这次有计划地果断地先机后撤，高度发挥了军事艺术，为我国历史上写下光辉的战例。大军撤退火线，如果没有丰富作战经验的指挥官和久历戎行在战斗中成长起来的各级干部和士兵，是不可能获得如此成功地安全撤退的。

当我军向第二防线转进时，我团奉命急驰太仓城防守。该城是第二防线左翼一个重要据点，孤立地突出在防线之前，是敌人登陆后所必争的战略据点。该城之得失，直接影响第二防线的安全。全团官兵认识到任务的重要性，乃决心死守该城，誓与城池共存亡。是时该城居民自闻敌军在浏河登陆后，纷纷向昆山、苏州逃避，十室九空，残留者只有两三千人。我们首先协同县府清查户口，以防奸细混进，同时调查存粮，实行粮食统一管理，以防抢购囤积；并把群众组织起来，成立防空、筑城、救火、救伤等组织，协同我军作战。复将该城东南北三门封闭，只开放西门。于城外各要点，布置有力前哨阵地，在通敌路上，利用麦田青纱帐的荫蔽，配备伏兵，狙击来犯之敌。有一次（时间忘记）敌以小部队来试探我军虚实，被我伏兵击毙十余人，生擒二人，缴获机枪一挺，步枪十余支。是日敌机数架前来滥炸报复，但此时我军民均已筑有掩蔽部，故伤亡甚少，房屋则被炸毁无数。以后敌虽数次来犯，均被击退。直至签订《淞沪停战协定》时，该城仍如磐石地屹立在第二防线左翼的前面，未为敌陷。

停战后，我团奉令复员，集中无锡惠山时，该县人民团体派代表前来驻地赍赠锦旗及慰劳品，并索取我团官兵名册回去，据说是为立碑纪念。

此次战役，我们虽然损失了许多生命、财产，然而我们的国土幸能保全，我们的热血，洒满了闸北，而我们的正义，获得全世界的同情。尤以海内外同胞，热烈支援前线，更加振奋人心，鼓舞士气。战争一开始，上海市各界人士，纷纷派代表前来我团部慰劳；有的代表还询问我们最需要什么东西，登记后，翌日即源源送来，如望远镜、防毒面具、手电筒、墨水笔、手表、线衫、线袜、内裤、丝绵背心、胶鞋、毛巾、手套以及医疗用品等，应有尽有。此外还有大量面包、饼干、糖果、罐头、水果、年糕、烧肉、白肉、腊味等等。这些慰劳品，在战事爆发初期，是直接送来我团部处理的。由于战争的发展，参加战斗的部队日多，送来的慰劳品也越来越多。后来由总指挥部统一接收，然后分配给各部队。此外各地华侨所捐的慰劳金，为数亦颇巨，是直接汇给第十九路军收的（该军曾经公布过征信录）。后来蔡廷锴将军还亲自赴南洋、美洲各地，向侨胞致谢和慰问。当时华侨认为蔡廷锴将军是当代我国民族英雄的代表人物，所到之处，均获得空前的热烈欢迎，华侨热爱祖国的情绪，于此可见一斑。

后来为了纪念一·二八淞沪抗日阵亡将士，于一九三三年在广州市通沙河的先烈路上，建立一座第十九路军淞沪抗日阵亡将士园墓和纪念碑，将部分阵亡将士的遗骸或衣冠移葬该处立碑勒铭，以留纪念，以慰英魂。解放后，并得到人民政府将该墓和纪念碑公布为重点文物保护单位。每年清明时节，党政领导和各界人士，前往祭扫，凭吊忠魂。

防守太仓简记

余立奎※

一九三二年二月二十九日中午，我团奉总指挥蒋光鼐命令，着我团自真如徒步至南翔，转乘火车至昆山，再徒步经太仓增援浏河，并限三月一日下午五时以前到达浏河。我当即遵命率部于当日下午四时到达南翔。由于敌机骚扰，白天不能行车，直至夜九时半始行开车，南翔至昆山仅有五十余华里，但因车行速度过慢，至夜十一时始到昆山。三月一日晨七时，即率所部取道太仓向浏河前进（太仓距昆山三十六华里，距浏河亦三十余华里）。上午十时半行至太仓时，宋希濂已率部退至太仓。宋是第八十七师旅长。我即命部队在西门外停止待命，自己进城向宋报告我部是奉蒋光鼐命令增援浏河的，并向他询问前方情况。宋说："浏河业已弃守，现在不能前进。"我即回西门外团部，用电话将浏河业已弃守和宋旅至太仓情况向总指挥部报告，并说明我团暂留太仓待命。当时城内情况很乱，我部未进城，即在西门露营。天黑时，又有第四十七师一部开到，据说是一个团，我没有见到带队人。当天晚上，我又去宋的旅部，对宋说："太仓不能放弃，要守太仓，就要守六渡桥之线。"我又说，"宋旅长有三团人，我只有一团人，我愿意和宋旅长各负一半防守责任，你认为哪里较危险，即交给我防守。"宋说："我们明早开一个军事会议来决定好吗？"我说好，这样我就回来了。

在当夜三点多钟的时候，第四十七师一部分部队即在西门街抢了一家皮鞋店后拉走了，天明时宋旅亦全部开走了。我当即追至湖川桥，将宋追着，我说："宋旅长你怎么开走了？我们太仓就不要了吗？"宋说：

※　作者当时系第十九路军补充第一团团长。

"我奉到命令要我开常熟。"（当时他并没有说留下任何部队守备太仓。）我无话可说，只好回到西门外，将宋旅撤走情况向蒋光鼐报告，并向他请示太仓究竟还要不要。蒋说："你的力量不够呀！"我说："我不管力量够不够，我来就是准备牺牲的，牺牲了就算尽了我的责任。"蒋说："那很好，你就相机进驻太仓吧，不得已时你就退巴城。"这样，我就率部进入太仓城。但这时太仓县长、公安局长、商会会长、保卫团长都已走了，商店大部分关门，老百姓亦多数逃走，只有一位电话局赵局长还在城内。我和赵联系后，即请赵转请他们回来。我即率部至六渡桥一线构筑工事，向敌警戒。布置妥当后，即由中校团附何自坚留在前方负责，我于晚间回到城内。这时公安局长、保卫团长、商会会长均已回来，我就和他们开了个小会，向他们说明我决心坚守太仓，但我的部队全部放在六渡桥（距城十二华里）一线，城内治安须请公安局和保卫团负责维持；请商会通知出售生活必需品的商店一定要开门，否则没有饭吃如何作战。商会会长当即表示：前方所需物品保证充分供应。次晨（三月三日）所有商店全部开门，秩序很好，老百姓亦陆续回来。我于三日下午回到六渡桥前线。四日上午十时敌即来犯，但人数不多，仅百余人，打了三个多小时，在下午一点多即行退走。五日又来，人数稍多一点，但还是打了几小时就走了。

这样连续打了十八天后（大约是三月二十三日），军长蔡廷锴到太仓前线来视察，同来的有英国驻苏州的总领事、法国大使馆参赞以及一些其他外交人员和几位高参。他们是上午九点多钟到达太仓的，这时前线还正在打，我一方面恐怕发生意外，另一方面当时法国人是同情日本的，我亦不愿使法国参赞了解我布置情况，所以没有同意外宾到前线，只是蔡和几位高参到前线看看。蔡看后对我说："你的兵力太单薄，要增加些部队。"我说："部队增加当然好，没有部队增加也没有关系，我估计敌人是不会作重大牺牲来夺取太仓的。"下午三点多钟，蔡和外宾等就回去了。

过了三四天，第七十八师第六团张君嵩团开来太仓协助，我们又继续打了二十多天。有一次敌人来了约一个营兵力猛攻，经我们两团协力痛击，敌不支溃退，还遗下两具尸体，以后也就未再来犯。这两具敌尸在《淞沪协定》签字后，敌人来向我们要，我们不给他。后来他们说："你们中国还有二十几个活人在我们那里，你们还我们的死尸，我们放你们的活人。"这样，我们才又把死尸挖出来由太仓公安局夏局长送往上海交换。四月下旬张团调往后方整补，又调第六十师第四团杨昌璜团来填防。在卖国的《淞沪协定》签字后，我们在七月间全军开往福建。在我们离开太仓时，太仓人民还办一个"三一"纪念馆纪念我们。

第五军淞沪抗日经过

张治中※

淞沪参战

一·二八淞沪抗日之役，是接连九一八事变而来。日本帝国主义吞并中国的野心，首先在征服满蒙，对于我国东三省的侵略，无时不在积极地准备，就在一九三一年九月十八日夜偷袭沈阳，强行占领。于是数日之间，河山变色，辽东巨野，尽陷铁蹄。其后，更扩大其侵略目标，向我沿海各要埠肆扰，乃有天津事件，福州告警，纷至沓来。而上海一·二八事变的爆发，也系暴日侵略野心及挑衅阴谋所造成。最先，暴日制造五日僧被殴案；继乃有日浪人的暴动，焚烧三友实业社工厂，捣毁北四川路中国商店，使上海空气趋于极度的紧张；终乃有四项条件之提出，要求我国取缔抗日运动及解散抗日救国会，挑衅阴谋层出不穷。于是日舰队集沪示威，日陆战队登岸布防，各地日侨撤退等等，而最后的一幕，就是一·二八的闸北夜袭，我们淞沪抗日的战幕正式揭开。

这时是第十九路军驻守上海，首先举抗日之旗，通电云：

> 暴日占我东三省，版图变色，国族垂亡！最近更在上海杀人放火，浪人四出，世界卑劣凶暴之举动，无所不至。而炮舰纷来，陆战队全数登岸，竟于十八日夜十一时公然在上海闸北侵我防线，向我挑衅。光鼐等分属军人，唯知正当防卫，捍患守土，是其天职，尺地寸草，不能放弃。为救国保种而抗日，

※ 作者当时系第五军军长兼左翼指挥。

虽牺牲至一卒一弹，绝不退缩，以丧失中华民国军人之人格。
此志此心，可质天日而昭世界。炎黄祖宗在天之灵，实式凭之！
第十九路军总指挥蒋光鼐，军长蔡廷锴，淞沪警备司令戴戟
叩艳。

战争之幕既揭开，这时，蒋介石虽已退职在野，但鉴于当时形势，
也曾发出一道通电。但是我看到一种大可忧虑的情形：第十九路军单独
在沪作战，孤军绝不能久持，应该予以增援；同时，有党内反对派的人
在上海就说中央看着第十九路军打光，按兵不救。蒋是二月初由洛阳到
浦口，我去迎接他，就表示我的意见："我们中央的部队必须参加淞沪战
斗才好，如果现在没有别的人可以去，我愿意去。"蒋说："很好。"马上
关照军政部长何应钦，即调动散驻京沪、京杭两线上的第八十七、第八
十八两师合成为第五军，命我率领参战。

当时我所率领的第五军所辖计有第八十七、第八十八两师及中央陆
军军官学校教导总队和独立炮兵第一团山炮营。第八十七师师长由我兼，
副师长王敬久，辖两旅：第二五九旅旅长孙元良，第二六一旅旅长宋希
濂；第八十八师师长俞济时，副师长李延年，也辖两旅：第二六二旅旅
长钱伦体，第二六四旅旅长杨步飞；中央陆军军官学校教导总队总队长
为唐光霁。

我在二月十四日奉到军政部的正式任命，二月十五日又奉军政部令：
"第五军着归蒋总指挥光鼐指挥。"当即调动军队出发。首先从南京出发
的是第八十七师宋旅，他们在十四日已经奉蒋总指挥命接防蕴藻浜北岸
阵地由胡家宅至吴淞两端曹家桥之线；第八十七师孙旅也在十五日开到
南翔（当时第十九路军总指挥部所在地）附近集结待命；第八十八师亦
已经由沪杭线开到南翔附近待命中。

我是在二月十六日从南京出发的。我住在中央军校，十五日深夜鸡
鸣以前，我起床端正地写了一封遗书，然后出发。我为什么要写遗书呢？
这是表示我的决心，表示我尽忠国家的最大决心！因为这是一次反抗强
暴的民族战争，也是我生平对外作战第一次，我必以誓死的决心，为保
卫祖国而战。我知道：一个革命军人首先要决定的是牺牲精神，而牺牲
精神又必须首先从高级将领做起。

我于二月十六日上午九时从南京和平门登车出发，当天到达南翔，
即奉蒋光鼐总指挥的命令，接替第十九路军防务，由江湾北端经庙行镇
沿蕴藻浜至吴淞西端之线，并以一部在狮子林炮台南北闸洞亘川沙口、
浏河口、杨林口、七丫口担任沿江警戒。我就令第八十八师担任由江湾

北端经庙行镇、周巷至蕴藻浜南岸之线，第八十七师担任胡家庄沿蕴藻浜北岸经曹家桥至吴淞西端之线，军校教导总队之一部担任狮子林南北闸洞、川沙口、浏河口、杨林口、七丫口沿江一带警戒，于十八日先后接替完毕。这天，我奉总指挥令任左翼军指挥官（蔡廷锴是右翼军指挥官），吴淞、宝山、狮子林要塞地区司令谭启秀、翁照垣，也归我指挥。在十七日黄昏，我由南翔进驻刘行镇。

这天，我奉到南京统帅部的铣戌电：

> 兄等决定在淞沪原阵地抵抗到底，奋斗精神，至堪嘉慰！望兄等努力团结，为我党国争光。沪上地形复杂，敌方或将舍正面之攻击，而向我侧背着眼。我阵地附近河流纵横，到处便于扼守，日军若取攻势，其牺牲非有一与十之比，决难奏效。希望与第十九路军蒋、蔡两同志，共同一致，团结奋斗。对于蒋总指挥命令，尤当切实服从，万不可稍有隔膜。吾人若不于此表现民族革命精神，决意牺牲，更待何时？可将此意转告全体将士，努力保持本军光荣之历史为要。

我当即呈复一电：

> 此次奉命抗日作战，即有最大决心，誓以一死报国，并与第十九路军团结一致，对于蒋蔡两位，绝对和衷共济……

我也发布了《告全军将士书》，着重指出："打倒日本帝国主义，这是我们全国一致的呼声，一致的要求，一致的决心。现在，行动已代替了口号，实力已代替了空言，我们的存亡，将诉之于极猛烈的战斗。""我十九路军将士守土沪上，抵御暴日，冲锋陷阵，血战兼旬，为国家争人格，为民族求生存，屡建奇功，功在党国。""本军此次奉命来沪，协同十九路军作战……治中个人，誓与我军将士共患难，同生死。深望我全军将士，人抱必死之心，以救国家，以救民族。假如日军犹有一兵一卒留我国内，我们的责任即未完成；反之，我们如尚有一兵一卒，必与敌人拼命到底！""同志们，冲向前去，最后的胜利，终属我们最后的努力者！"

庙行镇战斗

二月二十日，敌人从这天拂晓起，开始向我总攻，敌飞机结队成群在我阵地附近及我阵地后方到处掷弹，更以重炮及敌舰炮向我吴淞、庙行镇一带阵地集中射击，敌步兵则借飞机炮火掩护，向我攻击前进。我军奋勇抵抗，击毙敌人很多，并且击落敌机一架。入晚敌继续向我攻击，战斗益酣，竟夜炮声不绝。我阵地工事被毁很多。我官兵掩护战壕内，沉着不动，等敌步兵接近，就用手榴弹、步枪迎头痛击，冲锋肉搏。这样血战两昼夜，敌死伤甚重，才不支而退。

到二十二日，敌人又倾巢来犯，继续攻我庙行镇以南阵地，想突破我阵地一点。这天上午九时，我庙行镇以南第八十八师第五二七团第三营大小麦家宅阵地，惨受敌炮火及飞机轰炸，工事全部被毁，被敌突破一段，营长陈振新当场阵亡。我立即亲率教导总队（缺一营）赴第八十八师指挥策应，并令第八十七师第二五九旅孙元良旅长率部向庙行镇增援；令守蕴藻浜北岸的宋希濂旅长率他的主力，由纪家桥渡河抄袭敌的侧背；令俞济时师长率部对被敌突破地区反攻。我第十九路军第六十一师张炎副师长也率兵两团由竹园墩出击。敌被我三面夹击，仓皇溃退，仅一小部残留在金家宅、大小麦家宅一带，顽强抵抗，血战到晚八时半，才把敌包围，完全解决。这一天庙行镇战斗的激烈，为开战以来所未有，中外报纸一致认为是沪战中我军战绩的最高峰。二十六日，南京统帅部有一个电报给我们，说到庙行镇一役的战斗效果："自经二十二日庙行镇一役，我国我军声誉在国际上顿增十倍。连日各国舆论莫不称颂我军精勇无敌，而日军誉则一落千丈也。望鼓励官兵，奋斗努力，并为我代为奖慰。"

这是日军在沪第一次总攻的失败，敌第九师团及久留米混成旅团的精锐，伤亡重大，庙行、江湾间敌尸到处都是。而使我伤悼者，就是我的忠勇的袍泽，牺牲于此一役中的为数亦复不少，官长伤亡八九十员，其中包括第八十八师第二六二旅旅长钱伦体和副旅长陈普民，士兵伤亡一千余名。所以我在一本《淞沪抗日作战所得之经验与教训》小册子上面说过："以我官兵作战之勇，牺牲之烈，斯书殆亦不啻滴滴鲜血所写成。"而庙行一役的忠勇奋斗，壮烈牺牲，更是这滴滴鲜血的结晶。

浏河战斗

浏河在我军左侧背。沿江七丫口、杨林口、浏河新镇及小川沙一带，绵延数十里的沿江警戒线，只由本军教导总队一营会同少数冯庸义勇军担任守备的责任。根据南京统帅部二月二十六日的指示，对浏河方面应该早予准备，至少应该配备三团兵力。可是前线自从二十日以来，无日不在激烈战斗之中，各部队都有重大伤亡，兵力实在感觉不敷。我所以把原守蕴藻浜北岸阵地的第八十七师宋旅两团调往田湾为预备队，也就是准备一旦战事吃紧，前可以策应江湾、庙行镇，后可兼顾浏河、杨林口。这个时候，日将白川义则大将率领日兵约十万来沪增援，令敌第十四师团全部驻运输舰中，泊在崇明海面，一面用飞机将我吴淞要塞及狮子林炮位毁损无余。三月一日的拂晓，敌就开始在江湾、庙行镇一线向我总攻击，战舰二十余艘携带无数民船和马达船，利用烟幕掩护，以步兵在我兵力配备单薄的六浜口、杨林口、七丫口登岸，并以舰炮向我沿江各口猛烈射击，飞机数十架从吴淞起沿江活动。敌登陆后，即连占浮桥等地，向茜泾要隘猛扑，我教导总队的一连死力搏斗，伤亡殆尽。我立即派遣第八十七师宋旅两团飞驰截击，想乘敌人立足未稳时一鼓而歼之，同时报告蒋总指挥请派兵赴太仓、浏河协助。

宋旅奉命后，即依第五二一团、第五二二团及各营的顺序，于午前九时由顾家宅汽车站向浏河输送，但只得汽车十一辆，每次只可输送一营。宋希濂旅长率先头部队第五二一团第一营于正午十二时到达浏河，得到一个紧急的情报：敌军约一万人，在占领浮桥后，有向我疾进模样；教导总队的一营（欠一连）正在马桥附近坚强拒止敌人。他得到这个报告后，观察形势，以茜泾为浏河屏障，位置扼要，就打算先行将其占领，以掩护该旅后续部队的展开，即命第五二一团第一营唐德营长率部迅速向茜泾营搜索前进。哪里知道，才走到茜泾营南门附近，而敌已先我占领，于是与敌接触，展开尖兵白刃战。到下午三时许，第五二一团团长刘安祺率第二营到达浏河，敌飞机正集中轰炸浏河车站，输送汽车及房屋全被炸毁，同时在途中装运部队的汽车也多被炸坏，使我后续部队不得不徒步前进。在这个时候，茜泾营附近的战斗愈演愈烈，敌机二十余架密罩天空，一律低空飞行，掷弹如雨，敌舰的重炮连珠发射。四时许，敌大部向宋旅左翼绕攻，右翼方面教导总队的一营，死伤殆尽。这时与敌在茜泾营苦斗的第五二一团第一营，乃处于前、左、右三面受敌围攻的紧迫状态，死亡巨大。而全营官兵仍然沉着应战，几度冲进寨内，与敌肉搏，卒以敌火力过猛，众寡悬殊，不能得手。

看看到了下午六时，天色已昏，我第五二一团第三营才赶到。宋旅长即命第一营仍在原阵地死力抵抗，阻敌前进，并命已到部队迅速沿浏河南岸积极布防，等第五二二团全部到达后，再行乘夜大举反击。一直到深夜十一时，第五二二团以徒步行进，路程过远，还没有到达。这时我要指出的，就是我军仅以一营之众，在茜泾营抗敌数倍之师，自晨以至深夜，使敌人不能有尺寸的进展，而我军视死如归，前仆后继，卒使敌密集茜泾营寨内，虽以一师团之众，仍不得犯我浏河。我教导总队孤军死战，我第八十七师宋旅仓促应援，都抱必死的决心，以期挽回全线被围的危险。激战至日没，敌我始终相持于浏河镇茜泾营间。

同时，第八十七师及第八十八师正面与右翼友军第十九路军第七十八师正面，均被优势之敌压迫，我官兵奋勇迎战，伤亡甚大。尤其这天午后三时，第七十八师阵线被敌突破，第五军的右翼被敌包围，预备队皆已用尽，阵地因伤亡而生之空隙无法补充，竭力支持至日没，乃退守杨焕桥—水车头—谈家宅—孟家角之线。蕴藻浜北岸阵地仍旧。

这天夜里，我军奉蒋总指挥命转移阵地。攻击茜泾营的部队，撤至太仓占领阵地。第五二二团还在黑夜中向浏河挺进哩，中途得令，才转向太仓。于是浏河一带，黯淡地陷于敌人之手，留下一个永远沉痛的回忆。

葛隆镇战斗

三月一日午后九时，蒋光鼐总指挥在南翔总部发下了撤退命令。关于第五军的指示主要内容有：左翼军须派一部在胡家庄、杨家行占领收容阵地，主力于本日午后十一时向嘉定—太仓之线撤退，利用嘉定城、太仓城为据点，派出一部于罗店及浏河方面警戒。

蒋光鼐总指挥的命令全文如下：

一、敌援军第十一、第十四两师团已到达上海，由敌将白川统率，企图与我军决战。其一部既在浏河附近登陆，威胁我军左侧背。

二、本路军为避免与敌决战，拟本日（三月一日，下同）午后十一时将主力向黄渡—方泰镇—嘉定—太仓之线撤退，待机转移攻势。

三、右翼军主力于本日午后十一时开始向黄渡—方泰镇之线撤退，以一部先占领真如、大场，逐次向江桥镇、南翔、广福南端进入阵地，作主阵地之警戒，其兵力配备及各师之战斗地境如下：

甲、第八十八师独立旅及宪兵团向颛桥镇、莘庄、七宝镇之线撤退，左与第十九路军江桥镇附近联络。

乙、第六十师主力于本日午后十一时由铁道南方向黄渡方向撤退（古团及郑团暂归沈师长指挥，到达目的地后归还建制）。

丙、第七十八师主力于本日午后十一时，由大场镇附近经南翔向陆家巷方向撤退。

丁、第六十一师主力于本日下午十一时由大场镇北方经陈家行向方泰镇方向撤退。

戊、新作战地境（退却路线同）：

（一）吴淞江以南属第八十八师独立旅；

（二）第六十师、第七十八师以京沪铁路相连之线为作战地境（线上属第六十师），第六十一师以大场北端小南翔—陆家巷—方泰镇之线为作战地境（线上属第七十八师）。

己、各师撤退时，正面留一团作收容队，极力佯攻，掩护主力脱离战场，至主力进入新阵地后逐次撤退之。

四、左翼军须派一部在胡家庄、杨家行占领收容阵地，主力于本日午后十一时向嘉定—太仓之线撤退，利用嘉定城、太仓城为据点，派出一部于罗店及浏河附近对浏河方向警戒。

五、作战地境：以胡家庄—唐桥—广福—马陆镇—外冈镇—蓬阆镇之线为两军作战地境（线上属左翼军）。

六、报告收集所在黄渡交通处。

七、余现在南翔，明日午前八时在昆山。

右令张军长治中

总指挥　蒋光鼐

九时三十分，我在刘家行军部，下达左翼军变换阵地的命令，规定第八十八师由马桥宅退集嘉定城，第八十七师孙旅由唐桥退集娄塘镇，宋旅及教导总队由浏河退集太仓，独立旅第一团退集蓬阆镇，第二团集结钱门塘，第七十八师翁照垣旅也集结于嘉定。各部队得令，都按时分途撤退，陆续到达指定地点，军部及直属部队也到达钱门塘镇。我一到就下命令，叫各部队即在新防御线构成坚固阵地，利用河川为外壕，构筑据点式的工事，逐次增强为主阵线。

在我奉命统率所部向新阵地嘉定、太仓背进的时候，又遭遇一场极惨烈的战斗，那就是三月三日我第八十七师第二五九旅第五一七团在葛隆镇附近的娄塘镇、朱家桥一带的战斗。

在这一个静悄悄的午夜（三月三日凌晨一时），我第五一七团已在昨天的薄暮，由庙行镇左翼趋抵娄塘镇附近，此地距浏河仅十五里，积疲未苏，血衣犹湿，夜凉野旷，哨线兵单，忽然敌以千余之众，自浏河猛扑而来，分向我警戒线夜袭。我娄塘镇、朱家桥、四竹桥三个前哨连奋起抵抗。战斗两小时，敌越来越众，轻炮十余门向我猛烈射击。我每连警戒线达三千米之宽，且损失已及三分之一，前哨线乃逐个被围，但仍死战不退，把敌人抑留在娄塘镇附近。战到午前八时，敌又增加主力四千余人，开始向我阵地突击，并向我右翼包围。这时我军正在构筑工事，匆促应战，被敌冲到朱家桥北岸我第五一七团团部门前。我阵地势极危迫，幸该团第一营第三连奋勇冲击，才把敌人打退。到了午前十时，我第二五九旅旅长孙元良得讯，急赴第五一七团团部指示机宜，并令坚强抵抗，同时向我紧急报告。我立即急令驻蓬阆镇的独立旅莫团迅速增援①，又令太仓宋旅掩护第二五九旅的左翼，令嘉定的第八十八师俞师长固守嘉定城，相机策应孙旅的右翼。

这个时候，敌军已增到七八千人，环绕于娄塘镇一带我阵地前面，我第五一七团孤军力战，弹药已将告罄，拼死相持。午后，各点都被突破，我第五一七团被困核心，弹雨纷下，死伤逾半。莫团援兵还未到达，而敌军已突过娄塘镇连占各村落各要点，直陷贺家村。孙旅长这时在葛隆镇，看见敌军披猖形势，在下午三时，亲书一件，派员急趋钱门塘军部向我紧急报告，内容如下：

一、第五一八团早尽，第五一七团现受包围，团长失踪；

二、职拟在葛隆镇殉职；

三、钱门塘将有危险，请军长迁移。

我接到了这个报告，马上打电话给孙旅长，告诉他莫团即可到达，第五一七团于日没时可向葛隆镇撤退，在河川岸线占领阵地拒止敌人。午后四时，莫团到达葛隆镇，即部署最后的抵抗线，并向前线增援。在这个时候，第五一七团战况越陷于不利，朱家桥左翼又被敌突破，张世希团长到这战的最后关头，乃率所部官兵向前冲击，并对众激励以必死

① 独立旅莫团即税警第三团，团长是张远南，在战斗中由莫雄以税警总团总参议名义，直接指挥该团作战。

的决心,各荷枪向蒋家村方面冲击。敌军机枪如雨,我军前仆后继,顶死冒进,直扑日军阵地,杀声震野,势不可当。敌军受了这一次最大的猛击,才向后退去,重围遂解。零落而忠勇的我第五一七团抵外冈与第八十八师会合,经昆山转赴我军新阵地。

葛隆镇一役,关系很大,因为敌军的企图,在突破我嘉、太中间地区,直下铁路,截我后路。如果不是我第五一七团奋勇拒止,则敌趋葛隆镇,陷钱门塘,直下铁路,我们第五军和第十九路军的归路就断了,那后果是不能想象的。

这一天的血战,死了我军一个营长、两个连长和连附、六个排长,士兵伤亡近千数。就中第一营营长朱耀章身中七弹,殉国成仁,尤为伟烈!他在殉国前两天还作了一首诗词,题目是:《月夜巡视阵线有感》。今天读他的遗诗,真可以说是一字一滴泪,一字一滴血了。朱耀章营长的诗词原文如下:

风萧萧,夜沉沉,一轮明月照征人。尽我军人责,信步阵后巡。曾日月之有几何?世事浮云,弱肉强争!

火融融,炮隆隆,黄浦江岸一片红!大厦成瓦砾,市镇作战场,昔日繁华今何在?公理沉沦,人面狼心!

月愈浓,星愈稀,四周妇哭与儿啼。男儿百战死,壮士十年归!人生上寿只百年,无须流连,听其自然!

为自由,争生存,沪上魔兵抗强权。踏尽河边草(蕴藻浜河),洒遍英雄泪。又何必气短情长?宁碎头颅,还我河山!

沉痛的收场

正值我第二五九旅第五一七团与敌在娄塘镇苦战时,三月三日下午,又奉到蒋总指挥电令,要我撤到陆家桥—石牌—白茆新市之线,构筑工事。奉命后我又令各部队依次撤退,令第八十八师撤至常熟城集结待命,第八十七师宋旅撤至白茆新市之线,孙旅撤至石牌之线,军部进驻东塘墅,独立旅第二团及军校教导总队集结于东塘墅附近待命。四日上午,军部及直属部队都已到东塘墅;五日,各部队也先后到达指定地点,都在积极着手整理并布防。于是,我们退守第二道防线了。

为着坚强防线持久抗战的打算,我特令各部队构筑纵深的第一、第二、第三之三线阵地。不过几天,各线阵地都已次第构筑完成,一面激励士气,整备军实,准备与敌作殊死战。九日,上官云相师长统率第四十七师开抵常熟，由总指挥部拨归我军指挥，当令该师在常熟东北梅李镇、谢家镇、福山镇一带构筑阵地，并严密警戒沿江各要点。而自从我军退抵第二道防线以来，敌未再犯，每天只有飞机向我做侦察动作。

我驻在常熟县东南的东塘墅大约一个月，中外人士络绎于途，或来慰劳，或来访问。而在慰问者中，使我怀感不已的，是过去黄埔军校党代表廖仲恺先生的夫人何香凝同志（在黄埔我们都尊称她廖师母）。她特来我军驻地，慰问之余，慷慨赋诗，现将她所作的《赠前敌将士》那一首记在这里：

> 倭奴侵略，野心未死，既据我东北三省，复占我申江土地，叹我大好河山，今非昔比。焚毁我多少城市，惨杀我多少同胞，强奸我多少妇女，耻！你等是血性军人，怎样下得这点气？

在这以前，即在九一八事变发生后，她曾寄给我一封信，送来女褂子一件，要我转达黄埔学生的将领，并附一诗如下：

> 枉自称男儿，甘受倭奴气。不战送山河，万世同羞耻。
> 吾侪妇女们，愿往沙场死。将我巾帼裳，换你征衣去！

何香老充满了爱国热情，民族义愤，真令人敬佩无已！

到五月五日，上海休战协定签字了，淞沪抗日战役至此告一段落。就是这样收场，实不胜感慨沉痛之至！

我在五月七日奉到南京来电，命第五军复员：第八十八师开驻武汉，第八十七师暂驻常熟附近原阵地集结整理。十八日复奉来电，令第五军第八十七师及军校教导总队调京训练，本军遂陆续返京。

第五军在这次战役中，计官长阵亡八十三名，受伤二百四十二名，失踪二十六名；士兵阵亡一千五百三十三名，受伤两千八百九十七名，失踪五百九十九名；合共五千三百八十名。因特于军中组织一个抚恤委员会，以司死难烈士家属的抚恤事宜。关于烈士的遗骸，国民政府在南京总理陵园附近的灵谷寺前，国民革命军阵亡将士公墓的中央，安葬一·二八事变之役阵亡烈士遗骸一百二十八人，第十九路军居其七十，我第五军及宪兵团居其五十八，以隐示一·二八的血痕，并使一·二八阵亡烈士所代表的精神永垂不朽。第十九路军和第五军各立一个抗日阵亡将士纪念碑，但在一九三七年南京失陷后就被日军毁坏了。

一·二八淞沪抗战纪实

宋希濂※

一

一九三二年一月，日本人在上海多次挑衅，国民政府命令上海市政府取消抗日救国会，并令驻防上海的第十九路军撤退。一月二十八日晚十一时，日军突然向驻守闸北的第十九路军袭击，第十九路军奋起抵抗，获得全国人民的同情和支援。

当时我任陆军第八十七师第二六一旅旅长，下辖第五二一、第五二二两团，驻在南京的小营、马标一带。全旅官兵深感形势严重，非奋起抗战将无以图存，对第十九路军的英勇抵抗，寄以深切的同情，一致要求立即开赴上海参战。我代表全旅官兵，于一月三十日下午三时到三牌楼军政部见何应钦，陈述官兵请求开往上海参战的强烈愿望。何应钦听了后，不仅没有丝毫兴奋的表情，反而板着面孔对我说："十九路军不听命令，叫他们撤离上海他们不撤，反而同日军打起来了，破坏中央的整个政策（按即对外妥协、对内用兵、对人民压迫的政策），弄得很难处理，你们还来要求开往上海参战吗？这是不行的。"我和他争论多次，都遭到他严词拒绝，不得要领。

我乃返回旅部，于是晚七时召集全旅连长以上干部开会。我将何应钦不答应本旅开往上海参加抗战的情形传达后，大家情绪异常愤激，发言者甚多，有的声泪俱下地说："国家养兵千日，用在一旦，今敌人打进大门来了，友军已奋起抵抗，我们反而袖手旁观，难道要叫我们当亡国

※　作者当时系第五军第八十七师第二六一旅旅长。

奴吗?"最后决议由旅长率营长以上干部向何应钦再度请愿,务要达到目的。

当晚十一时,我率干部三十余人,乘一辆大卡车闯进南京鼓楼斗鸡闸一号何应钦住宅,向何再次请求开往上海参战。他没有想到半夜里突来这样多的人,感到十分尴尬。一开始大家还是很有礼貌地向他陈述官兵的抗日要求,请他准许本旅开往上海支援第十九路军作战,但何应钦仍然拒绝,态度顽固,说什么"日本现在是世界上头等强国,工业发达,拥有现代化的陆海空军。我国没有自己的工业,机枪大炮都不能造,一切要从外国买来;国家没有真正的统一,各地方军阀口头上拥护中央,实际上各自为政,又有共产党到处捣乱,这样的国家,这样的形势,怎能同日本人打呢?……"何应钦说了一大套亡国谬论,大家听得不耐烦了,就向他质问,态度很激昂。记得有一位营长王作霖(陕西人,黄埔军校第六期毕业)说得最为扼要动人。他说:"我是部长的学生,也跟部长当过参谋,我听过您多次的讲话,您总是勉励大家当军人的要保卫国家,爱国爱民,才算是克尽了军人的天职。但是九一八事变丧失了整个东北,我们采取不抵抗政策,全国人民都骂国民政府丧权辱国,骂我们军人无耻。现在日本人打到大门口来了,我们还不起来抵抗,这同部长平日对我们教导的话,是多么不相称呢?难道作为我们的老师(何应钦任过黄埔军校的总教官、教育长等职),作为我们的长官,竟要我们甘心当亡国奴吗?我们是绝不愿意当亡国奴的!"这些话说得何应钦哑口无言。随后大家纷纷发言,一致表示抗战的决心。僵持到深夜一点多钟,何应钦看到大家情绪激昂,言之有理,知道单纯用高压手段是不能解决问题的。于是他站起来,以和婉的态度和语调对我们说:"现在南京空虚,明天一大早你们就开到幕府山、狮子山、下关一带,对江面严密警戒。我即调第二五九旅从徐州开回来,等第二五九旅到达后,视情况的发展,如有必要,再派你们这个旅开往上海参战。"大家认为多少有了指望,不便再闹下去,遂即退出返部。次晨,我们致电第十九路军的蒋光鼐、蔡廷锴两将军及全体官兵致以深切的同情和慰问,并表示全旅官兵抗战的决心,誓以全力支援。此外,我们将由我领衔和全旅干部(共约三百人)签名的一封请愿书,派人送交当时的京沪卫戍总司令陈铭枢。同时我又派员到京沪铁路局接洽,要求他们准备车辆随时运送本旅去沪参战。

二

自九一八事变后，蒋介石采取不抵抗政策，坐失广大国土，激起了全国人民的愤怒责骂。数以万计的各地学生，纷纷到南京请愿。蒋介石使用空言搪塞和高压手段，都不能阻遏全国人民蓬勃发展的爱国运动。同时在国民党内部也是意见分歧，矛盾重重，最突出的表现于宁粤间的分裂。蒋介石在内外夹攻的形势下，被迫于一九三一年十二月宣告下野。随后国民政府改组，选林森为主席，孙科担任行政院长，实行所谓"责任内阁制"。但孙内阁对各项重大政策及经费的筹措，一筹莫展，毫无办法。及至沪战爆发，国民党中央号召团结御侮，共赴国难，并决定将国民政府迁都洛阳。于是蒋介石、汪精卫等人于二月二日前后到了洛阳，又于二月六日回到浦口举行会议。

这时上海战争正在激烈进行，第十九路军单独在沪作战，中央并无派兵增援的动向。许多社会人士及国民党内反对派纷起责难，说中央看着第十九路军打，按兵不救。出身于上海交易所的蒋介石，是善于看风色行事的。当沪战爆发时，蒋介石以下野之身曾发出一个给全国陆海空军官兵的通电，号召大家奋起抗战，并说他愿与诸将士誓共生死。此刻他知道如果不于这一重要关头，酌派一部分嫡系部队参加，不仅说明他的通电的虚伪，而且将会严重地影响他的地位和领导权。所以当张治中于二月初在浦口见蒋报告各方舆情，并表示愿意去沪参加作战时，他立即同意了。张治中那时是中央陆军军官学校教育长。蒋介石关照何应钦，即调动散驻在京沪、沪杭两线上的第八十七、第八十八两个师（这两个师原为警卫军第一、第二师）合编为第五军，并任命张治中为第五军军长兼任第八十七师师长，率领所部开沪参战。我这一旅奉命首先出发。当我在南京尧化门外集合全旅官兵宣布这一消息时，大家都情不自禁地欢呼起来，有的甚至把军帽抛到空中去，蹦跳，鼓掌，欢笑……形成了一个很动人的场面。我当时以"军人报国在今朝"为题，对全旅官兵作了一次情绪激昂的讲话。

我部于二月九、十两日开到南翔，当往见蒋总指挥、蔡军长、戴参谋长报告部队到达情况，并请求赋予任务。蒋、蔡等表示嘉慰，嘱暂在南翔集结待命。十一日，第八十八师师长俞济时亦率该师的一部来到南翔。当时上海有一种传说，说中央有意使第十九路军孤军作战，任听牺牲。因此，在俞济时提议之下，我们几个人出名通电全国，表示共同御侮的决心。通电由俞济时领衔，列名者为第八十八师副师长李延年，旅长杨步飞、钱伦体，第八十七师旅长宋希濂。电文大意如下：济时等忝列戎行，救国具有决心……值此国家存亡关头，爱本中央团结御侮之旨，请命杀敌。现已全部开抵上海，听命于蒋总指挥。誓与我第十九路军亲爱将士，喋血沙场，共同生死……宁为战死之鬼，羞做亡国之民……

三

二月十一日（或十二日），我旅奉蒋光鼐总指挥命令，接防蕴藻浜北岸阵地由胡家宅至吴淞西端曹家桥之线，于十二日（或十三日）晚接防完毕。蕴藻浜是一条自西向东（稍偏北）的河流，河幅不宽，但水深泥多，不能徒涉。当时对岸只有日军少数警戒部队，本旅接防后，积极增修工事，并派出少数搜索部队渡过河去，施行威力侦察，与日军警戒部队常有小接触，在殷家行附近的日军炮兵，常不断向我射击。我的旅部驻在由刘家行至吴淞镇公路南面一个小村庄里。十五日，我曾去吴淞会晤守备吴淞要塞地区的要塞司令谭启秀和第一五六旅旅长翁照垣，大家热烈地谈论着坚决打击日本侵略者的重要意义，一致认为在全国军民同仇敌忾的情势下，一定可以打败侵略者。十八日，张治中军长率军部及第八十七师师部人员、直属部队及中央军校教导总队、第八十七师的第二五九旅等，先后抵达刘家行附近。他根据蒋总指挥的命令，用左翼军指挥官的名义（右翼军指挥官为蔡廷锴），下达了一道命令，要旨如下：

一、奉总指挥蒋二月十六日午后十二时命令（附军队区分）如另纸印发（本文从略）。

二、本左翼军应占领江湾北端亘庙行镇东端蔡家宅—胡家宅—曹家桥之线，主力控置于大场镇北、杨行镇南及刘家行之间，迎击由江湾北方地区来犯之敌，乘机出击，向殷行镇附近压迫敌人于黄浦江畔而歼灭之。以一部在罗店、浏河、小川沙方面担任江面之警戒，相机策应吴淞。

三、本左翼军兵力部署如下：

（一）第八十八师（缺一团）应占领由江湾镇北端至周巷无名河南岸之线，右与第十九路军、左与本军第八十七师确取联系，唯主力须控置于大场镇以北地区。

（二）第八十七师第二六一旅应占领由无名河北岸经胡家宅至吴淞西端曹家桥之线，右与第八十八师、左与吴淞要塞地区部队确取联络。第二五九旅应派兵一营归第二六一旅宋旅长指挥，其主力为师预备队，应控置于杨家行至刘家行大道上之火烧场、董陆宅附近。

（三）吴淞要塞地区队之任务，如总指挥蒋命令所规定。

（四）中央军校教导总队为军预备队，集结于刘家行北之太平桥、张家桥附近。

四、各师须于明（十八）日午前三时以前分别与我第十九路军接替防务，并完成一切之战斗准备。

五、关于通信联络、补给、卫生事宜，悉遵总指挥蒋命令办理。

根据这个命令，本旅归还了第五军的建制，所担负的作战任务，没有变更。

四

一·二八战争爆发前，日军驻沪部队为海军陆战队，有四五千人，加上日本侨民所组成的武装有三四千人，共有八九千人，统归盐泽海军少将指挥。他们过高地估计了自己的力量，以为中国军队一击即溃，所以悍然发动进攻。不料遭到第十九路军的坚强抵抗，在闸北江湾一带，激战十余日，日军伤亡枕藉，屡次进攻，均被我军击退。日本帝国主义为挽回它们的所谓"大日本皇军"的声誉起见，乃派其驻金泽的第九师团、驻久留米的一个混成旅团及飞机数十架和相当数量的海军舰队，陆续开抵上海，统归第九师团长植田谦吉指挥。植田到沪后，策定了一个"中央突破"的计划，重点指向庙行镇南端地区，企图于突破后以主力向南席卷，将第十九路军歼灭于江湾、闸北地区；以有力部队向北席卷，将第五军主力歼灭于杨家行、吴淞地区。

日军自二月二十日拂晓，开始向我进攻，先以飞机十余架更番轮流向我第八十八师正面的庙行镇一带，猛施轰炸；同时以重炮野炮向庙行镇一带阵地集中射击，另以一部分炮火向本旅阵地纪家桥、曹家桥一带轰击。敌步兵在飞机及炮火掩护下，向庙行镇附近阵地冲锋数次，均被我击退。

二十一日晨，敌又以炮火向第八十八师阵地集中猛轰，尤以庙行镇以南阵地工事被毁颇多，继之敌步兵以主力向我严家宅、庙行镇之线，猛烈攻击。我官兵掩处战壕内，沉着应战，等敌步兵接近，以机枪扫射和使用手榴弹迎头痛击。敌军进攻数次，均未得逞。同时在二十一日午前一时许，敌步兵数百，借炮兵掩护，企图强渡蕴藻浜。本旅官兵早已严阵以待，当发现敌军这种企图后，立即以炽盛火力向敌射击。双方激战约两小时，敌知我有备，未再进犯。本日我师第二五九旅之第五一七团小炮连击落敌军八四六号战斗机一架，驾驶员田中大尉当场殒命。

至二十二日，敌更倾巢来犯，先以重野炮五六十门向庙行镇一带阵地轰击，连续四五个小时，火力之猛，前所未有，许多工事，多被摧毁。上午九时左右，敌步兵在飞机大炮掩护下，猛烈进攻，重点指向庙行镇以南的大小麦家宅一带。守备该处的第八十八师第五二七团，伤亡甚大，第三营营长陈振新当场阵亡，阵地被日军突破了一段，形势很紧张。张治中军长当命第八十七师第二五九旅旅长孙元良率部向庙行镇以南地区增援，同时张军长亲率中央军校的教导总队前往第八十八师指挥所策应。另由蒋总指挥命第十九路军的第六十一师副师长张炎率兵两团由竹园墩出击。

在二十二日午后一时左右，张军长打电话给我，告诉我庙行镇方面激战甚烈，敌人集中优势兵力向这一地区猛攻，企图突破我阵地，情况十分紧张，想要我旅抽调一个团开往庙行镇增援，问我意见如何。我答："如果情势需要，自当遵命照派。但抽调一个团开往庙行镇，至快要四五个钟头才能赶到，白昼行军，更易被敌机扰乱，也不无影响。这样恐怕缓不济急，可否以本旅主力立即渡过蕴藻浜，向敌军侧背攻击，借以减少正面的压力？"我这一建议，张军长毫不犹豫地同意了，并问渡河有无困难，我说我们会设法克服的。张军长最后说："好，就这样办吧！"我接受任务后，感到十分兴奋，立以电话召第五二一团团长刘安祺、第五二二团团长沈发藻来旅部，很快他们就来到了。我向他们说明庙行镇方面的战斗情况及张军长赋予本旅的作战任务，命两团各留一营守备阵地，主力立即在各团的正面渡河。渡河成功后，第五二一团在右，首先夺取齐家宅，然后向北孙宅、西港方向攻击；第五二二团在左，先攻占陆家桥，然后向南孙宅、顾家桥宅一带攻击。我问刘、沈两团长有无困难，他们以异常兴奋的情绪满怀信心地说："有办法。"随即他们就回去部署了。

还不到下午三点，当我带着旅司令部的一部分人员走向蕴藻浜河边去的时候，听到一阵猛烈的枪声和手榴弹的爆炸声，但很快就终止了，我想大概是最先渡过河去的部队和日军的警戒哨兵发生了战斗。从旅部驻地走到河边，约半个钟头就够了，当我走到河边一看时，我几乎不相信自己的眼睛，哪里来的这许多五花八门的渡河工具呢？除几只小木船外，有竹筏子，有用门板扎成的平板船，还有大木桶……形形色色，不一而足。打听之下，才知道两团的队伍，除留有一部分在北岸阵地戒备外，全都渡过河，迅速驱逐或消灭了敌军的哨兵，向前攻击去了，我真没有想到这样快的速度！当我登上一个小木船准备过河的时候，突然西面阵地工事里跑来第五二一团的一个连长（忘其姓名），一面向我举手敬礼，一面大声说："报告旅长，请准许我们这一连也过河去打日本鬼子。"我说："那怎么行！北岸阵地的戒备还是要紧的。"他说："旅长，我们在南京一再请求要来上海抗日，总算达到了目的，来了十多天，却没有机会和日本鬼子好好干一场，大家都憋不住气了！现在有了机会，却不让我们去，全连士兵简直难过得不得了，纷纷向我质询责难，弄得我也很难应付他们。"这个连长的这一番话，使我恍然理解了有这许多形形色色的渡河工具和部队这样快就跨过了蕴藻浜的原因。是的，"大家都憋不住气了！"我在船上望着那位满面红光、意气风发，带着恳求的目光而又显得有些失望的青年军官，我感觉到当一个军人真正认识到为何而战的真理时，他就会不知道什么叫作困难危险了！

我到了南岸后，首先映入眼帘的，是左侧约三十步地方躺着一具敌军的尸体，走近一看，这家伙显然是被手榴弹炸死的。我站在蕴藻浜河堤上，用望远镜观察情况，正面的齐家宅和左前方的一个村庄，已经看不见有我军的部队，只有少数的担架正在向后运送伤兵。我们走到齐家宅去，在那里设立指挥所，叫通信部队向两个团指挥所架设电话。这时得到两个团长先后送来的战斗要报，得知第五二一团已攻占北孙宅，正向西港攻击中；第五二二团已攻占陆家桥及附近的另一个村庄，正向南孙宅及顾家桥宅攻击中。两团都有相当缴获，以迫击炮弹、机枪弹药及各种罐头食品为多。第五二二团并缴获迫击炮一门。两团击毙的敌人共有四五十人，我方亦共伤亡了八九十人。这是下午四时左右的战况。

我部随即继续向前猛攻。第五二一团于下午五时攻占了西港，击毙敌大队长一名，毙俘敌军二十余人。第五二二团亦同时攻下南孙宅，颇有所获。我旅这一行动，完全出乎敌人的意料，敌军的指挥部根本没有预想到我军会强渡蕴藻浜来攻击它的侧背。本旅攻势的迅速猛烈，使向庙行镇进攻的日军感到严重的威胁。而我左翼部队的绕袭，更使在庙行镇附近的敌军炮兵阵地感到威胁。敌军指挥部为应付这一意外的严重局势，乃从进攻部队中迅速调出约两个大队的兵力来阻遏我旅的进攻，其炮兵的一部亦向我猛烈射击。二十二日将近黄昏的时候，战斗异常激烈，双方进行了肉搏战，喊杀声、枪声和手榴弹的爆炸声，响彻云霄。受伤的官兵，被刺刀刺伤者颇多，我亲见一班长的左腿和左臂均被刺入一寸多，可想见战斗的惨烈。由于官兵战斗意志旺盛，英勇杀敌，经过两三小时的激战，终于打退了敌军的几次反扑。我当命各团在已占领之线上构筑阵地，彻夜警戒。

向庙行镇及以南地区进攻的敌军，在正面遭受第八十八师及第八十七师第二五九旅的坚决抵抗，同时其左右两侧受到第六十一师出击部队及本旅的猛烈攻击，伤亡枕藉，损失甚大。敌军在三面夹击之下，不能不停止进攻，植田谦吉的中央突破计划，至此完全落空了。第五军的两个师，这一天几乎全部加入了战斗，一日之间，伤亡官兵达一千余人，这一天战斗的激烈，实为自一月二十八日战争爆发以来所未有。

五

敌人受到这次挫败，自不甘心，日军统帅部随即派其陆军大将白川义则来沪担任最高指挥官，并加派其第十四师团的全部及第十一师团的大部开来上海增援，至此，日军总数达到十万人以上。敌人知道如仍继续从正面进攻，必须付出重大代价，且未必得逞，因此白川义则采取在我左侧背浏河附近登陆的计划。沿江七丫口、杨林口、浏河、新镇及小川沙一带，绵延数十里的沿江警戒线，仅有左翼军指挥官所辖中央军校教导总队的一个营会同少数冯庸义勇军担任守备。稍为有点军事常识的人，都知道守备这一线的重要性，因为如敌军以有力的一部在此登陆绕攻我侧背，就会使我军全线瓦解。但当时第十九路军和第五军总兵力不过六七万人，自闸北、江湾、庙行镇经蕴藻浜北岸至吴淞之线，几无日不在战斗之中，各部队都有相当大的伤亡，纵然控置了一些预备队，为防备敌军的正面攻击，也只能适当地控置于阵地的稍后地方，不能过早地使用于远在二三十公里外的浏河、杨林口一带，所以该方面的守备兵力十分单薄。

三月一日拂晓，敌军开始在江湾、庙行镇一线向我进行全面攻击，同时，敌舰多艘携带大量民船和马达船，施放烟幕掩护，以步兵在我兵力配备薄弱的六滨口、杨林口、七丫口登陆，并以海军舰队上的大炮向我沿江各口猛烈轰击，飞机数十架从吴淞要塞起沿江轰炸各要口，严密监视我军的行动。敌登陆后，即连续占领浮桥等地，向浏河西端约五公里的茜泾营猛扑。我教导总队的一连，死力抵御，伤亡殆尽。本旅主力自二月二十二日跨过蕴藻浜向南攻击敌军侧背，缓和庙行镇方面友军所遭受的压力，完成任务以后，于二十四日奉左翼军指挥官的命令，仍撤回北岸守备原阵地，只留一小部在南岸监视敌军的活动。至二十九日，又奉张指挥官命令，将本旅所担任的防务交第八十七师独立第一团（附教导总队第三营）接替，并命本旅集结于庙行镇左后方之唐乔田湾附近，为左翼军总预备队。是晚，本旅又奉命担任构筑第二线阵地。

三月一日上午，我率各团营长正在侦察地形，经始工事线的时候，突然旅部的一个参谋快步跑来报告，说张军长叫我立即到刘家行军司令部去，并要部队整装待命。我于上午十时左右到了军司令部，张军长告知浏河方面的情况，并当面交给我一道笔记命令，要旨于下：

一、敌有一部由七丫口（在杨林口西北约三千公尺）登陆，似有扰我侧背之企图。我第四十七师的一个团，正由黄渡向太仓方面前进中。

二、本军欲使敌在立足未稳之前，在浏河以西地区，将其歼灭之。

三、着宋旅长希濂率所部两团由现在地经刘家行、罗店向浏河前进；唯因汽车不敷，只可以一部乘车，其余徒步用疏散队形向浏河前进。

四、中央军校教导总队之一营应固守浏河，以一部在茜泾营严密警戒，俟宋旅长到达后，即归该旅长指挥。

命令的其他部分从略。

我接奉这个任务后，理解到形势紧迫，必须尽可能使部队迅速到达浏河，尤其要有一部分尽快抢占茜泾营，拒止或迟滞敌军前进，否则敌军必然先我占领浏河，对整个战局将会发生严重的不利影响。部队官兵听说本旅负有紧急的战斗任务，大家都异常兴奋，认为又可和日本侵略军好好干一仗了。队伍很快就到公路集结完毕。我把情况和本旅任务对刘、沈两团长交代后，即命第五二一团的第一营由顾家宅汽车站用汽车运输，只有十一辆车，很勉强地装载一个营。

大约是上午十一时左右，我仅带参谋、卫士各一人随同第五二一团第一营营长唐德乘车出发，面嘱刘、沈两团长率部用强行军向浏河前进，并适当地用疏散队形行进，万一受敌机扫射和轰炸时，尽可能地减少损失。我和先头营快要到达浏河（大约相距约两公里的地方）的时候，被在天空盘旋的敌机四架发现了，我立命停车，指示队伍迅即向公路两边疏散隐蔽。果然一刹那间，敌机便俯冲下来，疯狂地在汽车周围投掷轻磅炸弹，并用机枪扫射，而且竟然在离地面只有一百多公尺的低空肆无忌惮地飞来飞去。原来隐伏在地面上的官兵，看到敌机如此猖狂，十分愤怒，有些士兵便不顾暴露目标的危险，站起来以一个人托着轻机枪的两个脚架，另一个人便对着敌机瞄准射击。一个连这样做了，其他的连跟着仿效起来，一时便构成了对空射击的火网。我看见一架敌机冒着烟，一扭一拐地向东方飞去，很可能这架敌机是被打伤了，其余敌机也都不敢再低飞了。敌机的扰乱，耽误了我们的行动约二十分钟。待其走后，检查汽车，有八辆被炸毁不能行驶了，只有三辆还勉强可用。我乃命这三辆车开回去接运后续部队，我们步行去浏河，很快就到了，这时大约是十二点半钟左右。

浏河街市店门紧闭，阒无一人，只见有三四个手缠"义勇军"臂章的青年，神色有些紧张。探询之下，始知他们就是属于冯庸义勇军的，共有一百余人，奉蒋总指挥命令在浏河一带担任对江面敌舰的监视。冯庸本人到上海去了，现这方面发生了战争，他们不知怎样行动才好。我当告诉他们，我军大部队即可陆续到来，此间可能发生一场激战，要他们立即离开浏河转到后方去。这些青年大半是东北籍，激于爱国热情，不畏艰苦来参加战地工作，是值得表扬的。

我到浏河后，立即搜集情况，得知敌军自今晨以来，已有数千人在七丫口、杨林口一带登陆，尚有大批敌军正在继续登陆，判断当在万人以上。首批登陆之敌，在占领浮桥镇（浮桥镇位于七丫口附近，在茜泾营以西约七八公里）后，已向东疾进。我认为茜泾营为浏河屏障，位置扼要，必须先行占领，才能掩护后续部队展开，乃立命唐营长率该营迅速向茜泾营搜索前进。哪知才走到茜泾营南门附近，而敌已先我到达，于是与敌展开了白刃战，杀声震天，战斗愈演愈烈。敌后续部队不断赶到加入战斗，而我方到下午三时后，第五二一团刘安祺团长才率第二营到达浏河。这时敌机二十余架密罩天空，低空飞行，掷弹如雨，敌舰的重炮亦连续轰击，浏河的房舍多被炸毁，部队亦颇有伤亡。至四时许，茜泾营的敌军向我左翼迁回绕攻。原在右翼方面的教导总队第一营伤亡甚大。在茜泾营附近苦战的第五二一团第一营处于前、左、右三面受敌围攻的紧迫状态，战死者甚多，伤者亦无法运下来。而该营官兵仍然沉着应战，视死如归，营长唐德左臂受了伤，不仅继续指挥作战，且亲自投掷手榴弹与敌肉搏。这种英勇杀敌的精神，在我国抗日战史上，留下了光辉的一页。

到了五点多钟，天色已昏，我第五二一团第三营才赶到，我当命已到达的部队迅速沿浏河南岸积极布防，并命唐营仍暂在原地抵抗，俟浏河防务布置就绪后，即逐步后撤，归还建制。我第五二二团全部是徒步行军，加以沿途受敌机扰乱，到晚十时尚未到达浏河。

六

三月一日这一天，除浏河方面的战况已如上述外，而在江湾、庙行镇一带的正面阵地，亦均被优势之敌压迫，敌飞机大炮不断猛炸，我阵地工事，多被摧毁，敌步兵向我军反复冲锋，我官兵奋勇迎战，伤亡甚大。延到午后，正面阵地有数处被敌突破，各师旅控制之预备队皆已使用，而从后方调来增援的部队，据闻因路程遥远和运输困难，绝非几天内所能赶到。淞沪战场的最高指挥官蒋光鼐盱衡全局，为与敌作长期抵抗起见，决定当晚转移阵地，命右翼军撤至黄渡—方泰镇之线，左翼军撤至嘉定—太仓之线占领阵地。是晚十点三十分左右，我接到张指挥官派专人送来的笔记命令，命本旅及军校教导总队经由浏河、陆渡桥向太仓集结，应警戒西竹桥—横沥桥—太仓城—西湖川塘之线，右翼须与第二五九旅（孙旅）联系。奉命后我即派人通知尚在途中的第五二二团立即向太仓转进，我亦率第五二一团及教导总队于当夜开往太仓，均于三月二日上午集结完毕，并以一部留置于陆渡桥一带，对浏河之敌严密戒备。下午奉张指挥官命令，本旅及教导总队担任右自陈家宅（西竹桥西南一千五百米达河岸）联系孙旅左翼，经太仓城、铁港滨河左至西湖川塘之线，构筑阵地。并指示各部队应尽可能地依河川为外壕，先于各要点构成据点式工事，然后依时间逐次增强之。奉命后，本旅不顾一切疲劳，又立即积极从事阵地的构筑。

三月三日上午，浏河方面之敌数千人附轻炮十余门，向守备娄塘镇一带阵地（在本旅太仓阵地的右翼约八九公里处）的我第二五九旅第五一七团猛攻。该团正面过大，阵地被敌截成数段，两翼被敌包围，该团官兵奋勇抵抗，死战不退，因而伤亡甚大，营长朱耀华壮烈殉国，下级干部及士兵战死者甚多。张指挥官得报后，即命在嘉定的第八十八师及在太仓的本旅派兵前往支援，正行动间，突又奉急令中止。旋接张指挥官三月三日晚七时的笔记命令，大意谓奉蒋总指挥三月三日午后二时的电报指示，略谓："敌企图截断嘉定—太仓之线，阻我归路，各军应留一部散据各要点，即第五军分占钱门塘—太仓之线，第十九路军由吴淞江北岸亘安亭望仙桥之线，节节抵抗，拒止敌之西进，即于本晚开始。第五军主力撤至陆家桥—石牌—白茆—新市之线，第十九路军主力撤至周巷沿青阳港西岸至陆家桥之线，构筑强固工事固守之。本军遵令以主力于本晚撤至石牌—白茆—新市之线，以一部在钱门塘镇—太仓之线占领阵地，拒止敌人，掩护本军的撤退。第八十七师宋旅应以有力的一部固守太仓，拒止敌人，掩护本军之撤退，其主力应俟孙元良旅通过太仓后经直塘镇向白茆、新市占领阵地，对敌警戒，该旅固守太仓之一部，如敌不来犯，不得放弃，如受敌压迫，不能固守时，准予相机撤退，归还建制。"（命令中关于各友军的任务位置等，本文均从略。）

本旅根据这个命令，派了一个加强营守备太仓①，主力转到白茆—新市之线占领阵地，随后在太仓的加强营也奉命归还建制。以后敌军未再进犯，只有敌机经常向我做侦察活动。到五月五日，以蒋介石、汪精卫为首的南京政府，签订了屈辱的《淞沪停战协定》，一·二八淞沪抗日战争宣告结束了。

---

① 当时任第十九路军补充第一团团长的余立奎提出这种说法与事实不符，请参阅本书余立奎文。

淞沪抗战中的税警团

莫 雄※

一九三二年一·二八淞沪抗日战争爆发后，财政部长宋子文派我任财政部税警总团总参议。总团长王赓被捉后，又派我兼代该团总团长，指挥税警团参加抗战。

宋子文为了严密控制财政机关，充实"国库"收入起见，在财政部成立了一支部队，名曰"税警团"，实际上比当时陆军部队团的编制、人员、武器，都还大还好。税警团直属于财政部，其官兵的任命与扩充、经费的增减、武器的补充、防地的调动等等，一切都要听命于财政部，直接、间接得到宋子文的同意才行。所以税警团实是一支"宋家军"，是保护宋家财富的"打手"。

税警团原驻于津浦线，总团部设于蚌埠。后移驻沪杭线，总团部设于嘉兴。一·二八前夕，税警团大部分驻在上海、浦东一带，第一团驻徐家汇，第二团驻南翔，第三团驻闸北，第四团驻浦东，总团部设于徐家汇。在此期间，税警团正在积极进行补充训练，宋子文常常从南京来到上海，总是喜欢在法租界祈齐路第一、第三、第七、第九号四幢连成的大公馆里，召见税警团的各级将校，询问该团的各种情况，异常关切他们的报告和问题。当他听到训练进步很快，士兵如何强壮，服装如何整齐，纪律如何良好，顾问们如何称赞，武器装备又超过正规陆军时，宋子文就高兴得不亦乐乎。此时，不管向他请求什么，担保可以得到他

※ 作者当时系财政部税警总团总参议兼代总团团长，参战时对外公开称为第五军第八十七师独立旅旅长。

144

的同意。

但是，事情很不凑巧，当宋子文热心上海练兵的时候，也正是日本帝国主义野心勃勃，阴谋强占淞沪的时候。

一·二八抗战前几天，税警团第三团驻扎闸北太阳庙一带。第十九路军第七十八师的一个团，也驻防闸北车站及天通庵一带，南京的宪兵团正陆续开来，准备接防闸北。日本海军陆战队和战车巡逻队，则日夜在边界巡游示威、侦察，企图吓走将撤未走的第十九路军。由于日军欺人太甚，第十九路军官兵个个摩拳擦掌，战争有一触即发之势。

税警团驻在这个战争边缘的地方，既怕同日军打仗，又怕挨骂，而不敢公然撤退，处境是很狼狈的。当该团的军官把日军横行无忌，企图挑衅的情况向团长张远南报告，并请示"日军如果冲到营前怎么办"时，这位团长竟干净利落地答复："关上大门，不许开枪！"由此可见，一·二八淞沪抗战之前，税警团有些是准备逃跑的。

一·二八淞沪抗战开始了，全国人心振奋。上海各界人民在中共地下党组织策动下，在宋庆龄、何香凝先生奔走呼号下，在文化界同青年学生的宣传鼓励下，无不热烈支援孤军奋战的第十九路军。海外华侨也热烈捐献财物，支援奋勇抗日的英雄。稍有民族天良的人，都愤恨南京政府倒行逆施，拥兵内战，对孤军抗日的第十九路军坐视不救。连蒋介石的嫡系部队的将校，也有请愿出兵上海，援助第十九路军抗日的。

到了二月中旬，淞沪抗战越打越烈，宋子文的税警团，虽然实行不抵抗主义，但战火已烧在身边，既无法安全脱身，也怕国人唾骂，或被友军缴械。迫不得已，宋子文才同蒋光鼐、蔡廷锴等磋商，决定驻闸北的税警三团和南翔的税警二团，归第十九路军指挥，参加抗日战争序列。待张治中的第五军开来上海参加抗战后，税警团的参战部队就改名为第五军第八十七师独立旅，仍以税警总团长王赓为旅长，受第五军指挥。为什么要改为独立旅呢？因为宋子文怕税警团参战，会遭八国银行团反对，停止拨给盐余经费，为了瞒过八国银行团，继续取得盐余拨款，故不以税警团名义参加作战。因此，淞沪抗战中，自始至终，报上不见税警团的名字。蒋光鼐、蔡廷锴、戴戟三人所写的《十九路军淞沪抗战》一文中所说的古鼎华团即税警团第二团。税警团参加第十九路军抗战序列后，古团是从南翔最先开上前线的。这个团在抗战中，打得相当勇敢，官兵伤亡甚重，第一营的全营官兵几乎全部壮烈牺牲。

驻闸北的税警团第三团团长张远南，本是公子哥儿出身，又恃与宋子文的裙带关系，待人接物，颐指气使，骄横得很。对上司王赓固然不放在眼里，对宋子文左右的唐海安、陆文澜等也不买账，他曾控告王赓十大罪状，想搞垮他，取而代之。因此，王、张关系很不融洽。税警团参战后，王赓就拉拢唐、陆，合谋赶走张远南，以泄平日之恨。特在宋的面前揭露张的关门挖墙逃走的恐日情况，宋一听之下，果然大发雷霆，要撤张远南的职。唐海安、陆文澜两人，平日与我私交颇厚，乘宋大发脾气，要撤张远南职的时候，就说："莫雄是肯打肯拼的粤军将领，与第十九路军将领有交情，协同作战，比较方便。第三团的下级军官，多是莫雄的旧属，第三团的士兵多是莫雄从广东募来的，如果部长要撤张远南，就不如派莫雄去接替。"宋子文也觉得我与第十九路军同声同气，合作容易，于是很高兴地同意了唐、陆两人的建议，要陆文澜即刻找到我同王赓去见他。

我和王赓见了宋子文，宋对我开口就说："张远南是无胆匪类，怕日本人怕得要命，不能当抗日的团长，我决定撤掉他！你去接替他的团长职务吧，以免将来丢人！"宋的语气是肯定坚决的。当时我心里盘算，宋子文是洋气十足，处事比较干脆的人，但他同蒋王朝的一般官僚军阀一样，对部属无是非善恶之分，只有忠诚与否之别，忠于他的不论什么人也称好部属，挖他墙脚的，再能干的他也不用。宋曾同我说过："对领袖不仅要忠诚敬仰，而且要驯顺迷信。"他对税警团的将校，就是惯于玩弄所谓"双轨政策"（不要部下和衷共济，合作共事，故使部下貌合神离，互相排挤，互相倾轧，却向上司争宠，以巩固领导地位的官僚手段）的。又知张远南是宋的妻兄，是宋的忠实走狗，现当宋火气上头撤他，火气过后，难免又要用他，与其现在去接替张远南，代他在战火中拼命，替别人火中取栗，倒不如卖个人情。因此，我从容地对宋说："张团长是部长的至戚，人所共知，当此抗日战事这样激烈的时候，突然撤职，名誉扫地，他在社会上怎样见人？如果部长认为用得着我，我不在乎当不当团长，也不一定要当团长才能指挥部队作战。部长要用我，就委一个参议名义，战时指挥第三团作战，平时就做做王赓总团长的幕客吧。"王赓此人很精灵，他一听我的话，就插嘴说："这个意见好得很，请部长即委莫雄为总团部总参议吧！"宋毫不考虑地连说："同意，同意。"立即亲笔委我为税警总团部总参议，并说："马上到差。"从此，我就以总参议名义指挥第三团参加淞沪抗日战争。

其实，我向宋子文条陈，顾全张远南的面子，愿意当参议而不愿意去接替张的团长职位，当时的动机并不完全为了张远南的社会声誉，倒是因张平日目中无人，不可一世，让他尝尝日本人的飞机炸弹滋味的主意多些。但王赓同我的关系不深，他不知我同宋子文及张远南的交情如何，当下只好见风使舵，附和我的意见，请委我为总团部的总参议，以总参议的名义指挥张团作战。王赓在此重要关头，不给张远南以决定性的打击，即采取退却的步骤，我猜他的动机与我相同。但当事情确定下来之后，王赓想，赶张不成，反招来一个总参议在自己的身边，总参议指挥张团作战，等于削减了自己的权力，动摇了自己的地位，这一招，对张远南不仅没有什么妨害，反而是一个帮助。因此有所后悔。

在二月二十五六日（确切日子记不得，但肯定在二月二十八日淞沪抗战周月之前），战争最剧烈的时候，王赓离开税警总团之前，曾同我一齐到宋子文公馆，和宋子文会谈了很久。宋、王之间的谈话，多用英语，除了"是"和"不是"之外，我听不懂他们谈什么，有时他们也讲上海话，这似乎专门为了我听懂的谈话中，也没有一句说到王赓要暂时离开团部，更没有说到在王赓离部期间，总团长职务要由莫雄代理的话。在我与王赓同到徐家汇总团部的途中，王赓也没有向我透露半句关于他和宋子文谈话的内容。可是，一到团部，王赓即命参谋长蒋汉槎召集参、副、经、械、医各处处长和一些较高级幕僚开会。会上王赓说："莫雄先生乃宋部长委来本部的总参议，他作战经验丰富，你们今后要好好地服从莫总参议的命令，服从他就是等于服从我一样的。"我无准备地讲了一些爱国家爱民族，团结抗日到底，追随诸君之后的谦虚话。我讲完之后，大家鼓掌，王赓即宣布散会，以王的语气听来，又像欢迎又像交代的话，弄得我莫名其妙。

会后，王赓偕同蒋参谋长和我一同到他的寝室，他很匆忙似的，拣出大堆文件，摆在桌上，又在他公事皮袋内抽出一些第十九路军发出的机密的作战方案、一叠比例图、敌我双方态势图、作战地境交通补给及后方医院绷带所等略图，声称交给我保管使用。又将他自己的行军床拆下，连同行李一起，命人搬上汽车。王赓这种举动，使我如堕五里雾中。我急迫地说："我是临时来协助你的，怎能把这些重要文件和地图交给我呢？要不就交给蒋参谋长，必要时，我向蒋参谋长拿好了，为什么你连行李都搬回上海去呢？"王赓指着桌子上三张英文名片，他说："这三个人，都是美国西点陆大同学，在美国大使馆当武官，现住上海美国领事馆里，他们曾拜访我两三次，今天得你莫大哥来帮忙，抽得出身。我还有要事一定要马上回上海去找他们。"随即挽着我的手往花园走去，边行边谈，王赓突然嘿的一声："莫大哥！你这回来真正好极了！"我问："什么事？"他说："过两天你会明白的！"这一段谈话，无头无尾，含含糊糊，莫名究竟。当天下午三点钟左右，王赓身穿黑绒西装，下穿黄绒马裤，脚穿黑皮靴，神采奕奕地同我们握别后，即骑摩托向上海租界疾驰而去。

二月二十八日，我代表王赓参加了第十九路军总指挥部的战地掩蔽部召集的军事会议后，约下午四时左右，我于回部途中，遇见唐海安。他说奉宋子文命令，特地来找我，邀我转乘他自驾的无篷跑车。登车后，唐告诉我，王赓在虹口礼查饭店被日军捉去了。宋子文部长已下令委你立即代理总团长。三十分钟后，唐海安送我回到了徐家汇总团部，把宋子文的手令交给我。我同宋子文通了电话，他命令我立即就职。我觉得军中不可一刻无将，于是即召集参谋长及各处幕僚会议，传达了代理总团长的命令。从此，我即以代理总团长——独立旅长，指挥该旅参加淞沪抗日战争末期的战斗。

三月一日，我奉蒋、蔡命令，向后方撤退，傍晚转进到青浦松江之线防守。三月三日，在葛隆镇地方协同友军对日军展开激烈的防守战，战情之剧，前所未有。这一连串的事件，王赓在礼查饭店被日军捉去，宋子文手令我代理总团长，第十九路军撤守第二道防线，这是否是他临别所说的好消息呢？

我记得，淞沪抗日部队转移阵地的计划，是在日军浏河登陆之前已经决定。上海各报登载，浏河失守，乃王赓被捉献了我方抗日的地图及泄露了抗战计划的结果，文化界也编演过《王赓献地图》的戏剧。

京沪卫戍公署见闻

邓世汉※

一

一九三一年九月底，国民政府发表陈铭枢为京沪卫戍司令长官公署（下文简称卫戍公署）的司令长官，从江西调回第十九路军驻扎京沪。

京沪卫戍公署的职权是保卫京沪的安宁，所有在京沪地区内各单位的军警宪，均归其指挥与调遣。公署的内部编制较庞大，人员数十，除参谋长外，分设参谋、副官、秘书、军法、医务、经理等处科；并有许多参议、咨议等人员。参谋长邓世增，副参谋长张襄（半月后，陈铭枢举荐戴戟代替他的淞沪警备司令兼职，调张襄去协助戴戟）。公署地址在南京市中山路三元巷（即蒋介石的陆海空军总司令部旧址）。陈铭枢等于十月下旬宣誓就职，蒋介石、吴稚晖曾来主持和监督，并摄影留念。

第十九路军共三个师，总兵力三万余人，毛维寿的第六十一师驻南京近郊各地区，沈光汉的第六十师驻苏州镇江一带，区寿年的第七十八师驻上海近郊以至嘉定地区。总指挥部设于苏州，副总指挥兼军长蔡廷锴在京沪线上往来巡视，亲临各师旅团的营地，检阅部队。

我于十月间刚从北平的陆军大学（以下简称陆大）毕业后到南京谒陈（铭枢），陈任我为他的中校机要参谋。我在职期间的卧室与陈（铭枢）的卧室同在公署最后一座楼上，每天膳食与陈共一桌，当时接近陈较多，所以了解各方抗战与否的动态也广泛一些。

※ 作者当时系京沪卫戍司令长官公署中校机要参谋。

二

　　日本自吞并整个东北后，即扩大侵略范围，如天津、青岛、汉口、福州、上海等地，日浪人四出制造流血事件，随时随地可爆发新的事变。一九三二年一月初，日军更为嚣张，大有山雨欲来风满楼之势。蔡廷锴来京晤陈铭枢会商要务，适陈、邓（世增）都不在，是夕也不返署（陈铭枢这时还未重视日军动向，尚在政海中角逐，他曾代理行政院长并兼交通部长，有些踌躇满志之态；卫戍公署职务，一切委诸参谋长邓世增）。蔡和我晚饭后，两人作长夜谈，蔡问我："日军每个师团的人数和装备及战斗力如何？我们两个师是否可以抵挡日军一个师团？"我便把我在陆大时从荻洲立兵大佐、田中久中佐、土桥、樱井等日本教官（九一八后一律遣退）所了解到的情况和日军编制，对蔡面述："日军一个师团约一万五六千人，是诸兵种联合组成的（步、炮、工、辎重、卫生等，东北多加骑兵），配属军用飞机九架（分战斗、侦察、轰炸），每个步兵联队（即团）配置战车十余辆。我军装备虽不如日军，但士气激愤，又久经实战考验。据我估计，我军一个半师可以抗敌一个师团。"蔡即兴奋地说："那我们现在有三个师，最低限度也可以长期抗击日军两个师团，这也无疑问了。"翌日早晨，蔡又问："你看我们与日本打起仗来，国家和我们的前途如何？"我回答说："抗日有百利而无一害，抗战才能卫国保民，而且得到国人的拥护；在国际上，因为英美法等国对日本独吞中国，对它们利益有冲突，是不甘心的，必然起来支持我们正义的防卫，而制裁横行霸道的侵略者。不然的话，我越示弱，敌越逞强，得寸进尺，任敌军宰割，不仅给国人唾骂，自己也无地逃遁。"

　　一月中旬，蔡廷锴来京又找陈铭枢，大谈日军如来犯，我军怎样变的问题，直至开午饭。我当时大着胆地插嘴说："沈阳事变的覆辙，不久就要轮到我们头上来了，我们想再穿上军服，确是厚着脸皮了。"陈铭枢沉默了一会儿，才兴奋地说："看日本的风头火势，或许要在我们防区制造事变，有爆发战争的可能。不得已时，打就打，最大打光为止。但是憬然（蒋光鼐号）还在莫干山疗养，要通知他赶快回来，大家同舟共济才行。"这是我第一次听到陈表示抗战决心，令我欢喜若狂。因公署是当时执行保卫京沪的最高权力机构，而陈是最高长官，他如决心抵抗，在影响上可争取较多的抗战力量来支持。

　　陈铭枢自发出抗战不怕牺牲的决心之后，不到两天，他说到上海去巡视防地，我随陈往，是夕宿陈的上海法租界私邸。翌早陈说："我另有要务，不暇分身，派你去看后，将情况告知我。"我首先到离日本兵营最近的我军第七十八师第一五六旅驻闸北的第六团，即会同该团长张君嵩及其第一、第二、第三营营长利长江、吴康鉴、吴履逊，视察我军阵地。敌我阵地警戒线，近的不过二百公尺；日军营房背后与我第六团的操场相毗邻；至于预期警戒战斗地带，如北四川路、天通庵路、横滨路、虬江路、宝兴路、广肇路、青云路，均罗布铁丝网；每个交叉路口或要点，则加设鹿寨及木马或掩蔽壕等（当时没有沙包）。看完之后，张团长对我说："这些工事，看似简单，但器材需款，一时筹措不易，请求上海市政府拨款，市府一味推延。好在旅长翁照垣有魄力，他向市商会和北四川路的广东同乡共商借了两三万元，才完成此项任务。有了工事，日军如敢来犯，我们就在这里和他拼命。"张团士兵多广东籍，时当冬寒，一律穿着单衣、草鞋和短裤，勇悍气氛，形于外表。我即将抽阅最前线经过和张团士气之愤激及拼死之决心向陈（铭枢）面报，陈听完后，兴奋地说："敌人如偷袭我们，谅不致如沈阳那样容易吧！"后来，日军突然偷袭我军，就从这个张团开始，而反攻日军第一炮的也由这个张团始。

三

一月下旬，日军明目张胆地先后调遣军舰共约四十艘，陆战队五六千人，战车数十辆，直抵黄浦江码头登陆，派出浪人诈称游行，即乘机捣毁北四川路的广东商店二三十间；另派浪人五名化装成日僧在闸北的三友实业社殴打工人，借端挑衅。稍有民族气节，也不能忍，何况守土卫国是当时卫戍公署唯一天职。公署即时电令加强上海第一线作应战戒备。但军政部长何应钦出头干涉，最后抬出统帅部的命令：务必把第七十八师之张君嵩第六团从闸北撤回南翔后方，另派其宪兵第六团接替张团防务，并限于一月二十八日下午六时前交接完毕，如有故违，以背叛论罪。当时卫戍公署已屈从他的要求，照样下达撤回张团之电。

二十八日下午七时，龙华警备司令部负责人给公署参谋处长樊崧迟打电话，谈了形势的变化："日本领事村井几日前向上海市政府提出了要求：一、封闭上海市的一切抗日救国的团体；二、封闭一切爱国报刊和排日活动；三、赔款（日本的伪僧人受伤，医药费五万余元）；四、道歉；五、保证以后在上海市没有以上事故发生，并彻底执行以上任务。之后，日方又在一月二十六日再发最后通牒，限令四十八小时内完满答复村井领事的要求，否则采取断然之手段。市长吴铁城在限期前已经依照日领事村井所列各项条款办理好了，并邀请英美法各国领事和村井在一起集会，当众答复村井。吴曾问村井对条款答复是否满意，村井也在各国领事面前表示满意了。至于闸北之张君嵩团与宪兵团之交接问题，双方负责人已经会同视察完毕，因日将落山，在日军火线下行动，恐引起误会，故拟延至翌（二十九）日上午开始交接防务。"樊听完电话并汇报后，曾对我说："明天宪兵团就可接替张君嵩团的防地。这样，何（应钦）部长也就不再怪责我们备战了。"谁知夜半（约零时二十分）龙华警备司令部突来电话说："日本海军陆战队两三千人于十一时半向我闸北之第六团防地袭击，现正在巷战激烈搏斗中。"当即令饬京城近郊的第六十一师向下关的日舰严密戒备。

次日夜半，南京城又被日舰炮轰。时在晚上十时，突闻炮声隆隆，继闻机枪声，下关及沿江一带居民变成人流向城里奔逃，旋接第六十一师师长毛维寿的军用专机电话："下关日舰四艘，无故挑衅，突向我狮子林炮台和清凉山防地炮击，炮位和工事大都被破坏，我师正在与日舰对峙中。"（这个电话机是陈铭枢卧室的，因当时陈、邓（世增）都不在公署，是我接的电话）。约过十余分钟后，即接何应钦电话说："正在接日本公使馆的参赞通知，说我们炮台上的驻军突然向下关江面的日舰炮击，另有武装士兵向下关之日本商店枪击，希即制止为要。"因陈、邓不在，我即根据毛师长的报告以对，并说我们狮子林和清凉山两处都有弹着点所爆炸的破片，足以证明日舰炮轰我们。何（应钦）听了我回答的话之后说："陈司令长官太不约束部属，又发生严重事故，增加政府困难，连政府的政令也不顾。"这次日舰无端炮轰京垣，人民遭到巨大损害，何应钦不但不向日方抗议，也不调查民众的损失，反诬说我驻军炮击日舰，为日军张目。

二月五日（或六七日）那天，第八十七师第二六一旅第五二二团团长沈发藻来找我谈抗日问题。他首先说："第十九路军在上海与日军激战一周了，我旅两团官兵人人摩拳擦掌，要求到前线杀敌，我和几个同人已向何（应钦）部长请求，受到申斥，真令我气愤！我拟联合两团的连长以上人员共同签名，再向何部长请求，如不达目的，绝不罢休，你看我们这么做法，行得通吗？"我表示热烈赞成后，沈亦高兴地辞去。次日听何给陈打电话说："第八十七师第二六一旅的连以上官员联合向我请缨未遂，遂自由行动，准备在下关火车站乘车出发，下关日舰虎视眈眈，如再引起日舰武力干涉，那就不好办了；请兄即来我处，代我解释解释。"陈放下电话，即往何（应钦）处。可见当时士气的愤激。后在苏州举行"抗日阵亡将士追悼大会"上，沈（发藻）见我时，沈即来和我握手并当众说："二月二十三日，江湾战役俘获日军中校营长空间升与数百日兵，就是我团和张炎副师长所率的两团围攻千多名敌人，并打了一场歼灭战。"我赞扬地说："那日本什么皇军，什么大和魂，不做俘虏的皇牌威风，不都被你和张副师长拉下来了吗？"沈笑得不合口，表示他请缨杀敌的行动做对了。

四

自一月二十八日起至二月下旬之浴血苦战，经过闸北、吴淞、八字桥、蕴藻浜、江湾、庙行镇各次战役，打得日军统帅几次变易：野村吉三郎海军司令代替盐泽幸一少将，植田谦吉中将总司令代替野村，白川义则大将总司令代替植田，加派菱刈隆为副总司令，以加强侵略机构。敌军兵力先后迭增，号称十万（加强兵种人数），计陆战队、久留米混成旅团、第九师团、第十一师团、第十四师团等。我军兵力：计第十九路军的第七十八、第六十、第六十一三个师三万多人；第五军的第八十七、第八十八两个师及宪兵团、税警团、独立团等约三万人（第五军于二月中旬加入战斗）总共不过六万余人。二月中旬，蒋介石返回南京。我当时曾根据敌我双方的兵力态势，绘出要图，建议陈（铭枢）邓（世增）向蒋介石请求增援的急切，理由是："日军统帅已四易，增派精兵，强窬十万，船舰百余艘，飞机百余架，敌我兵力相差悬殊；而且我军血战二十多天，伤亡无补充，又无增援，形同孤军作战；目前在上游的胡宗南、夏楚中的两个甲种师（当时控制在安庆、芜湖间的总预备队），嘉兴、杭州间之卫立煌两个师（机动预备队），江阴无锡间之上官云相师，以及步兵专门学校的高射炮队等（可作平射战车），都闲暇无事，应该及早调到前线参战。还有赣东北之五十个师，武汉之十个师，江北之三四个师，都应该计划调遣作后续队。"陈（铭枢）邓（世增）当时虽虑及向蒋介石请求援兵，或与蒋政策抵触而无效，但前线紧张，亦采纳我建议。陈当时气尚悻悻，似与蒋当面闹翻，不愿会面，只由邓往谒蒋介石。

邓世增晤蒋介石后，回来复述了蒋介石不肯增援的理由："论兵力，日军集中容易，它共有二十一个师团（包括近卫师团）；论运输，日本交通发达，它在海军基地横须贺、佐世保、吴港集中出动要快过我们；何况现在无论制海权、制空权均控制在日本手里，无人阻挡，就是用运输船在长崎、门司、神户、大阪等港口集中出动，航线近的不到五百海里，远的不过七百海里，朝发可夕至；我们的卫立煌、胡宗南等部队均布紧防地，我们无论调动某个部队增援，都要经过防地之交接、集中、上落车船种种过程的许多时日，才能开动去前线，这样日军增援之快速则超过我们甚远；至步校的高射炮队，只可供练习，不适于战场的。最好趁着这几次战役胜利的时机，赶快收手，与日方谋求停战，比较援兵不继，改作城下之盟，那时条件更苛刻……"

之后，常见蒋介石在电话上找邓世增询问前线敌我战斗地带。我向邓说："上官云相在抗战前后，曾来公署访过我们，他全师现屯江阴，为何不请他参战？"邓说："现在一兵一卒到前线支援，须得蒋先生命令才能开动。"

自蒋介石坚决表示拒绝增援之后，邓即用专机电话与真如车站的总指挥蒋光鼐转达经过情节。电话后，邓说："憬然（蒋光鼐号）指挥若定，虽援兵无望，但他理智过人，且够勇气！"日军统帅白川侦知我军援兵无望，孤军久战，竟于二月二十九日晚选派由日本国内新到的两个师团主力从浏河强行登陆，威胁我军左后侧背；在三月一日晚接到前线电讯："我军开始撤至太仓—嘉定—方泰—黄渡之第二道防线，伺机反攻。"

三月三日，国际联盟开会决定中日双方停止战争。当时公署为着伸张正义，曾向蒋介石政府要求两事：一是上海海军舰长李某某（名忘）等运送粮食和猪牛鱼菜供给日本舰队，一是敌前呈献我军兵力配备要图的王赓，都必须惩办，以平泄国人的公愤。后何应钦替蒋推卸责任说："淞沪战争，中日双方未经宣战，是局部冲突；李舰长是代日军收购给养，以免日军在沿海抢掠骚扰，这是好意。"

王赓在国人控诉其危害三军、无所逃罪的指摘下，蒋介石曾把王赓扣押送至公署。适参谋处长樊宗迟拒绝受理。事过半天，收发室向邓世增汇报，邓对我说："蒋先生曾亲书条子把王赓押送公署，公署应转送第十九路军总指挥部处理，才符合情理。今绍圣（樊宗迟字）太粗心，连蒋先生的条子都不认识，也不问问我，竟把王赓退回去了。"殊不知王赓退回不够一个月，政府便把王赓开释复原职了。这说明押送王赓来公署，不过以堵全国舆论之口而已。

在抗战开始后约二旬，廖仲恺先生的夫人何香凝女士拟在南京、苏州筹设抗战的伤病员医院和募集寒衣，以应伤病员兵的急需。她来京下榻于陈铭枢夫人朱光珍女士的萨家湾官邸。我晤何香老时，亲聆她慈祥的教诲，满腔的热诚，关注伤病员兵的温暖，溢于言表；但都被蒋介石授意所属各部借词制止，说什么伤病员医院和募集寒衣之事，由政府统一筹办，他人无须过问……竟把何香老一片爱国热情，付诸东流。何香老叙述被制止义举的经过缘由时，不胜慨叹。

我军在未撤守第二道防线的某天，当时的外交部长罗文干曾来公署访陈铭枢、邓世增，谈论抗战问题时，罗说："当我军连续几次战胜日军时，英法美各国公使都轮流地请我食大餐，并向我祝贺，后侦知我政府不调兵增援，各国公使都不睬我了；昨天蒋委员长找我询问外交情况有没有好办法。我把各国公使对我前后两种态度照样告诉他，同时说，有的打，外交有好办法；无的打，外交也无好办法，多打一天，在外交上也多一天的好收获。他（蒋介石）不满意我，我是这样说；他免我职，我也是这样说的。"

自三月三日国际联盟开会决定中日双方停止淞沪战争之后，蒋介石迭向陈铭枢说，《淞沪停战协定》，最好由淞沪警备司令戴戟或第十九路军负责人会同外交人员郭泰祺办理和签字，要陈铭枢照办。戴戟来公署，陈铭枢即把蒋介石的意旨向戴戟说了，戴戟反诘陈铭枢说："淞沪停战的签字，最好由你签。"陈铭枢默然良久，邓世增再帮腔说："孝悃（戴戟字），和平停战是好事，就算我们打到日本东京去，亦要有和平停战签字的一天，为什么为求和平签一签字都这样固执呢？"戴戟说："如日方认错的和平停战协定，我是同意签字的，但停战协定内有一条'上海周围二十里内不准中国驻兵'，这种丧权辱国的协定，我是坚决拒绝签字的；阿蒋（介石）签字的人多得很，宋子文、何应钦、吴铁城等都是能手，何必要我。"陈铭枢、邓世增自经戴戟这次坚决表示之后，也噤口不再向戴提及停战签字问题了。

我军自撤守第二道防线后，敌我仍相对峙状态，各国使馆的参赞和武官都分别来到公署，请求到前线阵地参观与慰问，陈铭枢司令长官同意后，派我陪同国际友人到前线去。某次我偕英法两国的参赞参观到太仓前线时，日军违背国联决定，即开枪扫射，我们急忙退回太仓防线。这时防守太仓防线的是从闸北撤回的张君嵩团，张团长对我们说："昨夜日军突击我阵营，被我们反击才逃跑，遗下日军尸体八九具（连武器）。"并拿出照片，每个日兵，全身内衣均刺绣画符求神保佑，英法参赞看后亦作笑。我回京之次日，何应钦派员来公署说："据日本使馆通知说，驻守太仓的我军于几天前，夜袭日军，曾俘走日兵十余名，无论生死，务要交日武官领回。"公署拿出当时照片，据理驳斥后，才同意日本武官收回日兵尸体。

在三月十日前后，有美国舰队司令纽顿乘旗舰直驶来京，美使馆武官和上海美国副领事随来，纽顿会见陈司令长官后，请求到前线参观，并拜会蔡廷锴将军和前方将领。陈同意后，派我陪同前往。我陪同他们乘火车至苏州转汽车至前线指挥所会见了蔡廷锴，并参观了前线阵地。后在宴席中，纽顿问蔡："蔡将军，你估计这一次日军被贵军痛击后，还敢再来侵犯吗？"蔡回答说："日军横行无忌，目中无人，或会再犯，但我们抱定拼死之心，虽剩一人一弹，也决心抗战到底。"纽顿解释说："日本无故侵犯上海，遭到迎头痛击，是日方预料不到的，如再入侵，确实愚蠢；而且《九国公约》曾有明文规定，尊重中国的领土主权，不准别国侵犯；美国前国防部长史汀生曾为此事提供签约的九个国家会同制裁日本的侵略，赞助中国的独立与自主。如第一次世界大战时，日本曾侵占青岛；但经过九国会议决定通牒后，青岛便无条件归还中国。况且目前贵军实行抗战，则《九国公约》和国联，更易提出制裁日本了。"

翌早我又陪纽顿到常熟东南之东塘市第五军军部会见张治中军长。参观后，纽顿问张："张将军，你判断以后日军要扩大入侵，用什么方式呢？"张回答说："日军如扩大入侵的话，或会分作三个战场，一个上海，一个南京，一个杭州，形成一个三角形的据点而互相联系；（当时正在请纽顿食中菜的午饭，张即用中国筷子连接成三角形做给他看。）但是，日本要达到这个计划的要求，必须动员相当兵力，也要遭到巨大损害，或者日方经过这次创伤，或暂收兵的。"纽顿听完张的谈话之后，说："张将军所说是从战略上、战术上判断敌情，是怕危难，不敢侵犯，但《九国公约》和国联也是制裁日本，不得无故侵犯中国，更使日本骇怕的。"旋告别回京，抵下关时，纽顿邀我参观他舰并晚餐。近两日来，听了纽顿的言谈，只赞扬我前方抗战将士的英勇和坚决，却无一语道及蒋介石政府有过半点抗战观念。当时很多人认为，各帝国主义与日本有矛盾，不愿日本独吞中国，所以也是鼓吹抗战将士的积极抵抗的。但实际上怎样呢？事后，美国并没有采取任何制裁日本侵略者的措施，一切花言巧语，只不过是些骗人的鬼话而已。它只懂得以"门户开放""机会均等"为武器，来加强它对中国的政治、经济侵略，执行它那纵容侵略者扩大战争的"不干涉"政策，以致牺牲半个中国而不惜。

第 三 章

东北义勇军的斗争

东北义勇军的兴起和失败

王化一※

东北义勇军是九一八事变以后东北沦陷初期以旧军队为基础的自发抗日武装力量，人数最多时曾达三十万人上下，活动地区几遍于全东北。东北义勇军的兴起，有力地打击了日本军国主义的侵略野心，激发了全国人民的抗日意志，并且及时地在全世界人民面前揭穿了日本军国主义的伪造民意、树立伪满傀儡政权的阴谋。因此，东北义勇军曾经受到全国人民的拥护和支持，并且得到全世界人民的重视和赞扬。当时在穷凶极恶的侵华日军压迫和包围之下，在国民党政府不抵抗和不援助下，在装备、训练各方面都相形见绌的困难情况下，而东北义勇军不顾一切，揭竿而起，以血肉和敌人相拼，这种民族正气、爱国精神，是永远值得歌颂敬佩的。

但是，无可讳言，东北义勇军也有许多严重的弱点。其中主要的是：它的领导人物大多数都是一些旧军官，他们在政治上是落后的；他们之间派别繁多，非但不能团结一致，而且意见分歧，甚至往往互相火并；他们所率领的部队成分复杂，有的纪律很坏，往往抗敌不足，扰民有余。这样，他们就不仅没有能够担负起领导群众进行抗日斗争的任务，而且严重地危害群众的利益，从而影响了广大群众支持义勇军的积极性。

由于东北义勇军存在着这些弱点，他们虽然在东北沦陷初期曾经风起云涌，盛极一时，并且予日军以相当的打击；但是在敌军全面进攻、各个击破的压力之下，为时年余，便陷于土崩瓦解、烟消云散。有些领

※ 作者当时系东北民众抗日救国会军事部长。

导人物如丁超、程志远、王之佑等甚至出卖民族利益，变节降敌。

东北义勇军从兴起到失败，其间过程虽然不长，但是它的面甚广，系统又多，变化起落也很复杂。我当时虽然参加过一部分义勇军的组织工作，对于全部情况也并不完全清楚，况且已事隔三十年，现在要把它的整个过程作一个全面的追述，是相当困难的。现追忆如下。

一

东北义勇军是东北沦陷初期以旧军队为基础的自发抗日武装力量的总称，并没有统一的组织和指挥系统。作为义勇军的基础的旧军队，原来都是东北军的正规部队，他们抗击日军的举动不仅是自发的，而且也是同当时国民党政府不抵抗政策相违背的。同时，这些部队在抗击日军的过程中，又收纳了大量的民间武装力量和各阶层的抗日群众。因此，这些部队虽然有一部分仍然保持着正规军的番号，但是实质上已经不再是国民党政府和东北地方当局统率之下的正规部队，而成为一支以旧的正规军为基础，包括民间武装力量和抗日群众参加在内的自发的抗日武装力量了。

如果从义勇军各部分的成分来看，它们大致可以归纳为正规军队和警察大队、旧军官、收编的胡匪、农民的秘密会社、知识分子和青年学生五个部分。现分述如下。

（一）正规军队和警察大队

1. 马占山部

马占山在江桥抗战时所率领的黑龙江省防军，计有步兵第一旅孙鸿裕团、第二旅吴德林团、第三旅李青山团。骑兵第一旅（旅长吴松林）、第二旅（旅长程志远，后投敌），卫队团（团长徐宝珍），炮兵团（团长朴炳珊），此外还有一个保安大队和屯垦军一个旅（旅长苑崇谷）。马占山一度投降日军后，他在抗日基础上团结起来的黑省军队从此瓦解。他再度抗日时所能统率的武装力量，只剩下他自兼旅长的步兵第三旅和吴松林旅扩编的邓文、才鸿猷、邰斌山等部以及徐子鹤的山林队和收编的胡匪李海青等部义勇军，其余黑省部队都不再听他指挥。他自始至终，都用黑龙江省主席名义指挥军队。

2. 丁超、李杜部

丁、李所领导的东北军，是驻吉步兵第二十八旅（丁兼旅长）、第二十六旅（旅长邢占清）、第二十二旅（旅长赵毅）和山林警备队三个营。他们抗日时，吸收了其他部分溃败的吉林省军队和一部分义勇军，与冯占海等部会同商定称为"吉林省自卫军"。

3. 苏炳文部

苏所率领抗日的部队，为黑龙江省防军步兵第一旅（苏自兼旅长）和张殿九步兵第二旅张玉珽团，还吸收了一部分旧黑龙江军的残部如朴炳珊、徐宝珍等部，称为"东北民众救国军"。

4. 冯占海部

冯所领导的是吉林卫队团全部和张作舟第二十五旅的两个团及临时招降胡匪编成的宫长海、姚秉乾两个旅，会合丁超、李杜、赵毅等部并称"吉林自卫军"，并曾接受了辽吉黑民众后援会（以下简称后援会）所给的东北义勇军第六军团的名义。

5. 唐聚五部

唐原来是辽宁省东边镇守使于芷山（当时投敌）所兼步兵旅的第三团团长，抗日时先后组织了各县警察大队、义勇军、红枪会、大刀会等，称为"辽宁自卫军"，同时接受东北民众抗日救国会（以下简称救国会）所给的东北义勇军第三军区名义，后来又改组为后援会东北义勇军第三军团。

6. 王德林部

王原来是吉兴部东北军部第二十七旅第一团第三营营长，率部参加抗日后曾吸收了延边一带的义勇军、大刀会、红枪会等，先称为"国民救国军"，后来参加了丁超、李杜的"吉林自卫军"。

7. 警察大队

沈阳被日军占领后，辽宁省警务处长兼沈阳市警察局长黄显声和督察长熊飞由沈阳带出一部分警察和公安队，并在撤退途中收集了北宁铁路附近的警察人员，进行抗日。东边桓仁县警察大队长张宗周、柳河县警察大队长王凤阁、凤城县警察大队长郭景珊、复县警察大队长刘景文等各率其全部或一部分警察大队，参加抗日。

（二）旧军政人员

九一八事变时，东北军有不少旧军官如彭振国、李纯华、于百恩、郑桂林、贾秉彝、康悦臣、严经武等，有的已经退伍，有的在军事机关挂个空名义，也有的是现役军官。他们在事变以后，纷纷参加各部队抗日。因为他们多数是陆大、保定或东北讲武堂等军官学校毕业的，具有军事知识，所以大都在各部队中担任领导和参谋工作。此外，当时各部队还有一些政府官吏参加，他们多数在各义勇军总部工作。唐聚五部起义时，桓仁附近几个县的县长也都参加了自卫军，但以后多数中途变节投敌。

161

（三）收编的胡匪

东北历来素以胡匪著闻，吉、黑两省的宫长海（宫傻子）、姚秉乾（双山）、李忠义（海青）、张希武（天照应）、马鸣春（一只鸡）、刘万奎（刘快腿），辽宁省的项青山（项忠义）、张海天（老北风）、小白龙等，多数是积年惯匪。九一八事变以前，有的正在拉竿（组织匪帮），有的被关在狱中（如李海青），也有的已经被地方当局招降（如宫长海、姚秉乾）。事变以后，各地统治机构垮台，社会秩序混乱，乘机而起、临时抱山头者更风起云涌，纷纷受各部队收编，参加抗日。

（四）农民的秘密会社

原在关内豫东、鲁西、冀南一带的大刀会、红枪会等秘密会社，随着这些地区的农民出关谋生，也发展到东北各地。九一八事变以后，东北各地农民在日本侵略者蹂躏之下，无法从事耕种，一经号召，这些秘密组织便迅速发展起来，加入各部义勇军。吉林省敦化、延吉、东宁、海林、珠河，辽宁省东边一带的通化、桓仁、新宾等地，这一部分民间武力最为活跃。邢占清、孙秀岩两部义勇军中，以这一部分人数为最多。

（五）青年学生和知识分子

事变以后，除了东北各地的青年学生参加各抗日队伍之外，北平各大专学校及其他地方也都有不少青年学生出关投军，而以东北大学、东北中学和救国会所办的各种训练班（如学生军）的东北籍学生为最多。此外，何香凝先生发起的华侨青年救护队，直接参加了锦西前线的工作。又如国民党中央军校有学生四十多人愤于蒋介石的不抵抗政策，自动离校，到热河参加抗战。

事变以后，代表救国会出关工作的人员，如车向忱去黑龙江，徐靖远去吉林，黄宇宙去辽东，苗可秀去三角地带，宋黎、张希尧（宋、张等系中共党员）、张雅轩等去沈阳和辽西各地，都是出生入死，历尽艰辛，对各部义勇军起了宣传、推动和组织作用。在辽东惨遭日军集体屠杀的救国会分会人员，也多数是知识分子。

二

东北义勇军在领导关系上各有系统，互不相下。大体上有三个系统，即东北军系统、救国会系统和后援会系统。

（一）东北军系统

马占山、李杜、冯占海、苏炳文等义勇军将领，原来都是东北军正规军队的军官。在事变以前，他们从"正统"观念出发，认为既受国民党政府和东北地方当局的委任和领导，就必须事事听命于蒋介石和张学良；蒋介石、张学良命令他们不准抵抗日军，他们便遵命退让。在事变以后，他们激于爱国热情并在广大群众和爱国官兵抗日浪潮推动下，起而抗日，但是他们受到国民党的不抵抗政策的影响，对于抗日仍然是动摇的、没有信心的。因此，蒋介石说要运用外交，依靠国联，他们就相信这些欺骗宣传，松懈抗日的斗志，等候国联"制裁"日本。蒋介石要反苏反共，他们有的便拒绝接受共产党的帮助，有的拒绝共产党人参加工作，甚至有的遇见共产党领导的游击队就打。当苏炳文在苏联的援助下，最后率部退入苏联、驻在沃木斯克的时候，苏联希望他的官兵就地参加劳动，苏炳文推说"容后再议"，加以拒绝（见苏炳文的秘书长贺圣达给国内的"支电"，载一九三三年一月某日的《大公报》），因为他唯恐这样做法将会得罪于蒋介石。最后这些将领还是多数投靠了蒋介石。

马、李、苏、冯各部，都有国民党东北各省党部的分子，如王宪章、吴焕章、韩春萱、韩清伦、赵在田、王育文等在各部队进行活动。他们的主要目的，就在于防止各义勇军将领同共产党接近，防止他们脱离国民党的领导。

（二）救国会系统

救国会于一九三一年九月二十七日在北平成立后，即着手将辽宁义勇军划分为五个军区：辽西为第一军区，辽南为第二军区，辽东为第三军区，辽北为第四军区，热边为第五军；并委任了五十二路司令和二十七个支队长，还派出了七十多名政治工作人员到各部队去进行宣传和组织工作。救国会到一九三四年四月为止，援助义勇军的款项共用了三十八万七千余元。

辽宁境内各部义勇军，经过救国会的组织和领导，在名义上和编制上虽然统一起来了，但是由于救国会的成员很复杂，既有共产党地下党员、进步青年和无党无派的爱国人士，也有国民党 CC 派、国家主义青年党、国民党改组派等党派分子，因而在对义勇军的领导工作上就一直存在着进步力量和反动势力的斗争。国民党 CC 派由于自己单独号召不起来，他们就捐着救国会的招牌向义勇军勾结拉拢，暗地里搞小组织。金子明、石盘（解放后已被镇压）是公开的 CC 派，他们又暗中拉拢王全一、王显庭等自成一系。

青年党（全称是国家主义青年党，又被称为国家主义派）是一个法西斯政治组织，在当时很活跃。他们在后方打入了东北大学和东北中学，吸收青年学生，拉拢重要职员；在前方渗入各部队，并且自己组织武装。他们的政治负责人霍郁文和军事负责人王慎庐常到前方去发展组织，很多政工人员如高鹏、纪廷榭等被拉入了他们的组织。他们的骨干分子苗可秀、赵侗等在三角地带自己组织铁血军，并发表反苏反共言论。

（三）后援会系统

朱庆澜于事变后经上海各有关团体和一些知名人士的支持，以历年办赈有关的救济团体和个人为基础，于一九三二年五月组织了辽吉黑民众后援会；后来与救国会合作，于同年九月改组了救国会的各军区。不久以后，后援会受国民党压迫，宣告结束，因而它在后期义勇军的领导上所起的作用并不大，但在初期对义勇军的援助曾起过积极的作用。

除了上述三个系统之外，国民党改组派朱霁青在一九三二年曾亲自到过锦西、义县一带，召集他的家乡中的一批人组成"辽吉黑民众救国军"，并向救国会系统内的义勇军进行拉拢。他本想独树一帜，但为时不久，便告结束，影响也很小。

这里，还须说明一下东北义勇军和张学良的关系。张学良在九一八事变时，奉行蒋介石的命令，执行了不抵抗政策，同时也是为了保存实力；但是他在东北沦陷以后，受到舆论严厉的谴责，不能不感到内疚。何况日军对他还有杀父之仇，因此他对抗日的东北义勇军不仅表示同情，而且极力予以支持。但是他又不敢采取公开的行动来支持义勇军，因为他既怕被日军作为寻衅的借口，又怕惹起蒋介石的不满。因此，他对义勇军的支持，都是秘密地在各种名义的掩盖下暗中进行的。例如，他利用救国会名义的掩护，曾拨出很多枪械、弹药、被服和现款，交由救国会转发给义勇军。他曾用发行爱国奖券等方式给救国会以种种协助。他曾不断地用白绸条写成秘密手谕，命令关外旧部与救国会合作。义勇军将领到北平，他都随时接见，慰勉有加。张学良就是用这样一些办法来暗中支持义勇军的。

三

东北义勇军的活动，除已有其他同志专篇记述外，兹再概述如下。

（一）黑龙江、吉林各部

1. 马占山部

在马占山未到龙江就任黑省代理主席以前，谢珂等黑省爱国官兵已在江桥南端击退了张海鹏伪军的进攻。马占山到龙江以后，一九三一年十一月初旬，在江桥附近予进犯的日军以意想不到的打击，举世知名。日军不甘挫败，随即大举进攻，龙江被占。马率部退往海伦后，思想动摇，汉奸复乘机引诱，遂至变节投敌，重返龙江。后来在国联调查团到来之际，马又出走黑河，重揭抗日旗帜，并率部东下。日军派松木师团主力跟踪追击，广濑师团封锁两江，并以飞机沿途轰炸。马率部边战边走，七月下旬在刘家店附近遭到日军平贺、平松两旅团的袭击，全军溃败。马偕数十人遁入深山密林，经龙门镇绕道前往海拉尔与苏炳文会合，退入苏联。其残部则由邰斌山、邓文、檀自新等率领，穿越中东路，经肇东、大赉、开通、瞻榆等地退入热河，由国民党政府北平军分会收编。

马部吸收的义勇军以李海青部人数最多。李部以扶余、肇州、肇东、兰西各县为其活动地区，曾袭击过农安、安达、昂昂溪等地，但因系乌合之众，战斗力很弱，往往日军一来，即纷纷溃逃。

2. 冯占海部

吉林沦陷后，冯率部北上，并在途中吸收了宫长海、姚秉乾等部义勇军，日军派于琛澂部尾追。冯部先后在榆树、拉林等地作战后，于一九三二年初撤至蚩克图一带休整，会合丁超、李杜等部，参加了哈尔滨的保卫战。哈尔滨失陷后，冯拟率部反攻吉林，在团山子和伪军遭遇，激战后转向方正县退却。当时由哈尔滨撤退的邢占清旅山林警备队和其他残部均集结于方正附近，日伪军遂分路围攻，企图一网打尽，与冯、邢各部在桶子沟、会发恒、夹信子、宝兴隆各地发生激战。各部奋勇抵抗，牺牲惨重。邢部退往依兰，追随丁超、李杜；冯到大勒勒密一带整顿，从此和自卫军失去联络。一九三二年四月到十二月期间，敌军以全力对付马、李、苏各部，冯部转战榆树、五常、农安、长岭、瞻榆各地，于十一月到达热河，经朱庆澜委以东北义勇军第六军团番号，同时经国民党政府北平军分会收编为第六十三军。

3. 丁超、李杜部

吉林沦陷后，丁超、李杜两人虽未附逆，也未讨逆，日伪派汉奸孙其昌等多次向他们诱降，他们也不断派人到吉林省城探听情况。当时哈尔滨在日军主力来到之前，成为三不管地带（张景惠无实力，李振声仅有虚名，丁超懦弱无能）。此地本是富庶之区，因而成为汉奸、野心家争夺的目标。李杜和冯占海在蚩克图会商后于一九三二年一月十日，乘机进占哈市。丁超经王之佑撮合，同李杜合作，赵毅在双城护路，距哈很近，也与李、丁、冯联合一起，共同成立"吉林自卫军"，推李杜为总司令，冯占海为副总司令兼右路总指挥，丁超为护路总司令，王之佑为前敌总指挥，赵毅为左路总指挥，李杜（兼）、邢占清为中路总指挥。计划防守哈尔滨市，驱逐汉奸谢介石，并约请马占山合作，派兵增援。敌人以多门师团为主力大举攻哈，经二月四、五两日战斗，各部不支，相继撤退，丁、李退到依兰。这时松花江下游和吉敦路左右，义勇军、大刀会、红枪会风起云涌，都和自卫军发生联系，其中以王德林部最为活跃，在绥芬的东北军第二十七旅张治邦团也响应起义。敌人以广濑师团进迫依兰，五月十七日丁、李由依兰撤向勃力，以后转战于哈绥线东段。敌人松木师团于五月下旬到海林，在牡丹江地区宁安、一面坡、乌吉密一带布置，切断丁、李和王德林各部联系。丁超中途变节，在宝清投敌，自卫军士气大为涣散。一九三二年冬，敌人于结束对苏炳文部攻击后，又抽回骑炮空各有力部队，加入对李、王各部的战斗。一九三三年一月，敌人一路沿穆棱河向虎林、密山追击，一路由绥芬河进军，占领八面通、东宁各地，在小绥芬河将刘万奎部包围，刘部缴械投降。至此，吉林自卫军大部分被消灭，李杜率三千多人退入苏境。

王德林率孔宪荣、王玉振、吴义臣、陈玉清等，配合红枪会、大刀会，共五六千人，出没于宁安、海林、延吉、和龙、汪清各县，给敌人以极大威胁，东宁战后，也退入苏境。

4. 苏炳文部

由于吉、黑各部义勇军将领不能团结一致合力抗敌，日军乘机对东北抗日武装力量实行各个击破。一九三二年四月间击溃了丁超、李杜、冯占海各部主力；五月到七月解决了马占山部队；十月里"扫荡"我辽宁东边各部，追击丁、李残部并消灭了王德林部。至此，所剩下的只有哈满线上的苏炳文一部了。日军派松木师团驻齐齐哈尔，十月开始对苏用兵。

苏炳文的实力仅有自己亲自带领的步兵第一旅、张殿九步兵第二旅的一个团，并联合朴炳珊旅和张竞渡、李振华（徐宝珍团旧部），约计一万二三千人。日、伪进攻之前，先派冯广有接收张旅，苏、张不同意，又拟调张旅离开苏炳文范围去安达，形势越逼越紧。在群众和部下的督促之下，苏炳文于一九三二年十月一日发出通电，成立"东北民众救国军"，宣言抗日。敌人用对付马占山的方式来对付苏。先由敌军参谋长小矶要求会晤进行利诱，经苏拒绝；继之，松木师团长发出布告，威胁苏炳文说，如不投降，将以空军轰炸扎兰屯、博克图、海拉尔、满洲里各车站。

敌军进攻开始后，朴炳珊先在泰安镇地区和敌人发生战斗。敌以一部压迫富拉尔基的张旅，乃以骑炮兵由铁路两侧直扑扎兰屯（苏军前方指挥部），切断哈满线苏军的联络，并以飞机沿线轰炸。苏炳文率眷属、士兵四千余人于十二月四日退出国境。其在前方的部队由张玉珽、邰斌山等率领，穿越兴安岭经蒙古草地进入热河。

（二）辽宁各部

1. 辽西（救国会第一军区范围内）

九一八事变后，辽宁警务处长兼沈阳市警察局长黄显声和警察局督察长熊飞由沈阳带出一部分警察队，沿铁路向锦州且战且退。黄在沿途以警务处长名义发布命令，组织各县民团、警察队，收编胡匪，组织义勇军，并扑灭张学成部伪军。黄在撤退到锦州的途中，即和救国会联合动作，以后郑桂林、赵大中、于百恩、耿继周、赵殿良各部在绥中、北镇、黑山、新民、沈阳沿北宁路左右各树一帜，纷起抗敌。日军进攻锦州和榆关时，他们都配合正规军，或多或少地起了牵制敌军的作用。国联调查团出关时，他们和各军区一道接受救国会命令，发动总攻，破坏铁路交通，对敌军进行扰乱。他们所在地区因为距北平较近，得各方接济和政工人员协助也较方便。他们之中以郑桂林部成绩较好，支持较久，但到一九三三年五月热河战事结束以后，各部都相继溃散。

2. 辽南（救国会第二军区范围内）

这一地区义勇军的实际力量最多不超过一万人。事变不久，汉奸凌印清偕敌特仓冈和日伪军队数十人，到盘山县沙岭镇去招降辽南胡匪项青山、张海天，全部被项等诱杀。接着李纯华、邓铁梅、苗可秀、刘景文等在辽阳、海城、营口、盘山、盖平、复县、辽中各地，纷纷组成抗日部队，与救国会联系。这一部分义勇军在南满一带，多次拆毁铁道，破坏交通，曾颠覆日军兵车，攻占首山车站，烧毁海城大矢组敌军军草，在关门山击毙敌军支队长成泽直亮。邓铁梅、苗可秀在黄花甸子、尖山窑、龙王庙三角地段活动最久（苗支持到一九三四年六月），予敌伪扰害也最大。以后邓被敌人捕去杀害，苗亦被俘壮烈牺牲。

救国会曾拨付第二军区大批炸药、迫击炮、轻重机枪、电台等，由海上以木船运抵安东边境登陆，辽南各部队力量得以充实壮大，引起了日军注意。日军在解决马、苏各部以后，于一九三二年年底抽调多门、坂本、西义一等师团主力及守备队、伪靖安游击队深入辽南各地，疯狂进攻。各部队立足不住，步兵化整为零，潜伏各地，骑兵则由李纯华率领，寻隙穿越辽西到达热河后（邓、苗原地应战，未来热），适值热河抗战发生，他们参加了建平、赤峰各地战斗，王子丰副司令负伤，部队溃散。他们又被何应钦派黎明前往分化，脱离了救国会。李纯华和孙殿英合流西退，到宁夏为国民党收编，所余不足千人。

3. 辽东

一九三二年初，救国会派工作同志黄宇宙去东北，历经沈阳、开原、铁岭、清源、抚顺、新宾、海龙、抚松、长白、辑安、临江、宽甸、桓仁各县，前后凡三次，以于芷山所部三个团为目标，进行策反，兼发动各县爱国志士，历尽艰险，几丧生命。当时唐聚五表示同情，但无决心。东边各县知识分子王育文、邹心达、包景华、英若愚、刘克俭等适亦在各县鼓动抗日，联络新宾警察大队长郭景珊、桓仁警察大队长兼五县"剿匪"司令张宗周、通化警察队孙秀岩等共同与唐会商起义。正值黄宇宙第三次到桓仁，带去救国会第三军区委任状，并传达国内外对抗日的一切情况，于是决定先成立救国会辽宁分会，推唐聚五、黄宇宙、王育文、张宗周、郭景珊为常委，在委员会下设政治、军事两委员会，在军委会内成立辽宁民众自卫军总司令部，推唐为总司令，张宗周、孙秀岩、郭景珊、王凤阁、李春润、唐玉振为各路总指挥，王育文为政治部委员长。四月二十一日在桓仁师范学校开抗日誓师大会，军民参加者万余人，朝鲜爱国人士很多参加，当即分头向各县宣传联络，声势所及，人心振奋，各县纷纷响应，大刀会、红枪会等均起而合作。其时敌伪主力正忙于应付吉、黑各部义勇军，命于芷山、邵本良、王殿忠、姜全我等伪靖安游击队分头向我军进攻。孙秀岩首向通化围击日警，逼走日领事。廖逆弼臣（于部团长）伪降，乘机逃走。接着李春润在新宾（李三次攻守新宾，裹创血战，异常英勇），王凤阁在辉南、柳河、唐玉振、张宗周在宽甸，郭景珊在辑安、临江等地，分别和日伪对抗，前后达八个月之久，各城市多次得而复失。唐部开办小兵工厂，发行军用票，但困难重重，救国会八月十日派康悦臣、石培基、秦喜霖携款万元前往慰劳，并协助工作。

日军于十月初由吉、黑抽回兵力，向东边总攻，西路由千金寨向新宾，南路由凤城攻宽甸、太平哨，北路由海龙向辉南柳河，同时由朝鲜江岸攻向辑安、临江并以大量飞机配合轰炸。我各路部队，节节溃退。十五日总部退抚松，二十六日唐聚五化装去北平，其他将领除王凤阁外均先后进关，部队伤亡溃散，所余无几。一九三三年，李春润偕弟李子荣再返辽东，战死新宾。

辽北、热边、吉西各部，属于救国会第四、第五两军区范围，有宋国荣、金山好、包善一、魏国昌、吴家兴各路义勇军，他们在扰敌伪政权秩序上，都起了一些作用。

当时东北各地，除了抗日武装力量之外，还有一批为地主豪绅所掌握的所谓民团、大团等反动武装，如辽阳刘仁堡民团、辽中北大会、铁岭大团等等。他们打着保境安民的幌子，实际上与敌伪沆瀣一气，为虎作伥；见日军就开门欢迎，见抗日军就闭门不纳，甚至加以袭击。他们不啻是东北人民的敌人。

东北义勇军在抗战期间，曾经受到全国人民的热情支持和援助。全国报纸刊物以大量的篇幅报道了义勇军的抗战事迹，国内外各阶层人民源源不断地捐助大批的物资和款项。东北当地人民更为支持义勇军抗战作出了不可磨灭的贡献。江桥抗战时期，群众自动帮助马占山部队挖掘战壕，铁路工人昼夜不息，输送军队；昂昂溪车站上各方面支援的被服、食物和其他物资，堆积如山。哈尔滨保卫战发生后，哈市市民协助守军赶筑巷战工事，捐助军用物资。苏炳文在海满宣布抗日，札赉诺尔矿工立即自动捐献工资，以助军饷；满洲里召开市民大会，附近各县和各蒙旗代表在海拉尔举行会议，表示支持。各地农民和青年学生参加各部义勇军，直接拿起武器抗击日军的，更难以胜数。这些事实，都充分表示东北和全国各地人民对义勇军的抗战所给予的巨大支持。

四

东北义勇军兴起之时如雨后春笋，遍地开花，最多时（一九三二年夏）达三十万人上下。到一九三三年初，义勇军主要部分基本上都被敌军消灭，残余部分如李春润、邓铁梅、苗可秀等到一九三四年七月以后，也完全被消灭。

日军在一九三三年以前，对于东北抗日武装力量，除了使用武力之外，还没有施行那些以后用来对付中共领导的东北抗日联军的保甲连坐、经济封锁、"三光"政策等残酷手段，而且当时在东北各战场活动的日军也只有多门第二师团、坂本第六师团、西义一第八师团、广濑第十师团、松木第十四师团以及铁道守备队等，经常参加作战的兵力不过三万人；日军所利用的伪军也不足三万人。敌我兵力相比，固然装备和训练我不如敌，而我在数量上则超过敌人两倍以上，主客形势和地理条件又都对我有利。仅历时年余，三十万人的武装力量竟全部失败。其主要原因不外下列三点。

首先，东北义勇军是以旧军队为基础所组成的自发武装抗日力量，领导各部义勇军的都是一些旧军官，他们虽然在东北人民抗日浪潮的促使之下，为形势所迫，起而抗战，但是他们在政治上大多数是落后的，他们对于抗日救国并没有信心。他们虽然一面抗战，但是一面仍然希望保存实力，静候国联制裁日本。马占山通电曾说："明知势孤力薄，难支大厦。"苏炳文通电也说："倘再坚持，势将同归于尽。"这些话都表明他们的抗日思想是动摇的。各部之间，彼此观望，互不支援，也都是由于"徒损实力，无济于事"的保存实力的想法在作祟。他们的思想既然没有武装起来，他们的军事行动就不可能有政治灵魂，一遇到困难挫折，他们自然就不能坚持下去，甚至有人变节投降，做了汉奸。

义勇军的将领们因为在政治上没有正确的指导思想，他们在军事上也是非常保守的。他们在当时环境之下，仍然墨守成规，袭用正规军的阵地战的战略战术，不知采取游击战争。因此，他们作战时，一经敌军迂回抄袭，顿即陷于包围，全线溃败。江桥战役和海满抗战的失败，即其显例。至于收编的胡匪，则在对敌作战时往往一仍其剽掠的惯技，更无战略战术可言了。

其次，脱离群众也是东北义勇军招致失败的一个重要因素。由于它是以旧军队为基础和大量收编胡匪所组成的，虽然也有不少农民和各阶层抗日群众参加，但是它在本质上并不是人民的武装。一方面它是抗日的，另一方面它又有危害人民利益的行为。因此，它也就不能联系群众、依靠群众，甚至还脱离群众。

东北义勇军各部往往滥发空白委任状，滥收胡匪；有的委任贪官污吏，纵情搜刮人民，借机发财，还有部分军队纪律很坏，尤为东北人民所不满。旧奉军原来的纪律本来就不够好，时有扰民情况，但是多少还能保持旧军队的纪律；至于收编的胡匪，更是纪律荡然了。例如李海青部进入大赉（今吉林省大安县城）县城时，将商店抢光，到老百姓家翻箱倒柜，把农民的马匹全部牵走，见着行人就强换鞋帽，拿不走的东西丢弃满街，甚至还有强拉青年妇女成婚之事。后援会委任的义勇军司令武中原不去东北抗日，竟在北平前门外旅馆大卖委任状敛财。甚至还有义勇军到北平后，竟有在北新桥、东城一带进行抢劫的。因此，许多地方的群众，往往一听到义勇军要来，便坚壁清野，逃避一空。像这样严重脱离群众、危害群众利益的队伍，怎么能不失败呢？

最后，各部义勇军互相之间，不能团结一致，合力御侮，甚至互相掣肘，摩擦冲突，也是它的一个致命的失败因素。江桥之战，丁、李、冯各部按兵不动；及至丁、李、冯在哈尔滨和敌伪发生战斗，马也坐视不救。最后到苏炳文抗日的时候，竟成了孤军奋斗的局面。而吉林义勇军刘万奎部在撤退途中竟把李杜的旅长马宪章击毙，王德林和自己的副司令孔宪荣不合，唐聚五和东边的将领闹意见，到北平后还公开地互相攻讦。辽南、辽西各部亦有自相火并、大鱼吃小鱼、互相残杀的行动。

除了上述原因外，国民党政府的不抵抗政策自然是失败的主要因素。当时国民党政府如能出兵东北，坚决抗战，这三十万抗日部队一定能起很好的配合作用，其结果当不致如此。

轰轰烈烈的东北义勇军的抗日斗争虽然很快就失败了，但当时参加义勇军的广大将士的爱国热情是值得我们尊敬的，而在抗日战斗中牺牲了的烈士们更是永远受到中国人民的歌颂。同时，他们的失败，也为中国共产党领导的抗日联军坚持东北十四年的抗日斗争及以后八年的全民抗日战争提供了经验。因此，九一八事变后东北义勇军的抗日事迹，应当本着实事求是的精神分别加以整理，既要肯定他们的成绩，也要指出他们的缺点、错误，作为信史存入我们伟大祖国的史册。

马占山反正经过

李铭新※

　　一九三一年十一月江桥之役，马占山率部抗击日军，虽负盛名，但本系迫于形势，并无抗战决心；败退海伦以后，思想愈益动摇，在汉奸引诱之下，终于变节降敌。但马自一九三二年二月二十四日回到龙江就任黑龙江省长伪职以后，为时仅一个月，又于四月一日突然率队反正，出走黑河，重揭抗日旗帜，其间经过，仅就我所知，述之如下。

　　马占山投敌以后，首先遭到部下的反对：黑省军政两署人员中，有知之士多借故辞职，军队中的爱国军官也纷纷不辞而去。他留在黑河老家的卫队闻讯后立即哗变，竟将黑河街上和马占山家中的金银财宝一抢而光。

　　马占山就任伪省长之次日，日本顾问村田谙磨送来公函一件，要求马对黑省一切事务不得擅自做主，必须先取得日本顾问同意始能执行，并详细开列必须取得日本顾问同意之事项，举凡重要法令规章之制定、重要政务、用人、预决算、与邻省和外国交涉事宜等等，几乎无所不包。村田和关东军驻黑特务机关长林义秀复每日到省署见马，要求执行顾问职权。驻在龙江的关东军铃木旅团，非但不如约撤兵，且每日在重要路口派出岗哨，检查行人。

　　马占山既内遭部下反对，众叛亲离；外又受日人压迫，视同傀儡；而日军在省不撤，亦感受威胁。至此，马始悟受骗，因而渐有悔意。

　　三月七日，土肥原来龙江约马同去长春参加伪满建国大典，马并被

───────────

　　※　作者当时系黑龙江省民军政务处处长。

任为伪军政部总长。但此事事先并未征得马本人的同意，马唯恐一旦调赴长春，将失去军权和黑省地盘，长此下去，必无好结果。因此，马自长春回龙江后，遂生反正之心。

马占山降日以后，国内外函电纷至，严词遣责，甚至有向马索还前在江桥抗战时期所汇来钱款的捐款者。马自觉此举铸成大错，干犯众怒，因而冀图借反正来洗刷自己，恢复名誉。当时国联调查团即将来到东北，马占山闻悉后，思趁机向调查团揭露伪满内幕，以有所表白于中外。

由于上述种种原因，马占山始决心反正，并暗做出走准备。他先以视察部队为名，派少将参议韩述彭赴拜泉、海伦一带，并密嘱其到后即捏报部队不稳消息。韩遵嘱报来后，马占山即据以通知日本顾问，并表示不久将亲往震慑。

四月一日午前零时，马密令步骑卫队各一营先开出龙江，步兵乘汽车，骑兵则由营长张凯文携带马占山乘马多匹，声称赴马场牧放。午前二时，马偕随从副官二十余人乘汽车出城，直奔拜泉。当时日军在龙江驻有汽车百辆、飞机十余架，马恐日人发觉来追，故以电话通知汉奸赵仲仁，说拜泉、克山驻军不稳，现亲去震慑，事毕将由海伦经哈尔滨回省，托其转告日本顾问。次日马到海伦后，又以电话通知赵仲仁说，闻讷河部队亦不稳，将由海伦前往处理，公毕将直接回省，实则马由海伦取道讷河北上，于四月七日到达黑河。

马占山到黑河后，即分别向北平东北当局、南京国民党政府、日内瓦国际联盟等方面发出电报多通，揭发日本制造伪满的阴谋，表示决心继续抗战，而对于他自己的投降行为，则曲加文饰，居然说成是为了保存东北的一线生机而不得不"虚与委蛇"。日军得知马抵黑河后，本庄繁、铃木、板垣等均电促其回省，并派汉奸韩云阶前往劝诱，均被马严词拒绝。日军知马已不能就范，即派兵四出堵击。

马占山在黑河稍作部署后，即率部出发，拟经拜泉、海伦、绥化折向东南，到佳木斯与李杜会合，共同对日作战。当时国联调查团已到哈尔滨，马乃派王子馨、姜松年二人携函赴哈面见调查团揭发日军制造伪满阴谋。王子馨于路过龙江，代马占山递送致黑省伪省长程志远函件时，为程密报于日军，以致遇害。姜松年到哈面见国联调查团后，调查团团长李顿欲与马占山会见，为日方所阻，乃密派美国新闻记者米海斯和另一瑞士记者经呼海路绕道至义勇军邓文防地，由邓护送到海伦西乡三门谢家与马占山会晤。马将日军一手制造伪满的详细情形以及他自己反正的经过和继续抗战的决心对记者谈了三天，希望他们转达国联和全世界。

国联调查团所派记者走后，马占山即按原定计划东进。不意马之行动方向早被日军侦知，七月二十八日马率骑兵两千余人行至庆城县东山里张河白石拉子山口时，遭到预伏在山口的日军步炮兵千余人袭击，猝不及防，竟全部被敌击溃。少校连长于俊海率领官兵百余人和马驮子五十多匹向北突围而出，马占山于混乱中仅率卫队四五十人向东奔入大山。日军见向北突围的人数较多，误以为马必在内，于是跟在于俊海所率的一路后面紧紧尾追。二十九日黎明，于俊海等正在罗圈甸子以南七八道林子地方民房内酣睡之际，日军赶到，将于俊海、少校副官刘景芳、少将参议韩述彭等全体官兵悉数杀害。当时日军搜得马占山名章一方，同时又发现韩述彭尸身瘦小，与马相似，且面目血肉模糊，就误以必是马占山无疑，于是拍摄照片，大肆宣传。当时敌伪各报均登载马占山被击毙的消息，而不知马占山此时已进入深山。

马占山率军长邰斌山、参谋处长容聿群、副官杜海山、张凤岐、孙永浩、刘芷兰及随从卫队等共四十二人，在深山密林中向东北方向前进，十余日后始遇一吴姓索伦族人，在其家住宿一夜。第二日复由其带同二索伦族人引路，行六日至樟树河，又三十里始到太平山金厂。马等一行人入山以来，沿途风餐露宿，以马肉充饥，且天雨连绵，衣服尽湿，各人皆面无人色，腿脚红肿，疲困达于极点。金厂有米有面，马等方得饱食。在金厂休息三天后，即向龙门县城进发，行前并将米面炒熟，计口分带。又经过半个月的跋山涉水，于九月九日到达龙门县城，至此始完全脱离山林生活。自七月二十八日入山，迄九月九日出山到达龙门，共达四十余日。

马占山到达龙门后，即将脱险消息电告黑河，驻黑河的代理黑龙江省主席郎官普接电后，即派队伍送来弹药、粮饷、被服、电台等，至此，马占山始得重与国内各地取得联系。

日军闻知马占山未死，即派兵到处堵击。马由龙门到讷河联络旧部，曾与日军遭遇数次，均不利。马自觉兵力单薄，不足以抵抗日军，遂率骑兵五六百人绕道德都、讷河、甘南等地，往海拉尔投奔苏炳文。后来苏炳文对日作战失利，与马占山一同退入苏联。

朴炳珊在拜泉抗战中

李铭新[※]

朴炳珊一九三二年在黑龙江省拜泉县抗战的始末，分述如下。

一

九一八事变后，江桥战争失败，朴炳珊随马占山退至海伦驻防。一九三二年春，马占山被汉奸们所愚弄，回省城（齐齐哈尔市）后，所有黑龙江省部队，都停止了战斗。朴炳珊也不例外。马占山回省后，将朴炳珊及其所属部队，由海伦调到拜泉驻防。在这个时期，由于马占山回了省城，所有抗战将领各怀其志，各有戒备，互不相信，不相往来，如同散沙。朴炳珊心怀抗战之志，在拜泉补充兵源，训练队伍，但不敢公开流露抗战的心情。谁知马占山回省一个多月后，陡然反正，带卫队二三百人，直奔拜泉朴炳珊驻防区来了。到拜泉后，即与朴炳珊研究抗战的策略，拟定马主席（即马占山）必须与吉林李杜合作，共同抗日；朴在黑龙江联合各爱国力量，一致对外，坚持抗战，赶走敌人收复东北。当马占山离省反正后，全国各大报纸以显著地位登载马占山的消息，我由南京携蒋介石致马主席信件，直奔拜泉来了；但马主席仅在拜泉休息一宿，次日即去海伦。马占山在去海伦途中遇敌伏击，被迫分成两路进入大青山里去了。我赶到拜泉，未能会晤马主席，甚觉怅然。朴炳珊对我说："马主席此去山路崎岖，森林密布，走了又有些时候，你一个人路

※ 作者当时系黑龙江省民军政务处处长。

175

不熟很难赶上，就留在拜泉吧，咱们联络各军抗战。马主席走时已和我研究好了，他去吉林与李杜合作，我在黑龙江联合抗战，你与马主席部下都熟识，留在拜泉联络各军抗战最合适了。"朴炳珊一席至诚的话令人感动，加之我和他从小是同学，又是密友，当即答应留在拜泉。

二

马主席在拜泉和朴炳珊会晤后，日伪恐朴不稳，让汉奸赵仲仁等传递消息，拟畀以黑龙江省伪司令官为饵，以安其心。朴炳珊决心抗战，不为所动。召集其高级军官参谋长冯风吾，团长李允声、刘鸿宣、杨慎修、何文绪、张希周、张群忱等和我参加会议，研究了抗战的具体步骤。朴说："马主席已脱离虎口，我们还在虎口的边缘生活呢！我们不能不死不活地往下混，混等于在虎口里生存，我们非下决心抗战不可。大家对抗战有什么意见，都要说出来，表明自己的态度。"与会各位都表示，要坚决抗战，死不改志。朴接着说："我和李铭新先生一致认为，非抗战不能生存，拖延就是死路一条。近日，李铭新先生去联络邓文；邓文是马主席的旧部，他有六七千骑兵，是抗战的一股力量。他打游击的日子也不少了，我们要和他联合起来，同心协力打击日军。"各团长一致拥护朴炳珊的主张，表示坚决听从朴炳珊的指挥。

邓文是马主席的老部下，我和邓非常熟识且友好，由我去联络邓文是最好的。邓文当时驻在富强镇，该镇距拜泉县仅六七十里路。一九三二年七月间，在十名骑兵护卫下，我去见邓文。

我第一次到富强镇，邓文知道我代表马主席去南京见蒋介石，但他不知道我回来，见到我非常高兴，紧握着我的手说："你辛苦了！"边说着我们坐下，邓文就急忙问我："中央几时抗战啊？"我说："蒋介石抱不抵抗主义，什么时候抗战不得而知。现在内地各省人民要求抗战呼声日益高涨，都拥护马主席抗战，称他是抗战的民族英雄。你在黑龙江各处打游击，也无愧为民族英雄啊！"邓文听后一笑说："过奖了。我算个啥！"我说："今天我来就是和你研究联合抗战的问题。马主席和朴炳珊研究了，我想如果朴、邓两军结成一体，就会给日军一个沉重打击。"邓文说："近几天外边传说日伪方面要任命朴炳珊为黑龙江省伪司令官吗？"我解释说："这是汉奸们传说的，朴炳珊决心抗战，绝不给子孙后代留下遗臭万年的罪名。将来你们会面，你就会知道朴炳珊的鸿鹄之志了。"邓文说："他能来和我会面吗？"我说："他一定来。"当即，我和邓文商定了朴炳珊与邓文会晤时间、地点。在富强镇我住一宿，第二天回到拜泉向朴报告了事情经过，他非常满意。

第二次会见邓文是按我和他预先商定的时间，即一九三二年八月二十五日，我和朴炳珊及其夫人刘淑容，带一营骑兵准时到富强镇。邓文在富强镇周围布置森严。邓军长和参谋长李少勋等出来迎接。握手寒暄后进客厅，邓军长说："不知贵夫人来，若知道让我内人来接好了，甚表歉意！"朴炳珊说："她来想看看贵夫人随军打游击的坚强意志。"二人扯几句闲话后，就直接谈起抗战问题。朴说："李铭新先生上次都和老弟谈过了，不能再拖延下去了。国家存亡，匹夫有责。我们应当携手抗战。目前这样各自为政，不能形成力量，势必被敌军个个吃掉。我们要联合起来，抵御日军，为国为民，我们都要做个正直的中国人。"他推心置腹，慷慨陈词，使邓文非常感动，随即站起来握着朴的手表示："我同意你的主张，愿意听你的指挥！"二人谈得十分融洽，谈了三个小时，乘天还没亮，我们就回拜泉了。

朴炳珊归来第二天，召集了本军营以上军官会议，传达了与邓文会晤情况，并令各团长抓紧整备军务。此时伪省方来电，大意是：借调朴炳珊炮兵一连进省城，以充实城防等语。朴接电后非常踌躇，和我研究如何处理。朴说："我们这连炮兵绝不能交给伪方，助长他们的实力。"我出点子说："把这连炮兵送给邓文。先给伪方回电，就说遵电办理，选一精明连长不日起程赴省，借以稳住对方。我和朴研究，事先通知邓文派兵在懒马沟潜伏，迨炮兵连经过懒马沟时，双方向高空鸣枪百余发，邓军即将炮兵劫走。商定后，我当天晚上七点多钟，带随从兵十人去富强镇。

第三次到邓文处联系是一九三二年九月间，我把和朴炳珊研究让邓文接收炮兵的方案一一告诉了邓文，邓非常高兴地说："朴兄真要抗战，真心与我合作，我决不辜负他的期望。"

一九三二年九月五日，朴炳珊按照约定地点、时间和做法，将一连炮兵交给邓文。当天拜泉、克山一带传遍了朴军炮兵一个连被邓军在懒马沟劫走的消息。当炮兵连出发时已电告齐齐哈尔伪方，伪省方对炮兵连被劫亦有所闻，并电询朴炳珊："炮兵由拜泉来省五六日矣，为何未到？"朴回电："炮兵出发日期确属事实，我方也未接到该连表报，我即派人尾随侦察，再报。"过数日电告伪省方说："炮兵行至懒马沟，被邓文匪军所劫，我军即日出发进剿。"

在这个时候，朴军要抗日的消息已在拜泉满城风雨。伪省方听到此消息，很不放心，即派日本参谋下芝少佐到拜泉调查朴军情况。该参谋到拜泉街上，看到朴军士兵不戴伪军帽，都换上青天白日的帽徽，很生气。到司令部，要求面见朴炳珊。见面后，日本参谋问："贵军换帽徽这是为什么？"朴回答说："士兵愿戴什么帽徽是自己的事，我不管这些小事。"日本参谋听后站起来就走了，朴也未理他。当天晚间八点钟，该参谋还未离拜泉，朴炳珊想，日本参谋在拜泉不走，要干什么呢？随即下令将日本参谋下芝少佐逮捕关押入狱。第二天朴召集连级以上军官会议，以黑龙江省民军总司令名义宣布抗战。

三

朴炳珊召集官兵宣布抗战，决心把日本侵略者赶出中国领土，并下令：

调一团团长刘鸿宣为本军副司令；

调副官长张希周为一团团长；

派李铭新为政务处处长与各县联系筹备军需；

副司令输送军需，严守拜泉。

民军总司令朴炳珊和邓文商定后，于一九三二年十月一日，朴亲率部队直捣黑龙江省城齐齐哈尔市，邓文部队向洮昂路进军截断此路，使沈阳日军不能增援黑龙江敌军。

我军首战攻下克山，准备进击齐齐哈尔，不料克山西南贝子府，驻有一团日本骑兵，他们在贝子府四周墙根挖洞，犹如堡垒，我军不能靠近。重炮又陷进贝子府东边小河中，发挥不了威力。被日本骑兵所羁制，十余天毫无进展。不得已，我军只好一边进攻贝子府，一边进攻讷河，讷河占领后，又向克东进军。敌人从沈阳调来飞机、大炮、坦克和步兵等助战。我军在克东一带激战二十余天，节节失利，最后败北。此时，副司令官刘鸿宣（下称刘逆）一看大势已去，就叛变投敌，认贼作父，配合敌人破坏我军抵抗力量。

（一）刘逆关押向前方输送棉服的连长。十月末，为解决前方棉服不足，在一个星期内赶做了棉服装三千套，让刘逆向前线输送。他为掩人耳目，派一连长带一个排士兵，将棉服装在三辆马车上，但五天未见出城，我派人将连长找到政务处，问他：前方急需棉衣，为什么还不送去？连长回答说，刘逆不让走，还有东西要带。过了两天还不让走，该连长知道前方急需，就决定夜间运走。刘逆知道服装车出城了，派骑兵将车追回，以连长不服从命令关押入监。我听到这个情况，方知刘逆心怀叵测。

（二）刘逆在夜间带随从士兵二人，到拜泉监狱面见日本参谋下芝少佐。见面后刘逆非常恭顺地笑着说："您受委屈了！"并说，"我们这次同皇军打仗，全军都不同意，是朴司令和马占山代表李铭新二人主张的，联络邓文都是李铭新干的。我请您把这些情况写信报告皇军总部。"日本参谋下芝少佐听了这番话精神振作了，说："你想与皇军合作？"刘逆说："是的。"下芝少佐当即表示给皇军总部写信，刘逆也早已备好纸笔。可是日本参谋是近视眼，离了眼镜不能写字。刘逆就派他的随从兵到政务处，向王纪堂科长借眼镜，王科长问来人说："刘副司令不近视，半夜借眼镜干什么？"随从兵说："监狱押着的日本参谋是近视眼，刘副司令在监狱让他写信。"王科长借给他眼镜后，急速向我报告，我就意识到刘逆死心塌地投靠日军了。果然，第二天十点多钟，县长王子和来找我（他是我在朝大时的同学），他告诉我说："刘逆进监狱要求下芝少佐写信，你知道吗？"我说，昨天夜间就知道了，但不知信的内容是什么。王县长说："典狱长都向我讲了，信的大意是'我军和日军冲突是朴炳珊和马占山代表李铭新他俩干的，联络邓文匪军及在懒马沟劫炮的事，都是事先他们预谋好的。请皇军由克山、明水、海伦三路进攻拜泉，我做内应'等等。"日本参谋把信写好后交给刘逆，刘逆对下芝少佐说："您再委屈几天吧！"

（三）刘逆与亲信密谋决定将我押解送省，以表其与皇军合作的诚心。刘逆警卫员张仪，是二十几岁的青年，他反对卖国求荣，听到此信深夜敲门告诉我。我想即刻出城逃走，又想四门守卫都是刘逆卫队，左思右想无计可施，决定听其自然吧。谁料第二天午饭时，邓文军的参谋朱某（忘其名字）来拜泉见我，我向朱参谋询问："你们部队开到洮昂路了吗？"朱讲："因安达水大过不去，部队回到明水驻防，邓军长派我来就是告诉您这个情况。"接着，我把刘逆叛变的事向朱参谋叙述了一番，告诉他回去报告邓军长来救我。朱参谋聆听后，午饭都没吃立即返回明水向邓军长报告了情况。邓军长听了甚为诧异，率五个骑兵团即时出发，次日两点钟抵达拜泉。我正睡觉，刘逆来敲门，告诉我邓文来了，我佯作不知，并对刘逆讲："他们队伍去洮昂路了，怎么到这来了？"刘逆说："他们不是抗日，是来抢地盘来了。他们人多，我们人少打不了。咱俩到南门外接他去吧！"我执意不去接。刘逆赶到南门正适邓军长来到。邓军长问刘逆："李铭新呢？"刘逆说："他在官银号。"说完二人随即到官银号，邓军长见到我尚在很高兴。官银号地方狭小，把邓文的司令部设在商会。刘逆做贼心虚，紧跟我身边不愿离去，我只好先回政务处，刘逆才随我走出来，二十多分钟后，我又返回商会，向邓军长叙述了刘逆叛变行为，我意立即枪决。邓军长说："朴司令不知道详情，我来拜泉就枪决刘逆不妥当。先报告前方朴司令，然后再处置。"我们先派军队把西门及各通道口严密把守，以防刘逆逃跑。然后派人赴前方报信，刚走两天，即闻我军在克东激战，抵不过日军坦克飞机的不断袭击，只好边打边退，撤回拜泉。

邓军长迎接朴司令进城后，报告了未能去洮昂路的原因。并说："我本来在明水驻防，听说拜泉有变，李铭新有危险，就急速带队赶来拜泉。"我接着将刘逆叛变的事实一一向朴司令作了报告。朴司令听说后十分气愤，派人请刘逆来开会，刘逆心里有鬼，即带二十多名士兵急欲离去。他没有想到，拜泉四门早已为邓军严密防守，非有邓军长手令，不准放行。刘逆先到南门被阻，转向东门也被阻，东门守卫士兵电话报告邓军长，邓军长立即报告了朴司令，朴司令下令说："刘逆畏罪潜逃，不来开会，通知四门卫兵，刘逆叫门出城时，就地枪决！"刘逆急想逃走，到北门时，被守卫士兵枪决了，还伤了一名随从兵。从刘逆衣袋中查出的东西有：（1）黑龙江省官银号的大洋票两千元；（2）朴炳珊的私人图章一枚；（3）日本参谋下芝少佐给皇军总部的信一封。刘逆被就地处决，拜泉全城人民传闻，个个拍手称快。

朴司令回到拜泉第二天处决刘逆。敌军次日进攻拜泉，朴军和邓军联合起来，在拜泉外围抵抗一夜，敌人炮火猛烈，我军只好撤出拜泉。朴炳珊对刘逆叛变非常痛心，加之数日未眠，身体不适，将全军交给李允声指挥，朴只身进关，面陈东北军领导张学良，颇得张将军嘉许，委朴炳珊为东北军第五十七军副军长，继续在山东抗战。

海拉尔满洲里抗战始末

苏炳文※

日军阴谋侵吞海、满，强行派遣伪警进驻

日本军阀对我东北的侵略，采取两种手段：一则威胁利诱使我就范，然后设法消灭之；二则各个击破，次第消灭之。我们深知日军的战略战术，既不受其威胁利诱，也不甘心被其各个击破。马占山重举义旗再起抗日后，联合驻防拜泉的东北暂编步兵第一旅旅长朴炳珊（号大同），相机恢复省城——齐齐哈尔。不料在七、八月间，吉、黑两省阴雨连绵，江河泛滥，哈尔滨市街道行舟，洪水之巨为数十年来所未有，因之到处行动困难，富拉尔基铁路江桥有了险象，以致哈满西线火车中断多日，军事行动大受阻碍。

我平素与日本军阀无联系，而于执行职务中，常有反对日本军国主义的表现，因此日军对我极为不满。当马占山四月初离职后，日本关东军司令部曾派宫崎少佐，由哈尔滨乘飞机来海拉尔，向我征求意见，曾说"关于中东铁路护路总司令、满洲国军政部部长、黑龙江省省长等三个职位，您可任选其一，以资借重"等语。我以才力和威望不足，难以胜任为词谢绝之。窥其用意，在于以调虎离山计，使我坠入陷阱，任其摆布，以消除日本军阀在海拉尔、满洲里的隐患。我知其诡计，不能上他的圈套，被其愚弄。

※ 作者原为呼伦贝尔警备司令兼哈满护路司令、东北军第十五旅旅长，后任东北民众救国军总司令。

六月间，日军又向我提出要求，让我允许派遣国际警察队进驻满洲里。日方此举名为向苏联警戒，实则严防我与苏联联系，我当即拒绝，经再三交涉，我方仍未同意。最后施加种种威胁，扬言如不允许则认为怀有敌意，将派日军一旅团护送前往。我经再三考虑，敌伪派来的警察队不过百余人，满洲里在我军控制之下，必要时可以随时采取解除他们的武装等行动；否则，日军将以派军护送为名侵入海满地区，将使黑龙江省西部一片干净土地沦陷于日军铁蹄之下。本"小不忍则乱大谋"之义，我方向日军提出了进驻的条件：一为仅允许国际警察队搭乘客车抵满，不得另开兵车；二为关于国境防务应受当地驻军部队首长节制，地方治安仍由当地公安机关负责维持。这些条件经日军同意，国际警察队开入了满洲里站。这个警察队是由中、日、朝三国人混合组成，队长秦树声系辽宁金县人，素充日军爪牙，狐假虎威，气焰嚣张。七月间，秦树声赴长春汇报到满洲里后的情况，乘火车经过扎兰屯时，被驻站第一旅护路军稽查诱请下车，密行处死。之后虽经调查也未得实据，但日军对该旅痛恨已极，未经几日就撤了张殿九的旅长职衔。

在当时形势下，我们抱有三种希望：其一，在九月间国际联盟开大会讨论李顿调查团的报告书时，能能明了日军侵略东北的真相，以及伪造东北民意强迫成立伪满洲国的情形，对于日本军国主义的穷凶极恶的侵略行为，能有正义的决议案加以制裁；其二，南京国民政府与日本进行正式交涉，争取和平解决东北问题，早日恢复东北原状；其三，张学良能率领在关内的东北军全部回东北，与我们残留吉、黑两省的部队成为掎角之势，协力作战，使日军腹背受敌，首尾不能相顾，予以严重的打击。然而，上述幻想竟成泡影。马占山在庆城（庆安）、铁力、绥棱等处的游击战迭告失利，八月间被日军击溃，零星部队不久又为日军所歼灭，日伪方面又转为策划对哈尔滨到满洲里西线的侵略活动。

哈满西线军民奋起抗击日军

兴安岭以西的呼伦贝尔大草原，为蒙民游牧区，人烟稀少，不种五谷。这里的地方行政权，由呼伦贝尔旗副教统贵福掌握。

一九二九年冬，中、苏两国因中东铁路问题发生冲突，我驻满洲里的东北陆军步兵第十五旅梁忠甲部，驻扎赉诺尔的东北陆军步兵第十七旅韩光第部，均被苏军击败缴械，梁忠甲旅长在满洲里被俘，旅附魏长林阵亡，韩光第旅长和张季霙、林选青两团长在扎赉诺尔阵亡。两旅被俘官兵均被苏联运往伯力，兴安岭以西地域全被苏军占领。这时东北代表蔡运升到伯力和苏联代表进行两次谈判，双方达成停战和平协定（即伯力协定），始将所有被俘官兵运回原防，由省府（黑龙江省政府）重发武器，开始训练。

一九三〇年三月中旬，梁忠甲突患脑溢血，逝世于海拉尔。我奉张学良司令长官的电令，继梁忠甲曾担任的中东铁路哈满护路军司令、呼伦贝尔警备司令、东北陆军步兵第十五旅旅长三个职衔。适当战事之后，地方凋敝，经济困难，官兵士气低沉。我就职后的主要任务，对外力求与苏联敦睦邦交，恢复友好；对内则绥靖地方，安抚蒙民，至于整训部队，加强教育，更为固有职责。是年冬，万福麟司令官调该旅移驻巴彦，将黑龙江陆军步兵第二旅归我统率，由巴彦开到海拉尔、满洲里两地填防。

一九三二年八月间，日军侦悉我在哈满西线积极准备军事，收容各地远道来投的青年学生一百三十余人，编为学兵连，实行军事教育；密派干部到各处招募新兵，以旅部参谋长郎国琛为团长，成立步兵第九团；还召集沈阳东北兵工厂流亡的技工和青年百余人，由刘绍复（字显忠，曾到德国学习过制造兵器）领导，在博克图兵营里秘密制造手榴弹、地雷等。凡由沦陷区逃来的爱国志士，我均予安排，大部分参加民众救国后援会工作。

日伪方面屡次向我征求调动职务的意见，我均未接受；迭次邀请我到省城（齐齐哈尔）会议，我也拒绝前往。日军认为我居心叵测，必须铲除，于是先行撤换驻扎兰屯的哈满护路副司令兼黑龙江陆军步兵第一旅旅长张殿九的职务，以汉奸冯广有（字万镒）接充。自九一八事变以来，张和我抱定共同抗敌的决心，张来海拉尔与我商量进退问题。我们以为在过去时期含垢忍辱，委曲求全，期待时机之到来，而今日伪势力将渗入富拉尔基以西地区，无疑唇亡齿寒，大敌当前，迫在眉睫。况且部队饷项、给养、服装等均由省城发给，一旦被其截留，势必坐以待毙。面临生死关头，既不可忍，又不能待，唯有奋起抵抗，尽卫国守土的天职，决定张殿九拒绝交出旅长职务，当即派该旅驻免渡河站的第六团团长张玉珽率部进驻富拉尔基，以阻止冯广有前来接任旅长。事态演变至此，伪黑龙江省省长韩云阶、伪黑龙江省司令官张文铸派曾任该旅的团长刘继武到扎兰屯向张疏通，但不得要领而归。接着又派前黑龙江省司令官公署参谋长谢珂来海拉尔，向我说明韩、张派他前来的目的，借口张殿九旅长年老无能，对部下约束不严，军纪废弛，驻防区内时常发生违法事故，必须撤换，整肃纪律，关于我的位置保证不动等。但我们坚持张旅长不得更动，申明如果冯广有强行前来接任旅长职位，难免发生意外，由谢函告韩、张，并要求他们收回成命，以维持现状。谢决定留海拉尔抗日，不返省城齐齐哈尔。日军和伪组织方面又派金奎璧、陈鸿猷两人携带八月份军饷来海拉尔发放，郑重表示对我并无他意，但认为张殿九抗不交代旅长是我策动的，决不收回成命；如果再行抗拒，自九月份起，停止发给所有军饷、给养以及冬季御寒服装等，并派部队讨伐，以示膺惩。敌人之阴谋，早在我们预料之中。

当时，哈满西线军队、民众情绪激昂，愤不可遏，纷纷要求讨伪抗日。适值日内瓦国际联盟开大会，讨论我国的东北问题，乘机揭露日本军阀残暴蹂躏东北人民的罪行，使全世界各方面人士了解真相，明辨是非，伸张公理，给侵略者以制裁，以期有利于交涉之进行。一九三二年九月二十七日，在海拉尔举义对敌，将旅海拉尔日、鲜侨民三百余人集中保护，用火车运到满洲里，交由日本驻满洲里领事馆照管。同日，由步兵第四团吴德林团长率兵两营包围驻满洲里站伪国际警察队，令其缴械。该队因持有新式武器，顽强抵抗，双方激战半日，我军用迫击炮将警察队营房击毁，发生火灾，伤亡二十余人，始竖白旗缴械投降，悉数收容于满洲里特区法院监狱中。所有日、鲜侨民六百余人，由军警妥为保护，送交日本领事馆管理。是日有由哈飞满的日本飞机一架，经过海拉尔时，因飞行较低，被我军伏兵射击。该机情知有变，急转东飞，因汽油用尽，落于朱家坎附近，机中十余人被当地农民击毙，由此足以证明广大群众痛恨日军情形之一斑。在检查尸骸中发现有军官数人，有外交信差一人，均为由满洲里去莫斯科者；发现携带文件中除外交通报外，另有林义秀少佐调查报告书一本，报告书中记载着当时东北军政要人的姓名、籍贯、年龄、出身、派系、思想等，分析颇详。现将文件中对于我的记载摘录于下：

> 苏炳文年四十岁，辽宁新民县人，保定陆军学校第一期步兵科卒业生，曾在北京袁世凯建立的模范团中服兵役及任尉官。第一次世界大战时，中国对德宣战，参加协约国共同出兵远东。一九一八年，他任中国陆军第九师营长，被编入驻海参崴支队；一九二七年，他任东北三四方面军步兵第十七师师长，一九二八年调任黑龙江军务督办公署中将参谋长，兼任国防筹备处处长、黑龙江省政府委员等职务。一九三〇年出任呼伦贝尔警备司令、中东铁路哈满护路司令、东北陆军步兵第十五旅旅长等职务，为张学良嫡系。他于一九二九年曾到齐齐哈尔访晤会谈，言语行动表现傲慢。对于驻在地日本领事和馆员以及满铁公所

职员等均淡然视之。一九三〇年，他到海拉尔任职后，常与苏联驻海拉尔、满洲里两领事馆往来，而日本领事馆邀请他赴宴，他多谢却。一九三一年九一八后，马占山代理黑龙江省主席，他将驻满洲里的步兵团、骑兵旅开到嫩江桥助马作战，抵抗日军。一九三二年四月，马占山由齐齐哈尔逃走，屡次派人约他进省城（齐齐哈尔）会议，并拟调升高职，他概不接受。根据谍报，他现正召集流亡，扩充兵力，准备反满抗日的工具。他系正式军人出身，抱有爱国思想，亦有相当威望，非土匪出身者可比，不可轻视。加以接近苏联，难免不无异谋。倘不能使其就范，应以武力消灭之，免为燎原之火，以完成早日统一东北三省之目的。

阅林义秀少佐的调查报告和处理我的意见，可以推测日本军阀对我的处心积虑、阴狠毒辣到何等地步，我虽至愚，也不能中其诡计。

九月二十七日，海拉尔、满洲里两地采取讨伪抗日行动后，军心民气大为振奋，斗志昂扬，哈满西线民众自动组织救国后援会，筹备军需，慰问将士，物质精神双方并进。我感于军民一致推举，筹备成立东北民众救国军总司令部，十月一日，在海拉尔正式宣誓就任东北民众救国军总司令，张殿九就任副司令，通电中外。同时委任谢珂为总参谋长，金奎璧为副参谋长，王尔瞻为呼伦贝尔警备司令（原任司令部少将参谋长），张玉珽为黑龙江陆军步兵第一旅旅长，吴德林为黑龙江陆军步兵第二旅旅长。当即调驻海拉尔的步兵第二旅第一团高峻岭部开往朱家坎、腰库勒一带布防，调驻满洲里的步兵第二旅第四团钮玉庭部开往碾子山待命。为统一指挥起见，加委张玉珽为前敌总指挥。自博克图至满洲里的护路事宜，由步兵第二旅第九团郎国琛部担任，归总司令部直接指挥。满洲里系中苏国界，并有苏联和日本领事馆，两国侨民为数不少，在军事时期，地方治安极其重要，派吴德林旅长担任警备事宜。又在扎兰屯设立前方总司令部，由张殿九副司令、谢珂总参谋长、金奎璧副参谋长主持作战计划。此时，呼伦贝尔旗都统公署已被伪满洲国政府下令撤销，改为兴安北分省，委任原副都统贵福的长子凌升为省长，次子福松亭为蒙旗部队司令，意在分化离间蒙旗与我军的关系。但数年以来，我们和贵福、凌升等相见以诚，彼此融洽，在抗战军兴起后，我复披诚相告，我们举兵东进，目的在于收复失地。如能获得进展，除满洲里国防仍由我军担任外，所有呼伦贝尔全境交给他们治理，倘若失败，决不在呼伦贝尔地域作战，祸及蒙民。因此，虽然彼此立场不同，稍存警惕之心，尚能安然相处。

关于前方军事,张玉珽自九月中旬在富拉尔基沿江一带已构筑防御工事,对昂昂溪方面警戒。十月一日,海拉尔起义后,本拟相机渡江收复省城齐齐哈尔,而日伪为防我进袭,在嫩江东岸增调大军警备,并把江桥破坏,时派飞机到扎兰屯、海拉尔上空侦察。三日拂晓,日军一部由齐齐哈尔以北渡江,张玉珽总指挥派富拉尔基步兵第六团一营兵力前往阻击,将敌击退,逃回东岸,遗下尸体十二具。数日后,日军二百余人分乘橡皮船三十余只强行渡江,我军沿江警备部队猛烈射击,击沉数只。但敌军选择数点蜂拥强渡,共五百余人,除步枪外携有轻、重机关枪,牵制我军左翼,以便掩护后续部队渡江。张玉珽总指挥急调步兵第一团高峻岭团长率兵两营选择适当地点占领阵地,以逸待劳,对于前进敌军予以迎头痛击,敌军伤亡五六十人,始稍后退。翌日,敌军又增加千余人,高团长也将预备队的一营增援火线,士气振奋,顽强战斗,我军伤亡八十余人;敌军武器虽优于我军,但因向我阵地进攻,伤亡甚众,双方形成对峙形势。接着敌军又增加步兵千余人、炮四门,向我军阵地猛烈轰击,飞机也投弹轰炸,步兵受其掩护,攻击前进。激战两昼夜,高峻岭团长背部及右臂被炮弹击伤很重,中校团附唐忠信、少校团附孙庆麟同时负伤,第二营营长杨传绪阵亡,连、排长伤亡十余人,士兵四百余人,迫不得已向腰库勒转移阵地。张玉珽总指挥急令步兵第四团由碾子山迅速增援,以便步兵第一团稍事整顿补充。高峻岭团长和所有负伤官兵均被运回海拉尔,由铁路医院负责治疗。高峻岭团长的右臂因炸断,急施手术锯去,得保生命安全。唐忠信代理团长、孙庆麟代理中校团附虽均负伤,不肯离队疗养,裹伤继续作战。我偕张殿九副司令、谢珂总参谋长、金奎璧副参谋长等临前线,慰问奖励,鼓舞士气。地方人民情绪激昂,组织慰劳团,由民众救国军抗敌后援会协同到前方热烈慰问,向官兵赠给慰劳袋每人一份(内有毛巾、袜子、糖果、食物等),官兵感泣,要誓死杀敌。此后十余日内,虽无激烈战斗,每日均有数次局部冲突,以待冬季到来,嫩江封冻,联合马占山、朴炳珊以及义勇军李海青等部,再大举分进合击,恢复省城(齐齐哈尔)。

十月二十二日,马占山率少数骑兵由讷河经甘南到达扎兰屯,我军将士甚为兴奋,极表欢迎,经过两天会议,一致推举马占山领导抗战,竭力协作,以沥最后之一滴血,尽军人之天职。马占山以健康不良急需休养为词,决心回北平就医,不能继续抗战。我和张殿九等以公义私情恳切劝勉,终未能挽其退志,暂来海拉尔休养,拟由满洲里出国。马鉴于前黑河苏联领事拒发护照不得入境之事,此次扮作赴新疆商人,更名改姓，偕秘书韩立如、副官张凤岐两人同行，向苏联驻满洲里领事请领护照。在签证时，由领事检查问话，又不准入境。马不得已，仍回海拉尔休养。

十一月初旬，忽接苏联驻满洲里领事照会，内称：奉苏联政府外交委员会之训令，现因日本政府要求苏联政府允许派遣日本关东军小松原道太郎大佐为代表（小松原曾任日本驻莫斯科大使馆武官，通晓苏联情况），乘飞机至苏联马提业子车站，请苏联做调停使者，邀请苏炳文司令派遣代表前来进行和平谈判。我表示拒绝与日本举行和平谈判。数日后，塔斯社发表苏联外交委员会副委员长加拉罕通知日本驻莫斯科代理大使天羽的长篇文书，主要内容如下：

（一）苏炳文声明：无应日方和平交涉之意，日交涉委员无须在马提业子车站停留；（二）关于和平救出日侨，自人道的立场，不惜供给一切便利；（三）达里亚飞行场使用，自人道的立场，特供给以便利，以后搬运食粮，请勿用军用机场往复。

查日本此举，一为缓兵之计，二为诱我投降，步马占山之后尘。现在我方拒绝和平谈判，则调动部队向我军大举进攻，这也是我们早已料到的。

十一月中旬，已届冬令，江河封冻。日军将九月间与我军作战伤亡较重的茂木骑兵旅团及平贺师团的第二十八旅团，撤回后方，又以松木直亮的第十师团为主力，以新由辽宁调来精锐之股部骑兵旅团为先驱，附以装甲车、坦克车、飞机等，向嫩江西岸开始行动，用铁甲车掩护工兵修复江桥和被我方破坏的铁路，步兵向我富拉尔基、腰库勒一带阵地攻击。我军奋勇抵抗，敌炮兵和飞机交相轰炸，阵地多被破坏，激战四日，伤亡颇重。总部为减轻损失，缩小正面，电令张玉珽总指挥放弃现守阵地，撤至朱家坎第二线阵地。由我博克图爆破队将前方铁路桥梁彻底破坏，埋设地雷，阻止敌铁甲车前来助战，并在阵地前方及两翼薄弱地点设置障碍物和地雷等，阻敌攻击前进。此时江河结冰坚固，敌人骑兵和铁甲车运动便利，对我两侧威胁甚大，敌步兵配合各兵种向我朱家坎阵地开始总攻击，陆空协同，战斗猛烈。我步兵第四团团长钮玉庭、步兵第一团中校团附孙庆麟均负伤较重，官兵伤亡六百余人，由步兵第四团营长常玉林接任该团团长。总部考虑敌军兵力数倍于我，兵器优劣相差悬殊，若再继续抵抗，势必损失更大，决定向后撤到碾子山第三线阵地进行休整补充，以利再战。部队二十八日全部撤到碾子山，刚进入第三线阵地，敌军骑兵旅团由左侧方骤来压迫我军向南方退却，使与后方断绝联络。二十九日拂晓，敌军五六百人，乘装甲汽车由南绕道突袭扎兰屯前方总司令部。据索伦族骑兵队长报告，有敌军骑兵千余人，正由甘南方面向南疾进。我警备扎兰屯兵力不过一营有余，占领山头，扼守重点地点，竭力抵抗。敌机六架低飞扫射并投弹轰炸，敌兵向前猛攻。此时我前方电话断绝，扎兰屯北方山上发现敌军旗帜，总部官兵伤亡数十人。谢总参谋长为避免全部被俘，下令部队向哈拉苏车站集合待命。我此时正在兴安岭视察阵地，闻悉前方消息，即派专车前往哈拉苏接迎谢、金两参谋长和撤退的官兵到博克图。我当与谢、金两参谋长密议，因我前方主力军被敌击溃，并压迫向南方退却，不可能退归后方，现有兵力只有学兵连、卫队营及步兵第九团，共两千余人，敌势强大，进攻迅速，兴安岭虽险，以我少数兵力也难久守。况且蒙旗见我军溃败，未必不趁火打劫，讨好敌人，作落井投石之举动。当前之计，莫如以一营兵力扼守兴安岭山洞（山洞隧道甚长，工程艰巨，铁路方面要求不得破坏，困难修复），布置地雷，破坏盘山路轨，隐蔽在山洞内一列装满石块的火车。俟敌铁甲车前来时，放下与之相撞，阻止其前进。另控制一列火车为守洞部队在必要时乘用。按此计划作了部署之后，我与谢、金两参谋长及前方收容的官兵等乘专车撤回海拉尔。

三十一日，敌军先头的铁甲车到达博克图站，并向兴安岭盘道上行驶，我队将装石的列车由高处向下急放，正在修复铁道的敌军工兵数十人，忽见放下的列车将与铁甲车相撞，奋不顾身，猛力破坏铁路，触及地雷，装石列车到达时脱轨撞翻，路基严重破坏，敌铁甲车却安全无恙，工兵大部炸死。后来听说日军战报载称：在兴安岭战斗中，工兵某某中尉英勇救护铁甲车，光荣战死，充分表现了武士道之精神，立碑于战死处，以资表扬。我驻守兴安岭部队完成任务后，于十二月一日午间安全撤回海拉尔。敌大部骑兵通过山洞向西前进。

抗战失利　退入苏联

战事急转，局势如此，我们邀请凌升、福松亭等商谈，请他们负责维持地方治安，把不甘屈服的铁路员工和特、路两警，官佐眷属，人民群众等用火车送到满洲里。我于二日夜间将诸事安排就绪，听说敌军骑兵先头部队已到达牙克石车站，遂乘专车赴满洲里，凌升、福松亭和市民各界代表等莅站送行。

我到满洲里后，因敌机连日在海、满两地上空侦察投弹，立即召开会议，讨论撤退计划。三日夜间用无线电向北平张学良、万福麟报告战事情况，说明敌军节节西进，我军弹尽粮绝，势难立足，为避免地方涂炭，减少人民损害，拟忍痛退入苏联，丧师失地，负罪良深，俟归国门，听候惩处。我因与苏联驻满洲里领事往来较久，颇为友好，特前往话别。晤谈时，我深以抗敌失败引为耻辱，并说："行将退入贵国，不知如何处理？"彼答："按地理、兵力、武器而论，你们失败是很自然的事，但反抗侵略，坚持正义，虽败犹荣，将来定能获得最后胜利。"又称，"你们进入苏联国境后，可能按照国际公法，以第三交战团体对待。我国人民爱好和平，主持真理与正义，你们能受到热烈的欢迎，祝您旅途平安。"亲切握手，互道再见告别。

四日午后，日军先头骑兵部队已进占海拉尔市。我们根据连日调查，集结在满洲里的军队官佐兵夫两千八百九十人，中东铁路员工和特、路两警人员二百四十六人，民众三百零七人，妇女孩童六百四十七人，共计四千零九十人。综合满洲里站停留的客货车辆，组成七列，妥为分配，按规定次序登车。于深夜要求满洲里站站长向苏境开放列车，当被拒绝，不发路签。我军则强行开车，陆续进入苏境，停在八十六号小站上，经苏联边防军解除武装收容，登记军队和民众人员名册，于七日午间送交苏联代表，做开车的准备。晚七时，第一列车开行。自八日起，苏联开始供给饮食，每列车均有军官数人照料，并有高级党部派来代表热烈欢迎。沿途经过各站停车时，均有苏联人民鼓掌、挥手表示欢迎。行抵伊尔库茨克车站时，苏联友人上车告诉我们，苏联外交委员会委员李维诺夫在日内瓦和中国出席国际联盟代表团团长颜惠庆达成协议，交换中苏两国恢复邦交文书，中苏两国由十二月十二日起正式建交。我们听到这个消息，欣慰兴奋，无以复加，彼此握手称贺久之。我们在车中生活半月有余，至十二月二十日全部到达多木斯克收容所在地。一九三三年二月初旬，吉林抗战将领李杜、邢占清、王德林、孔宪荣等十余人，亦被苏军遣送到多木斯克，以待同归祖国。

吉林抗日自卫军的斗争与瓦解

刘化南[※]

依兰会议与反攻哈市

哈尔滨失陷后，吉林自卫军总司令李杜退到依兰，即连续召开会议，研讨哈尔滨保卫战失败的原因和当前的迫切任务。他曾屡次在会上说："内无粮饷，外无援兵，将无决心，兵无斗志，孤军抗敌，没有不失败的道理。为了争取抗日胜利，必须积极整顿部队，筹集粮饷，动员后方民众，支援前方作战，齐心合力共赴国难。"接着又召集下江①十三县绅商开会，反复阐述坚持抗日，反对投降，军民团结，抗战救国的重大意义，说明当前的紧急任务主要是：筹划粮饷供给部队，整顿保卫总队扩编部队，发动青年当兵共同参加抗日，军民互相支援保卫下江安全。

李杜为了表明抗日决心，率先把他的私有财产，如银行存款和面粉公司等统统捐献出来，给抗日部队补充粮饷，起了号召各县筹集粮饷的带头作用。同时，还将下江十三县的保卫总队拨给各部队补充。在他的号召和影响下，当地绅商踊跃捐献款项，地主老财也捐助粮食，城乡青年纷纷报名参军抗日。大刀会、红枪会、土匪等也要求改编，参加抗日部队，如惯匪曹振铎（大方字）、刘万奎（刘快腿）、红枪会郭怀堂等均先后要求改编，参加抗日。独树一帜的王德林也请求归李杜统一指挥。

退到依兰地区的所有抗日部队，经过一个多月的补充整顿，战斗力

※ 作者当时系吉林抗日自卫军骑兵第六旅旅长。

① 指松花江下游。

量基本恢复。大地解冻，春暖花开的季节就要到来，下江各界人民和部队官兵都要求打回哈尔滨，收复失地的呼声很高。与此同时，方正、延寿、珠河等地的红枪会、大刀会屡次派代表来依兰要求抗日部队打回去。

李杜根据以上情况，乃于一九三二年四月中旬在依兰自卫军总部召集将领会议，研究当前军事行动。出席这次会议的有丁超、邢占清、冯占海、杨耀钧、马载舟以及在依兰附近的旅长多人。会议由李杜主持，会上对当前敌我情况进行了概略分析研究，认为敌人主力已经开往黑龙江，哈市敌人空虚，驻守各地的伪军不堪一击；方正、延寿、珠河、五常、拉林等地早为红枪会、大刀会等地方民众武装所控制，当地人民盼望抗日部队早日归来；我抗日部队经过一段休整，士气旺盛，迫切要求打回哈尔滨，讨伐叛逆，拯救百姓早出苦海。基于以上情况的分析研究，与会人员一致同意反攻哈市，收复失地。会上决定分三路进兵，扫荡沿途敌伪据点，向哈尔滨推进，相机夺取哈市。当时的兵力部署是：

（一）左路纵队总指挥为第一旅旅长马载舟，副总指挥为抗日救国军司令王德林，指挥其所属部队和第二旅刘万奎部，独立旅郭怀堂部和抗日义勇军第七军陈子鄂等部。第一、第二旅等部队由马桥河附近地区出发，扫荡铁岭河、海林、一面坡等处敌人向哈尔滨方向前进。王德林的部队继第一、第二旅之后沿哈绥铁路向西推进配合战斗。

（二）中路纵队总指挥杨耀钧（曾充当自卫军总司令部参谋长），副总指挥邢占清，指挥所属第二十六旅、第五旅李辅亭（原第二十八旅第六八一团扩编而成）部、第四旅李华堂（原山林警备队扩编）部、骑兵第六旅刘化南等部，由依兰地区出发，经大小勒勒密、方正、夹信镇、延寿、珠河等地，并于沿途收编蔡大黑、张师傅、樊山璜等部红枪会、大刀会，扫除珠河等地敌人向哈尔滨推进。

（三）右路纵队总指挥冯占海，指挥所属第一旅（原吉林军署卫队团扩编）、骑兵团、炮兵团、工兵、通信各营等直属部队，第二旅赵维斌部（原第二十五旅改编）、第三旅宫长海、第四旅姚秉乾等部队，由依兰以西地区出发，经方正以北地区的涌河坝、会发恒、高丽帽子等地，夺取宾县以后向哈尔滨东郊推进。

抗日自卫军总司令李杜、护路军总司令丁超坐镇依兰指挥。

各纵队于一九三二年四月下旬先后出发，冯占海部跋山涉水昼夜兼程前进，途中曾遭受敌机袭击和敌江防舰队炮击，屡有伤亡，但仍继续前进。到达高丽帽子以后，冯占海集合部队讲话，做进攻宾县准备。因为在白天集合部队目标暴露，遭敌攻击，伤亡二三百人。

冯部于五月初攻克宾县，歼灭该城守敌两千余人，残余敌伪逃回哈市。冯占海占领宾县后声势大振，哈市敌伪惊慌，遂增调部队，加强防御。冯部于五月十日前迫近蜚克图、永增源、三棵树等地侦察准备，等待中路大军到来后，合力进攻哈市。

杨耀钧、邢占清指挥的中路大军按既定路线前进，沿途受到当地红枪会、大刀会和老百姓的热烈欢迎，数日即到达珠河以北地区。

当时珠河县城驻有伪军第二旅的一个团和地方部队，车站驻有日军守备队一个大队并配备有铁甲列车，火力强大，工事坚固。

我军根据敌伪兵力配备，作出如下部署：

李辅亭的第五旅附第二十六旅的两个团，为主攻部队，攻克珠河县城后继续向车站日军进攻，歼灭该两处敌人；

李华堂的第四旅攻击于姑娘车站的敌人，炸毁蚂蜒河铁桥，阻击一面坡敌人的增援部队；

刘化南的骑兵第六旅攻占蜜蜂车站，破坏铁路，切断敌人退路，并向帽儿山站推进，准备随时阻击哈尔滨的敌人增援。

各部队进入攻击准备位置并完成攻击准备以后，乃于一九三二年四月二十九日拂晓开始进攻珠河县城，激战半日突入城内，歼灭伪军大半，残敌龟缩城内西北角何公馆院内（系新修建的独立大院，周围砖墙，四角有炮楼）负隅顽抗。我进攻部队除留一部包围残敌外，主力向车站日军猛扑，几次冲锋，均被敌人炽盛火力所阻止，双方死伤惨重，形成对峙状态。我军在攻击顿挫以后，乃就地构筑工事包围监视敌人，并逐次利用工事向敌人阵地推进。

这时进攻于姑娘车站的李华堂部已经歼灭了该车站的敌人，并将蚂蜒河铁桥炸毁，完成任务后除留一部监视一面坡方面的敌人外，主力也增加到珠河车站。

刘化南的部队占领蜜蜂车站和乌吉蜜车站之后，主力向帽儿山车站推进，阻击敌人援军。

与此同时，左路纵队王德林部的赵圣武旅也将一面坡的敌人团团围住，李先民旅也占领了横道河子车站，陈子鄂的部队也占领了亚布力车站。敌人处处挨打，铁路被分割切断，使沿路敌军陷于孤立处境。

对何公馆、珠河车站屡攻不下，总指挥杨耀钧召集主攻部队各指挥官研究办法，一部分人主张留少数部队包围监视敌人，主力转向哈尔滨，不要因为少数敌人拖延时间影响进攻哈尔滨的计划。另一部分人主张必须把当前敌人彻底消灭后再向西推进，以免有后顾之忧。总指挥杨耀钧同意后一种意见。决定集中各部队所有炮兵及第二十六旅的重迫击炮营，集中火力先攻打车站，车站的日军解决了，城里的伪军就成了瓮中之鳖。

在我炮火集中轰击下，步兵开始攻击，这时四面八方的红枪会、大刀会万余人也自动参加战斗，并要求打先锋。在枪林弹雨中，他们奋不顾身，猛似虎狼，赤膊一拥而上，爬上敌人铁甲车，与敌进行肉搏战，歼灭了铁甲车上的敌人。我主攻部队也乘胜突入敌人据点，将日军聚歼在据点之内。

车站攻克，何公馆的敌人更加孤立，经我军猛烈攻击，敌人全部就歼。五月七日克复珠河县城，战斗全部结束。

此役歼灭日军二百余名，伪军一千多名，俘虏伪军五百余名，我军伤亡也将近两千人。红枪会、大刀会都云集在珠河附近，在敌机和炮兵轰击时，不会利用地形疏散隐蔽，伤亡也非常惨重。

这次攻克珠河，取得重大胜利的主要原因是：

（1）官兵齐心协力，团结一致，必胜信念坚定，攻击精神旺盛，没有临阵脱逃或投敌情事发生；

（2）各部队能服从命令，密切配合，完成任务，破坏铁路，阻止敌军增援，使守敌弹尽援绝；

（3）红枪会、大刀会奋不顾身，勇敢牺牲精神提高了部队士气；

（4）百里内外百姓热情支援慰劳，使人不缺粮，马不缺草，对全军官兵抗日情绪鼓舞很大。

左路纵队到达铁岭河以北地区后，马载舟即命令第二旅刘万奎消灭盘踞铁岭河敌人。刘万奎因为补充武器弹药时，马载舟光给他的第一旅，一点也不给第二旅，刘万奎早就心怀不满，现在到了打仗的时候，马载舟却不用他的部队而叫别人去牺牲，刘万奎认为他这种厚此薄彼、自私自利的做法，是阴谋借刀杀人，消灭异己。因而刘万奎把队伍集结到马桥河以后，以缺乏武器弹药为借口，迟迟不前。

马载舟认为刘万奎是不服从命令，借故拖延，贻误军机，对刘当面申斥，给刘很大难堪。刘本来早就不满，现在又受到申斥，使刘怀恨在心，遂决心把马除掉，以解心头之恨，于是利用在马桥河指挥部开会之际，乘其不备，将马载舟活活勒死。

总指挥马载舟既死，左纵队指挥部瓦解，副总指挥王德林当时尚在宁安地区未到，陈子鄂在苇河地区，郭怀堂在横道河子附近，待机行动。总指挥被人陷害。左路纵队已失掉指挥，遂陷入分崩离析状态。

反攻哈市三路大军出发以后，依兰仅留抗日自卫军总司令部和护路军总司令部以及各部队后方留守人员伤病号和家属，兵力空虚，毫无战斗力量，这种情况早被敌人侦悉。在我前方部队相继攻克宾县、珠河迫近哈市时，哈市敌人并未派大部队迎击，而采取"调虎离山"之计，等抗日自卫军主力麇集哈东地区以后，密派广濑师团清水旅团，在江防舰队掩护下，乘轮船由松花江顺流而下，出我不意，于一九三二年五月十七日突入依兰。幸而在依兰以西三块石附近遇到我小股自卫军抵抗，把敌人迟滞一下，使依兰所有人员始得仓皇撤退，不然，李杜、丁超及其部队都有被围歼的危险。

李杜从依兰撤出后经勃利县转移到梨树镇，丁超转移到宝清县。

敌人占领依兰以后，紧接着侵入佳木斯、桦川、富锦、同江等沿松花江各县。同时也将通河、方正等县占领，截断前方我军归路。

原来认为依兰北有松花江天险，南有崇山峻岭，是个十分保险的地方，可以高枕无忧，毫无防御措施和战斗准备。并且前方捷报频传，正在筹备慰劳庆祝之时，忽听三块石发现敌人大部队，这才仓促撤退，所有储存的被服、粮秣、武器、弹药和修械所等全部家底都丢给了敌人。

在撤退时李杜想让丁超一同转移到梨树镇，因为那里都是高山峻岭，地形很好，南靠中东铁路，便于指挥部队，并且该地是个矿区，筹款容易。可是丁超别有企图，拒绝去梨树镇，要向宝清转移，他二人各有自己的打算，从此便分道扬镳了。

李杜到梨树镇之后，曾对其总部官佐和部队说明来梨树镇之目的，他说："梨树镇乃吉林省的大矿区，控制住矿区筹划军饷容易；南靠中东铁路，与前方部队联系便利；梨树镇位于深山之中，敌人不易进犯；东邻苏联国境，万不得已时可以退入苏境，由海参崴转往关内。"

中路纵队杨耀钧、邢占清在攻克珠河后多次与依兰总部进行电报联系，但总是联系不上，杨耀钧等心急如火，踌躇不安！自卫军总司令部撤出依兰后去向不明。

总司令部既已转移，上下联系隔绝，部队粮弹补充，伤病官兵治疗发生问题，并且当时天气大暖，官兵尚着棉服，无法换季，许多亟待解决的问题都无法解决。并且早已知道冯占海的部队前进到哈市以东地区，究竟是在这里等着解决问题，还是按计划向哈市前进，经过周密思考并征求各部队长意见，最后决定：只有忍受暂时困难，按原计划前进，攻克哈尔滨以后，一切问题都可迎刃而解。

当部队到达阿城、料甸子地区时，已和总司令部取得电报联系；知道总司令部到达梨树镇，冯、杨两军也取得联系，正等候马载舟到来合力进攻哈市，不料在五月二十二日忽然听到马载舟部队发生内讧，马载舟本人被害身死的消息。依兰失守，马载舟被害，这许多不幸消息对前方士气影响很大，动摇了指挥官的决心。进攻吧，既无粮弹又无援军；退却吧，后方失守，向哪里去？杨耀钧、冯占海、邢占清处于欲攻不能、欲退不得、进退维谷的时候电报李杜请示办法，后接李杜复电说："敌占依兰，物资丢光，退驻梨镇，兵不满千，前方军事，请兄等权宜处理。"

杨、冯两军深入敌区，后方补给断绝，粮秣服装只好就地征集，伤病官兵就地医治，因此加重料甸子附近百姓负担。甚至有部分士兵直接向当地百姓要鞋要袜、翻箱倒柜、抢劫财物、打骂群众、奸淫妇女等情事发生，军纪越来越无法维持。当地人民中曾流传说"不怕'皇军'飞机大炮，就怕自卫军刁抢胡闹"等不满言论。

六月十七日晚间，料甸子附近地区的红枪会、大刀会与杨耀钧部发生冲突，延寿、珠河等地跟来的红枪会也和当地红枪会联合起来，对自卫军实行内外夹击。

翌日天明，阿城伪军陈德才警备第九旅乘机开来，协助红枪会作战，敌机也飞临上空参战，激战两昼夜，我军不仅伤亡很大，而且被分割包围在各村，不能互相支援。当时雨水连绵，道路泥泞，相峙十来天，给养发生恐慌，如雨继续下去就有全军瓦解的危险，后经杨耀钧、邢占清等商议，决心命令部队突围。

七月三日，李铺亭率张福泰营首先突围，由于计划被内部泄露，突围后又遭伪军伏击，几乎各部被歼，李铺亭换便衣藏入老乡菜窖内，后来只身逃走。张福泰率残部逃往夹信镇。

杨耀钧、邢占清亲率指挥部及直属部队两千多人，从大杨树村突围后，且战且走，经八里口、对面山、三道河子等地渡过牡丹江后，邢占清驻于勃利县，杨耀钧驻于八面通整顿。

刘化南率第六旅由玉泉村突围后会同驻小岭的李华堂部经五常县的太阳宫庙、朝阳河等地区由四道河子渡过牡丹江。而后，刘化南部到达前后刁翎、黑山背、双台镇等地整顿。李华堂部到达驼腰子金厂。

杨耀钧败退下江，冯占海更为孤立，究竟该向哪里去，冯曾多方考虑。他认为李杜的部队损失很大，态度消极，下江只剩下弹丸之地，终非长居久安之地。张学良、张作相都在北平，与其与李杜困在下江，莫如退到关里与东北军会合，待机打回东北，总比在吉林孤军奋斗好得多。主意拿定以后，便于七月间乘青纱帐起，边走边打边扩充，经过五常、榆树、农安、长岭、瞻榆等县，于一九三二年十月间到达热河开鲁，脱离了吉林抗日自卫军指挥系统，尔后改编为东北抗日义勇军第六军团。

丁超叛国，李杜等转入苏境

前方的残兵败将退下来以后，又形成以梨树镇为中心的抗日残局。部队经过一番整顿补充，邢占清升任吉林抗日自卫军副总司令，把各部

195

队所有炮兵集中起来成立了炮兵总指挥部，委派杨炳森为炮兵总指挥，王孝之升为第二十六旅旅长，驻八面通。杨耀钧调为自卫军总部的参谋长。第一旅旅长石占斌（马载舟死后接任）部驻下城子。第二旅刘万奎部驻小绥芬河。第二十四旅苏国部驻梨树镇。新编第五旅徐国光部驻勃利。骑兵第六旅刘化南部驻前后刁翎。李华堂部驻驼腰子金厂。保安第七旅谢文东部驻林口一带。虽然番号不少，可是兵员不足，每旅多则不到两三千，少则仅千余人，武器弹药更是缺乏，战斗力很差。

丁超转移到宝清，从前方退回来的原第二十八旅的一部分官兵也去了宝清，总计也不过两三千人，在宝清独据一方，与李杜早已貌合神离。

抗日救国军王德林的部队仍驻守宁安以东地区，名义上虽归李杜指挥，但中间被敌人分割，鞭长莫及，指挥不灵。梨树镇的各部队也是离心离德，互相埋怨。

李杜经过王之佑临阵投敌，赵毅便衣逃走，依兰陷入敌手，马载舟被害身死，冯占海转入关内，丁超分道扬镳等重大问题的刺激，再加上依兰多年经营的家底全部丢光，基本队伍也弄得损兵折将。他面对这些日暮途穷、分崩离析的状况，便悲观失望、心灰意冷下来，感到孤军抗日前途渺茫。由于他的意志已经消沉，所以对部队便不多过问，光想弄几个钱作为将来退身之计。

延寿、方正、珠河等县自抗日部队撤走以后，敌伪并没有及时占领，当地的红枪会、大刀会和义勇军以及流散小股部队名目繁多，各自为政，要粮要款，百姓不堪其苦，地方绅商仍希望李杜部队前来驻扎，安定地方，维持社会秩序。于是派代表向李杜请求，如延寿代表教育局长张英臣、珠河代表民政局长刘振秀、方正代表士绅张桂三等人，曾先后到梨树镇自卫军总部要求部队回去，并请李杜委派地方官吏，而李杜却一味推辞不理。代表们乘兴而来，扫兴而归，从此部队失去民心。当地商民绝望后才把伪军请来。

在很长的一段时间里，总司令部光命令各部队在原地整顿等候时机，对敌人没有任何战斗行动。这时哈绥段上除几个大站有日军驻守以外，其余地方都在红枪会、大刀会手中，火车不能畅通。如果当时能乘敌人空虚，集中力量协助红枪会攻取几个据点，消耗敌人力量，集小胜为大胜完全可以，可是李杜并没有这样做，而是一味苟延残喘，得过且过。

一九三二年秋季，敌人集中兵力解决了黑龙江的马占山、苏炳文以后，就于当年冬季将兵力转调到吉林，准备对李杜、王德林等部进行扫荡。

还在这以前，敌人对哈绥段上的红枪会、大刀会控制的各车站，通过地方士绅与红枪会、大刀会的首脑磋商，如果红枪会准许客车安全运行，不加阻拦破坏，日军就给补充粮饷弹药服装，准留驻原地维持秩序。在数九隆冬，冰天雪地，红枪会、大刀会等地方武装，正面临无法克服的给养困难，遂同意以准许通车来换取补充，当时还认为是讨了便宜。

敌人在交涉客运的同时，就秘密把大批军队运往宁安、绥芬、东宁等地，准备对李杜、王德林等部施行围剿。

从一九三二年十一月下旬开始，敌人以三个师团对下江地区围剿。一路从绥芬出发，沿中苏国境线内北进，向密山、虎林一带前进，准备由东向西压迫。另一路由延吉向东宁北进，在小绥芬河将刘万奎部包围，敌人以东宁保警总队司令名义施行诱降，刘万奎接受条件，投降敌人。

驻下城子的第一旅应占斌部在山顶站受到敌人攻击，该旅奋起应战，激战一昼夜，应占斌旅伤亡一二百人，部队即溃退下来。敌人继续追击，占领八面通，威胁到梨树镇。李杜就率领抗日自卫军总部和其他部队向北转移。

敌军另一路从依兰向桦川、富锦、宝清前进，将丁超包围，以锦州省长职位为诱饵对丁超劝降。丁超原来被迫参加抗日，而暗中与敌人始终没断绝联系，这时他看到抗日大势已去，为了保存他自己的地位，于十一月下旬叛国投敌。

李杜转移到勃利附近又遇到敌人阻击，继向宝清方向前进，计划与丁超会合，中途得到丁超投敌的消息，又改变计划，向东直奔密山。到密山附近又遭敌人截击，与敌人激战后，伤亡数百人，部队被击溃，便分股转移。

李杜、邢占清、杨耀钧率残部三千余人沿穆棱河北岸向临江方向转移，十二月下旬进入苏联国境。随后跟之进入苏联国境的还有杨炳森、徐国光、应占斌等部队。

刘化南部在密山附近被敌人截击之后，又向西转移，后来又与郭怀堂、钟三省等部会合转移到牡丹江西岸。

敌人解决了李杜之后，即将部队转运到哈绥路以南地区，分路合围王德林部。一九三二年一月中旬，把王德林压缩到东宁西南地区，激战两日，王德林被击溃。王德林率两千余人沿绥芬河南岸退入苏联西境。李先民、赵圣武等向西移到横道河子附近地区。

敌人一方面围攻抗日部队，一方面抽调伪军两个旅，分驻哈绥路各站，加强守备，构筑碉堡。当把李杜、王德林消灭以后，反过头来就把铁路沿线的红枪会、大刀会迫令开出各站，随后有的被拆散补充伪军，有的编为地方自卫团，有的缴械遣散，有些头目惨遭杀害。从此下江十三县和铁路沿线的抗日武装力量基本被肃清，广大地区完全陷于日军之手。

自卫军全部瓦解，东北民众抗日革命军兴起

在李杜、王德林退入苏联国境时，有些人不愿离开吉林就先后转移到牡丹江两岸地区，这时更成了各不相顾、各据一方的态势。当时李先民、孔宪荣等部活动于海林河、横道河子地区，赵圣武活动于珠河以南小山子地区，陈子鄂盘踞于苇河县以南龙爪沟地区，刘化南活动于苇河县四合川一带，钟三省活动于延寿县中和镇一带，郭怀堂活动于苇河县二十四里一带，谢文东、李华堂活动于勃利县以西柳树河子一带，孙朝阳在宾县夹板站一带。以上各股总共有两三万人，其中力量较大者为孙朝阳、刘化南、钟三省、谢文东等部，这些部队都是处在敌人分割情况之下，既无统一指挥，也没战斗任务，能打就打，不能打就跑，随处流动，到一九三四年才全部瓦解。

一九三三年春季，孙朝阳率队从松花江北的巴彦县境内出发，在宾县夹板站渡江，首先攻克宾县，相继占领方正等地，并一度攻破通河，纵横一时，声势大振，给日伪军很大的打击，严重威胁哈尔滨敌人的安全，成为敌人心腹之患。敌人为消灭他这支部队，曾调集两三万人施行围剿，孙朝阳与敌周旋达数日之久。同年八月孙朝阳占据桶子沟附近，被敌人从东西南三面层层包围起来，企图逐步缩小包围圈，把他压迫到松花江南岸地区一举歼灭。

当时孙朝阳看到已陷重围，无法突出，便计划在桶子沟以北秘密渡江向木兰撤退。他的渡江企图被其卫队长刘阁臣（号天恩）泄露给敌人，渡江时遭到伏击。孙朝阳被俘，刘阁臣也被乱枪打死，部队大部被歼灭。

日军把孙朝阳押解到伪满京城长春，格外给予优待，百般威胁利诱，以绥宁地区司令名义迫其归降。孙朝阳不为所动，严词拒绝。经半年之久，敌人阴谋失败，乃于一九三四年四月将孙朝阳处死于长春。孙在临死前坚贞不屈，慷慨就义。孙死后敌人将其人头装于木匣运到哈尔滨、宾县、延寿、方正、珠河、木兰等县城悬挂示众。孙朝阳虽死，而他英勇抗敌、坚贞不屈的英雄事迹受到当地人民热烈称赞。

一九三四年五月下旬，刘化南部曾攻克延寿县四关，俘虏伪保安团总侯治国以下二百余人；又一度攻克珠河县的元宝镇，截击日军军用汽车二十余辆，缴获军用物资很多；当年秋季在四合川击溃伪军警备第七旅孙凤翔部。

在这一年中，钟三省曾占领方正县周围村庄，使方正敌人不敢出城活动，并截断敌人松花江上运输线。还攻打过五十四里、楼山等地敌伪据点，俘虏敌伪人马武器很多。

谢文东、李华堂部于一九三四年春夏之间曾攻占过勃利，袭击过依兰，占领过驼腰子金厂等地。

李先民部在横道河子一带对哈绥铁路不断破坏，给敌人火车运输造成很大威胁。

陈子鄂部同时曾围攻过苇河县城，占领周家营子车站等地。

其他各部在这时期也不断破坏铁路，攻打敌伪据点，使敌人无法应付。由于不断战斗，也从敌人手中得到不少军用物资补充自己的部队。

在自卫军、义勇军节节败退，每况愈下时，吉林省各地一些爱国进步人士早已看到以旧东北军为基础和以旧军官领导的自卫军、义勇军是靠不住的，必须动员广大人民群众组织起来与敌人进行长期斗争，才能杀敌救国，保卫家乡。就在这一关键时刻，东北民众抗日革命军乘势揭竿而起，如珠河县的赵尚志部、密山县的李延禄部、汤原地区的夏云杰部、饶河县的李保满部、绥宁地区的周保中等部都是。在当时，这支队伍人数不多，力量不大，未能引起一般人的重视。

但在自卫军、义勇军将趋瓦解的时候，这些队伍不但没有被敌人消灭，反而壮大起来，挺身而出，与敌人展开了坚强的斗争，到处打击敌人。

一九三三年夏季，当敌人"讨伐"李杜、王德林残部的时候，周保中带领三肇地区的民众抗日革命的军队，乘虚攻克哈市西北的肇源、肇州、肇东三座县城，威震整个东北，严重威胁哈市与哈满铁路的安全。

同时，赵尚志部也积极在哈东地区活动，消灭敌人有生力量。

正因为这些游击部队纪律严明，秋毫无犯，他们所到之地，便组织群众，建立地方抗日政权，进行除奸抗敌活动，所以他们一出现就得到广大人民的拥护。

敌人为了消灭自卫军残部和各地民众抗日革命游击队，又于一九三四年九月调集六个师团并配合伪军十余万人，实行以绥宁、哈东、延边、通化等地为重点的秋季大扫荡。这次扫荡比上几次更为残酷。敌人到达各地后，建立保甲制度，实行连坐法、修建警备道、构筑碉堡、归屯并户、坚壁清野等毒辣办法，密布汉奸特务，奸淫烧杀无恶不为。

在敌人的疯狂扫荡和血腥屠杀中，李先民旅在苇河火炬街以西地区被敌包围。李先民企图投敌，被其部下尹汇川打死，部队被敌缴械。钟三省旅在延寿中和镇东岗村被敌包围，在突围中钟三省阵亡，部队四处逃散。赵圣武在一面坡以南小山子地区被伪军常万祥诱骗，部队缴械，赵圣武被敌枪毙于延寿。

敌人用放火烧山并派小股便衣特务钻山搜剿的办法，将陈子鄂由苇河南山压迫到北山，横越铁路时遭到敌人围击，陈子鄂牺牲于苇河以西周家营子车站北山上，部队瓦解。

郭怀堂在敌人围剿时投降敌人后，被委为哈绥路亚布力至楼山支线护路司令，以后也被敌人处死。孔宪荣部被敌人压迫到海林河上游包围击溃，孔宪荣逃往关内。

谢文东、李华堂在这次敌人大扫荡中，由于这些部队有很多当地人，人情地理熟悉，避开了敌人包围，窜入老爷岭、大肚顶小原始森林中当了土匪。

刘化南部队因得到赵尚志的协助，在敌人大扫荡中未受到大的损失。以后因在这一地区受到敌人残酷扫荡，目标很大，无法活动，一九三四年九月中旬率队从蝥麻子沟翻过老爷岭进入牡丹江东岸，十月二十四日夜被日军田岛旅团和伪军姜鹏飞旅包围在前后刁翎，苦战一昼夜，双方伤亡很重，终因寡不敌众，在战斗危急中团长曹殿卿投敌，造成很大混乱。二十五日夜间，刘化南带一部分人马突围。在渡江西撤时又遭敌人猛烈炮击，有的阵亡，有的淹死于牡丹江里，投敌和被俘者也不在少数。刘化南过江以后，就带残部钻入原始山林，流窜几天以后，又与赵尚志相遇。这时刘化南感到自己的队伍已被打光，到了山穷水尽走投无路的时候，如再继续坚持下去只有死路一条，不如远走高飞另谋出路，遂将残部交胡俊峰带领与赵尚志合并，便装离开东北。

至此，轰动一时的吉林抗日自卫军、义勇军、救国军便全部瓦解了。

在这一时期吉林省的东北民众抗日革命军因为有进步的政治领导，有群众基础，组织坚固，纪律严明，情报灵活，敢于斗争，行动迅速，而且以游击战术与敌人进行斗争，不仅没削弱力量反而壮大起来，后来统一改编成东北抗日联军，与敌人长期斗争下去。

吉林省抗日自卫军、义勇军各部队自九一八以后树立起抗日旗帜到全部瓦解前后达四年之久，队伍最多时曾发展到将近二十万人，攻克过大小城镇据点几十个，破坏过铁路，击毁过敌人汽车、火车，歼灭俘虏敌伪军数千人，缴获许多军用物资，取得辉煌战绩。其中还有不少可歌可泣的壮烈事迹和英雄人物，但没有坚持到最后胜利，半途失败全部瓦解，其失败的主要原因是：

（一）由于国民党的不抵抗政策，使我们孤军与敌作战。蒋介石不予支持，张学良亦无力支持，没有军队支援，而让其自生自灭。

（二）没有政治领导，官兵抗日决心不够，胜利信心不强。在和敌人战斗中，有的动摇变节叛国投敌，有的贪生怕死临阵脱逃。

（三）以旧东北军为基础，并收编土匪、红枪会等组成的抗日部队，成分复杂，组织涣散，钩心斗角，互相猜忌，害怕牺牲，保存实力，不能齐心协力共同对敌。

（四）指挥官多为旧军官或土匪出身，有的不会指挥，有的墨守成规，习惯于正规战，不会打游击战，动辄与敌人硬拼，徒损耗兵力无济于事。

（五）高级指挥官只知军事，不懂政治，只管打仗，不管建立地方政权，组织人民群众，进行宣传教育。

（六）军纪不良，扰害百姓，脱离人民，没有抗日根据地，得不到群众充分支援。有的部队甚至是抗敌不足，扰民有余，引起人民强烈反对。

冯占海部东北抗战记

陈正风[※]

一 冯占海力举抗日大旗

一九三一年九月十九日，日军侵占奉天的消息立刻传到了吉林省，老百姓惊慌失措，渴望驻军快点奋起抗日，但驻在吉林市东大营的几个旅的部队却若无其事。当时吉林省总参谋长熙洽代理督军张作相的职务，他于九月十九日上午召集团以上的军官开紧急会议，在会上他并不是下令抵抗，而是命令各部队驻守原地不动，官兵不准走出营房，以避免冲突，准备迎接日寇侵入吉林。命令宣布后，只有一个外号叫"鱼大头"的旅长于仙洲立刻表示服从命令，其他旅长都是支吾其词。寂静片刻，一位在这次会议上级别比较低的军官上校团长冯占海提出异议，要求调集吉林、黑龙江两省的部队对日作战。熙洽对冯占海的抗命不遵未能预料到，意欲当场将其逮捕治罪，又碍吉林省府的警卫部队都是冯占海的部下，不敢轻易动手，无可奈何，只好留待日军侵入吉林后再治他。

冯占海是第六八二团团长，第六八二团原来的番号是第三十四团，它是张作相的卫队团。这个团编制庞大，武器装备精良，官兵素质较好，是吉林省所有部队都比不上的。军官中有不少是张作相的亲属，团长冯占海就是张作相的外甥。

九月十九日下午，冯占海召集各营长开会，在会上作了誓不投降日寇的决定，并命令立即做好出发准备，将库存械弹和装备全部携带，限

※ 作者原名陈墨香，当时系东北抗日义勇军第三路总指挥部副官。

于黄昏前准备完毕，待命出发。部队到哪里去，去干什么，排长以下的官兵都不知道。人们只能猜测，有人猜这是去投降，给日本兵倒出营房，因此大家愤愤不平；也有人说这是出发迎敌上战场，于是大家又急不可待。

九月二十日清晨，驻在吉林市莲花泡的第六八二团炮兵营和第三营，已经没有卫兵站岗了。营房里边空洞洞的不见一人，宿舍和办公室里只剩下了桌椅、地铺和枪架。这里的一千几百人已于十九日深夜随全团拉出了吉林市。当熙洽于二十日清晨发觉时，冯占海的全团官兵已到达距吉林市七十华里之口前（今永吉县县城），靠山宿营了。

口前在吉林市的南边，它的东边地势平坦，西边靠山。这里有很多朝鲜人，他们不甘受亡于日本之辱而来到中国定居，在这里以种稻为生，可谓丰衣足食。部队在这里不愁食粮，加上口前以西群山连亘，又有作战的有利地形，冯占海团长就在此地于九月二十日召集了全团官兵，宣布坚决抗日，举起了抗日大旗。

就在那几天，熙洽曾三次派人至口前，来诱冯占海投降，但均被拒绝。最后一次冯占海枪毙了熙洽的使者，才打消了汉奸熙洽的企图。

二　吉林失陷

九一八事变后的第二天，冯占海举起了抗日大旗，而吉林省总参谋长熙洽却带领商会等一群乌合之众，在二十一日手持临时制作的小太阳旗，稀稀拉拉地走出吉林市，迎接了日本侵略者。这天在吉林市最热闹的商业区河南大街上，商店全部停业，居民闭户，行人断绝，景色变得十分凄凉。那些平日在大街上拎着皮带横冲直撞的东大营大兵，这天也不见踪影，被他们的上级关在营房里不准出门，回避去了。河南大街的两侧，每隔三十公尺就站一个日本兵，各个胡同口均有两个日本兵把守。日本兵布满了街巷，他们双手握枪，横眉怒目，刺刀上沾满了鲜血。吉林市就这样被日本人占领了。

三　偷越铁道封锁线

冯占海的抗日军，在口前停留十余日。据情报得知，日寇和熙洽自吉林市已调动了日军和伪军，其先头部队向口前开来，企图围缴冯占海的抗日部队。在日伪军尚未到达之际，冯占海就于一九三一年十月上旬率全团官兵转移到磐石县的横道河子。当日伪军迫近横道河子时，冯占海又于一九三一年十月下旬率全团向左后迂回了，使得日伪军两次进攻都扑了空。

抗日部队自横道河子出发，经两日急行军后，在蛟河火车站以南约二十五华里的一个村庄大休，以待日暮。又据报告，蛟河车站及铁路两侧虽未见日寇和伪军，但有日寇之铁甲车定时往返于吉林至敦化之间巡逻。抗日部队决定于当日黄昏后冒雨过铁道。

这天下午，阴云密布，大雨不止，出发时已是道路泥泞。在昏黑如黪的夜间，伸手不见五指。为了不被敌军发现，命令不准照明。泥水陷腿至膝，跋涉前进，十分困难。至午夜，虽已行进了五小时，但只走了十五华里。大雨转为大雪，气温骤然下降到零下七八度，滴水成冰。呢裤结成冰筒，使腿不得弯曲；呢大衣冻成了冰板，一曲就断。本来预计于午夜全部越过铁路，但由于气候突变，行进困难，直到旭日东升，后卫部队（第三营）才到达蛟河车站。冯占海团长自午夜就和警戒部队一起，他站在道木上不停地说："兄弟们累了吧，过了铁路就宿营，把衣服烤烤干，暖和暖和。"等部队全部通过了，他才骑马向先头部队奔去。经过一夜的紧张行进，抗日部队安全地越过了蛟河火车站，穿过了铁道封锁线。

四 受到了人民的爱护和支持

抗日军越过蛟河车站，向北行进十华里宿营了。老百姓燃起一堆堆木柴给士兵们烤衣服，让士兵们坐在热炕上暖身体。抗日的部队受到了老百姓的尊敬和爱护。

一九三一年十月下旬，抗日部队自蛟河向北继续前进。冯占海的抗日行动传遍了吉林省的城镇和各村，男女老少，人人皆知。不甘做亡国奴的爱国志士、学生、工人和农民，弃家抛业纷纷来投冯占海抗日救国。其中有的是大粮户的子弟，他们自带枪马。地方上的行政人员和各界人士，也多数不甘日军的凌辱。抗日部队在行进途中，每到一个村镇都受到老百姓和地方行政人员的出村迎接。他们在街道两侧摆满了方桌，上边堆着热气腾腾的大馒头和一碗一碗的白开水。站在方桌后边的男女老少亲切地招呼着："老总，在这打间休息吃饭吧！歇歇再走，吃点东西，喝碗水。"虽然已到打间的时候，但没有命令，官兵没有一个离开行列去随便吃老百姓的食物。要严格遵守军纪，这是冯占海团长在每次讲话时都强调的。

经数日之行军，于一九三一年十月底到达吉林省阿城县①，即驻守于此。团部、炮兵营和直属连驻阿城县城内，第一营驻阿城以南，第二营驻阿城以东，第三营驻阿城东北约六十华里处之蜚克图。在行军路上和在阿城驻地，接纳了许多从四面八方投来的抗日志士，于是冯占海团长在阿城县将原第六八二团扩编为旅，团部改称为抗日军旅司令部。团长冯占海自任为旅长，邓乃柏为副旅长，张纯玺为参谋长。扩编并没有任何上级的指示，而是由于部队壮大人数越来越多，自称为旅。自此，冯占海的抗日声誉也越传越广。

五 拉林仓巷战

冯占海将军的抗日义勇军在阿城整训了两个多月以后，此时已到旧历年关。义勇军在这期间的策略是：敌来我走，敌走我进，避免战斗，减少损伤，保持实力。部队经过整训以后，力量壮大了，则又采取了亦攻亦走，敌强我走，敌弱我攻，攻其不备和诱敌出洞，夺其老巢的战术。当时日军自吉林、长春各地调动了大批日伪联合部队，与驻哈尔滨之日军相配合，企图围攻抗日义勇军冯占海部。冯占海将军得知敌人兵力约胜于义勇军几倍，便不得不在敌人尚未接近时就率全旅转移了。

一九三二年元月下旬，义勇军各部队突然接到司令冯占海的命令，限时在阿城紧急集合。集合后未经训话，就急速出发了。此次出发的方向是自阿城县向南行进，走的是回头路。其目的有二：一是乘吉林市的敌人出动之际，去攻打吉林市；二是敌人的兵力强大，以避其锐。出发的第二天中午到达了拉林仓镇，司令冯占海命令在该镇休息。但休息了很长时间仍不出发，有人说是要在此地宿营，也有人说还没到宿营地。后来才知道是前边发现了敌情，在等待情报，以选择行进的道路。待至当日下午四时许，部队始自拉林仓出发，继续向南行进。走出拉林仓五华里后，忽然从后边传来停止前进的命令，随即又传来向后转的命令，仍旧回到拉林仓宿营了。

在拉林仓的东西大街上，有烧锅、大丝房（绸缎店）、金店和当铺。四周虽无寨墙，但东西南北街头都有可关闭的寨门。这是一个人口较多、商业繁荣的大镇。冯占海将军的司令部就宿营在西街路北的烧锅大院内。元月二十八日当天的晚上，一位通信排长说是会掐"诸葛马前课"，算出

---

① 阿城县今属黑龙江省。

来不吉利，如果明天上午九点以前不离开拉林仓就必定有战斗。对于这些话，人们并不认为这位排长真的能掐会算，而认为很可能是已经发现了敌情。

一九三二年元月二十九日早餐后，约八时许，突然西寨门枪声骤起，日军大队骑兵竟不打马桩向义勇军守门连队冲锋。门外是日寇，门内是敌人早已埋伏好的伪军便衣队，敌人内外夹击，使义勇军守门之连腹背受敌。敌人很快就冲进了西寨门，逼近了义勇军司令部。与此同时，南寨门也被日寇突破，冲进了南街。因为在拉林仓镇内敌人早已埋伏了三百多伪军便衣队，所以从战斗一开始就是巷战，以刺刀拼转。随即拉林仓全镇各街各巷和各院落都响起了枪声，七九和六五口径的枪声混合在一起，已经辨不出何处是义勇军，何处是日寇。勇敢的抗日官兵毫不畏惧，有的迅速转入室内，有的上房，有的堵巷口，有的贴墙根，有的靠墙角，化整为零，各自为战。以窗下、门旁、屋顶、墙头和墙角为依托向敌人猛击，打得日寇尸横满街。抗日义勇军司令部是敌人的攻击重点，敌人发起波浪式的冲锋，时起时伏。义勇军官兵利用大院的四角炮台和高墙，伸出几十挺机枪和几百条步枪还击日寇。从炮台上射击孔看下去，大街上的敌尸遍地，尸上横尸。日寇利用街上的死洋马为掩体，也没逃过义勇军神枪手的眼睛。

从西面来的日寇部队陆续向拉林仓增援。拉林仓街上子弹飞来飞去，噗噜噗噜地作响。冯占海将军带着学兵连冒着弹雨冲出司令部的后大门，奔到镇外去指挥炮兵营和第一营，阻止了日寇增援部队的前进。

激烈的巷战，从早晨八点持续到夜间十一点。抗日官兵坚持战斗，直到接到司令冯占海将军的命令，才开始突围，向预定地点阿城县集结。突围时，在司令部大院将阵亡的少校团附和第三营少校营长杨树森等数十官兵的尸身用白布裹起来后，装上三辆大卡车，突围带走。又由于弹药已经耗尽，便收集了烧锅内的所有鞭炮，在炮楼上和高墙上燃放，以迷惑敌人。当夜十一点三十分，移去倚门的土麻袋，打开后门，首先开出三辆大卡车及司令专用的小汽车，司机左右堆有土麻袋，官兵们枪上刺刀，紧随车后。冲出后门，沿后街东进北转，冲出了寨门。十九日夜十二时许，抗日部队全部突围了。

在巷战中，义勇军官兵非常机智勇敢，如第三营第十二连中士班长尹汇川（河北丰润县人）和上等兵邓世英（山东莱阳县人），他二人贴在街口的板障墙墙角，尹汇川在前，左手提着步枪背靠墙壁，邓世英在后，双手端握轻机枪，他俩欲探首观察敌情时，恰巧日本兵也贴近了这个墙角。尹汇川发现墙角对面伸过来一个日本兵的脑袋，因来不及举枪，便伸出右手给日本兵一个大耳光，正打在日本鬼的耳门上，日本兵倒在地上，邓世英及时将机枪伸过去，一梭子弹，不仅把那个日本兵打死，还打死另外三个日本兵。又如第三营营部住在西街当铺里，他们与所属之各连失去联络。少校营长杨树森率营部官兵拟窬墙去司令部大院。司令部大院在营部西边，与之相隔三户人家。在越最后一道墙时，营长的随从兵阎昶抢先跳下，刚跳进院内，突然从临街的木匠铺后窗口伸出三支枪，射杀了阎昶。后边的营部官兵发现了室内有敌人，便立即全部窬墙而下，沿墙根爬至窗下，抓住敌人伸出来的枪管，以数支步枪和手枪伸入窗内，击毙了三个敌人。不幸的是，第三营少校营长杨树森也在这个窗口下牺牲了。在义勇军破门进入室内搜索时，三个敌人都死在室内存放的棺材的下边，他们不是日本兵，而是隐藏在这棺材铺的三个伪军便衣。从他们使用的三八式马枪可以知道，枪支是藏在棺材里的。在司令部的炮楼里挤满了抗日官兵，并且互相争夺着射击孔。如果你连发三枪打不中一个日本兵，就会有人喊："躲开！三枪都打不倒一个，敌人不是要上来吗？"便被拉到旁边去。"你看着，那房上的日本鬼……"啪的一枪就把房上的敌人打下来了。枪管发红了，就换别人的枪射击。百发百中的射击手在每个炮楼上都有十几个，有力地阻击了敌人靠近义勇军司令部。

这次拉林仓巷战，是冯占海举起抗日大旗以后率领义勇军头一次与日军交锋。在这次战斗中，由于义勇军的官兵机智勇敢，狠狠地打击了敌人，使日寇知道在冯占海领导下的抗日义勇军并不是好对付的。

上面提到的埋伏在拉林仓镇内的日军便衣队，那是在义勇军自阿城出发时，日寇就已得知拉林仓是义勇军的第二个宿营地，所以日寇以重金收买了伪军士兵三百余人，编为便衣队潜伏在拉林仓镇内。在这次战斗后，部队在阿城集结时，始发觉第三营上尉营附傅某（日本士官学校毕业的）被调为旅部参谋以后，于阿城给日寇送出了情报。当冯占海将军派人捕他时，这个汉奸已经逃离了。

六　收纳土匪为抗日队伍

流动不定的土匪，当时在东北是很多的，人们管他们叫"大流子"或"大杆子"。这些土匪的成员来自全国各地，多数是在军阀部队里当过兵的，也有一部分是道路通熟的当地人。他们在深山老林里，对什么地方可以通行，什么地方不能行走，了如指掌。当然山下的大道小径，他们的马蹄也全部蹿过。而且对一个村镇，有多少富户，有多少钱，他们也都摸得一清二楚。他们的行止不定，甚至一天转移数处，走遍了东三省。"架票"和到有炮台的大院里去"掏秧子"是他们的主要营生。

义勇军经拉林仓巷战后，于元月三十日晚到达阿城县集结。二月二日，又自延寿县方向开来约五千人马，也宿营在阿城县周围各村庄。这些人马，一群一伙地行进无队形，衣着极为不整。有的穿水獭狐皮呢大氅，而足下是一双破靰鞡。有的只穿一件破棉袄，腰间系一条布褡包，上边别着一支手枪，而足下则是一双漂亮的大皮靴。头上戴的帽子，有狐皮的，有水獭的，有貂皮的，有山羊皮的，有狗皮的，有猫皮的，五花八门。有人穿得并不好，可是胳膊上戴着金镯子，手上戴着金戒指。他们的枪有套筒、有连珠、有三八式、有汉阳造、有斜排子，甚至还有单打一，也很杂乱。他们所骑的牲口，有马也有骡子。约有十分之三的人带有长短枪。原来他们是两股"大流子"，来这里投冯占海将军参加抗日。他们的头目一个叫宫长海，一个叫姚秉乾。宫长海有三千多人马，姚秉乾有两千多人马，共有五千多人马。

宫长海和姚秉乾在国破家亡的时刻改邪归正，来投冯占海将军共同抗日，义勇军的官兵非常欢迎。冯占海将军将他们编为两个旅，一个叫宫旅，另一个叫姚旅（没有番号），称之为宫姚二旅。昨天的土匪，"大流子"，"大杆子"，在冯占海将军的影响下，走上了抗日道路。抗日义勇军的队伍又壮大了。增添了抗日力量，为此，冯占海将军又自任为抗日义勇军司令。

七　攻打哈尔滨

九一八事变以前，掌握哈尔滨军政大权的镇守使是丁超，他统率一旅之兵力。九一八事变后，丁超的部队在哈尔滨失陷时就已投降日寇。后来他又带着老婆离开哈尔滨，那时他已没有一兵一卒了。他先到了依兰县，又于一九三二年六月到宝清县居住，穿着长袍进出他的家门，是个老百姓。以后就不知道他的去向了。当时（一九三二年元月）的哈尔滨是日寇和伪军占领着。

抗日义勇军宫、姚二旅均系骑兵，他们的行动快，又善于冲击，虽有不善守的短处，但也善战，各自为战、死不投降是他们的特长。义勇军的基本部队（步兵）是经过长期训练的部队，虽然较骑兵行动迟缓，但是能攻能守。此刻义勇军既有步兵又有骑兵，大大增强了作战能力。

一九三二年二月三日下午，抗日军又自阿城出发，向阿城以北进军。到二月四日下午，行进的方向忽然变换，从向北转而向西，朝哈尔滨方向行进了。日暮后，冯占海将军骑着洋马从步兵行进行列的一侧掠过，与其并马同行的是宫姚二旅长，其后是两个骑兵旅的官兵，他们向部队行进的前方驰去。

约是二月四日夜十一时许，冯占海将军亲率突击部队到达了哈尔滨三棵树外围，经周密的部署，于五日拂晓前，趁守在三棵树之日寇和伪军熟睡之际，跃马冲进了三棵树。日寇和伪军措手不及，抱头鼠窜，逃向道里。道外被义勇军占领。义勇军步兵乘胜追击，于二月五日晨推进至道里，占领了哈尔滨市内的一部分街区。

在哈尔滨市内，白昼巷战，推进迟缓。战斗持续到五日下午日暮时分，日军自长春、吉林等地调来的大批援军已经到达了哈尔滨，同时有一部分日军自哈尔滨以南之平房向东移动，企图切断义勇军后退之路。二月五日的夜晚，战斗激烈，这正是旧历年的除夕，枪声代替了鞭炮声。由于敌情变化，义勇军撤离了哈尔滨。

在撤退路上，人们发现，那些原来没有枪的士兵都背上了枪，不拿枪的文书上士和书记官也背上了枪，许多士兵肩上背着两支枪，带手枪的连长也多背一支步枪，还有的腰间挂着"王八"盒子。这些都是从被打死的日本军官身上摘下来的，都是战利品，这次共缴获步枪七百余支，弹药三百余箱。冯占海将军知道，即使全部占领了哈尔滨也难固守，不如夺取了敌人的枪弹武装抗日部队。

八　得到朝鲜人的援助

义勇军自哈尔滨撤离，经宾西、宾州，到达方正县。军司令部驻方正县城内，宫姚二旅驻会发恒和夹心子，基本旅驻在高丽帽子。各部队在所在地的山上构筑了简易工事，居高临下，准备迎接来犯的日伪军。

在二月十日的清晨，先是敌机数架在义勇军上空轰炸和扫射，会发恒和高丽帽子的瓦房也遭到敌机的破坏。其后则是日军步兵向义勇军阵地进攻，山地战又开始了。此后天天有战斗，天天有伤亡。义勇军负伤的官兵自前线绷带所送到方正县东门外东北义勇军第三路总指挥部的野战医院，伤兵们入院以后，才知道这个野战医院的医官是朝鲜人。一位是年四旬开外的中校医官崔相田，一位是少校医官崔相满（崔相田之胞弟），一位是少校医官韩鹤日，一位是上尉军医金立德，还有一位上尉司药张鸣唤，他们都是朝鲜人（当时称为高丽人）。在这所新成立起来的野战医院的军医中，只有院长许超凡是中国人。这五位朝鲜籍军医官都已从事医疗工作多年，医术很高，深受抗日官兵的尊敬。但在给伤兵换药时，伤兵在痛不忍耐时对医官不免无理地乱骂，医官听了并不恼怒，却说："朋友，不要骂，你死都不怕，还怕疼吗？希望你早点伤愈重返前线，去和日本鬼子拼！"这就是他们在挨骂时，对伤兵的由衷回答。

这五位朝鲜人是从哪儿来的？崔相田是来自吉林省依兰县，他在依兰东门外开设一个面粉厂，在城内十字街东开设一个有三间门面的西药房和一所有二十张病床的医院。其余的四位医官是崔相田药房和医院里的医生和司药。崔相田对日军有深仇大恨，其余几位也追随崔相田抗日，他们志同道合。冯占海将军自哈尔滨到达方正县后，崔相田便关闭了所有营业，携带药房和医院的所有药品来投奔冯占海参加抗日，并将其全部药品和医疗器械以及面粉厂的粮食捐献给东北义勇军第三路总指挥部的野战医院。他们不但献出财产，而且冒着生命危险充当毫无待遇的野战医院医官，为抗日义勇军建立了这所野战医院。负伤官兵不分昼夜地送到野战医院，朝鲜籍的医官也日夜操劳着，经他们的治疗和手术，使很多负伤官兵免于死亡，得以重返前线再投入战斗。

崔相田医官于一九三三年元月奉冯占海之命，回到吉林省去组织朝鲜籍人进行抗日，但不幸被捕牺牲。其弟崔相满及韩鹤日、张鸣唤、金立德等人，在一九三七年七七事变后的一些日子里，还在第六十三军军医处工作。一九三八年江西战役后，冯占海将军弃军离去，这几位为中国人民抗战出过力的朝鲜人也不知去向。

九　东北义勇军第三路总指挥部

依兰县当时属于吉林省，它位于松花江南岸，牡丹江东岸，两岸紧靠城垣，两江围绕，是依兰县城的天然屏障。在这里驻着一个步兵旅，旅长叫李杜，他又是这里掌握军政大权的镇守使。九一八事变以后，已有半年之久，日军并未进犯到此，李杜也没有向日军投降之意图，仍然据守在依兰县。

冯占海将军到达方正县以后，即与黑龙江省的马占山和依兰县的李杜取得了联系。他们为了团结抗日，协同作战，共同约定于一九三二年三月底在依兰县会晤。在他们的会议上，坚定了抗日的决心，并统一了抗日义勇军的番号。他们把抗日部队分为三路，即马占山、李杜、冯占海各为一路。部队的全衔是：东北义勇军第一路总指挥部，总指挥马占山；东北义勇军第二路总指挥部，总指挥李杜；东北义勇军第三路总指挥部，总指挥冯占海。这三路义勇军的总指挥是各自指挥自己的部队，彼此不属，也没有比他们再高的指挥部。

十　自制武器击敌机

一九三二年二月十日，义勇军在会发恒与敌接触战斗，冯占海将军亲临火线指挥作战。敌人在飞机大炮的掩护下，经数日之战斗侵占了会发恒。义勇军姚旅转移到高丽帽子与基本旅会合，合力打击敌人。

在战斗中，义勇军没有对空武器，敌人的飞机可以任意轰炸和扫射。为此，冯占海将军召集了本部曾在沈阳兵工厂工作过的技术人员，研究制造能对空射击的武器。经过努力，制造出"橹管炮"，它与六〇炮相似，但比六〇炮稍长，炮弹射得并不高，最高也不超过六十公尺，有点像二踢脚爆竹。但在敌机低空扫射时，用此对空射击，对敌机也是个很大威胁。冯占海将军对研究打击敌人的办法，也是十分重视的。

战斗转移到高丽帽子，敌人的飞机更是猖狂，每日天一亮就来袭扰。敌机每队四架，彼队来，此队去，轮流轰炸和扫射，直到黄昏后才离去。勇敢的抗日官兵既对空又对地，毫不惧怕，义勇军姚旅只用步枪就击落了敌机，士气大振。此后，敌机来袭，义勇军就以步枪、机枪去迎头还击，吓得敌机不敢肆意低飞。

十一　撤离依兰，冯与杜分手

东北义勇军冯占海部，在高丽帽子战斗，持续了一个月之久。在这期间，敌机整天不停地轰炸义勇军总指挥部，从高丽帽子到方正县三十华里的道路上，到处都是敌机投掷的炸弹声。此时是一九三二年三月中旬，义勇军前线部队正在撤退的途中，总指挥部也随之自方正县城撤离东进了。

义勇军部队沿着松花江南岸的高山，经大罗勒密、小罗勒密和大连河，一路未停，到达了牡丹江西岸。牡丹江西岸是山地，东岸是依兰县城。时在初春，江水即将融解，老百姓说，开江只在一夜之间，江水从江心分离拥向两岸后，即可行船。当时的江水已不能负重，有陷入冰窟的危险。况且日军企图阻止义勇军渡江，用数架飞机轰炸了牡丹江面，炸出许多冰窟。义勇军只好将驰马下载，分解山炮并将弹药箱等较重物品置于木板上用长绳牵引，往返运送。人员马匹间隔距离加大，防止陷入冰窟造成伤亡。冯占海将军渡过了牡丹江，与李杜将军的部队会合，共守依兰县。

到一九三二年四月中旬，江面可以行船的时候，日军开始向依兰县义勇军阵地发动进攻。东北义勇军第二路李杜部与第三路冯占海部，对牡丹江西岸之敌开始了战斗。日军的炮艇自哈尔滨开出，在松花江心顺流而下，进犯依兰县。

冯占海将军为了三百多名负伤官兵的安全，命令野战医院把伤兵先行撤离火线，拟去同江。即于松花江南岸登上六只大帆船，顺流东下了。伤兵在船上能坐能卧，比坐火车舒适得多。但是没考虑到日军的一部分炮艇经依兰东下，危及伤兵。当义勇军的伤兵船到达富锦县时，日军的炮艇也已到达距富锦仅四十华里之绥滨。义勇军的伤兵只好立即登岸，离开松花江，转乘苏联式的四轮大车向东南行进，到了宝清县。

宝清县离富锦县二百多华里。这是日军没到过的偏僻小县，也没有任何部队在这驻守。这个县的县长仍然是九一八事变以前的老县长张某。当时他曾想了各种办法唤起全县人民起来抗日，甚至借迷信宣传抗日。因此，这个县的老百姓都积极投入抗日工作。东北义勇军第三路野战医院运送三百多伤兵来到本县。当时在本城内有一家苏会一饭店，店主人名叫苏会一。这个店有草房三十间，院内可容大车数十辆。苏会一得知伤兵到了宝清，他不待县政府来号他的房子，就在他的饭店门口主动迎接并说："我这房子宽敞，都能住下，请到我店里住。"把伤兵接入他的饭店。同时写一张"停止营业，为抗战服务"的红纸条贴在大门上。他把自己住的大房间也让了出来，他和他的夫人搬进一间小屋。并嘱咐店伙计要侍候好伤兵。他每天早晚都去伤兵房里问长问短以示慰问。本县不只是苏会一如此，所有的老百姓对义勇军都是如此热情。

宝清县的老百姓，在张县长的引导下，为了抗日家家献力量，人人投入救亡工作。抗日标语到处可见。张县长在城内设"造炮局"，集合了全县之铁匠、木匠日夜开工。所造的大木炮，口径为六寸，长约六尺，外围有大铁箍数道，炮膛内装黑火药，以生铁碎块为弹丸，用四个有轴的大车轮架起，以骡马牵引。还造了红缨枪和长刀。并召集全县爱国志士数百人，经整训一月余，他亲自率领这数百名抗日民军去袭击盘踞在富锦县的敌人。虽几次受挫，但抗日的决心不减。

依兰县之防御战，虽有松花、牡丹二江为天然屏障，但日军以步兵、大炮、飞机、汽艇的优势，不断发起渡江攻势。经两旬的战斗，第三路军和李杜的第二路军于一九三二年五月上旬分头撤离了，放弃了依兰县城。冯占海将军率所属部队沿牡丹江东岸向东南方向撤离，打算在国内的靠近深山处建立抗日根据地。李杜将军则率其所属之一旅向东北方向撤离，去靠近苏联边境。从此，东北义勇军第三路总指挥冯占海将军和第二路总指挥李杜将军分手，以后未再会合。

十二　乔装木匠通过封锁线

冯占海带领全军撤离依兰，于一九三二年五月十日前后到达勃利县，并打算以此处为抗日根据地。命副总指挥邓乃柏和参谋长张纯玺带领基本旅约一万余人驻守在勃利县一带，作为后备部队。司令部设在勃利县城内。冯占海将军于一九三二年五月下旬，亲率一部分义勇军一万余人（宫姚二旅在内）渡过牡丹江，游击于吉林市以东以北地带。他们每到一处，必定打击敌人，无一日不战。经过数月的战斗，义勇军越战越强大，人数天天增加，已号称数万之多。从此军威更为大震。他们不仅袭击了日伪军盘踞的县城和村镇，也攻打了吉林大城市。破城镇，杀日寇，毙汉奸，收降伪军充实抗日力量，从而使得日寇和汉奸惶恐不安，成为日寇侵华的一大障碍。因此敌人纠集了大批兵力向义勇军围攻。义勇军返回勃利县之路被切断了，被迫向长春西北方向移动，接近四洮（四平至洮安）铁路。义勇军就在这四洮路以东的地带，同四面八方来的敌人展开了战斗。

当时的四洮路属于辽宁省，越过四洮路，经过辽宁，即可进入热河省的东北部。义勇军在四洮路以东的地区，在它的东面、南面和北面都有日伪军封锁着，只有西面的四洮路上尚未发现敌人，可以由此通过。

一九三二年十月中旬的一个夜晚，冯占海将军下令，在黄昏后开始穿越四洮路。当晚，部队从几条道路上穿过，至午夜，已有半数越过了铁路。突然，从辽源方向驶来敌人的铁甲车一列，在义勇军所要通过的一段几公里长的铁路上不停地进退，将义勇军拦腰隔断，阻止了义勇军在路东的部队继续前进。前有铁甲车，后有日军，激烈的战斗自午夜打到拂晓。因战斗失利被隔在路东的部分义勇军散走了。冯占海将军也被隔在铁路以东，落在敌人的包围之内，与部队失去了联系。天破晓时，他在老百姓家换了破旧的便衣，老百姓收藏了他的军装和马靴。这家老百姓是木匠，冯占海将军打扮成木匠模样，光着两只脚，手持五尺杆（丈量木料的尺），穿着破旧的衣服，独自一人在敌人铁甲车来回行驶的间隙中，过了敌人在铁路上的封锁线，到了铁路以西，在那里收容了散兵，集结部队两万余人，重整了队伍。

十三　边战边走三千里

东北义勇军第三路总指挥部，由邓乃柏和张纯玺率领的基本旅留驻在勃利县四个多月。勃利县靠近深山，地势优越，又加上基本旅战斗力强，日军未敢来犯。一九三二年九月上旬，副指挥邓乃柏接到了冯占海将军从四洮路以西派便衣送来的命令。命令部队即速出发西进，通过吉林、辽宁省地区，过四洮路，在四洮路以西靠近热河省边境，与冯占海将军所带领的部队会合。以吉林省的东部勃利县到热河省的边境，约是三千华里。路途中到处都有日伪盘踞，很难确定一定的行进路线，只能边打边走，好在这一万余人的基本旅都是有战斗经验的官兵。

在宝清县的三百多名负伤官兵已经痊愈，恢复了战斗能力。于是发给他们每人一条披肩的羊肠布口袋，装进十斤炒米（炒熟的黄小米）作为十天之口粮。不需带水，山沟里都有。并请来在深山里采过人参的向导带路，准备越过二百六十华里既没有人家又没有道路的深山，去勃利县集合。一九三二年九月八日，已痊愈的官兵自宝清县出发了。行进十五华里，即进入了深山。在少有人走的小路上，两边的树枝交错，在最低之处必须低头弯腰才能钻过去。行进半日之后，再无路可寻。那里是丛林茂密，松柏参天，高峰对峙，岭岭相连。紧随向导，忽左忽右，走一段停一会儿，看看太阳识别方向。披荆跋涉，服装被刮破，搔痕缕缕。遇水而涉，遇峦而攀；饥食炒米，渴饮溪水；日初则行，日暮则宿。战士用刺刀砍些树枝和割些杂草，搭起茅棚以遮夜露。周设警戒，以防野兽。经过六天的跋涉，翻越了二百六十华里没有人家的大山，到达了集合地勃利县城。

副总指挥邓乃柏和参谋长张纯玺，于一九三二年九月十六日带领基本旅一万余人，自勃利县出发向西前进了。十天之后到达了延寿县，并在此休息三天。当时延寿县没有日军，仅有地方团队和警察，他们愿意跟随义勇军抗日，有些不能跟走的愿意缴枪。除此，在城北关驻有红枪会五百多人，在他们司令部的大门口两边有四个手持红缨枪的人守卫，令人生畏。这个红枪会的会首叫"一撮毛"，因为在他的左腮上长着一撮长毛而得此名。他身着古代战袍（戏装），背插四面龙旗，乘枣红马，自诩关羽临凡。他睡眠无定时，不吃熟食，以生小米充饥。有人说他枪刀不入，子弹也打不进，若别人吞服了他所画的黄裱符，也会枪刀不入，子弹触身落地。人们都这么传说，但谁也没看见过，就连他本人也没试验过。红枪会也要求抗日，就把他们收编为东北义勇军第三路总指挥部红枪大队。

义勇军又自延寿县出发向西行进，途中所经的大小城镇都有日伪盘踞，天天有战斗。为了轻装前进，只好甩掉了大行李。行进的方向和宿营地都无法事先确定，因为战斗随时会发生，行进方向也随时变动。攻打城镇不是为了夺城，而是为了走。边打边走，一天只能走四五十华里。

至一九三二年十月中旬才到达吉林省西北部的扶余县。

扶余县城在吉林省的西北部，松花江东岸，它西面的城墙就是松花江的堤岸，城下就是松花江。在南门外约二百公尺处有一个渡口，它是这一带唯一能渡江的地方。在这个县城内驻有日本宪兵一个中队、一个步兵大队和伪军一个步兵团。这些敌人得知义勇军将要到达扶余县时，便将渡船及停在江边所有大小船只全部拉到距扶余县城十华里处集中看管，并强迫船夫上岸押赴城内，企图阻止义勇军渡江。敌人关闭了城门，并在门内堆上了土麻袋。敌兵布满在城上，准备守城。

那天下午二时许，义勇军靠近了扶余县，司令部停止前进，在城东一千五百公尺处的一个村庄里做渡江准备。突然间，一颗迫击炮弹落在这个村庄爆炸，紧接着就连续发来十几发。在这种情况下，义勇军一位连长立即把山炮调向城内准备还击，但被参谋长制止，以避免伤害城内的老百姓。县城的东面是一片开阔地，而南面则是一片房屋。靠近城墙的房屋仅有四五公尺，容易接近爬城，因此，义勇军的攻击重点选择在南门。当时红枪大队担任爬城任务，以步兵一个团为掩护，攻打南门。又以一个团的兵力从东面佯攻东门。

当日黄昏后，义勇军开始了攻击。红枪会吃了"大法"（练气吞符），增强勇气，以枪弹打不进的精神，在步兵一个团的掩护下，从南关翻墙越屋靠近了城墙根，即以临时制作的扶梯贴墙攀登而上。经几个小时的战斗，在当夜十二时前就登上了城头，夺取了南城墙。在城东的义勇军一个团也相继登上了东城墙。敌人被义勇军赶下城墙，义勇军立即入城打开城门，步兵进城。敌人经北门全部逃出扶余县城，结束了战斗。

扶余县城被义勇军打开了，但为了严肃军纪，下达了"部队除留部分收缴敌人物资外，其余撤到城外，官兵不得擅自进城，违者处决"的命令。天明之后，从城内走出数十名老百姓，他们是撑船的船老大。在敌人逃跑以后，这些船老大主动出城，带领义勇军寻船，把义勇军送到松花江西岸。这次攻城，首功是红枪大队，是他们首先爬上城墙驱逐了敌人。在阵亡的六十余名官兵中，红枪大队的队员约占一半。至于红枪会能刀枪不入的说法，那只不过是他们会员的一种迷信思想罢了。将阵亡官兵埋葬在松花江以西一块荒地上，坟前竖立了木牌，并由其生前所在连队集体致敬告别。安排好死伤官兵，部队又继续向西前进了。

天气渐渐地冷了，官兵们都提早穿上了新的羊毛皮军大衣、皮裤和戴上了膻羊皮帽子。这些东西都是从敌人那里缴获来的。

到达乾安县西北地区时，这天上午战斗了两小时，下午二时许先头部队又开了火。原因是前卫少校团附孙英杰不顾敌情，乘马前驰，走在尖兵的前边，但不幸中弹坠马身亡，从而激起了官兵对敌人的仇恨。义勇军的前卫官兵不待命令立即冲上前去。原来是前边路侧有一土寨，周有炮楼，就是炮楼里的敌人出枪打死了孙团附。住在这个寨里的大粮户赵家有弟兄四人，这四弟兄都是汉奸。在义勇军尚未到达该地时，他们就纠集了保安团队和日伪部队等待拦路劫击，阻止义勇军前进。

红枪大队是义勇军的冲锋队，不论一天与敌人有几次交战，总是以红枪大队打冲锋。这次攻打土寨也仍然把红枪大队调在最前边。先是以山炮摧毁了土寨北面的三个炮楼，而后红枪大队在轻重机枪的掩护下硬打硬上冲入寨内。敌人除死亡者外，均从西寨门逃出。

从此，义勇军未遇敌人劫击，也安全地越过了四洮路，进入了草原。在一望无际的草原上，人烟稀疏，村落之间的距离甚远，行进了将尽一日，未遇人家。大雪纷飞，直下到日暮前才停止。站在丘陵高地上向西眺望，只见白雪茫茫，偶见一黑点，那是一个蒙古村庄。行进了将近一日，才遇到一个有十余家的蒙古村庄。这里家家没有粮，只有羊群和草垛。义勇军所带的炒米早已吃光，有两天没进食物，许多人已不能支持。当听到就地宿营的命令，有的马上就倒下了。这时的军队也顾不得什么纪律了，把一只只的羊从羊群拉去，用刺刀割开，甚至剥皮未尽就放在火堆上燎烤。火弱不能烤熟，就用刺刀割成碎块而生吞。还带一块，装在饭袋里或挂在马鞍上。什么时候饿了，就割一块，放在嘴里整块吞下去。天亮了大家相互看看，每个人的嘴角上或两腮都沾上了羊的鲜血。

冰天雪地，寒风刺骨。饥吞生肉，渴咽积雪。虽穿着皮大衣和皮裤，但连续数日腹内正饥，亦不免唇齿相击。日暮后就地露天宿营，堆雪成壁以防西北风，用手扒去地上雪，以冻土为铺，臂挽马缰，怀抱步枪，蜷缩而眠。东方发白时，吹起前进号，不用整队集合，爬起来就走，前导后随。积雪深过膝，行进极为困难和迟缓。似此非只一日，偶至一个有二十余户的蒙古村和一座喇嘛庙。部队数以万计，而村庄只有二十余户，人多住处少，仍得露营。蒙古包里不准官兵进入，各墙角和院内院外都躺满了人，村外雪地上躺的都是人。把狗从狗窝里赶出去，钻进去避寒。大一些的狗窝可以容纳两个人睡眠，虽不能伸腿，但可蜷曲而卧，在此时此地来说，可算是上等"房屋"了。喇嘛庙的喇嘛施舍了两石黄小米，就用这些黄小米在各家煮稀粥。人多米少，只好在一口八印锅里下二升米，粥稀如水。锅台旁边挤满了人，有的拿碗，有的拿水壶或茶壶，焦急地等待着粥熟。有人不等粥熟，就把茶壶伸入锅内去灌粥，用碗舀的也不怕烫手。有的人没有器皿，眼看着吃不着，饥不择器，竟将蒙古人的小便盆当作饭碗，已顾不得其他了。

在草原上，经过十多天行进才到达热河省开鲁县境。在这补充了给养，从此就不再挨饿，行进间也不再有敌情顾虑了。

东北义勇军第三路总指挥部的部队，由邓乃柏所带领的基本部队，从一九三二年九月十六日自延寿县出发，到是年十二月上旬，经过了两个半月时间，走了三千多华里，才全部到达热河省建平县。在此与总指挥冯占海将军所带领的部队会师了。在这两个半月的行军途中，几乎天天有战斗。本文只列举了扶余县和赵家寨的两次，其他处之战斗亦如是。

十四　南京大员来改编

一九三二年十二月上旬，东北义勇军第三路冯占海部，已先后全部到达热河省东部。总指挥部驻在建平县下洼镇，部队分布在绥东、建平、乌丹城、赤峰等几个县。自九一八事变起，这支部队天天在战斗，假眠不卸装，奔走挨饿，转瞬已近一年半的时间。到了热河省，身后没有敌人，睡眠可以卸装宽衣，饭也可以吃饱了，算是安定了一些日子。在下洼镇东北约三百华里处之开鲁县，驻有一个蒙古骑兵旅。当时以冯占海的抗日势力强大，骑兵旅崔旅长赠给冯占海将军白马一匹。这匹马名叫"小白龙"，翻蹄亮掌，行走如飞。他们之间建立了良好关系。

一九三三年元月初，东北义勇军第三路冯占海部，在下洼镇一带休息期间，南京派来一位叫高维岳的大员到下洼镇，并且去各地集合义勇军的部队查点人数。但其结果是无数，究竟有多少人查点不清。以后便将东北义勇军第三路总指挥部番号改编为中央陆军第九集团军，冯占海为集团军总司令，但集团军以下所属要编几个军和几个师几个旅，未能确定。

十五　下洼镇被炸

随着部队改编，下洼镇又成为第九集团军司令部的驻地。下洼镇以北至开鲁是沙漠地带，开鲁以东之通辽，下洼镇以南之北票、阜新和以东之彰武等地均有日军盘踞。据报告，此数处日军之部队有所增加。义勇军虽然已无后顾之忧，但正面之敌却蠢蠢欲动。在东北方沙漠地带，敌人进兵不便，又有蒙古骑兵旅驻守开鲁，判断日军不会从开鲁进犯下洼镇。

一九三三年二月八日，也就是旧历正月十四日这天，忽然街上有人呼"我们的飞机到了，快来看哟"，并且笑声不止。果然有四架双翼飞机从西方飞来，在下洼镇上空盘旋。老百姓认为从西方飞来的飞机是抗日的飞机，立即鼓掌欢呼和放鞭炮，以示欢迎。就在人们兴高采烈的时候，四架飞机忽然散开，以高空下降盘旋俯冲投弹和扫射。这时人们才看清楚标志着日本太阳旗。鼓掌、欢呼和鞭炮声换成了对空射击的枪炮声，此时飞机声、枪炮声、喊声响成一片。下午二时许，四架敌机又来轰炸，八架次之敌机，计投弹九十余枚，其主要目标是义勇军司令部。

下洼镇仅有四百多户人家，经过这次敌机轰炸，房屋多数倒塌，瓦砾满街，死伤者举目可见，但见死者咬着牙关，瞪着两眼紧握着拳头，表现了不屈服的精神。也见到死者的父母妻子儿女，在血泊中抱着死者的尸身，握着死者的手，哭泣号叫，悲痛不可忍，表现了复仇的决心。街道两侧的房屋断了半壁，店铺门上的牌匾落地，杂货铺的山梨满地滚，皮肉挂树梢。顷刻间，下洼镇变得破乱不堪，悲惨万状，目睹者无不义愤填膺。

十六　撤离下洼镇

一九三三年三月底的一天清晨，人们正在熟睡。突然有人喊："快点起来呀！日本鬼子要进东寨门了，总司令部和部队全部撤退了！"不及问报信人，他已上马飞奔了。人们立即起床，着装上马，刚驰至大门外，就与已进入寨门的日军搜索斥候接了火。这是义勇军司令部的最后一部分人在撤离下洼镇时的情况。

下洼镇的南面是北票，东南和东面是阜新、库伦旗，这三处的日军虽有增加，但无动向。下洼镇以北通辽之日军，就全倚靠驻开鲁之蒙古骑兵旅去抵御，可谓安全。然而骑兵旅的崔旅长却已暗中勾结日军，与日军密谋企图消灭冯占海部队。他表面上与冯占海将军和善，并赠送白马，其实他已投降日军。就是他引导日军以骑兵快步自开鲁向下洼镇偷进，当敌人接近下洼镇时，义勇军司令部才发觉。当时义勇军毫无戒备，且部队居住分散，一时难以调动，致使日军有了可乘之机，直接冲到义勇军总司令部。冯占海将军措手不及，被迫撤离了下洼镇。日军继侵占东三省以后，又于一九三三年三月占领了热河省。

此次战斗，是自下洼镇转战建平、赤峰、乌丹城，经锥子山、森吉图、半截塔等地，止于察哈尔省之多伦县。在这艰苦的征途中，冯占海的部下，肩背步枪，手拄树枝，一步一个血印，滴滴鲜血，洒在征途上，时时回头望故乡。

十七　入关缩编

一九三三年四月，热河省又被日军侵占了。此时，陆军第九集团军总司令冯占海将军奉南京政府之命，入关整编。部队经沽源至察哈尔省省会张家口，驻防在平绥铁路线上之下花园、新保安、怀来县、康庄一带，总司令部驻怀来县城内。部队到达防地以后，于一九三三年四月底，整编工作就开始了。

在整编时，因为这个部队没有待遇，有许多人自动离去。当时义勇军的官兵有许多是关内人，有亲友的去投亲了，有的去做小生意，也有人回了家。仅留两万几千人，被编为中央陆军第六十三军，军长冯占海，副军长邓乃柏，参谋长阎武。撤销了第九集团军番号。军部设参谋处、副官处、书记处、军械处、军需处、军医处、粮秣处、军法处及所属之稽查处等八大处。军直属部队有特务营、工兵营、辎重营、通信营、骑兵营等五个营。中央陆军第六十三军所辖的仅是陆军第九十一师，师长由中将军长冯占海兼任。师以下辖三个旅，即二七一旅、二七二旅、二七三旅；三个旅长是：张纯玺、宫长海、姚秉乾。每个旅以下属三个团，分别为：五四一团、五四二团、五四三团、五四四团、五四五团、五四六团、五四七团、五四八团、五四九团，共九个团。全军两万余人只编为一师三旅，这样又为以后的改编做了准备，旅的番号撤销即可改为师，那么就一军三师了。

冯占海将军在怀来整编以后做的第一件事，是把所有部队都迁出民房。部队自己建筑临时简易营房，租用土地，每亩以应收粮折价交款。建房由各团官兵自己动手，掘地四尺，出土筑墙，地面以下四尺深，地面以上四尺高，深加高即八尺，也就是从室内地面到房脊的高度。室内以土坯为炕，炕上铺谷草。房山上还有短短的小烟囱。在一排一排的营房四周，筑起了七尺多高的土围墙，内有操场，进出有营门。无论是从远处看，还是从近处看，都看不见里边的房屋，因为房子离地面只有四丈高。这不但解决了住房问题，对加强纪律，控制官兵外出也起到了很大的作用。

冯占海将军在整编以后做的第二件事，是严肃军纪，犯则立罚。如在怀来有一个少尉排长擅离营房，到夜十时方归，卫兵在门内守卫。该排长叫门时，卫兵没有上级命令不敢开门，该排长只好在门下缘距地面约三十公分的底缝钻入，但刚伸进一个头，就被卫兵一刀劈下。此事发生后，立即传令嘉奖此卫兵，并通报全军表彰。第六十三军的严明纪律，从此建立起来了。

在怀来县，冯占海将军做的第三件事就是派人刺杀了少将旅长姚秉乾。冯占海、宫长海和姚秉乾他们三个人为了携手抗日，曾在一九三二年初拜过盟兄弟。东北义勇军冯占海部从张家口进关后，被改编为中央陆军第六十三军，中央即开始按月发给官兵薪饷。在发放头一个月薪饷时，第二七三旅旅长姚秉乾克扣了全旅的官兵薪饷，为此冯占海将军曾几次下令让姚将薪饷立即发给官兵。但姚秉乾对此却置之不理，而且还威胁说："我给你出力打了这么多年日本鬼，这钱我是应该享受的，如果不讲情面，老子拉出关去再拉杆子。"这些话引起了冯占海将军的戒心。以军法来说，克扣军饷是死罪，违抗命令也是死罪。冯命令姚来军部开会，姚不到，冯想逮捕姚又恐怕在官兵中发生打斗事件，因而冯占海将军派了军部少校副官张荫峰独自一人去姚旅行刺。张副官先是佯装和善友好与姚谈天，故意奉承，使姚不生戒心。姚是个大烟鬼，大烟鬼的烟瘾还没过足，张荫峰也就和姚对面躺下，并掏出一包鸦片说："请旅长尝尝这个。"就在姚秉乾烧烟泡时，张荫峰掏出手枪将姚击毙了。冯占海将军对遵守法纪的官兵是很爱护的，对触犯军法分子也是毫不留情的。

十八　在平汉线整训

一九三四年的四月初，这虽是清明时节，但是天高云淡。挤满官兵的军用列车穿越着大小车站不停地疾驶着。在这敞篷车厢里，风吹得人们低首掩面，帽子都拿在手里，官兵们都露着剃得溜光的头。偶尔向铁路两旁望去，大地一片葱绿，但见那一簇簇压着白纸条的坟墓却又令人心酸。列车经过南口、北平、保定、石家庄，停车高邑县，这里就是第六十三军的新防地。部队分布在高邑县、元氏县、宁晋县、赞皇县、赵县、柏乡县、临城县、内丘县等八个县驻防。军部及军直属部队驻高邑县，军司令部驻城内。

部队到达新防地以后，人事更动很大，不称职的军官佐被编遣，离开防地。也有许多离开部队去受训，学习结业再归队。对那些贪污、违法、吸毒的军官佐一概清除，驱逐出境。此时，王耀刚为第二七一旅少将旅长，赵文质为第二七二旅少将旅长，赵维斌为第二七三旅少将旅长。从上尉连长到上校团长，多有更动。但不管如何更动，全军的军官佐，都是在九一八事变以后追随冯占海抗日的第六八二团官兵中提升的。

冯占海为中将军长，全军官兵无党无派，军中没有党派的组织。除副军长涂思宗外，没见任何上级机关派人来任职，就是副军长涂思宗也不过在第六十三军待了半年就离去了。冯占海将军的友好以私人关系介绍来的人，皆安插在各处，都不给予带兵的职务。除此之外，还有第二十九军宋哲元部来的教官，教授拳术和大刀。冯占海将军为了部队的正规化，提高官兵的素质，成立了中央陆军第六十三军军官教育团，任命夏云龙为该团上校团长，负责训练下级干部。教育团分为军官、军士两个班级，六个月毕业后分到各部队。在职的军官和军士都要经过教育团的受训，所以第六十三军的下级军官都是在该军教育团受过训的。

当时在河北省南部铁路沿线一带，老百姓中有少数人吸毒。毒品的名字叫"墩"，"吸墩"就是吸毒。"墩"的形状如同切断的笔杆，一段约为十毫米，中有小孔，颜色有粉红的、蓝的、白的，如同带彩色的小粉笔头。和吸大烟一样，把"墩"以灯火稍烤，粘在烟斗上吸用。由于部队常驻这个地方，有少数军官也沾染上了吸毒嗜好。为此冯占海将军下令根除部队里的吸毒犯，把吸毒的官兵全部逮捕，羁押在各县的监狱里。但各县的监狱皆有人满之患，冯占海将军又命利用高邑城内的一座破庙，把围墙修补加高，在这里成立了陆军第六十三军司令部羁押所。稽查处的几名稽查带领一班稽查兵，轮流担任看守勤务。羁押所长专押吸毒犯，但吸毒犯不能有贩毒嫌疑，若沾一点贩毒的边，就必定在破庙的厕所里做枪下鬼，对吸毒犯是毫不留情的。这里没有军法审判，只凭军座的"查某某，吸毒贩毒，着即枪决，以召炯戒"一纸手谕。就这样，冯将军根除了部队里的吸毒者，加强了训练，使数万不健全的义勇军经过将近两年的整军训练，成为纪律严明、战斗勇猛的抗日部队。

在第六十三军中，有十几位在沈阳兵工厂工作过的技术人员，他们都有精良的制造武器技术。冯占海将军把他们从所属的各部队调集军部，给他们配上有钳工技术的士兵，成立了陆军第六十三军修械所，任命军械处的上尉军械蔡兴武为所长。修械所主要是造步枪，仿日本的三八式，质量很好，不次于日本造的。经多次射击试验，连续发射五十多发子弹都不发生故障。这个所每天能生产十支三八式步枪，一年约生产四千支。经过几年的时间，就将原有不堪用的老步枪全部换成了三八式，改善了义勇军时的装备。

七七事变以后，冯占海又率部到永定河和江西省投入抗日战斗。

辽西义勇军抗日经过

高文彬[※]

成立辽北蒙边宣抚公署

九一八日军占领沈阳后，继续向辽西和蒙边进犯，千方百计制造民族分裂，以期实现其"以华制华"的阴谋。他们倡言"蒙族久受汉人压迫，应乘机起而复仇"，并派遣特工人员，煽动蒙族世爵官吏自相残杀。当时哲里木盟博王旗统领包善一（原名尔登布勒葛）、达尔罕王旗教育委员长韩色旺、甘究夹布等不明真相，曾对通辽有所行动，这就增加了抗敌复土的困难。我深知哲里木盟各族统领中威望较高握有兵权的，有包善一、韩色旺、李胜、刘振玉（均蒙族）等。李、刘关系密切，尚在观望。我的亲戚关翼青（蒙人）与韩色旺交情最厚；我的朋友王子印系包善一的亲戚，友人张香阁也和包相识。他们都向我表示愿去说服包氏反正。至于甘究夹布因自幼是日人川岛豢养长大的，又配以清朝肃亲王的女儿金璧辉为妻，甘心为虎作伥，当然不易转变；但把包、韩说服以后，他们势孤力单，也就没有多大作用了。因此，我即到北平向张学良献策，宣抚包、韩、李、刘四人，团结蒙、汉两族人民共同抗日。张学良很同意，令我邀李胜、刘振玉和他会见。李、刘对张表示赤诚救国，并愿联络包、韩一致行动。张学良遂决定组织"辽北蒙边宣抚专员行署"，指定我为专员，并派工作人员王云汉、李树凯、张子振、王化南、高秀芳、成长奎、赵龙涛、舒崇武、白梦梅等二十余人协助工作。又委李胜为骑

※ 作者当时系辽北蒙边宣抚专员行署专员，东北义勇军第五军区司令。

兵第一路司令，刘振玉为骑兵第二路司令，归专署指挥。东北边防军司令长官公署，并通令法库、康平、昌图、梨树、怀德、双山、辽源、彰武、通辽等县全力协助。一九三一年十月中旬，我率行署人员到达通辽，成立宣抚专员行署办公处。

进行宣抚和收编部队情形

我们由北平出发时，即派王子印、张香阁去说服包善一，关翼青去说服韩色旺，并邀包、韩到距通辽五十里的黑坨子和我见面。包来到时，我晓以大义，指明日军是想挑拨离间，要灭亡我们整个的中国，覆巢之下岂有完卵；中国地大物博人多，最后胜利一定属于我们，只有团结抗日才有前途。并告以张学良属望甚殷，不该辜负他的意旨。后来他表示接受指挥，共同抗日。于是把他的部队改编，委他为辽北蒙边骑兵总司令。

韩色旺也来到黑坨子村，我和关翼青同他作长夜谈，晓以大义，动以利害，指明前途。最后他也表示愿听行署改编和指挥，合作抗日到底。我给他请委的是辽北蒙边骑兵副司令，但他回防不久，又和日军合作了。我本想去找他面谈，但通辽的葛根活佛再三劝阻，认为去了很危险，乃先由关翼青给韩一信。时韩住在库力根庙，派队迎我于大林站，沿途戒备森严，如临大敌。到韩的驻所，他让我坐，我说先谈三件事：

"一、你族白局长说，你又和日军合作了。"

韩答："没有。"

"二、你是否打算十二月二十三日进攻通辽专署？"

韩答："无此事。"

"三、你如此戒备是否对我有敌意？"

韩答："是防意外，非对专员，请放心。"

随去的关翼青插嘴说："看你这许多人都拉开大小枪，是招待客人之礼吗？"韩以蒙语挥去从人。我又和他作长夜谈。最后他愤然说："我想过来了，这是日军利用中国人打中国人，对蒙古人绝没有好意；即使蒙、汉两族有过阋墙之争，也应外御其侮。我是读书人，尚知大义，绝不做历史上的罪人，还要给蒙古人留下一点清名。"以后他拒绝了日军的引诱，给抗战部队许多帮助，参加了抗日活动。

一九三一年十二月底，刘振玉、李胜、包善一、韩色旺等蒙古军接受改编后，即令他们一面整训，一面发动民众起来抗日。当时通辽、辽源、彰武、开鲁、康平各县，蒙、汉两族人民风起云涌，自动组织武装与敌搏斗。日军得悉刘、李、包、韩接受专署的改编，他们的挑拨离间阴谋未能得逞，遂计划采取武力进攻。当时我们开会研究对策及今后工作安排，决定以下三事：

（一）守城无益，令刘振玉、李胜两路部队，向敌后转移，展开游击活动，至开鲁待机而动；

（二）宣抚工作告一段落，今后工作方针和一切补给问题，由我去北平请示，顺路到包、韩两处面授机宜；

（三）行署暂迁至开鲁，由参谋长王云汉暂且代行指挥职务。

我由通辽到大篙子包善一处，指示他和韩色旺今后的行动，顺便到康平一行。适张海鹏偕同日军来康平"剿抚"抗日队伍。我想包善一、韩色旺都能反正，张海鹏能毫无心肝甘心附逆吗？如果把张说服了，会给日寇一个极大打击，对于抗日前途是有利的。康平县长张维周深知我的意图，愿与我同往。哪知张为日军利诱，丧尽天良，态度十分狡猾，我百般规劝也没打动他的心坎。只是托我向张学良解释，说他假意与日军联合，比反正更为有利，将来大军出关收复失地，必定起为内应；并伪称以后尽可能协助专署推进工作。我感到无结果，间道回北平，将张海鹏的情形面报张学良。时万福麟在座，张、万各写了一封策反的信，令我回东北交给他。

我到北平向张学良报告情况时，接驻开鲁专署来电报告，我军在抬头营子和王家油坊，两次对日军作战大捷。张学良甚为嘉许，认为大有可为，遂作如下指示：

（一）加强和张海鹏的联系，仍然策动他反正，令他向黑龙江方面移动，并支援行署一切的需要；

（二）加强对蒙族的团结，大量收容蒙、汉武装；

（三）相机打击日军，在敌后扰乱，保存我军实力。

张学良除亲笔写信给张海鹏外，还赠给刘、李、包、韩奖章各一枚，交我转送。后来我到沈阳、洮南等地找张海鹏，但他已去长春经久未归，信托别人转致，终无反响。

一九三二年春，我由洮南化装到辽源视察，发动民众。当时辽源地方民团和城内的商团、警察队，纷纷要求参加抗日，预定改编为三个独立支队，以于海川、田兴涛、张子斌为支队长，令其暂驻原地不动，待机收复辽源。此时传说县长陈文斗、警察局长陈星斗有杀害抗日工作人员情事。我以为如有此事，以后工作将受到很大阻碍，必须找陈县长谈谈。我到县署时，他正和日军谈话，暗告我回去等他。次日，陈文斗化装来见我，说他没有杀害抗日人士，一定尽全力协助专署工作，以后也真得到他一些帮助。

一九三二年五月，包善一、韩色旺各派一个团，由辽源送我到开鲁。此时，辽吉黑民众后援会在开鲁设立分会，分会委员长何清明，传达了总会的命令，谓与东北民众抗日救国会商定，把辽、热两省的义勇军划为五个军区，派我兼任东北义勇军第五军区司令，管辖区域为蒙边、辽北二十余县。我遂召集会议，何清明也参加了。会上我传达了张学良的指示，何传达了后援会的命令。改编包善一、韩色旺、李胜、刘振玉部为第一、第二、第三、第四梯队，分别任命他们为梯队司令。决定对日军展开游击战争，向敌占区推行抗日工作。

这时热河民团司令解国忧看到各地民团纷起抗日，热河省主席汤玉麟有意逃跑，便毅然参加了我部，被委为第五梯队司令。通辽、辽源、康平等战役，他出力很大。刘海泉于九一八后，即在沈阳一带组织抗日武装，对敌进行扰乱。实行军区制后，沈阳划归第二军区，而刘部的孔团在新民被张海鹏缴去枪械三百余支，刘托我要回。因此，刘带同全部队伍八千余人，由沈阳转到开鲁，参加我部，编为第六梯队，参加了通辽、辽源、康平诸战役，卖过很大力气。

一九三二年七月（确切日期记不清），我军占领康平后，法库民众派人来谈，地方武装贾明伦、刘翔阁等部五千多人，正在攻打法库。日军逃回沈阳，城内我方蒙军不肯让城，双方对峙，一时人心惶恐，要我们速去解围。我即派刘向忧、魏国昌、张向骞等去法库，向贾明伦部和城内蒙军包乃庭部（包善一部下）分头调解，说明日军既逃就是我方胜利，如自相斗争，徒使百姓受苦，敌人称快，有违抗日救国初衷。后来贾、刘立即撤开，随去人来康平，加入我部，改编为第七梯队，后来在攻打彰武、康平等地时，建立不少功绩。

对敌战斗一斑

一九三二年春，日军松井大佐率日军四五十名及甘究夹布伪军五百余，向开鲁进犯。我方刘振玉司令侦知以后，即派人向伪军联络，会同热河驻军崔星五旅长，以六百余人埋伏在开鲁以东抬头营子附近。待敌接近时，我军即突然加以袭击。另外，以百余骑兵由侧面猛冲，甘部一哄而散，松井欲逃未果，被我军俘获。同时击毙日军十数人，战斗仅经两小时即取得胜利。松井煽动蒙族独立，时常攻击我抗日部队，我军恨之入骨，将他枪杀。

日军对抬头营子失败很不甘心，驻通辽的羽山部队，连同伪军六七百名进犯开鲁，我刘振玉部侦知后，即迎击于王家油坊；由拂晓激战至黑夜，予敌以重创。唯因弹药不足，未能进行胶着战。刘部留一连抵抗，其余转移阵地，并通知城内崔旅长出兵夹击。留在王家油坊的一连，当夜未能退出，与敌展开血战。八十名日本兵恃其优良装备，冲入村中。这时搏斗极为激烈，坚持到第二天夜间，日军仅逃去六名，其余全被歼灭。我军亦大部壮烈牺牲，仅有五人凯旋。日军经此打击，乃退回通辽。

一九三二年六月，我部受辽吉黑民众后援会指示，已改编就绪，继续展开抗日游击战，抽调刘振玉、解国忱两梯队的一部共约五个团，分两路进攻通辽。我率八百人从西门以诱敌，刘、解二人带千余人，由小街基（东门外街道）猛攻东门。拂晓开始，激战到下午三时，日军不支，向城内退却。我军跟踪追击，彼等退入炮楼固守；一部约八十余名，退入前四洮路督办马龙潭宅内，因为院大，四围墙高，解国忱部大刀队二百余人，搭梯跃入。我大刀队奋不顾身，死伤八人，砍死日军六十余名。激战到夜里九点钟，我军以没有重武器和炸药，未能打开炮楼，撤回余粮堡宿营，次日回开鲁。是役共毙敌八十余，伤不详，缴获步枪十余支，我军共伤亡二十余人。

日军占我辽北、蒙边各县城后，时常派小部队伍到乡村侦察，影响我抗日工作推进。一九三二年七月，从刘振玉、李胜、解国忱、刘海泉等部，抽调出一个团，归我直接指挥。先向大篙子一带扫荡，廓清三百余里，盘踞在长城内的日军均不敢出城。我军到大篙子后，即和包善一（时驻大篙子）商定，由包和韩色旺两部负责在通辽地区游击，我率原部队向康平推进。在行军期间，沿途一百八十余里老百姓都热烈欢迎，送茶送饭。抵康平附近，准备攻城。城内日军听说义勇军来攻击，未作抵抗，即逃回沈阳。此时友军薛司令闻我部来攻康平，亦率红枪队赶来协助。他们先我入城，收复了康平县，薛司令即入我部任支队长。另外，还收编刘叙五、李梅五、高炳南、宾宝辉等部，从此声势更为浩大。

康平收复后，于海川、田兴涛、张子斌三支队要求乘胜进攻辽源；并说不需军区出多大力量，只要由康平去一部分人壮声势，即可负责把日军消灭。我即带军区直辖独立支队白梦梅部两千人轻装疾进。二百四十里的路程，我们两日即行到达。我军到达后，先在距城二十余里的吴家窝棚宿营，召田兴涛、张子斌商讨进攻办法。决定由白梦梅进攻车站，于海川、刘子恒（在吴家窝棚，前吴俊升的卫队长）进攻东门，由田兴涛、张子斌接应。第二天夜里开始攻击，白部首先占领车站，毙日军十数名。白留一部围攻炮楼，自率一部军队到东门，时我随于海川部进攻东门。敌约千余人，以优势火力据城顽抗。激战到拂晓，由于内外夹击，日军死伤十数名，分窜各炮楼抗拒。于部进入城内，我亦随之入，六百余人分头围攻炮楼。但以缺乏重武器，至中午仍未攻下。该城附近无村庄，地势开阔，敌如开来援军，将会对我不利，遂于午后三时撤回吴家窝棚，次日全部回到康平。是役日军伤亡总数不详，军用设备及物资破坏不少。我军受伤五人，并带出田兴涛部五百余人，大小枪七百多支。

最后的失败

自从调解贾明伦和包乃庭纠纷后，即令包乃庭部驻法库。我以康平为根据地，与驻开鲁的部队和包善一、韩色旺等部紧密联系。一面发动民众抗日，一面打击日军的小股部队。由夏到冬，发生小战斗数十次；我还一度率部攻打辽源，总未成功，但得到群众拥护，确实大有可为。

一九三二年十二月中旬，日军第十六旅团长川原劲，带领全旅人马和彰武、法库、昌图的伪军，共六七千人，向康平大举进犯。我当时指挥所部奋勇抵抗。激战达五昼夜。日军进至康平县城附近，我以无险可守，徒使商民遭到损失，遂决定向开鲁转移。是时在康平东约四五十里的杜家窝棚、刘家屯一带，尚有民众武装，拟会同他们一致行动。十二月二十五日，由康平向东南方转进，令白梦梅部为前卫，我率其余部队一面抵抗一面跟进。我因指导防御部队如何利用地形，耽误了一些时间，与先头部队脱离。此时跟我的有三个人，到城东南二十里的杜家窝棚时天已黑了，估计白梦梅必在该村等我，也就没有侦察。迫行至距村数百步时，发现有二十余人包围上来；未几又由村中出来二十余人。我们逃脱不及，遂被俘获。

原来白部通过后，该村即为敌伪占据。被押入村后，一个日本军官问我："你是高专员吗？"旁边一个法库公安队的汉奸说："他就是高专员。"日军又问："你往哪里去？"我觉得被俘得太没有道理，就说："没有什么说的，你们瞧着办吧。"当夜我被送到康平城内日军川原部队司令部，由一个参谋和一个宪兵队长来询问："你确实是高专员吗？"我说："这不能冒充。"又问："你反抗日本，到处扰乱，受谁的命令？"又问："你以前做什么，现在做什么？"我说："以前任辽北蒙边宣抚专员，是政府任命的；现在任东北义勇军第五军区长兼司令，是民众拥戴的。"讯毕，领我去见川原。这个人有六十多岁，脸上装出一种缓和的样子说："欧美对中国是侵略的，将来他们侵略中国成功，祸患就会殃及日本，所以日本不能坐视不动……"他话音未落，我即抢着说："欧美侵略中国，也没像你们军队这样，抢东北土地，乱杀中国人民，这明明是你们想独吞中国，还说什么别人呢？你的话，简直是奇谈，我不懂。"川原转过话锋："我在别处讨伐，凡是拿活的都是就地正法；现因你是官吏，知识分子，我把你送往新京（长春），交关东军处理。"当时就把我和康平县长张维周、商务会长杨向忱三人，先送到新民县，随后又送到长春。

到长春后，由日军关东军参谋审问。我自度决无生理，心中也就十分坦然。当时敌人问："你在通辽、辽源、康平各县怎样进行扰乱，和各县官吏怎样联系的？"我说："都是自己亲自领着打的，与各县官吏并没有联系。"又问："在通辽马龙潭宅内，你们大刀队杀死多少日本人？"我把经过情形如实地述说一番，表达义勇军的英勇和日本兵的狼狈相。看样子他很注意。后来又问："你们的给养都是中央政府给的吗？"我说："不是，全靠当地人民的补给，我们专署所发行的抗日救国流通券，人民很欢迎，购买粮食、棉布和其他军用品毫无困难。"我想反正怎样也是死，把敌人激怒，还会给我一个痛快。但他们没有这样做，经过二十几天，把我提出来，叫我号召开鲁方面的部队归顺，并由我带领帮助川原旅团进攻热河。日军森纠参谋再三要求我给在开鲁的部队写信。我怕部队受他们欺骗，就将计就计，叫我的部队派个代表来，以便暗地告诉他们必须坚持抗战到底，不要上日军的当。由魏国昌、王子印将信送到开鲁。各部派代表到长春，日军招待得很殷勤，要他们劝我归顺，同去热河"立功"。我押在日本宪兵队，代表由军部来见我，森纠和宪兵队长在旁监视。王小峰（前任达王旗统领，是代表之一）说："关东军部要我们归顺，同去热河，待遇一定优厚。"我说："抗日、亲日你们自己选择，如果顾我的生命，那就是极大的错误。"随后，趁两个日军谈话，我低声告诉他们抗日到底，不得已时向关内撤退。日军又问他们："你们商量得怎么样？"代表们说："先回开鲁向部队说明，再来通知军部决定。"日军很高兴，请他们看戏、游玩，临行又送给金钱。代表回开鲁两个多月，没有一点消息。一天，日军又向我说："他们回去这些时候没信，你一定知道。"我回答说："现在我不能领导他们抗日，也不能领导他们亲日。"从此，过了一个多月也没有审问。

一九三三年二月，宪兵队把我送到关东军参谋处。森纠和茂川同我说："你好好想一想，现在川原旅团编为进攻热河的支队，叫你去帮忙，你要不去，只好处置你了。"我说："愿受处置。"这时宪兵把我押上汽车，我想这是一生最末的时候了。汽车开到火车站，宪兵又把我押上火车。此时正值我妻王玉珍由北平来长春看我，住在旅馆里，听到这个消

228

息，赶到火车站，问我到哪里去。我说："不知道，听着吧。"

他们把我送到沈阳，押在兵工厂宪兵队内。日军宪兵队长新关说："你不愿归顺，军部判你长期监押。"这个宪兵队只管寄押，一切都不讯问，有人探望亦可接见。二十余日后，由北平来一位女同志叫徐春圃，伪称是我的妹妹去看我。她说：后援会朱庆澜会长派她送给我大洋五百元。她问我在宪兵队的情况，又告诉我北平的抗日工作。宪兵队长新关进来说："你哥哥太苦闷了，你住在这里吗？"徐说："最好让我嫂嫂来。"新关许可了。我妻王玉珍就搬到宪兵队来，这也是一种羁縻的办法。

一九三四年春，关东军派来一个大佐，到宪兵队查看监押的人犯。他对我说："你快释放了。"但过些时，我并没听到释放消息。这时开鲁第七梯队贾明伦部，听说我要被处死刑，就率领本部和关田两路义勇军进攻彰武、康平等县，先后破城，俘获日军参事官两名，声言以开释我为交换条件，否则即把他们处死。这时长春关东军部也派人来询问："你的部下贾非非（即贾明伦）攻破彰武、康平，掠去两个参事官给你报仇，你知道吗？"我说："曾在报上看见这段消息。"又问："你对他们这种举动有什么意见？"我说："没有意见。"他没说什么就走了。到十一月二十日，由日军宪兵谈话中得知，凡在楼上监押的人处死的很少，只要有妥实保证就能释放。我妻同我商量，找于珍、臧士毅做保证（于曾任东北军军长，当时在闲居，日本人很尊重他。臧充任伪奉天省长）。我未表示什么意见。她就借到城内买东西之便，到于珍家中，于慨然答应，并转约臧士毅，向沈阳宪兵队总队长增冈说妥，遂于同月二十五日，将我释放。我回到沈阳城内杨孚里家中。当时由于于等保证，又因日军暗中监视，我不能离开沈阳往别处去。

徐春圃和我见面后，即赴黑龙江工作；听说我释放，又和冯颖思赶来看我，住了几天就回北平，向后援会报告。不久徐又来沈告诉我说："这次来人很多，要对日军进行破坏扰乱工作。"我以日军侦察很严，嘱咐她要多加注意，并留徐、冯二人住在我家，认为这样比住在外边稳妥。不料几天后一个早晨，日军宪兵乘两部汽车将我家包围，日军闯进门就问："徐春圃、冯颖思、宫宇文等你认识吗？"我看无法搪塞，就直接说："都认识，住在我家，昨夜都走了。"日军宪兵把我带到宪兵队部，队长菊池要我交出人来。我说："已找不到。"他沉吟一会儿说："这次不究问了，你回去吧！不要再留他们了；再留他们，决定处置你。"

我回家后，和徐等研究，认为日军对这件事不能不追究，听家里人说，大门外常有人来往，一定是侦察我们的，须加小心。过了两天，徐春圃把头发剪了，乘门外无人，溜出去返回北平。冯也化装走了，但冯到家无法隐藏，又回到我家住有月余。以后日军又把我带到宪兵队，菊池让我把人交出来。我说他们都走了。日军不信，把我拘留起来。在我家中密查十数天。这时于珍到宪兵队说："高与徐以前是同事，留他们住两天就走了，并没有反动行为。"日军才把我释放了。从此，日军宪兵常到我家拜会闲谈，实际就是监视我。我很觉得麻烦，又托人去说项，假托生活困难，想到天津做营业。日军答应了，我才离开沈阳移住天津。这时（一九三三年五月），热河早已被日军占领了，辽北蒙边的义勇军，在日伪军大力压迫下，亦逐渐溃散。只有刘振玉、李胜等转移到张家口附近，接受冯玉祥的指挥，继续从事抗日活动。

（阎宝海整理）

（政协辽宁省锦州市委员会供稿）

第 四 章

长城抗战

长城抗战概述

黄绍竑[※]

长城抗战前的国内外形势

九一八事变后，蒋介石希望用国际联盟的力量，压迫日本，交还东北。中国驻国联代表施肇基声称：“中国将其国家完全听命于国联，毫无保留的余地。”当时被蒋介石、张学良打倒避居山西汾阳的冯玉祥有电说：“日本大肆屠杀，不闻有备战之举，反以镇静为名，徒然日日哀求国联。试问宰割弱小民族的国联能代中国求独立，能代中国打倒该会常务理事之日本乎？与虎谋皮，自欺欺人，仍甘为帝国主义之工具而不悔。”这颇能代表当时社会上的呼声。

由于中国的呼吁，国联派出李顿调查团到东北调查。李顿调查团先到日本，“秉承”日本政府的意旨之后才到中国来。南京政府就好似救星一样殷勤谄媚地来欢迎它，希望它说中国的好话，主持公道。参加调查团的唯一的中国代表顾维钧随调查团到东北后，日本关东军就不让他与指定之外的任何中国人接触。不但他，就是中国名记者戈公振作某些访问也被拘捕。据顾维钧回来报告说，有些重要的场合他都无法参加，他唯一见到的中国人是火车上旅馆里的侍役。有一个侍役秘密地流着眼泪对他说：“我们不愿意做亡国奴，东北人民都不愿意做亡国奴。我们希望政府抗战，我们在里面尽力帮助政府。如果政府不抗战，我们自己也去参加义勇军抗战。”顾并说义勇军在东北各地声势很大，日军很害怕。

李顿调查团的报告书发表了，它承认日本在满洲的特殊地位，但不

※ 作者当时系国民政府内政部部长，军事委员会北平分会参谋团参谋长。

承认伪满洲国。蒋介石政府认为是可以接受的，但日本政府却还认为不满意。因此日本南陆相声明称：国际盟约不能适用于有特殊情形之地方协定，绝不能接受国联决议的调停与裁判，否则日本退出国联亦在所不辞。果然日本不久就退出国联，继续进行对中国肆无忌惮的侵略。

当时东北义勇军真是如火如荼，马占山、冯占海、苏炳文、李杜、丁超等的大名几乎妇孺皆知。爱国人士把希望寄托在义勇军的身上。义勇军孤军奋斗，经不起日军的压迫，到了一九三二年冬，马占山、苏炳文、李杜各部都退入苏联境内，解除武装。冯占海等部则退入热河境内。关东军就趁此进兵热河，进攻长城。

张学良下野

一九三三年初，日本帝国主义为了完成建立伪满洲国的侵略计划，开始向热河进攻。一月一日，日本军进攻山海关，何柱国部队予以还击，是为长城抗战的开始。

日军进攻热河的计划是：一、由绥中沿北宁铁路向山海关正面进攻；二、由朝阳、凌源、平泉之线进攻；三、由开鲁向赤峰进攻；四、由林西向多伦进攻。三、四各路皆会师承德，然后再分兵进攻长城各口。

张学良既放弃了东三省，犹冀保留热河、河北，苟延残喘，静候南京国民党中央同日本交涉。山海关的炮声响了，他知道再不抵抗，连热河、河北都保不住，就让驻在长城以内的东北军开始进入热河布防。那时他名义上是北平军事委员会分会（以下简称北平军分会）的代理委员长（委员长仍是蒋介石），可以指挥华北各省军队。但华北军队如阎锡山集团、冯玉祥集团，在一九三〇年内战的时候，都是由于他帮助蒋介石而致失败的，他怕阎、冯宿怨未消，不听指挥，不肯协助。单独东北军抗战是无把握的，他唯一的办法还是求援于蒋介石。

蒋介石却想利用这个机会，诱使两广参加"剿共"。这年一月二十一日，他叫我同训练副监徐景唐赴广州，同陈济棠、李宗仁等商量，要两广出兵江西帮助"围剿"，他好抽调中央军北上抗日。在此稍前的时候，陈济棠驻沪代表杨德昭曾经谈过，如果中央决心抗日，则广东愿意负江西"剿共"的责任。蒋介石就抓住这个机会，使两广军队到江西参加"剿共"。不料陈济棠揭破了他的阴谋。我和徐景唐到了广州，陈召开军事会议，所有两广的高级将领及高级党政人员都参加。他们表面上不肯说不出兵，而是用要求军费和要求械弹来拒绝。陈次日邀我单独到他家里谈话，他说："季宽，我们是十几年共过患难的老朋友，我们要讲真心话。老蒋要我出兵江西，是不是想利用共产党把我们的军队钳着，好抽出他的军队来搞我们呀？我想一定是的，他的抗战是假的。你看是不是啰？"我笑而不答，也就是表示同意他的看法。他断然表示不肯调兵到江西。我回到南京把这种情形向蒋介石报告了。蒋就以此为借口，仅调尚未参加"剿共"的中央军黄杰的第二师、关麟征的第二十五师、刘戡的第八十三师北上，敷衍张学良。其实未参加"剿共"的中央军还多，如胡宗南的第一师，驻在河南闲着没事。

二月下旬的某日，蒋介石召见了我，要我去当北平军分会参谋团参谋长。我说："我与汉卿（张学良号）未曾见过面、处过事，而且军事也非我所长，恐怕将来要误事。还请委座（指蒋）另行考虑吧。"其实我心里对参加抗战是愿意的，但我以内政部部长的地位去当张学良的参谋长，心里总有些不愿意。蒋明白我的意思，他说："北平军分会仍然是我的名义，你就是我的参谋长；而且敬之（何应钦号）同去，他以后要在那里主持，你不但要在军事上帮帮敬之的忙，尤其在政治上要帮帮他。"我知道他已决心要张学良下野，由何应钦来代替；我和何应钦还合得来，就答应了。

接着财政部部长宋子文、军政部部长何应钦、外交部部长罗文干、内政部部长黄绍竑、参谋部次长杨杰、军政部厅长王伦、参谋部厅长熊斌，还有宋子文的朋友银行家胡六（胡筠庄）的老婆胡六嫂，一行人浩浩荡荡专车北上。表面上看，好似南京国民党中央很重视长城抗战，全力支持张学良，内心却各有各的想法。宋子文表面上似乎是作财政上的支援，其实是用来对张学良说私话，并为他出国作布置；此外还走一些英美外交路线，不久就回去了。何应钦表面上似乎是作军政上的支援，其实是要取张学良而代之。罗文干则是要与北平各国外交团打交道，看看风色，为一面抵抗一面交涉的外交方针摸摸底；不久也回去了，由次长刘崇杰代替。我虽然是参谋长，但主要是供以后各方面政治上的奔走，因为蒋认为我还有些"肆应"之才，可以做"安内"的工作。专车到了徐州，不敢经天津到达北平，恐怕天津的日本兵知道了出来为难。其实日本人对这些人去北平，是欢迎的。专车由徐州转陇海路经郑州，再转平汉路北段到北平西站下车。大约是二月二十八日的早晨，张学良并没有到站迎接，因为他还在黑甜乡里起不来，派人招待。我同何应钦住在中南海的居仁堂，宋子文另有他的秘密住所。

当日下午两点多钟，我同何应钦去阜成门内原清朝顺承王府（现为全国政协机关）拜访张学良，听取前方的情况。他骨瘦如柴，病容满面，精神颓丧。他把热河及山海关方面的情况告诉我们，那时听他的口气，对战局好像还有把握。座谈久了，他就要到里面去打吗啡针。这是我第一次和这位"少帅"见面的情形。我们每日下午都得到那里商谈，我心里想：这样的情况怎能长久相处下去。闲了没事，也和一些北平上层人士接触，都为这位"少帅"的精神体力和指挥威望担忧，恐怕要误了国家大事。

日军于二月二十一日向热河进攻，先后占领了开鲁、凌南以东各地，继续向赤峰、建平、凌源等地进攻。热河主席汤玉麟闻赤峰、建平、凌源等地失守消息，即在承德做撤退准备：先把所有的汽车装载他私人的财产，向古北口撤退，因而影响了前方的士气。号称险要的平泉以北承德以东的黄土梁子主要阵地也自动放弃不守。日军占领黄土梁子后，即分兵两路：以一部南向平泉攻喜峰口，以主力西向承德攻古北口。日军于三月三日占领承德，汤玉麟已于早一日退逃滦平。张学良闻讯大为震惊，当即下令通缉汤玉麟。张学良那时对我们曾作出要亲率王以哲等军去恢复热河、与侵华日军拼到底的豪语，但迫于舆论，不得不向南京政府引咎辞职。

驻在南昌专心致力进行"围剿"红军的蒋介石，知道热河失守，张学良引咎辞职，即于三月六日乘飞机到汉口，改乘火车到石家庄，宋子文也同来。何应钦和我接到电报后，就先到石家庄去迎候，同行的还有山西阎锡山的代表徐永昌。蒋介石在车上召见了我们，听我们把情况报告之后，问我们对于张学良辞职的意见。蒋介石在南京早已决定要何应钦来取张学良而代之的，现在为什么还要问呢？因为对于东北军的底子还没有摸清楚，还有些顾虑。我们说：第一，如果还让张学良干下去，不但全国舆论不满，而且北方军队如山西阎锡山的军队、西北军宋哲元的部队，以及商震、孙殿英等部队都会不服。我们以后就指望这些军队继续抗战，中央军是不能多调出来的。第二，张学良虽有亲率未曾作战的东北军去收复热河与日军拼到底的表示，但以他的精神体力是做不到的，而且拼下去也不会有好结果。第三，即使准张学良辞职下野，东北军也不会有什么顾虑。蒋介石根据我们的报告，就决心准张学良辞职下野，由何应钦来接替。

张学良知道蒋介石来石家庄，也打电报去，想和何应钦等一同去石家庄迎候。但蒋介石还没有得到何应钦和我的报告，主意没有打定之前，不便就与他见面，就复电说："前方军事吃紧，调度需人，不必就来，有必要时再约地见面。"蒋介石同我们见面商量的次日，就约张学良到保定见面。张学良先到车站迎候，蒋介石后到，在蒋介石的专车上见面，仅有宋子文一人在座。何应钦和我在另一专车上，没有参加，怎样谈的，我们都不知道。他们会谈仅仅个把钟头，张学良就很颓丧地辞了出来。
蒋介石走后，我们和张学良各乘各的专车回北平。次日①张学良就发出辞
职下野的通电。不日离开北平到上海去了。

何应钦的作战部署

何应钦继张学良任北平军分会代理委员长，负华北军事的责任；我
当了参谋长，都在居仁堂办公。参谋团设在府右街南口右侧的大楼，除
由南京带来几个高参——侯成、陶钧、徐祖诒、徐佛观等外，其余都是
东北军的原班人马。何委东北军参谋长鲍文樾为军分会办公厅主任。原
任张学良参谋处处长的金元铮（前清贵胄，陆军小学、保定军校三期毕
业）是满族人，恐怕他靠不住，就加设了一个作战处，由徐祖诒任处长，
也在居仁堂办公。何应钦和我秉承南京政府一面抵抗一面交涉的既定国
策，倚靠两千多年来秦始皇遗留下来的万里长城作为防御的唯一工事，
想守住长城各口——独石口、古北口、喜峰口、冷口，阻止日军进入关
内。独石口方面的防务调傅作义部队担任，傅作义本人进驻张家口；古
北口方面把溃下来的东北军王以哲等部撤下整理，而以由南方调来的中
央军徐庭瑶的第十七军（辖第二师黄杰、第二十五师关麟征、第八十三
师刘戡）担任；喜峰口方面的防务以宋哲元的第二十九军担任；冷口方
面的防务以商震所部第三十二军担任。由长城撤下来的东北军整理后，
调北宁线天津以东及冷口以东担任防御，同时令孙殿英部坚守多伦以东
地区，作敌后的威胁，使日军不能不有一些后顾。这是完全防御性的到
处挨打的作战计划，根本谈不到进攻和收复热河、收复失地。

日本关东军既占领了黄土梁子，即分兵一部（大约一个旅团）南下
占领平泉，向喜峰口进攻。东北军万福麟所部直溃口内，日军先头于三
月九日占领喜峰口。调往该方面增防的原西北军第二十九军宋哲元所部
主力方到达遵化，先头冯治安师黄昏后到达喜峰口。冯部乘敌人不备进
行逆袭，黑夜里不用火器射击，而用大刀砍杀，用刺刀混战，杀死杀伤
敌人不少，也有所虏获，把喜峰口夺回。这是长城抗战唯一的胜利。捷
报传来，振奋全国的人心；大刀队的威名几乎把现代的精良火器都掩盖
了。日军遭此意外的挫折，重新部署进攻，一时形成对峙的状态。

日军主力（约一个师团以上）占领承德后，即向古北口进攻。东北

---

① 据查，张学良通电下野是在三月十一日。

军王以哲部节节败退，企图固守古北口，等待徐庭瑶部的增援。徐庭瑶军先头关麟征第二十五师，于三月九日夜到达古北口城，而王以哲部已被日军击败，急于退走，十一日就把古北口关口丢了。关麟征亲率所部增援，企图夺回古北口，不幸中弹受伤，不能达到目的，乃据守南天门阵地。黄杰的第二师到达增防后，该方面也成了对峙的状态。刘戡的第八十三师也调到该方面，由参谋次长杨杰任总指挥。

这时我们觉得榆关方面防守石门寨的何柱国军过于突出，不能不顾到冷口万一被敌人突破，敌人就可以占领迁安下滦州；喜峰口万一被敌人突破，则敌人可以占领丰润下唐山，截断榆关方面何柱国的归路。为了缩短战线，把何柱国军调驻滦河西岸，破坏滦河铁桥，依靠滦河作为防御。同时增强冷口方面的防御兵力。我们于三月二十日给何柱国撤退的命令，平津日本报纸次晨就清清楚楚地刊登了出来。这当然是由于汉奸或电报密码泄露出来的，可见我们作战的一切计划敌人是清清楚楚的。国内报纸则攻击这次的撤退是受日本的要求。因此何应钦不得不向记者声明："我军此次对于滦东的军事调动完全是为了战略上的关系，绝无政治上的关系。"

孙殿英所部有三万余人，在三月以前即进达赤峰、围场地带，支援那方面的东北义勇军。日军进攻热河，同时以骑兵一个旅团附飞机坦克向孙部进攻，孙部溃退多伦以东地区。何应钦原要孙固守多伦以东的山岳地带，以减轻日军对长城进攻的压力。但孙经不起日军的压迫，于四月下旬放弃多伦，继续向沽源溃退。孙部军纪极坏，沿途骚扰不堪，外间并有谣言，说孙已接受伪满的委任，并没有与日军接触，就向后撤退。何应钦大为惊疑，因而对他的军饷、给养扣而不发，他的驻平办事处处长找我诉说经过，我想这样总不是办法，于是自告奋勇，到沽源、多伦前方去视察以明真相，好作处理。我乘火车到张家口，会同傅作义坐汽车向沽源前进，路经张北县与傅部的将领们见面。在沽源以北的平地脑保（蒙语泉水的意思）碰到了孙殿英。他向我叙述经过说："多伦在地图上虽是个大地方，但人烟稀少，给养困难，而且四面都是荒漠平沙。虽有些山，但是与南边的山完全两样，寸草不生，山势平延，很难阻止敌人坦克车的冲击和飞机的轰炸。即使没有敌人到来，我这三万多人也不能久驻那里，既没有兵站补给，又没有积储，一切都要就地想办法，所以军纪太坏，事实就是这样，我是承认的。至于说我不见敌人就溃退，请部长你去看看，我那些伤兵是哪里来的呢？又有人造谣说我受了'满洲国'的委任，部长你知道，全国都知道，我孙殿英挖了小溥仪的祖坟，即使我去投他，他肯容我吗？岂不是把我这麻子脑袋往刀上送？我孙殿英虽然是土匪出身，混了几十年，也还知道一些民族大义，即使至愚也知道自己与小溥仪有不共戴天的仇恨。那些造谣的人无非是想栽我，请部长转报何部长，并且妥为处理。我一定服从命令，绝无二心。"我心里想他后面这段话，倒是实情，他所以不投伪满的关键就在这里。于是我答应即发欠款四十万元和面粉四万袋，并指定他在沽源、独石口、镇岭口一带向东面北面布防，好抽出傅作义部队作为机动使用。

在这期间，北平的古物正在南运。古物在北平的有两部分：一是属故宫博物院的，一是属于内政部古物陈列所的。当本年一月山海关失陷时，南京政府行政院决议设立中央古物保管委员会，并以榆关陷落平津危险，决将古物南运保存。北平各团体反对政府迁移古物，一月二十三日，北平各界组织保护古物协会，通电反对南运，谓政府须全力守北平，若虑古物资敌，则华北数千万方里数千万人民应先保护，不应只顾古物等语。这个义正词严的通电，南京政府不加理睬和反省，仍然用军警保护运出，直到四月间尚未运完。我到北平的时候，内政部押运人员向我请示，那时我正忙于军事，就说："整个河北和北平正处在危险状态，守护之不暇，还有工夫顾那些东西吗？你尽量地运，运出多少算多少吧。"有一天，我到古物陈列所去看看，那位所长问我："部长要不要一两件东西？"我听了很惊异地说："所里陈列的古物，可以任由长官来要的吗？可以由你送人的吗？"他听见我的话有责备的意思，就转口说："并不是所里已经陈列的东西，那都是顶好的编了号的。库里还有许多次等的东西，没有编号，没有登账的，拿一两件也不要紧。"其实这个弊病已经是公开的秘密了，在那些所谓"古物保管专家"的手里，即使已经编号登记的珍品，他们也可以用假的换了出来。后来故宫盗宝案的发生，不就是这样的吗？可惜我那时候对字画古董不感兴趣，不然的话，尽可以大大捞他一把。

居仁堂军事会议

大约是三月二十三四日，前方比较平静，蒋介石曾秘密来到北平。当时虽说是秘密，后来报纸也知道了。蒋来北平是听取各方的报告并作指示，在居仁堂开了一个军事会议，各方面的高级将领都出席作了报告。古北口方面总指挥杨杰在席上大谈其后退配备的战略，他要把南天门阵地（古北口以南的阵地）向后撤退到密云县以东地区，引敌人深入，而在两侧配备两个军同时出击，一举就可以歼灭敌人的主力，长城战事就可以转移为攻势，不致坐着挨打。他并且报告前方敌人不断增加，战事如何激烈，要求增援。何应钦素与杨杰不睦，素来都把杨杰叫作杨大炮，听了很不高兴，就说："前方没有什么激烈战事吧！"杨杰说："我刚才由前方回来，难道还不清楚？"何应钦就叫："王厅长（伦）你立刻打电话去问问徐军长（庭瑶）前方的情形怎样？"王伦打电话问徐庭瑶，回话说前方很平静。弄得杨杰当场下不了台，满面通红，一言不发。不久杨杰的总指挥也撤销了，由徐庭瑶代理。杨杰从此就反对蒋介石。不过日军增加确是事实，正在部署尚未攻击，原来是第八师团，后又增加了第六师团一个旅和一个骑兵旅团，是由多伦方面转移过来的。

蒋介石作了最后指示，肯定地说，要以现有兵力竭力抵抗，不能希望再增加援军。会后随往西山碧云寺拜谒孙中山衣冠冢，并同何应钦、杨永泰和我在香山饭店吃了一顿不饱的晚饭，他就经保定转回南昌去了。蒋还交下一些问题，留杨永泰在北平与各方商量处理。当晚我即邀杨永泰到北平著名交际花杨惜惜家里去玩，顺便同各方的代表商量处理问题。到有东北军方面的于学忠、万福麟、鲍文樾，山西方面的徐永昌，宋哲元，驻平代表萧振瀛。杨惜惜是以前平汉铁路局会计科王科长的小老婆，王某贪污了十几万元，死后这些钱都归了杨惜惜。她有自己的漂亮汽车，华丽的公馆（缎库胡同五号）。那里有酒、有色、有财，经常有些"要人"出入。我们这些人在那里真是乌烟瘴气，蒋介石交下来的所谓军国要事，就是在那里商量处理的。

长城战事日形紧迫，北平也不能不有些军事布置。我们调了一些部队布置城防，主要是东城和北城。驻军在驻守地区，入夜是戒严的。在东城区苏州胡同一带素来是外侨尤其日侨活动的地方，他们不守驻军的戒严令东窜西窜。驻军哨兵要他们站住加以盘问，也是很平常的事。日本武官酒井隆也受到了哨兵的盘问。次日酒井隆就带了两个全副武装的日本步兵要到居仁堂见何应钦当面抗议。新华门守门的宪兵要武装的日兵停在门外，请酒井隆单独进去。酒井不答应，大闹起来。宪兵请示，何应钦也只好让他带着武装士兵到居仁堂。会见的时候，两个武装日本兵就站在跟前。何应钦抗议他这种无礼貌的举动，他的回答是因为在北平他的生命没有保障，因此不能不带同武装进行自卫。何应钦问他缘故，酒井就说昨天晚上被哨兵盘问，并诬言哨兵要他跪下，拿大刀想杀他；因此他要带武装保护前来抗议。还说他与何应钦是旧相识，是同学，才来当面抗议，否则就会自由行动起来了。何应钦除一面向他解释道歉之外，还下令驻城部队以后对外国人要客气、要礼貌。

尽管长城战事如何紧张，何应钦和我还摆出好整以暇的姿态。有时去玩玩高尔夫球，有时去打打猎。有一天，他同我去游颐和园，那时泮水初解，浮冰绿水之间，有上百成千的野天鹅浮游。我们问管园的可不可以打，他说从来没人打过，所以它们才年年敢到这里来快乐地游玩，一过春天，它就飞去，一到冬天，它们又回来，是颐和园的天然美景。也就是说虽然没有禁令，可是从来没有人打过，以免破坏这天然的美景。他说话的用意，无非是想阻止我们去打。但我们猎兴大发，莫说没有禁令，就是有，我们一个是军政部部长代理北平军分会委员长，一个是内政部部长兼北平军分会参谋长，莫说是要打几只野天鹅来玩玩，就是要打三贝子花园里（即现在的动物园）养的老虎和狮子又有谁敢来阻止呢？于是我们居然开枪打了。后来听说天鹅从此就不来了。"始作俑者其无后乎"！

冯玉祥这时在张家口开始酝酿组织抗日同盟军。我同冯是一九二七年四一二事变后在徐州第一次见的面。九一八事变后，他一度到南京，又见了一次面。三月二十八日我以私人名义，同高参陶钧到张家口去访问他，并看看情形。他请我吃一顿粗劣的晚饭，席间他说明了他抗日的宗旨，并力诋张学良、蒋介石的不抵抗主义的误国卖国。我心里想：现在长城不是正在抗战吗？何必另立旗帜？但我又想到抗战人人有责，多一方面的号召，壮壮声势总是有益的。那时他还是一个光杆儿，让他搞去吧，横竖搞不出什么名堂。因此我没有同他辩论什么，也没有劝他到南京去，我就回北平向何应钦汇报。但何却对冯十分重视，他说："冯这个家伙野心很大，抗战不过是用来掩护的名词，以后如何发展，如何收拾，很成问题。"长城战事正在吃紧，只好暂时不管。

四月下旬，方振武的部队响应冯玉祥的号召，由山西介休县开到了河北邯郸。北平军分会要他在邯郸候命，不拨火车给他北上，他就步行到了定县。我与方振武以前也有一面之交，何应钦要我去定县，同方商量，改编后参加抗日，拟改编为两个旅，以鲍刚、张人杰为旅长。他不同意，继续步行北上，到达徐水、满城附近。后方军队这样自由行动，何应钦大起恐慌，于是借口统一军令，饬将所有在察哈尔及河北两省的抗日救国军及义勇军等名目一律取消，其有人马充足的部队准改编为正规军参加抗战。这个命令的用意是想破坏冯玉祥抗日同盟军的计划，但不发生什么作用。方振武、鲍刚等的部队仍继续徒步向张家口集中从事抗日，精神是令人钦佩的。

我军的抵抗和撤退

北宁线方面自何柱国军退守滦河西岸，日军即进占抚宁、昌黎、卢龙等地，与我军隔河对峙。喜峰口方面因宋哲元的第二十九军防御相当坚固，敌人避免正面攻击的牺牲，找到冷口方面的弱点。那里原是东北军缪澂流师担任，后来商震部的黄光华师增加上去，虽然努力抵抗，但经不起日军的攻击，冷口遂告失陷。日军占领冷口后，分兵占领滦河上游的迁安，威胁滦河西岸阵地的侧背，主力则绕到喜峰口的后面，向防守喜峰口的第二十九军形成前后夹击的姿态。因此防守喜峰口的宋哲元军不能不撤退。北平军分会乃令何柱国、王以哲、万福麟等军撤至宁河、宝坻之线，宋哲元军撤至三河、平谷以东地区。敌人继续前进，先后占领遵化、玉田、丰润，向我军压迫。我为了布置津东防御去天津走了一趟。我在天津还去拜访了亲日分子张志潭（已由南京任为北平政务整理委员会委员）。我在言语之中表示要他顾全大局，听候中央处置，不可单独行动。他表示这个仗打不下去了，首先军队纪律太坏，人心恐慌，甚至有些人宁愿欢迎日军到来。他的话可说是代表了他自己，也代表了某些人。我在天津想与前方联络，但联络不上。因为那条线（即宁河宝坻之线）并不是预先构筑好的阵地，而是临时征些民工挖了一些土壕，更未架设通信网。前方情形十分混乱，眼见那线也守不住。我转回北平把情形报告何应钦。

古北口方面是敌人进攻的主力。自古北口失守，我军就坚守南天门。南天门地形险要，不能使用很大的兵力。日军以全力进攻，战事很剧烈，进展甚慢。徐庭瑶的三个师，起初是关麟征第二十五师在第一线，被打得残了，黄杰的第二师顶上去，换下第二十五师，第二师又被打得残了，刘戡的第八十三师又顶上去，换下第二师。由南天门而石匣镇而密云，节节抵抗，节节撤退，就是这样挨了两个多月，是长城抗战作战时间最长、战事最剧烈的地方。三月间，因喜峰口第二十九军大刀队一次的胜利，上海妇女界组织妇女慰劳队到喜峰口慰劳第二十九军，对古北口方面则没有去。我对她们的代表王孝英、沈慧莲说，古北口方面的战事比喜峰口方面激烈得多，她们都不相信。可见当时报纸把大刀队捧得天那样高，把对日抗战最激烈的部队都忘了。东北军方面更没有人理睬。

徐庭瑶军退到密云附近，既无险要的地形，部队又已残破，不能作有效的抵抗。北平军分会事先把傅作义的部队调到昌平附近向怀柔、顺义出击，但经日军的攻击，作战不利，退守顺义、怀柔以北山地。日军进至顺义附近，距北平仅五十多里。而京东方面的日军既占领三河进迫通州，宝坻日军进迫香河，对北平形成三面包围的态势。这是五月二十四日的情形。当日军迫近顺义的时候，日军飞机九架飞过北平上空，飞得很低。机上的太阳敌徽及驾驶员的面目都看得清楚。那时既没有防空警报，也没有防空洞设备。我和何应钦听到了机声，才跑出居仁堂到假山下去躲避。我们的高射炮队也咯咯放了几响。但敌机并未投弹就飞回去了。事后，英、美外交人员深不以我们的高射炮的射击为然。他们说：

"日机不是来轰炸的，向他们射击，就会引起他们的轰炸或扫射。"但敌机不轰炸、不扫射，只有天晓得，也许他们外交人员事先知道吧。

这期间，德国总顾问费而采，也在北平参加我们作战计划的制订。他是第一次世界大战德国总参谋长鲁登道夫的作战处长。他每天都到居仁堂听听情报，看看地图，或同我们谈谈。但我觉得他只有一般的战略见解，尤其对中国部队的情形根本就不清楚。东北军自滦西撤到宁河、三河之线，又被敌人突破。他问我，那方面既不是敌人的主力，东北军的番号又那样多，为什么守不住？这个很容易答复的问题，弄得我很难答复，只好耸耸肩膀。五月二十四日，上午他仍然到居仁堂，见办公室的作战计划地图都揭下来了，就大惊失色。我们把情况告诉了他，请他回南京以保安全，随后就调回国去了。蒋介石后来又聘请德国鼎鼎大名的塞克特将军当总顾问，他在德国当了很久的国防部部长，是《凡尔赛条约》后第二德国陆军的保育者。我曾参加他与蒋介石的座谈，蒋介石问他对日国防的意见。他说："最危险的是这条扬子江，必须沿江建设要塞，并沿江构筑游动炮兵阵地，沿江布置游动炮兵。否则一旦开战，日本舰队就可直捣汉口，把中国分为两下。"我觉得他的意见也很平常，难道这种平常道理我们也不懂得，要请教外国顾问吗？不过在蒋介石统治的时候，德国顾问是很吃香的。

订立城下之盟

南京政府抱定一面抵抗一面交涉的方针，除了军事抵抗之外，交涉的活动也是积极的。外交部部长罗文干、财政部部长宋子文二月底来北平就是做这个活动的。罗、宋回南京后，又派外交部次长刘崇杰来继续进行。他们希望通过英国驻华大使蓝浦森、美国驻华大使詹森，由英、美出面调停，把上海停战协定重演。但英、美在华北的利益关系并不大，不似上海那样积极，蓝浦森只是向日方要求维持《辛丑条约》，秦皇岛附近不发生战事。

南京政府不但在外交方面对英、美进行活动，做交涉的准备，同时也在内政方面调整华北的人事，为以后的妥协做准备。蒋介石曾要我兼任北平市市长，我没有同意；又叫我征求地质学家丁文江的意见，要他当北平市市长应付日本人，丁文江也不同意。五月三日①南京行政院设立

---

① 据查，系五月四日。

驻北平政务整理委员会，以黄郛、黄绍竑、李煜瀛、张继、韩复榘、于学忠、徐永昌、宋哲元、王伯群、王揖唐、王树翰、傅作义、周作民、恩克巴图、蒋梦麟、张志潭、王克敏、张伯苓、刘哲、张厉生、汤尔和、丁文江、鲁荡平为委员，并指定黄郛为委员长。从这个委员会名单来看，包括有代表国民党中央和华北地方各方面的人物，也就是想用这个委员会作为第一步"华北特殊化"，与日本进行直接交涉。黄郛是亲日派的头子，用他来当委员长，很显然是对日本表示妥协。黄郛被任命后，并不即时就职，而是在上海和北平与日本人秘密接洽，等待时机的到来。

军事上，到了五月二十四日，日军迫近顺义、通州、香河，北平成了三面被包围的形势，日机复在上空飞翔。前方的部队正在溃退，无法收容整理；后方又肯定没有增援的部队，即使蒋介石肯调援兵，也是远水救不了近火。北平只有刘多荃东北军的几个团和蒋孝先的中央宪兵第三团。白天我到城内各地去看看城防的布置，到晚上八点多钟才回到居仁堂，看见办公室里已经不像往日的样子，我的铺盖也已经捆好了。我问何应钦怎么一回事，他说："前方情形你是知道的，军分会现在决定撤到长辛店以南，打算十一点钟上火车，火车已经预备好，在西便门外跑马厂小车站上车。你回来得正好，我们等你作最后的商量。"在那里有黄郛、张群、李择一、王伦，连我一共六个人。我问撤退有没有请示得到蒋的许可，何说："时机太紧急，来不及请示。"我说："北平呢?"何说："交给徐庭瑶防守，他的司令部设在西便门外的白云观。"我说："敌人已占领顺义以南地区，还来得及由前方调回来布防吗?"何说："这就很难说了，只好尽力地做去。"

黄郛自被任命为行政院北平政务整理委员长之后，就在上海、北平与日方进行秘密接洽，他什么时候到北平我不知道，这次何应钦邀他来参加会议，自然有作用。黄郛说："由驻北平日本武官方面得到的消息，如果中国方面肯派军使向关东军要求停战，便可停止对北平的进攻，用外交的方式结束此次战事，并希望在夜里两点钟给他们答复。否则关东军即向北平进攻。"黄郛、李择一自不必说，张群的意见是同黄、李一致的，但他不说话。王伦则主张守北平，并且要立刻调炮兵到天安门、中华门，向东交民巷轰击，先肃清城内的日本驻军，不管他日本人也好，美国人也好，英国人也好，一概把他轰完，横竖也不过丢了一个北平，使英、美旁观者吃一些亏，然后他们对日本有所责难，谁叫他们同日本人住在一起呢?他这些激愤的话，大家都不赞成。何应钦没有主意，仍然想撤退。我说："调兵增援肯定不可能，前方部队正在溃退，未必就能调来北平，从容布防，而我得到的消息已经有人从事伪组织，运动某些部队参加。如果我们军分会一撤退，伪组织可能就立刻出现，敌人就利用伪组织作为对手与它签订协定，作为这次战事的收场；将关东军撤回关外，并不占领平、津，而平、津已成为一个特殊化的第二'满洲国'。这样河北就非我国所有了，损失岂不是更大？因此我主张一面布置北平的城防，一面派军使去商量停战，万一停战不可能，然后把北平交由徐军长作背城借一。我们那时候仍有从容退出的时间，现在又何必这样急呢？"大家都以我的说法为然，但何应钦仍以未曾得到蒋介石的指示为顾虑，因为事情太重大了。那时北平和牯岭长途电话还不通，打电报去请示万万来不及。我说："委员长要我们来主持这方面的事，我们要为他负一些责任。古人说将在外君命有所不受，况且现在是君命来不及的时候呀，我们应该把责任负起来吧。如果以后委员长不同意，我们愿共同受国家法律的处分就是了。"我说完这番话，张群支持我的意见，何应钦才决定派军使去与关东军商量停战，由黄郛、李择一去答复北平日本武官。王伦见这样决定，遂愤愤地上楼睡去了。后来王伦在中南海骑马，堕马触树，脑破身死。他在那时算是北平军分会参谋人员中主张抗日最激烈的分子。

五月二十四晚上的秘密会议开到一点钟以后，才决定派军使到顺义关东军第八师团司令部与西义一师团长商量暂时停战办法，其实就是战败了作城下之盟。派什么人当军使呢？这是一个忍辱负重的差使，既要有相当的官阶，又要有相当的仪表，最主要的还要会讲日本话。于是选派军分会作战处处长徐祖诒（燕谋）去充这个角色。他是日本陆军大学毕业，精通日语，相貌魁伟的少将，是很适合上述要求的。他当初不肯去，恐怕到那里受凌辱及以后还要受全国人民的责难，经我们多方的劝勉才答应了。他同北平日本使馆武官于二十五日上午五点钟乘汽车由东直门出城，抵达顺义某一个村子关东军第八师团司令部，同师团长西义一商量停战办法。路程不过五十多里，个把钟头就到了。我们就好像热锅里的蚂蚁一样，静待他的回音。我们的行李已经捆好，不再打开，我只好到北京饭店去睡觉休息。早晨我又回到居仁堂，当我跨出饭店大门的时候，听到后面一个人很惊讶地说："他们为什么还不走呀！"由他的口气里可以想到当时北平某些人已知道我们已经准备火车要走了。他那句话到底是希望我们留在北平，还是希望我们早些离开北平呢？只有他自己才知道了。

大约十二点钟的时候，徐祖诒回来了，他报告了与日军交涉的经过。他说：在顺义某个村关东军第八师团司令部里作了接待军使仪式，并签订请求停战的"觉书"后，西义一师团长就提出了暂时停战的办法，内容概要是：一、华军撤至延庆、昌平、高丽营、顺义以北、通州、香河、宝坻、林亭、芦台以南一带，以表示华军停战的决心，请日军不再前进；二、于五日内日方（指关东军）派遣代表与华方军事当局（指军分会）讨论停战条款；三、正式谈判地点须在日军占领地内。这个结果的下一步文章就更多了，首先是派谁当正式谈判代表，他的地位要比徐祖诒高一些，又要懂得日本话。我们再三商量，决定派参谋部厅长熊斌充当，另加上一个军分会总参谋的名义。熊斌也是日本陆军大学毕业生，过去同日本人有过一些往来。熊斌当时也不愿意充当首席代表，经我们勉励他做《马关条约》的李鸿章，何应钦并许了交换条件才答应的。其次是要派人到庐山向蒋介石作报告，因电报是不能弄得很详细，于是推我于二十五日下午四时专车回南京转庐山（当时报载黄绍竑二十八日回南京是错误的）。

我在二十五日午后六点多钟到了天津，在河北省政府主席于学忠处匆匆吃了一顿晚饭，我把前方情形及临时停战的办法告诉了他。他自然是同意的。随即专车南下，事先约好山东省主席韩复榘在济南车站见面，半夜里车到了济南，韩复榘已经候在那里；我们在车上谈了二十多分钟，无非是把情形告诉他，他更是赞成停战。济南以后一直都没有停过车，那条路上就是我那个专车行走，其他的车都停了。第二日三点多钟到达浦口，走了二十二个钟头，据说是那时候津浦路最快的火车了。本想即乘飞机到南昌，但时候已经晚了。二十七日上午九时乘军用飞机到南昌，在行营参谋长贺国光家里吃了一顿午饭，随即乘火车于下午三点多钟到了牯岭。事先蒋介石已经把汪精卫、孙科等南京要人召集到庐山来，在庐山饭店那里等候我的到来。我把以前长城各方面的战况和前天晚上（即五月二十四日晚上）军分会所作的决定作了详细的报告，最后我并代表何应钦面请越权专擅的处分。早在我的意料之内，因为我们是本着中央一面抵抗一面交涉的方针处理的，他们完全同意，没有一句责备的话。蒋介石说："好！好！你们处理得对。以后的问题我另有电报给敬之（何应钦号）。季宽先生你很累了，你去休息休息吧。"至此我的千斤重担算是放下来了，索性住在庐山休息一些时候。《塘沽协定》于三十一日在塘沽签字，怎样情形我不知道。长城抗战就此结束了。

山海关防御战

何柱国[※]

战前形势和我军的防御措施

一九三三年春，国难日深，这是我国兴亡治乱令人心悸的关键时刻。斯时我奉命驻守山海关。

当时的任务，是既要守住这个天险，阻止关外的日军继续入侵，又要避免与日军冲突，影响中日谈判，牵动全局。张学良屡次嘱我要不亢不卑，妥善应付，对长城以外之日本关东军，要取敌视态度；对长城以内山海关、秦皇岛各地根据《辛丑条约》驻扎之日本驻屯军，则应与其他国家的驻军同等看待。

大家都知道，山海关上有"天下第一关"的题字，这当然不是没有根据的，因为山海关背山临海，形势险要，自古即为军事重地，李闯王的失败和直系的没落，两次战争都是在这里决定胜负的。这样重要的关口，如在通常的国家，无疑要划为军事禁区，不容外国人窥视。可是由于庚子八国联军之役，《辛丑条约》的签订，北京、天津直到山海关沿路战略要地如廊坊、天津、塘沽、滦州、秦皇岛和山海关等，都曾驻过英、法、意、日、俄等外国军队，"天下第一关"这个具有重要战略意义的要塞，便在不平等条约束缚之下，而完全丧失效用，并且一变而为一个复

※　作者当时系东北步兵独立第九旅旅长兼临永警备司令，后任东北陆军第五十七军军长。

杂的国际军队屯戍的所在，彻底地撤除了中国的国防。从此榆关这个要塞①，就不是中华民族用以防御外国侵略的堡垒，而是各帝国主义者借以进攻中国，尤其是进攻华北的通道。

日本军国主义者凭借《辛丑条约》，滥用《辛丑条约》，在榆关所造成的优势军事阵容，使中国对于防御上形成种种困难。我当时的司令部所在地临榆县城，南门外车站就驻有日本的守备队，车站南不远则是日本兵营，东山外距前俄国兵营不远又是关东军。因此，榆关的南门和东门都在日本驻兵的监视下，我们只有北门和西门可以"自由"出入。此外，城内外又有不少在治外法权和日本驻军的掩护下做情报工作的日韩侨民。因此，我们一切军事行动，哪怕是极微小的动作，都瞒不过敌人的耳目。另外，榆关既在沿海日本海军的大炮射程之内，西南不远又有秦皇岛的日本驻军可以随时切断我们的后路。同时榆关东北由五眼城至吴家岭之线掌握在关东军手中，居高临下，可以控制榆关。我就是把守这样一个关口，所带部队初期仅有一个旅，而不能分兵九门口和秦皇岛等处；榆关城内实际只有两个营。这就是我在榆关所处的地理军事形势，日本侵略军任何时候都可能发动海、陆、空对我军进行突然袭击。

显然，这种军事形势对我是非常不利的，但这并没有使我气馁。实际上使我为难的却是另外的事情，那就是当时在我上面掌握国家大权的南京政府，没有一个明确的对敌政策，形成了一种不战不和、被动挨打的尴尬局面。当时蒋介石实行所谓"先安内后攘外"的政策，千方百计地阻止东北军抗日，而东北军则借口听命中央，实际是在很大程度上把中国的命运寄托在《九国公约》和国际联盟身上。东北军方面，因为过去既有俄、德、法三国干涉还辽的历史，当时又有《九国公约》的保证，以为西方列强无论如何不会袖手旁观，日本到头来总是吞不下满蒙的；而九一八以后，又有国际联盟的多次开会和决议以及所谓调查团等等，加上一九二八年皇姑屯炸车案，许多人都认为只要能够沉着应付，不放一枪，使日本找不到任何借口，就可以避免事态的扩大。这一切，都使东北军很多高级将领产生一种错觉，以为不抵抗是上策。我记得锦州失陷前，日本曾一度要求张作相出来办理东北全局的交涉。我因在锦州吊丧之便问过张作相，他除了声明绝不能做对不起张老帅的事情之外，还很有把握地说："日本无论如何吞不下东北，东北总归是我们的，大家不必担心。"这几句话可以代表当时东北军大多数高级将领的看法。所以九

---

① 临榆县城设在山海关城内，故山海关又称榆关。

一八事变，东北军的不抵抗，蒋介石固然要负主使之责，而东北军自己也并不是没有责任的。这里要指出，今天事实确已证明，日本吞不下东北，这和我们当年所想象的完全是两回事。我们当年所想象的并不是日后事实所显示的那样，要经过八年抗战与联合世界上一切民主力量击毁整个法西斯反动力量，才能打败日本，从而收复我们的东北。那时以为如同过去三国干涉还辽那样，不必流血，可以坐待西方列强代我们强迫日本吐出来，乃是一种愚昧无知的想法。就因为这个缘故，当时无论中央政府或者地方当局，对于日军的咄咄进逼，一直没有明确的对策，指示前方将士的除了"避免冲突"四个大字之外，其他什么也没有。因此前方将士常常落入愤懑、隐忍、苦闷和无可奈何的为难处境。

当时形势如此，而我身当其冲，又是如何呢？首先，我应该承认，我对西方列强也有如上所述的那种无知而且可笑的幻想。但是，如果日本还要进关，那就不是东北属谁的问题，而是整个国家和民族生死存亡的大问题了。作为守土有责的军人，至此再无任何不抵抗的理由，这也是当时包括我在内的一般东北军高级将领的意见。因此，我应付敌人的方针，总地说来是这样：能拖，尽可能地拖一拖，拖到不能再拖的时候，那就要尽可能地拼，拼完了拉倒！我就是拿定了这个主意同日本侵略者周旋了一年又三个月。

自从锦州失陷之后，日本方面秉承军部意旨，经常负责同我周旋的是属于天津驻屯军系统的秦榆守备队队长落合正次郎。他是日本有名的落合大将的儿子，曾充任日本士官学校中华学生队战术教官和中国陆大教官，熟悉中国情形，认识不少东北军的高级将领。落合和我见面次数很多，有时他来我司令部，有时我去他的兵营，相互也常留饭。每次在他那里留饭时，随我去的人员为了防备对方下毒，总要找机会给我换杯子或换筷子，这是同事们的关心，实际也是必要的。我们见面常常是为了协商关于伪警和我们义勇军的问题。日本侵占锦州之后，将北宁铁路沈榆段改名为奉山铁路，并在山海关设站，除日本宪兵和守备队外，又派来伪警在车站检查旅客。伪警之中多半是日韩浪人，他们先则住宿站内，后又迁入铁路附属房屋，横行不法，无所不为。对于这些伪警，因为有治外法权的关系，我们是很难直接取缔的。为此我曾几次找落合交涉，落合总是推说那是"满洲国"的事情，他无权干涉，要我去向"满洲国"交涉，而所谓"满洲国"是我们万难承认的，这就难住了我。可是关于义勇军的事情，那就正好来个相反。关外义勇军不时奔走于关内外，而且要常常办理军需给养，我则常常支援义勇军，为了这个问题，落合和我常常发生争吵，落合每次提出，我总是推得干干净净。这可以说是礼尚往来。到一九三二年五月初，有一个人，他曾经参加过义勇军，袭击过绥中，后来流为盗匪，被临榆县政府逮捕拘押。日本宪兵强迫县长将该匪犯提去，并以一份未经协商的所谓协定逼我签字，声言如不签字即将自由行动。其协定中有这样的条款："依照中国官宪之希望，于中日逮捕义勇军或拘禁时，中日官宪双方须通知其状况，有必要时，须协力援助。本协定虽然超过国际公法及条约以外，但仍出于双方之好意者。"这当然是我所万难接受的，因此断然予以拒绝。从此形势逐渐趋于紧张。日军屡次增兵、演习、射击，不断向我军挑衅，我也积极做了准备。

七月间我被任命为临永警备司令，辖区为临榆、抚宁、昌黎、卢龙、迁安五县和都山设治局地域。辖区内驻军除我自己的独立步兵第九旅外，还有独立步兵第十二旅、骑兵第三旅、炮兵第七旅第十三团之山炮一营和工兵第七营，都归我指挥。至此，我总算有了一点可以抵挡一阵的本钱。于是我决定了一个防御计划，并依此计划积极兴建军用道路和通信网，以及其他一切必要的防御工事，到十月间大体完成。

这里把我的防御计划简要地说一下，这在军事上也可能是一个值得研究的问题。第二次直奉战争我参加了，在这一带作过战，而且第二次直奉战争就在这一带决定胜负，因此，我对这一带地形颇为熟悉。据我所知，由关外到关内，有两条通路，即热河通路和山海关通路。热河一路多山地，乍看似乎易守难攻，其实山地多，死角也多，容易突破，所以守的方面非有纵深配备不可，但战线太长，事实上不可能处处都有纵深配备，因此反而易攻难守。至于山海关一路，两面受到黄土岭和义院口等处迂回威胁，正面有角山寺大山隔开山海关和九门口两地，这样就把战场分割了。同时，山海关前面，既有五眼城一线地形高于山海关，背后又有秦皇岛之敌，随时可以切断我们的后路。山海关只能作为警戒阵地，而不能作为主要阵地。因此，我把主阵地放在北戴河至界岭口东侧大山这一线。这一线可以控制秦皇岛、山海关和九门口三个方面，化分散的战场为整体战场，易守难攻。我曾经说过北戴河一线是"再筑长城"，因为山海关内，过了滦河就是华北平原。滦河以东山区对华北平原，好比是一个牛鼻子，只要拿住这个牛鼻子，就可牵动整个的华北平原。而北戴河一线多平坡地，死角少，乃是滦河以东地区最理想的易守难攻的一条线，这同山海关外只要掌握锦州地区的医巫闾山一线，就等于拿住了东北的牛鼻子，可以牵动整个东北，是同样的形势。我把主力配备在北戴河一线，准备在这里同敌人展开决战，至于山海关和秦皇岛只配备了两个团，准备实行步步阻击而已。

上述防御计划和各种防御措施大体完成之后，我顿觉心定气壮，胸有成竹，应付裕如。其时日本关东军调动频繁，形势日紧，而落合对我的态度比过去温和得多，显得异常狡猾。从十一月底开始，他以取缔义勇军和确保伪"满洲国"的安全为借口，要我创立一个包括滦东和热河的缓冲区。落合对我说：日本可以相信我，可以给我足够的军饷军械，帮助我拿下热河，仍悬青天白日旗，以反对蒋介石的不抵抗主义为名，实行独立自治，唯一的条件是要我切断对义勇军的联系。落合还说，这是第一步，将来可以进一步帮助我进取平津，暗示我"前途"大有可为。虽然，这是要我取代东北军的首脑地位，幻想扶持我做汉奸傀儡，逼我同意；否则，日军即以武力占领长城各口，入关攻取平津。我无论为了个人人格或为民族气节，都绝无考虑余地，但是为了便于会面时应付，表面上说事关重大，不好轻易决定，容待考虑，而暗中立即详细报告张学良，建议从速准备一切。

落合提出这个要求后，对我日日逼紧，要求我从速决定，我都采取拖延办法，一直没有给他肯定答复。至十二月八日，就发生了关东军铁甲车炮击榆关事件，无疑这是日方对我的威逼。当我亲自交涉的时候，日方由关东军谷联队长、吉岗参谋和天津驻屯军三浦参谋等出面同我商讨解决炮击问题，要我承认炮击事件是出于误会，炮击损失由日方赔偿，日军铁甲车分别开离榆关车站，并且要我取缔排日、抗日行为，以期应付当时的国际联盟。同时落合出面进一步逼我创立所谓独立自治的局面。落合撇开我的随员，布置在一个密室里单独同我谈话。他说，日本已下定决心，无论如何也要保持"满洲国"的国境线，为此决定两案：其一为由关东军采取直接行动，占领并封锁长城各口；其二即由我出面缓冲，立即在滦东和热河地区成立独立自治区。并说日本希望最好避免直接行动，由我出面缓冲，可以缓和国联。如果我同意这样做，日本可以立即给我二百万日元作预付金，日后全部饷械由日本供给。如果这一方案不通，日本只能采取直接行动，届时不但占领长城各口，如有必要，即使进取平津也无所顾惜。接着也引用中国的成语"识时务者为俊杰"来劝我，说我如能诚心合作，实现中日亲善，不失为俊杰；否则将与全部东北军同归于尽，后悔莫及。最后声明，他这次是奉命同我办这个交涉的，要我当机立断。至此，我完全明白，事情已到了"图穷匕首见"的最后时刻，除了誓死一拼之外，再无其他选择。眼前第一步，必须抽身赶往北平与张学良共商全面军事部署。于是先作缓兵之计，声言先行认可炮击事件的解决，以示善意，而独立自治之事，则稍待数日将有明白具体答复。落合对我认可炮击事件的解决表示满意。

炮击事件解决后，我星夜赶往北平，同张学良见面，陈述了经过并强调说："事情已到了'图穷匕首见'的最后时刻。"张答："那么咱们拼了吧！"接着我们开了几天秘密军事会议，在以海陆空军副总司令的名义所能调动的范围内，作了全面的军事部署。大致是：由商震的第三十二军开赴滦河（后转冷口）支援我军，宋哲元的第二十九军开赴喜峰口，王以哲军开赴古北口（后改为徐庭瑶的中央军），万福麟和缪澂流推进到我的右翼界岭口以北地区。今天回想起来，当时日本军国主义就是那样威逼利诱，双管齐下地想拉我下水，而我用缓兵之计，得以从容布置。可是当时南京方面却责怪我不应以军官资格与关东军签约，外间又传张学良也对我不满，而我因此辞职等等，其实真相如此，不过那时因有国际外交关系，我不便有所申辩而已。当时国内各报刊，亦有毁誉不同的评论发表。

榆关的浴血抗战

一九三三年元旦早上，我在北平得知榆关情势紧张，断定战事即将爆发，乃奉命立即赶回榆关前线。我记得当时是乘坐一个专为我而开的火车头赶回去的。临行我没有想到怎样安排家庭，却突然想起一个侄子需要照顾，于是仓促间开了一张两千元的支票，留给他备用。我上车后，因战事早已料定，而作战计划也早已决定，并早已向官兵们作了布置，所以并没觉得紧张忙乱，倒是想起了一年多以来的忍气吞声和无可奈何的为难情景，终于得到今天，除打仗以外，再无其他事情牵挂，顿时如释重负，满身轻松，不觉又哼出两句成语："慷慨赴死易，从容就义难。"到了秦皇岛，前方战火已甚猛烈，我除了下令坚决抵抗之外，一切皆照预定计划进行。主要是坚定不移地把主力布置在北戴河至界岭口一线，不过石河也有所准备，而榆关方面则尽可能实行阻击。战事从一日夜半开始，激战至三日下午二时，榆关终于失陷。

当时的战争经过是这样：

日方兵力，除榆关所驻部队及伪警之外，又由绥中增援步兵三千余名，野炮、野战重炮四十余门，飞机八架，铁甲车三列，坦克二十余辆，兵舰两艘。战斗开始，日军即用炮兵火力及铁甲车、兵舰重炮同时向我山海关城南门城楼、鼓楼、东南角楼等处以猛烈炮火攻击，并由飞机向我阵地及城内各处轰击。敌还以石河桥配备之部队，牵制我第六二二团西关兵力，二里店、吴家岭之敌牵制我军北水关角山寺之兵力。

我军第六二六团兵力，以第一营守南门，第三营守东门，其余少数兵力随团长在西门应援。石河县我守军兵力两千二百五十七名，第二营在孟家店及角山寺等地，策应守城部队，约计一千三百四十六名。

自一日下午十点五十分起，敌军屡次进攻，均被我军击退，枪声昼夜不止。我派铁甲车驰往石河西岸掩护工人，修理被炸铁桥。自己骑马奔驰各地，布置军事，指挥作战。三日午前十时，敌军以海陆空三军的火力向我南关及南门主攻。我方城内实际只有两营兵力，猛烈还击，战况激烈，燃烧爆炸，硝烟连天，南北城楼以及商民住宅，炸毁尽净，我方人马伤亡过半，南门城及东南城角，西南水门一带，战斗尤为激烈。正午，南门及东南城角，均为敌人攀登占领。我预备队自西门向南门增援反击。第十一连又自东门向东南城角逆袭，遂将敌击退。午后二时，敌复增加强大兵力，再度总攻我东南城角，卒被轰成巨大突破口，敌坦克及步兵跟踪挺进，我军屡堵屡仆，北门至东门立即陷于无险可守状态。是时，我方营长安德馨以下，二连连长刘窦宸、三连连长关景泉、四连连长王宏元、五连连长谢镇藩等人，尽皆战死，其余官兵也伤亡殆尽。团长石世安振臂一呼，率预备队与敌坦克作殊死巷战。一连连长赵璧连也负重伤，排长以下官兵又伤亡过半。四门均破，只有十几人在团长率领下，由北水门退出，榆关终于失陷。

在这短促的战役中，我九旅以不足一团的兵力（实际只有两个营），事先受《辛丑条约》之限，不能预筑防御工事，与日本海陆空密切配合的强大敌人拼搏，竟毙敌四百余人，安德馨营全营官兵覆没在血泊之中。人民群众死伤在一千几百人以上，未能逃出的妇女学生，几乎全部被日军屠杀，逃亡百姓则何止五六千人。房舍被焚，财物损失，不计其数，殊堪浩叹也！

自临榆县城激战之后，日军主力未向我主阵地进攻，外围战斗不断进行，至一月十日，日军向我九门口、石门寨方向进攻，激战到十二日晚，九门口失守。二十一日石门寨失守。榆关战役对我来说，还仅仅是前哨战。敌人不但没有能进攻我们的主力阵地，而且也没有能越过城西石河之线。只是给敌人这样一个教训：如果他没有强大的兵力，想突破我的阵地，实不可能得逞。因此，日军又由落合出面，托英国军舰舰长向我驻秦皇岛第六二五团团长田泽民说："山海关之事，日本政府责怪落合处理不善，以致引起战争，希望双方各派代表协商解决办法。"我深知这是敌人的缓兵之计，遂断然拒绝，决心与敌人拼搏到底。

我记得在二月二十三日，我的军司令部在海阳镇督战时，我曾给所属全体将士下了一道训令，原文如下：查自榆关失陷，华北濒危，本军按预定计划，节节布防，以再筑长城之精神，期巩固平津之门户。吾人即立于国防之第一线，复作收复失地之最前锋。外有国联五十余国之援助，内有四万万同胞之物质后盾，不但东北军之全体荣誉，系于本军，而中华民族之生存出路，亦全视本军之成绩，谓为幸运，诚千载难逢之好机会。谓为责重，诚有史以来之巨任。月余以来，我各级官长及士兵，以不良之装备，缺乏之器材，于朔风冻地中，日夜继续其艰难之作业，足见精神奋发，亦足见觉悟其责任之重大，与职务之光荣矣。本军长深为嘉慰，唯尚有鳃鳃为虑者数端，特为亲爱战友一言之。

一、毋震骇于敌人之物质威力，……哀兵必胜，兵法所著；得道多助，古有明证。去春第十九路军挫敌于淞沪，或向蔡廷锴曰："何以敢打？"蔡答曰："要打。"又向翁照垣将军曰："吴淞炮台何以能守？"翁答曰："要守。"此外毫无有把握之理由。所谓"要打"、"要守"者，决心拼命是也。是精神威力可以克胜物质威力之证也。昔东北军之物质，为全国之冠，而不能统一华北者，乃物质丰富，而无拼命之决心以运用之，徒以资敌耳。今日阀甘冒全世界之大不韪，违反其国民之心理，欲驱其含怨之兵，以征服吾国，终必失败毋庸置疑矣。

二、制胜之要诀——装备较劣之军队，对优势之强敌应利用工事作韧强之抵抗，而最后以白刃决胜之。敌优于我者，为飞机大炮、坦克车，然此等利器，均不能占我阵地，而决定我战局者，仍有待于步兵之前进。故当敌飞机大炮轰炸之际，我可利用坚固之掩护工事，沉着监视，待敌军接近百米以内，即飞机大炮无效之时，此时彼我之兵器相等，我步兵即可发挥威力，以斜射侧射之火力，加以局部之出击，将敌歼之，对敌坦克车通过之地点，则以宽二米乃至五米之外壕，或地雷封锁之，其山坡不能通过之处，留作出击地区，其步兵容易隐蔽接近之处，则以铁丝网封锁之。步兵火网前缘有四百米距离，即为满足。

总之，第一要能挨打，第二配置要散，第三用兵要活。故第一要掩蔽坚固，第二处处要有射击设备，第三要多设交通壕，各级干部应捉住当前好机，即自动局部出击，则敌之物质威力固无所用也（应熟读淞沪对日作战之经验）。

三、精神须坚忍，战斗须韧强。东北军以往战役，多因火力优势重攻击而忽略防御工事，我同胞之性格，亦利于攻击，遂致有长此工作，可以沮丧士气之说，抑知此次之形势恰与往时相反，吾人正应学晋军之忍耐，与西北军之毅力，乃可以摧破强敌也。再就装备言之，自十七年改编以来，团以下之火器与敌相等（第十九路军之装备训练，远不如我军，而其成绩已可观），而十九年前新典范令之颁布，亦已采用欧战后适合韧强作战之新筑垒方式及战斗方式，特种部队未训练成熟，致团以下之配备，多未能适应发挥其轻重火器之效力，宜速按典范令修正为纵深横广据点式之配备，并抽暇演习之。以免一点被敌突破，遂致全线瓦解，是为主要。

其他关于构筑工事之要领及缺点，已汇集各参谋视察所得者，及本军长所亲见者，即发如另纸，立速熟记，将各官所担任之工事，一一比照以修正之，庶期杀敌之精神，获有最尽善之杀敌方法以发挥之，则渤海湾头，长城之下，我忠勇将士所流之一滴血，亦有崇高之代价，以照耀千古也。此令。

本军口号：

以最后一滴血，为民族争生存！

以最后一滴血，为国家争独立！

以最后一滴血，为个人争人格！

总之，榆关失陷，对于我这个守将来说，是责无旁贷的。"天下第一关"这个天险，沦于敌手，我固引为终身遗恨。当时我的任务是保卫平津，拒敌于滦河以东之线。所以在临榆失陷之后，我没有进行反攻，只是指挥外围零星战争，按预订计划，严阵以待，准备与敌人作殊死拼搏，以保卫平津。事出意外，敌人侵占榆关之后，没有以主力继续前进，而是试探性地向九门口及石门寨打了两个小型战役，遭到一定的伤亡之后，改道由热河一路进关，而放弃了由山海关一路进关的战略，以其主力直趋热河，很快地侵占了冷口、喜峰口和古北口。并且长驱直入造成了进逼通州、唐山，威胁平津，这种局势的造成，显然是狡猾的敌人预知我已有充分准备，如从山海关一路而进，必然遭到我军痛击，绝不可能轻而易举地长驱直入，所以改道进攻热河也。

热河沦陷

日军占领榆关后，转攻热河，攫取长城各口。当时热河省政府主席汤玉麟，外号汤二虎，是张作霖"拉竿子"起家的老兄弟，一贯骄横跋扈。他是一九二六年由辽宁边防镇守使调任热河省政府主席，统带一个步兵旅到热河，横征暴敛，民不聊生，怨声载道。张学良曾有意派张作相去接替他，张作相知汤之为人，不愿前往。东三省失陷后，热河在军事上，为战略必守之地，在全国舆论的压力下，南京政府乃宣称：日军如进攻热河，决予抵抗。一九三三年二月中旬，蒋介石派财政部部长宋子文、军政部部长何应钦、内政部部长黄绍竑、参谋部次长杨杰、参谋部厅长熊斌等到北平，他们名为与张学良商讨保卫热河长城各口及华北的防御计划，其实是来逼张学良下野的。

二月十八日，由张学良陪同宋子文、何应钦等到热河进行了一次视察。热河省会承德是清皇帝行宫之所在，宫殿富丽堂皇，风景优美。他们第一天是观赏风景，第二天汤玉麟开了一次欢迎会。会上宋子文讲话说："中央计划不惜牺牲一切克服困难，保卫热河。"继又在清宫清音阁召开一次军事会议，张学良、宋子文联名电告日内瓦中国驻"国联"代表团说："决心抵抗日军之进一步入侵。"张学良又与张作相、万福麟、宋哲元等二十余名将领发出通电，表示决心抵抗，呼吁国人支援。当时估计，热河至少可以支持三个月，张学良、宋子文等回到北平后，拟订了热河保卫战的初步计划，成立了两个集团军，每一集团军辖三个军团，第一集团军总司令由张学良自兼。第二集团军总司令张作相，辖孙殿英一个军团、汤玉麟一个军团和张廷枢的第十二旅、冯占海等义勇军。张学良在北平顺承王府又召集一次军事会议，分配作战任务，宋子文等中央大员也参加了这次会议。张学良把热河地图铺在地板上，手执铅笔，勾画防线，当他画至冷口、喜峰口一线时，他抬头向宋哲元说："明轩，你把守这一线。"宋却说："我的兵力单薄，装备也差，担当不了这一线任务。"张说："你放心，我派何柱国支援你。"宋仍是不肯接受。宋哲元原系西北军，曾与奉军内战几年，前嫌未消，故借辞推诿，所以热河之战败得那样快，各军不能团结一致，也是重要因素之一。

二月二十一日，日军以锦州为大本营，用三个师团兵力（约十万人）分三路进攻热河，一路出绥中攻凌源，一路由锦州攻朝阳，一路由通辽攻开鲁。张作相临时受命，兵力还未集结，仓促应战，将无守志，兵无战心。如开鲁一线，敌军摆了几个炸弹，出动了几辆坦克，守军崔兴武旅不战而降。万福麟第四军团守凌源一线，闻风而溃，朝阳随之弃守，日军长驱直入，于三月三日午后，以一百二十八骑的先头部队，突入承德。汤玉麟逃奔察哈尔，万福麟逃入喜峰口，张作相逃往古北口，热河就这样沦陷了。

张学良出国

热河失守后，全国哗然。张学良电蒋介石，自请处分，并要求调集全体东北军，反攻热河，收复失地，蒋未予置复，而全国舆论除谴责政府标榜的一面抵抗一面谈判的屈辱方针外，张学良更为众矢之的。张学良乃向南京政府辞职，电称："东北沦亡，效命行间，原冀戴罪立功，勉求自赎。讵料热河，不逾旬日，失地千里，国土沦丧，既负国民寄望之

殷，又负政府付托之重，罪愆丛集，百啄莫辞，请免本兼各职，以谢罪
戾于国人，以申法纪于三军……"蒋未复电，却从南昌飞汉口，乘专车
到石家庄，电约张学良在保定面晤。三月八日夜，张偕同顾问端纳及汤
国桢、王卓然等专车前往保定，张这时还没料到蒋此来是要他立即下野
的，他想面请蒋介石调集兵力，补充械弹，反攻热河。车到保定时，蒋
的专车未到，宋子文却先来了，传达蒋介石的意旨说："失东北，丢热
河，中央与张均责无旁贷，全国舆论指责于委员长与副司令，必须有一
人下野，方可以平民愤。"此时，张才醒悟蒋约他晤面的锦囊之计，当即
答复宋说："既然如此，请立即免除我本兼各职，严予处分，以谢国人。"
宋立即将张原话电告蒋介石。下午蒋的专车才到，张学良同宋子文立即
登车见蒋，不等张学良开口，蒋先说："接到你的辞职电，知你诚意，现
在全国舆论，对我两人都不谅解，进行诘责，我们两人比如风雨同舟，
命运与共，必须有一人下水，以平民愤，否则将同遭灭顶。"张学良立即
回答："我不战而失东北，早应引咎辞职，今又丢热河，更责无旁贷，我
当然应该首先下野，请即免去我本兼各职，以申国法，而振人心……"
张还提出：日本野心要吞并中国，希望中央迅速调劲旅北上，收复热河，
保卫华北。蒋介石连说了几个"好，好，好"，没有多谈。张与宋下车
后，隔了几分钟，蒋到张的专车上回看了一下，就回到他的专车开走了。
宋子文陪同张学良同车到长辛店后，与张分手，约定在上海会见，为张
办理出国考察手续。张学良返回北平后，即对公私作了安排，将东北军
编为四个军，由于学忠、王以哲、何柱国、万福麟四人分别统率；并召
集东北军一些主要将领，讲了一次话。他说："我要到国外去走走，不久
就会回来。为什么在国难家仇这样严重关头，丢下你们，离开袍泽，这
不用讲，你们都明白。我走以后，你们要好好干，要保存东北军这一点
实力，作为抵抗日本收复东北的基本力量。我们不收复东北，对不起先
大帅在天之灵，对不起东北三千万老百姓。中央给我们河北省这个地盘，
交孝侯（于学忠号）负责，流亡关内的东北老乡很多，已无家可归，要
照顾好这些人，多给孝侯一些队伍，顶住日本人进攻，保牢河北这块地
方。"这时经过榆关和热河两次战役后，东北军还有二十六万人。王以
哲、何柱国、万福麟各统率三万人，另外，张学良身边劲旅刘多荃部还
有两万多人，其余十多万人都交给于学忠，驻在河北省。这样安排之后，
张学良即飞往上海，开始戒除烟毒，于一九三三年四月十日，携带眷属，
乘意大利"罗西伯爵号"轮，放洋出国。

长城各口之战

热河失陷，长城各口之战即开始，张学良下野，何应钦继张学良任军事委员会北平分会代理委员长，黄绍竑任参谋长，仍然秉承一面抵抗一面交涉的既定方针，处理华北军事、外交事务。在外交上加紧活动，争取国际联盟制裁日本，在军事上对长城的古北口、喜峰口、独石口、冷口采取一些军事防御设施，想依靠这两千多年的防御工程——万里长城，阻止日军入侵华北，保住平津，将原守长城各口的东北军撤下来，调到北宁线天津以东整顿布防。以傅作义部防守独石口，以徐庭瑶第十七军的黄杰、关麟征、刘戡三个师进驻古北口。喜峰口防务由西北军宋哲元的第二十九军担任，孙殿英部守多伦，以牵制日军后方，这种布防分明不是进攻，而是坐着挨打的阵势。三月三日，日本关东军占领承德后，即分兵南下喜峰口，原退集喜峰口的万福麟部东北军，即撤入口内。三月九日，喜峰口被日军占领，调往喜峰口的第二十九军宋哲元部的主力，尚在遵化，只有先头部队冯治安一个师于九日黄昏时到达喜峰口，乘敌不备，用大刀进行夜袭，杀死很多日军，当夜夺回喜峰口，这是长城各口之战唯一的一次胜利。日军另一个师团向古北口进攻，关麟征的部队尚未到达，原驻古北口的东北军王以哲部曾往抵抗，但节节败退，于三月十一日古北口被日军占领，待关麟征到达，虽经反攻，也未夺回。敌已迫近长城，若被突破一口，即牵动全线。我防守石门寨这个阵地就形成突出，如冷口有失，敌人就可以直下滦州。喜峰口不守，敌人就可以占丰润，下唐山，后路就被敌人截断。军分会总部考虑到此种情况，于三月十二日，命令我部撤至滦河西岸，破坏滦河铁桥，靠滦河部署阵地。这一措施，当时曾受到报纸舆论的谴责，认为这是屈服于敌人的压力被迫撤退。何应钦在招待记者谈话时，特为此作了解释，说明系战略转移，非屈服于日军压力。

三月下旬和四月初旬，敌人先后向我石门、石门寨、界岭口、青山口、响水、里峪沟、海阳镇等阵地多次猛攻，经过大小战斗二十余次，有的敌人被击退，有的是反复战斗，形成拉锯战。尤以界岭口、石门寨两地，最为激烈，敌我均伤亡惨重。这时，我主力奉命撤至滦河之后，总觉得我的主力始终未得与敌人一拼，心有未甘，于是又有拉回北戴河之线之事。最后蒋介石又派我的老师黄慕松前来，苦劝我服从撤退命令，说我那样屡进屡退，阻碍了中日的和平淡判。这样我才再度撤至滦河西岸。这时，防守多伦的孙殿英部三万人，还有几万义勇军，经不起日本的威迫利诱，于三月上旬，不战而放弃多伦。长城各口除喜峰口尚在固守中，其余各口都被日军占领了。当时我的部队撤至滦河西岸，日军既进占抚宁、昌黎、卢龙等地与我军隔河对峙。后因敌人占领冷口及滦河上游迁安，我滦河西岸的阵地侧背已受到威胁。四月十四日，我指挥轻骑一部向石门敌人进行一次袭击，克复石门，并占领安山车站。但敌人的主力，却继续进攻喜峰口之侧背，唯一固守的喜峰口在危殆中。先是于三月间，蒋介石自南昌经石家庄、保定来北平，在居仁堂开了一次会（按指三月二十四日），我们这些将领都参加了，蒋除听取何应钦、黄绍竑汇报外，还指示："只能以现有的兵力，尽力抵抗，调兵增援是无法办到的。"他这时正在江西集中力量"围剿"红军中央革命根据地。他在北平停留了一天，就经保定回南昌去了。此来不是为了如何加强对日作战，而是逼张学良辞退，以何应钦取而代之，并对何面授机宜。此时何应钦根据长城各口之战失利的情况，下令宋哲元部撤出喜峰口，转至三河、平谷以东，何柱国、万福麟、王以哲部撤至宁河、宝坻之线。傅作义部于昌平、怀柔方面亦步步后撤。总之，由于蒋介石急于对日求和，于是命令我军后撤，以致防备空虚，日军步步进逼，迫近顺义，距北平只有五十多里，平津已在日军三面包围之中，最后以签订屈辱的《塘沽协定》而告终。

激战喜峰口

张樾亭※

九一八日军侵占我东三省后，又于一九三三年初侵略我热河省，热东情势紧急。此时，第二十九军军长宋哲元兼任察哈尔省政府主席，下辖三个师，即第三十七师，师长冯治安；第三十八师，师长张自忠；第一四三师，师长刘汝明。我任第二十九军教育处长兼第三十七师参谋长。第二十九军主力驻山西阳泉、平定、昔阳一带，一部由宋哲元带赴张家口。

一九三三年一月初间，北平军分会代委员长张学良令宋哲元率第二十九军集结冀东三河、蓟县、宝坻一带待命，旋令第二十九军进出冷口，策应万福麟军热东作战。一月下旬某日（记不清）第二十九军按第三十七师、第三十八师、第一四三师序列，向冷口前进。先头部队第三十七师赵登禹旅进抵三屯营子（遵化县城东约三十里），第三十七师王治邦旅进至遵化县城及其东约三十里之东原附近，第三十七师师部到达遵化县城东关，第三十八师、第一四三师依序列到达蓟县、遵化一带。第二十九军军部驻于蓟县城内。此时万福麟乘汽车到遵化城东关找宋军长，我对他说宋军长和冯师长赴北平军分会参加会议。我问他前方情形如何，万说："王参谋长景儒，你俩同学很熟，他就来到，你问他吧。"言毕万即赴北平。王参谋长继到，我即问前方情况。他说："我们的队伍败撤喜峰口，先头部队已进入喜峰口塞（喜峰口南三四里），敌军跟进，喜峰口的防务，我们无力担任。"他又问我见到万军长没有，我告他说："万军长刚走，转赴北平了。"王随即赶赴北平。

※ 作者当时系第二十九军教育处长兼第三十七师参谋长。

　　王参谋长走后，我即用电话将王所说情况报告了冯师长，并对冯说，似此情形，我军不能进出冷口了，请他就近请示军长和军分会迅速指示方略。冯回电话让我军速占喜峰口，阻敌前进，冷口方面则由商震军担任，嘱我即传令赵登禹旅长立刻出发，占领喜峰口，阻止敌人前进。时已日暮，我遂同第三十七师副官长张振华（兼后方勤务）乘汽车到三屯营子见赵旅长，传达冯师长命令，叫他星夜进占喜峰口，阻止敌人前进，预计次晨拂晓在喜峰口附近将必发生遭遇战，促其即刻出发。赵说即派王长海团立刻以战备急行军态势向喜峰口（距三屯营三十里）前进，他（赵）自己率其余部队跟进，他并希望后方部队迅速进集三屯营潵河桥（距喜峰口和三屯营均三十里）一带策应。我与赵登禹、张振华商定，赵旅长用电话将其布置的情形报告冯师长后，我再用电话请冯师长商同第三十八师张师长，令王治邦旅次日午前务必进出潵河桥应战，第三十八师主力到达三屯营子潵河桥之间策应，第三十七、第三十八师师部必要人员进驻三屯营子。得到冯师长同意后，我遂同张振华回遵化。张布置兵站人员于次日午前在三屯营子备好两师给养和子弹及卫生勤务等。当夜我同张振华率第三十七师师部要员进驻三屯营子，次日拂晓到达。

　　赵旅星夜出动，拂晓在喜峰口塞附近与敌服部旅团遭遇，展开了激烈的遭遇战，我军左翼喜峰口塞西侧山地棱线上的官兵受敌猛烈炮火，站不住脚，伤亡较重，一面作战，一面在棱线半崖石地构筑单人掩体，才减少了些伤亡。是日上午八九时，宋军长和第三十七、第三十八两师长均到三屯营子指挥作战。第三十七师王治邦旅赶到潵河桥归赵旅长指挥（赵资历较老）加入战线，激战多半日，我军伤亡几个营长和一些下级军官与士兵，稍退。赵旅长腿部受伤不退，仍旧督战。至日暮，战势稍缓，赵旅长才回三屯营医伤。第三十八师董升堂团赶到潵河桥。宋军长和冯、张师长及赵旅长商定，敌我激战竟日，为出敌不意，是夜由赵旅长（自告奋勇）率董升堂团，出潘家口（喜峰口西三十里）强袭敌人侧背，在喜峰口塞附近与敌对战之第三十八师全力，于是日夜袭当面之敌策应之。另选武技娴熟的士兵编成一个营，由某（忘其名）率领，找几个樵民猎手引路出潘家口，走间道，夜袭敌人炮兵阵地。布置毕，天黑均由潵河桥出发。

　　潘家口至喜峰口间，有一狭长谷地，两侧壁倾斜较缓，中间有几个村落在喜峰口侧背。敌人利用这些村落露营，有两个村落之敌被董团消灭，其余露营之敌知觉后，撤据侧壁上，拂晓时夹击我军，董团伤亡颇重。我夜袭敌炮兵阵地，消灭敌炮兵一连，均于拂晓后撤回三屯营子整顿。山谷敌我形成对峙局面，仅有局部的小冲突，多在白天，入夜平静。

第三十八师利用月夜接替了第三十七师的第一线防务，第三十七师王治邦旅集结于澈河桥附近，赵登禹旅集结于三屯营子附近整顿。

一九三三年三、四月间，敌人侵占我冷口及其以东长城各要口，同时喜峰口之敌以约一营的兵力袭占我右侧南北团汀（三屯营东约二十五里），赵登禹率队击退之，遂派王治邦旅副旅长何基沣率必要的兵力（数不详）为右侧支队，掩护我军右侧。

一九三三年三、四月间，热河方面之敌派秋山支队（步兵九个连，骑兵一个连，炮兵一个连，共两三千人）进出半壁山（遵化城北四十五里），强袭罗文峪口（长城要口，在遵化城北约二十里），与我军在罗文峪附近的刘汝明师激战，势甚紧急，第三十七、第三十八师各调一个团，出舍身崖口，归刘汝明指挥，挺击敌人左侧背。敌伤亡甚重，败退半壁山回热河（闻敌人曾在半壁山焚尸不少）。

一九三三年四、五月间，我军在滦河以东各军撤守乐亭、迁安间滦河西岸后，又向天津通县间北运河西岸撤退。在第二十九军右侧之友军沈克师亦撤走。时第二十九军孤立于喜峰口附近，与敌对峙，势难持久。北平军分会令第二十九军撤守通县城附近北运河西岸。

一九三三年五月某日夜，第二十九军第三十七、第三十八、第一四三师互相掩护向通县城附近撤退。撤退时与敌步兵未发生战斗，只在三河县城东七里草桥附近与少数敌骑兵一度发生掩护战。次日，到达通县城东关附近，担任该县城东南、北运河西岸防务。

《塘沽协定》签订后，宋哲元奉令回察哈尔省任主席，第二十九军开赴察哈尔担任该省防务。

二十九军在喜峰口的抗战

※

一九三三年的春天，第二十九军在喜峰口抗击日军。这是从九一八开始，日军在蒋介石不抵抗政策的纵容下，垂手而吞并东北进占热河以后，意外地在中国北部遇到有力的还击。我参与了这一战役，担任第二十九军前方指挥所的工作，亲历其事。现在把此役经过情况，概述如下。

一

一九三〇年，冯玉祥与阎锡山的反蒋战争失败后，冯所率领的西北军完全解体；只有一小部分退入山西南部，通过张学良的允准，被改编为第二十九军，由宋哲元任军长，驻防山西阳泉、辽县、沁县一带。第二十九军初编时辖第三十七、第三十八两个师。第三十七师师长冯治安，下辖三个旅，两个旅长为赵登禹、王治邦；另外一个旅，由刘汝明所率的残部编成，旅长为李金田，刘本人则担任第二十九军副军长的名义，事实上刘只指挥李金田一旅。过了一些时候，刘汝明被调任为暂编第二师师长，即以李金田旅扩编为师，仍隶属于第二十九军。第三十八师师长张自忠，下辖三个旅，旅长为黄维纲、佟泽光、张人杰。张人杰旅只是每月由第三十八师转发饷项，实际上该旅驻在晋南翼城，一切由张人杰自己主持。当第三十八师开出山西时，该旅并未随同开拔，后来就脱离第三十八师了。此外，第二十九军军部还有一些直属部队，在离开山西开赴平东一带接防的时候，全军有两万两千余人，除留守阳泉一部分

※ 作者当时系第二十九军第三十七师第一一一旅副旅长。

外，开到前方的约一万五千人。第二十九军在器械方面是极为窳劣的。全军约有三分之一的枪械，是西北军在反蒋战役溃败后遗留下来的，多数是汉阳造和三八式。还有约三分之一的枪械是由甘肃调出来参加反蒋战役的地方部队所携用的，大都是老毛瑟枪。再有约三分之一的枪械，其中一部分是第二十九军在编军以后，由自己的修械所陆续制造的，另一部分是从孙殿英那里买来的土造枪。枪械陈旧而复杂，弹药补充困难，有些也无法补充，如老毛瑟枪的弹药，各兵工厂早就不制造了。全军只有野、山炮十几门，重机枪不过百挺，后来从北平领到一些轻机枪，每连配备了两挺。步枪上没有刺刀，自己制造不了，就利用西北军原有的特点，打了些大刀，发给士兵用。枪弹奇缺，则多造手榴弹，以资补救。至于饷项方面，因为领不到全饷，每年能领到十个月的饷，就算不错，所以官兵们一般只能拿到六七成饷。以上就是喜峰口战役前第二十九军的情况。尽管如此困难，由于西北军有着刻苦练兵的传统精神，在军长宋哲元"枪口不对内"的口号下，在阳泉驻防不到两年的时间里，居然把这一支残破的部队，练得很有规模。同时，西北军练兵，一向以日本为假想敌，所以当第二十九军奉命开赴平东防御日军的时候，全军士气异常旺盛。在这以前，第十九路军在上海抗战时，宋哲元曾派我率领一个参观团到淞沪一带，参观作战情况，并将参观所得的材料，印发全军研讨，着重说明日军可以打败和能够打败的经验。这对于官兵们在战斗精神方面，起着一定的鼓舞作用。

二

一九三三年一月三日，日军占领山海关，热河吃紧，平、津震动，华北当局急调第二十九军移防平东。于是宋哲元以华北军第三军团总指挥的名义，指挥所部由山西开驻通州、三河、蓟县、玉田一带；总指挥部初设通州，继移蓟县，后来设在遵化。由于国民政府始终坚持不抵抗政策，华北当局对抵御日军的整个部署，丝毫没有准备，而只是千方百计向日军谋求妥协。因此第二十九军在一月二十日部队陆续到达平东的时候，竟没有继续奉到准备作战的指示。二月二十五日，日军陆空全面进攻热河，守军不战而退，不到一个星期，日军就以百余轻骑占领了承德。这时华北当局手忙脚乱，命令第二十九军，以一部分兵力出冷口御敌。宋哲元奉令后，命我率骑兵两营到冷口执行警戒掩护任务。另命王长海团开到建昌营，以为策应。

三月四日，我们到了建昌营，即遇沈克所率领的第一〇六师，遭到日机追击轰炸，从冷口向南溃退，枪炮辎重，遗弃遍地，凌乱不堪。我们就在冷口布防，扼守要隘，并帮助沈克收容溃兵。到了六日，第二十九军奉令防守冷口迤西至马兰峪止，长达三百余里的长城各口，其中包括董家口、喜峰口、罗文峪诸要隘，而将冷口交由商震的部队接防，于是我们就离开建昌营。七日我到了三屯营（三屯营在喜峰口南六十里），第二十九军在这里没有前方指挥所，师长张自忠、冯治安也已经到了这里。第二天下午，奉令接喜峰口的防务。喜峰口在遵化东北一百一十里，距离热河的平泉一百九十里，这里原由万福麟部驻扎，万部在热河的凌源、平泉溃败后，乃退保宽城、喜峰口一带阵地，士气沮丧，不堪再战，遂商由第二十九军接防。我在九日下午和副师长刘自珍到达喜峰口，口里口外驻有万部一个旅，我们和他们约好，我们的队伍在天黑以前，一定可以到达一部分，等我们的部队到了阵地，他们就撤至口内休整。我和刘自珍视察了阵地，决定把先头部队一个团放在口外约二十里的孟子岭，来确保喜峰口的安全。四点钟左右，我们刚从山上下来，前方炮声大作，从望远镜里看到万部纷纷由孟子岭方面退下，旋接报告，敌人服部、铃木两个旅团的步骑炮联合部队，中杂伪军一部跟踪南下，铁甲车十余辆开到孟子岭附近，万部抵挡不住，望风而逃。傍晚，敌人占领口上高地，居高临下，控制了口门。这时，我第三十七师特务营赶到，立即投入战斗，敌人炮火猛烈，该营又在洼地，营长王宝良率部争夺高地，中弹阵亡。王长海团随即到达，天已昏黑，双方在山上山下混战。夜间，我军由喜峰口的两侧，夺取高地，才把敌人压住，稳定了口上的战局。我将战况反映给在三屯营的冯治安，冯叫我立即到喜峰口南约二十里的滦阳城指挥。我到滦阳城，已过午夜，宋哲元由蓟县总指挥部来电话，询悉前方战况后，指示说"一定要坚守喜峰口，我已经调赵登禹、王治邦、佟泽光三个旅去增援，他们离你处约有百里，跑步前往，预计天明以前可以赶到"等语。

十日一早，赵、王、佟三旅先后到达滦阳城。此时，喜峰口我军一部分部队向后退下，赵登禹立即带队上去，将敌人堵住，赵的腿部受了弹伤。王、佟两旅分向左右两翼增援，战至上午十一时，东面王旅告急，西面刘景山团告急，陆续派队援应，转危为安。十日一整天，在喜峰口附近激战，几处高地，得而复失，失而复得，来回拉锯，杀声震天。我军士兵，多数都不愿携带步枪，因为背着步枪上下山地，行动不便，他们只愿多带手榴弹，提着大刀，便于杀敌。由于两军的士兵白刃相接，距离很近，因而日军的飞机、大炮，无法使用。十一日拂晓，敌人发动进攻，企图抢夺我军占领的山头，我军沉着应战，潜伏不动，待敌进至相距百米以内，突然出击，以手榴弹大刀冲杀，敌不得逞，遂以飞机大炮，轮番轰击。这两天多的战斗，双方的死伤都很重。晚间，我与三屯营张、冯两师长通电话，大家都感到如此拼杀下去，敌人器械精良，对我甚为不利，应当运用我军的特点，利用夜战、近战，出其不意，予以袭击。遂请得宋哲元的批准，决定采取迂回夜袭的战术，把第一线正面交给王治邦旅固守，抽下赵、佟两旅分两路包抄敌人。一路由赵登禹（赵在十日攻击敌人时，腿上被炮弹片擦伤，这时自告奋勇，裹伤出发）率领董升堂团及王长海团，从左翼出潘家口，绕至敌右侧背，攻击喜峰口西侧高山之敌；一路由佟泽光率领李九思团及仝瑾莹团，从右翼经铁门关出董家口，绕攻敌左侧背，攻击喜峰口东侧高山之敌；王治邦旅俟赵、佟两路袭击得手，即行出击。部署既定，夜半，两路分头出发。赵旅出潘家口，距目的地较近，拂晓前即到达敌特种兵宿营地区。这一带地方和喜峰口内外，在八日这一天都下过雪，到处还结着冰，官兵深夜在冰雪中急行军，情绪非常高涨。董团到达三家子、小喜峰口，王团到达狼洞子及白台子敌炮兵阵地。敌人万万没有想到我军竟敢雪夜袭击"皇军"，他们正在高卧，不及还击，多数被我军砍杀。夺获敌人的大炮、坦克车，无法携回，都予以炸毁（只携回炮镜和轻武器等），辎重粮秣悉予焚毁。此时，驻在老婆山的敌人看见火光冲天，知道有变，驰来应援，敌我两军，遂相混战，适佟亦已到达，将敌击退，仍由原路而回。此役毙敌甚众，击死敌指挥官一人。我军也伤亡很重，官长阵亡者计团附胡重鲁，营长苏东元，连长二人；受伤者团附一人，营长二人，连长七人。敌既受创，十二日喜峰口沉寂了一个上午，下午敌机四架到喜峰口、滦河桥等处轰炸，投弹二十余枚，我军略有伤亡。董家口方面在十二日晨，有敌来犯，经我军击退。这一带的战事，从九日下午开始，经过七昼夜的激烈战斗，我军坚守阵地，未被突破；此后，两军对峙，不时有些接触，战事重心，由喜峰口移到罗文峪方面去了。

罗文峪在遵化北十八里，东北距喜峰口一百一十里，其地适当喜峰口与古北口之间的长城凹入处，倘被敌占，则喜峰口的左后方受到威胁，势必无法站脚，不战自退。因此，我方在这方面驻有刘汝明师担任防务，并与原驻口外的东北军李福和的骑兵第五旅一部取得联系，互为策应。不料当日军由热河向罗文峪挺进的时候，李部骑兵擅自向西撤退，也不通报我军。幸而当地民众激于爱国热忱，连夜向罗文峪我军报告日军南犯的消息。与此同时，我军在罗文峪口外，抓获一名佐官阶级的敌探，在他身上搜出文件，知道敌人从朝阳、平泉、滦平一带，抽调第三十一联队、第八联队协同一部分伪军，经由兴隆县东北六十里的鹰手营子进犯罗文峪。我军得悉情况，严阵以待。十六日拂晓，敌人先头部队沿半壁山向罗文峪进攻，企图夺取三岔口高地；我军祁光远团跑步绕出黄崖口，予以截击，经激战后，敌始退去。第二天，敌大举向罗文峪、山渣口、沙宝峪进攻，炮火猛烈，并有飞机助战。我军诱敌迫近，突出阵地，猛掷手榴弹，肉搏冲锋，反复冲杀。战斗竟日，阵地得失数次，我方复调李金田旅增援。傍晚，敌向鹰手营子方向退去。此役敌伤亡甚重，有少佐指挥官一员被我军击毙。十八日晨，敌步骑炮混合部队约一个联队之众，猛攻罗文峪、山渣口、沙波岗。刘汝明师长亲率手枪队督战，以机枪手榴弹抵御，待敌接近，挥刀砍杀，活捉其骑兵大尉一人，余众仓皇退去。至午刻，敌复向山渣口进攻，步兵在猛烈的炮火掩护下，向我阵地两侧挺进。我军李金田旅长率李曾志团，祁光远团长率王合春营，先后驰至增援，战至天黑，将敌击退；敌损失甚巨，我李曾志团长受伤，王合春营长阵亡。是夜，我军派李金田旅长率兵一团由沙宝峪口绕攻敌侧背，连越七个山头，摸至敌的机枪阵地；相距四五十米时，被敌觉察，向我军猛烈射击。适祁光远团由左翼绕攻敌后，亦已到达，合力攻入敌阵。此时，正面我军见敌后业已打响，急令全线出击，前后夹攻。战至天明，敌全部撤退，罗文峪北十里以内，已无敌踪。

罗文峪战后，敌人又从喜峰口西边进攻了几次，均未得逞。四月初，敌经由南北团汀，到达滦河桥以东距三屯营约十里之处，经我军迎击，敌始退去。此后，第二十九军在防区里筑成坚固的阵地带，敌从任何地点进攻，都须付出较大伤亡的代价，而第二十九军自作战以来也有很大伤亡，计全军官兵伤亡共达五千余人，因而战事逐渐形成胶着状态。四月十一日，敌人从商震所部第三十二军防守的冷口攻入，接着迁安又告失陷，第二十九军在喜峰口腹背受敌，不得不转移阵地，随即奉令撤至通州以东沿运河布防。在撤退的一个夜间，蒋介石驻北平的代理人何应钦以电话向第二十九军参谋长张维藩询问前方情况。张答："我军已经按照命令，到达指定地点，严阵待敌。唯右翼防地的商震部队，联络不上，现在我军右翼距通州二十余里的地方发现敌人。"何闻讯大惊，以为敌兵迫近，北平危急，立命备车南逃；旋悉战争形势没有继续更恶化下去，始罢。不久，南京国民政府与侵华日军签订了《塘沽协定》，震动一时的长城抗战，就此结束。

夜袭喜峰口敌后

董升堂※

一九三三年春，敌侵占朝阳后，继向承德窜犯，以植田混成支队第二十七、第二十八联队沿凌源、喜峰口、遵化大道攻击前进。是时，我陆军第二十九军已在遵化、蓟县、宝坻地区集结完毕，指挥部驻遵化城，先头部队第三十七师第一〇九旅（旅长赵登禹）驻潵河桥，第三十八师（师长张自忠）先头部队第二二四团（团长董升堂）驻石门镇。三月初旬，东北军即纷纷向关内撤退，三月十日晚，日军尾追东北军逼近喜峰口。眼看这一重要关口即将沦于敌手，我赵登禹旅行动迅速，由潵河桥（距喜峰口三十里）飞步快跑，先敌占领喜峰口孩儿岭与敌先头部队遭遇，一阵白刃交锋，将敌击退，我军才在孩儿岭站稳阵地。

当赵旅与敌激战时，我团由石门镇急行军，一夜跑步前进一百多里，拂晓前到达潵河桥，沿滦河右岸布防，为赵旅的第二线阵地。继而进据滦阳城，为赵旅的预备队。是时赵登禹奉命为前线总指挥，已与敌激战两昼夜。部队遭敌飞机大炮轰炸伤亡一千多名，赵登禹旅长亦受伤不下火线。

三月十二日午后，赵登禹召集前线团长会议说："我军装备差，火力弱，有兵无枪，有枪缺弹，只是每人大刀一把，手榴弹六枚。现在我们仅仅与强敌对战两日夜，就被敌机炮轰炸损失两个团的精华，我全军共有十个团，照此下去，只能与敌对战十日。我决心绕攻喜峰口敌人后方，痛痛快快地与敌人拼个你死我活，叫他们知道我中华民族，还有坚决不

※ 作者当时系第二十九军第三十八师第二二四团团长。

268

死的勇敢部队。但本旅两日夜来，已伤亡一千名以上，力量不够，需要友邻部队派一团的兵力帮助……"我听到这里，毫不犹豫地举手大叫："我团愿同旅长去喜峰口敌后，与侵略者拼！"赵说："很好，很好。你团立即做好出发准备。把炮、重机枪、驮马、乘马一概留下，归正面王旅长指挥，你就带步兵由滦阳城出发，沿滦河左岸潘家口，你团走内弧，我旅走外弧，攻击开始后，攻到哪里，均以放火代报告，互相联络。"

我受命后，于三月十二日黄昏带领轻装步兵，沿滦河左岸纤工走的山腰上的小路，向潘家口前进。是夜皓月如镜，风清夜静，山巅上白雪皑皑。我们在向导指引下，走的是樵夫打柴的羊肠盘道。斩荆断棘，爬过摩天岭山坡，出了潘家口，就把三营步兵以反"品"字队形，展开前进。并下达命令只准用大刀砍，手榴弹炸，非到万不得已的情况，不用轻机枪和步枪射击，以歼灭敌人为第一，虏获战利品为次，因为在这样交通困难情形下，战利品是很难带回去的。

出潘家口约行数里，二十四时到达小喜峰口附近三家子、前丈子，便是日军骑兵的宿营地。满街是马，敌兵正在鼾睡。我军冲入房中，即挥大刀，掷手榴弹，打得敌人措手不及。随即放火与友邻联络。敌人发现我军，慌忙组织反扑。战至次日凌晨二时，我团向前后丈子以北地区攻击进展中，与赵旅部队取得密切协同，打得敌步兵第二十七、第二十八两联队惊慌失措。我军乘敌混乱，挥舞大刀，砍杀不少敌兵。虏获的战利品，凡不能携带走的重武器，均以集束手榴弹炸毁之。日军自侵占我东北四省以来，没有遇到这样顽强的抵抗，所以夜间都是脱衣大睡，警戒疏忽，骄满万分，轻视我中华民族。受此打击后，敌人都戴上钢盔，预防大刀砍头。这次夜袭，我方虽有伤亡，但摧挫了敌之锐气，粉碎了植田支队拂晓攻击潘家口之企图。

在袭击喜峰口外敌人的同时，赵旅长还派特务营长王宝良由右翼绕至敌后方，截断凌源至喜峰口的交通要道，并相机截击溃退之敌。激战中，敌植田支队长果然乘汽车由此路后退，被我王营的伏兵击毙。当时的日本报刊也不得不承认喜峰口之战是"皇军"的奇耻大辱。

长城抗战中的第四十军

齐向明[※]

　　一九三一年十月，我从南京中央军校来到河北省河间第四十军庞炳勋部第一一六旅陈春荣部任旅参谋长。

　　一九三三年一月，日军占领山海关，入侵华北之势迫在眉睫。部队纷纷开赴冀北，准备迎敌。商震、宋哲元、东北军部队外，庞部也是参加抗日的一个单位。一月底开到芦台附近，面向渤海方向构筑防御工事，把平日训练的筑城作业，实际运用于作战工事，严阵以待。天津各界代表组织慰劳队，参观照相鼓动宣传；张学良派代表视察、指导，对庞军表示满意。至于庞炳勋本人则经常住在北平，很少到前方，偶尔一次来看，总是来去匆匆，不大停留。他表示，部队有副军长马法五和各级负责人负责，他非常放心，用不着亲自指挥；他必须经常在北平和上级保持密切联系，可以给部队要东西，因为我们是"杂牌"军队，一定要讲求交际。当时大家都认为军长有办法，对他也很信任。据尔后了解，他之所以留在北平的主要目的，并非完全为了部队办事，更多的精力是搞私人生意。当年军阀的资本大部都是两套：一套是军队，另一套是钱庄银号。军队发展可以升官，军队垮台可以发财。庞炳勋长期留恋北平，正是为了经营生意，作为以后富翁生活的源泉。

　　日军压迫到长城一线，长城各关口战事打得激烈起来了。商震部在冷口一带与敌周旋，作战中有许多手榴弹不爆炸，战士们不明了这是兵工厂的贪污腐败所致，反说是"天意"，其单纯愚忠，令人可笑。宋哲元部在喜峰口、罗文峪口打得相当出色，组织几次夜袭队，携带步兵轻武

　　※　作者当时系第四十军第一一六旅参谋长。

器、大刀，深入敌后，乘敌不备，大事杀砍，许多日军在睡梦中做了刀下鬼。该军前后消灭敌一个多联队，炸毁敌大炮战车，获得了辉煌战果，震动了敌军。

第四十军开到滦河上游弯曲部策应长城各口，仍是做防御工事，没有与敌接触。战士们听到友军胜利消息，也跃跃欲试，一显身手，编出了几句顺口溜："第三十二军（商震部）打，第二十九军（宋哲元部）干，第四十军（庞炳勋部）在后边瞎胡转。"可以看出当时战士们抱着一团烈火般的抗日热情。

第二十九军宋哲元部在喜峰口一带打的是硬仗，和敌拼杀收到战果，同时该部伤亡很重，调到后方休整。第四十军接替了宋部防务，开到喜峰口至马兰峪口一线。陈春荣旅防守马兰峪、鲇鱼口一带。长城是我国古代的军事建筑，经几千年的历史演变，不断修葺，至今还保留着它的军事价值。考察长城的设计，利用地势，选定位置很好，山势北面陡立，南方徐缓，防御力强，以当时炮火为标准，尚有足够的抗击力。由于就山势接连为城，它的侧防机能也很好。高处设有烽火台，既便于瞭视附近敌情，又可作烽火信号传播远方。在交通要道的山谷设立关口，平时便于稽查出入，战时即为驻守防御重点。口外有较宽的谷底，可以集结兵力，口对面有横亘山头，直接掩护关口，形成天然屏障。我国古代军事家的精心创造，实在令人钦佩。我在马兰峪和鲇鱼口反复侦察，发现最大缺点是纵深太浅，对现代战争的防御尚感不足。我们就把兵力向前推进，在口外构筑数层防御工事，加强纵深，谷地构成斜交阵地，以利交通和支援。正是春暖花开的季节，在鲇鱼口内有明代守边名将戚继光驻扎的遗址，有温泉从古寺中流出，戚继光修筑的"曲水流觞亭"还保存着。泉的温度很高，带硫黄气味，浴池用石块砌成，入浴前需加冷水，方能适合。部队在工作疲劳后结队洗澡，非常适意。因此我们在防守长城时期是紧张而愉快的。

在长城防御时，除每天做工事外，派侦察人员探敌，数十里内无敌迹。忽传东线被敌突破，长城被切断，奉到上级命令撤下长城。此时由东向西长城之线已席卷南退。第四十军退到东陵南侧，敌先头部队已追上来，我旅就地登山展开，阻击敌人，掩护友军刘芳圃旅撤退到一日行程布防，再由刘旅掩护我旅夜间后撤。即此交互掩护，安全有秩序地后退。在阻击战中，敌利用优势装备疯狂进攻。战士们对敌坦克的特点在平时训练时已有思想准备，因此敢于近敌跳上敌坦克，因缺炸药，亦无法毁坏敌坦克。平射炮口径太小，即令击中敌战车，亦不能穿透装甲，仅能用射中声响威吓敌人不敢前进罢了。因缺少地雷和炸药，只能埋迫击炮弹来威吓敌人的坦克，迟滞它的前进。因战士无钢盔，山上作战的战士受到敌炮弹破片炸伤的特别多。不过我们终于安全退到通州，损失甚微。

抗日救亡是全国人民的意志。伟大的中华民族，素有反抗外来侵略者的传统，抱定宁死不屈的决心，广大群众是坚强的。第四十军驻在通州北京之间休整，士气依然很好。战士们对这次抗日如此结束，很不甘心，怀着满腔怒气，抱着新的希望。

五十三军长城抗日记

杨正治※

一 热河国防阵地的侦察

一九三一年底，锦州沦陷之前约半月，在那里的文武两行署"辽宁省政府行署"和"东北边防军司令长官行署"（我曾任行署副官处少将处长）一同撤销。我回到北平，充当"北平绥靖公署"少将参事。一九三二年春，随着商震所率的校阅团（商是校阅委员会的委员长，我当校阅主任）去到冀中的高阳、肃宁、河间、安国等处校阅各地驻军。庞炳勋部两个旅和沈克的一个旅，说是准备抗日。同年夏六七月间，张学良派我率领以步炮工三兵科军官——李树桂、宋学礼、王德新、阎盛华等二十余人组成的地形侦察组赴热河境内侦察地形，选定国防阵地，以做抗日的准备。我们由北平乘汽车出发，经密云石匣出古北口。长城自东来经古北口随山势高低蜿蜒西去，于此筑有套（瓮）城以为侧防。居民住户在口内。口系两山峭壁对峙形成，有如人工劈山凿开者然。这一带地形险要，北面陡峻，守易攻难。溪河（潮白河支流）经长城脚下北向流去，无缺水之患。当天经滦平，涉滦河到达热河省会承德。承德建有避暑山庄，为清帝避暑和狩猎之处。昔为都统署所在，这时系热河省政府。围场内有"八景"，其中有温热泉水汩汩流出，热河之得名源于此云（辞源作武列水而我们当时所见如此）。

我于承德旧行宫见过热河省主席汤玉麟后，他派员招待我们，并通

※ 作者当时系第五十三军副军长，代理军长，兼第一〇八师师长。

知了各县、乡、镇地方官吏，对我们这一侦察团给予便利和保护。于是，我按照出发前"绥署"参谋长荣臻在地图上计划和初步决定的阵地线，与余组人员共同研究之后，就雇了二十几头毛驴乘骑和驮着行李出发，跋山涉水，走乡村，钻山沟，攀峭壁，履巉崖，对照地图，描绘现地地形，并以照相作补助来选定何处可以作为步兵阵地线，何处可以作为炮兵阵地，以及进入阵地的通路和战场交通等情况，皆一一绘在图上。沿途所经各村镇，哪儿可以驻多少队伍，哪儿可以补给粮秣、供应柴草，给水情况以及民间车马可征发的程度，后方交通通信情形等等，都一一记载，或加以说明。如此奔波两个多月，分别绘就整个的或部分的要图，重要的地方还附贴上照片来显示现地实况。回忆一下那时所到之处，则为承德—上（下）板城—新杖子—榆树沟—沟门子—叨尔登—莽牛营子—黑山科—百牛群—汤道河—双山子—大杖子—肖家营，进冷口，经建昌营、迁安到滦州车站，然后乘火车回北平。在上述各地侦察的结果，选定了三道防线，其中包括在五指山（标高或为一六七七米），主观上认为这里较为适当，或较为重要的防线。

我所率侦察组的成员系由各部队（机关）临时调用的军官，回到北平后，解散组织，各回其原单位。我见过参谋长荣臻和张副司令（学良）陈述热河侦察经过，呈出所绘制的几份要图和长篇说明书，张交有关单位核议办理。若干日后，我又见张学良。据张言，所选三道防线，大致可用，唯经有关单位的核计，如构筑这三道防线（仅做野战工事，加上交通设备）至少需要十几万元，曾经和宋部长（行政院院长兼财政部部长宋子文，当时正在北平）商谈过，他说："不必吧！以免打草惊蛇。"所谓准备热河抗日，如是而已。

二　张学良、宋子文联袂到承德

我从热河回北平不到三天，即奉张学良之命，再度出古北口赴热河，与汤玉麟商谈增派东北军和其他军队进入热河的问题。到承德那天下午七时，汤玉麟就约我到他的衙署内吃晚饭。饭后，我首先打开话匣子，从国际形势——"国联"不可靠，日军要吞噬全中国；谈到国内形势——全国人民纷纷要求抗日，东北各地义勇军风起云涌地组织起来，我们若不抗日，就站不住脚。东北军或其他军队（宋哲元、庞炳勋、商震等部队）必须开一些队伍进热河，与热河的军队共同作战，若果单靠热河一方面来干，就会被关东军白白吃掉，弄到丧师辱国……这一些话，老汤哪里听得进耳，借着酒兴，大发牢骚，说："张汉卿对不起我，没把我这老辈瞧在眼里，光听小话，给我穿'小鞋'。我姓汤的总算对得起老张家，对得起良心吧！"这老家伙越说越上火儿，我紧紧地插言道："主席！请您别多心。副司令如果不把您老瞧在眼里甩了的话，就不会专派我来向您老领教，请您老想办法了！……"以下我又说了些国家利益、民族存亡的利害等等，汤仍是听不进去。于是我变更了谈话方法，对汤玉麟说道："你老知道桃园三结义的故事吗？"汤答道："那谁不知道！"我继续道："好嘛！人生在世，忠义为本，你老跟张大元帅（张作霖）是把兄弟，结过兰谱，难道没有想到义气二字吗？张大元帅死了，现在您不扶保他的儿子（学良）创立基业，还要拆他的台，这算哪一份儿？刘玄德临死告诉诸葛孔明说，我的儿子阿斗不成材，可辅则辅之，不可辅则取而代之。孔明终于鞠躬尽瘁，死而后已……"汤连道："是，是，是！"我看这老家伙吃硬不吃软，又紧盯一步地说道："我生在湖南，长在东北，东北是我的故乡。以我的省籍和学历，九一八之后，我若回到南方，不愁找不到一个少将当。我现在还待在这里没走，一方面是感到十年来受老张的恩惠，不忍见利忘义；一方面觉着日本侵略这份窝囊气难受，要跟它拼一拼。难道你老愿意受这股子闷气吗？难道你老还不如我这小孩子吗？……"这一席话，果然生效，汤的所谓郁气，逐渐舒展下来，连说："对，对，对！"接着问我道："那你看该怎么办呢？"我答道："那只有听副司令的指挥，有事大家商量，和衷共济地去办。"汤即接言道："是啊！我有许多事要同副司令当面商量，就是忙得挪不开身。"其实他是不敢去北平，害怕张学良扣留他。我说："那不要紧，只要你们老二位肯携手，我回去请副司令亲自来一趟。"汤喜出望外地站起来说道："真的吗？那好极啦！"于是我同他达成初步协议：东北军或其他军队，为了抗击侵入热河境内的日军，可以从长城各口开进热河东部，而不直接开入承德附近。这显然是怕端他的老窝。于是，汤玉麟派刘参议偕我于翌日回到北平，刘算是汤的"迎驾代表"。

当我回到北平向张学良复命，陈述同汤玉麟谈话情形时，张表现惊异和欣慰。当我要求他"枉驾"前去与汤会谈来解决一切问题时，他不假思索地欣然应允说："可以！"并且还说要邀宋子文同去。当时我也忖想有此必要。因为与汤玉麟会见之后，汤必然提出要钱，那就与这位财政部部长相关啰！所以我当时也说："很好！"

我回到北平的第三天，即陪张（学良）宋（子文），带着随从官员和卫士二十九人，分乘五六辆汽车浩浩荡荡由故都北平赴热河省会承德。先日得到电报的汤玉麟，届时率其所属文武官吏与地方士绅，在森严警卫下，郊迎了十几里，同到热河旧行宫，假往昔清帝观剧的戏台前厅大排筵宴。汤于席间简单致欢迎词，表示愿意在张副司令的领导下来共同抗日。张亦说了些希望大家"和衷共济，上下团结，努力抗日，打回老家去"的话。宴罢，到汤的衙署内下榻。当晚，张、宋与汤作长时间谈话，汤要钱（数目不详）要械弹，多多少少达到愿望。汤答应东北军或其他部队可以从河北东部长城各口（义院口、喜峰口、冷口等）开入热河东境，以防止日军入侵。翌日游览一天。第三天清晨，我仍陪张（学良）宋（子文）等人乘汽车从承德回到北平。

三　北平军委分会成立与榆关失守

一九三二年夏末秋初，"北平绥靖公署"改组为"军事委员会北平分会"，张学良以副司令头衔充当分会代理委员长。整个军委分会的编制和人员，大致如下：

军事委员分会委员有万福麟、荣臻、刘一飞、周濂、鲍文樾、邹作华、张作相、汤玉麟等。

总参议万福麟，参谋长荣臻，秘书长王树翰，办公厅主任鲍文樾，副主任叶弼亮（乃忱）。

第一处（参谋）中将处长王以哲，少将副处长陈钦若（篠秋）。辖：

第一组（谍报）少将组长杨正治（安铭），上校副组长齐家珍（亚铎）

第一科上校科长陈昶新

第二科上校科长刘广仁

第二组（作战）少将组长金元铮，上校副组长何宏远。

第一科上校科长杜长龄

第二科上校科长于凯

第三组（交通）少将组长蒋文武，上校副组长周永业。

第二处（军务）中将处长周濂，少将副处长冯秉权。辖：

第四组（航警）少将组长宋武善（庆馀）

第五组（人事）少将组长张金相

第六组（军械）少将组长马北琦

第七组（马政）少将组长曾广麟（绥卿）

第八组（军医）少将组长刘荣绶

第三处（总务）中将组长黄师岳，少将副处长高胜岳。辖：

第九组（军需）少将组长沈振荣（百莆）

第十组（航空）少将组长徐英（泽普）

第十一组（外事）少将组长沈祖同

第十二组（军法）少将组长颜文海（百川）。

这年十二月上旬，日军炮击榆关，后来经过交涉，对方以"误会"二字搪塞敷衍个把月，及至一九三三年一月一日，日军进攻山海关，三日临榆失陷，全国震动，这才知道日帝的狼子野心，并不以霸占东北三省为满足。此时全国上下纷纷要求抗日，各地慰劳团体到榆关，以金钱物品对前线将士进行慰问者肩踵相接。张学良亦派我到海阳镇何柱国的司令部慰问，并了解情况。当晚，我与何在长谈中，谈到沈阳兵工厂丢失，械弹没有来源；蒋介石对东北军未予补充，兵源枯涸；宋子文不肯拿出钱来。人、财、物三者俱不凑手，这个仗怎么打呢？不过，当时何柱国由于抗日气氛的压力和各地慰劳团体纷至沓来的鼓舞，想做个抗日英雄而表示要尽现有家底儿干一下。这时何所统率的部队，因为他充任临永警备司令（警备区域为临榆、抚宁、卢龙、昌黎、迁安五县），除了自己原掌东北军步兵第九旅外，还有步兵第十二旅、骑兵第三旅和炮兵第十三团（原炮七旅）。尽管他想干一下，可是三天丢掉了"天下第一关"，退守长城义院口至北戴河一线。这是热河战前的一般情况。

四　热河沦陷

一九三三年春节（元月二十六日）过后，日军从辽宁省锦（州）朝（阳）路侵入热河东境地区的谍报传来，北平军委分会的人们着了慌。二月上旬某日晚饭后，张学良召我到他的官邸，先领我看看放在他的卧室外间刚从外国买来的电气操纵高射炮，然后入其卧室，对我说道："日军真的要打进热河来了，我们不干不行啦！我请示了委员长，先成立华北第四军团，辖第五十三、第四十九两个军，派万福麟当军团总指挥，打算派你当他的参谋长（中将）兼第五十三军副军长。不过，老万一下不能离开北平，你去指挥队伍，第五十三军和宋明轩（哲元）的第二十九军摆在口外热河东部，第二十九军在右，第五十三军在左。你跟荣参谋长研究一下，这两个军的队伍怎样协同作战？中间不要发生空隙才好……"

一九三三年二月，根据军事委员会的指示，东北军的旅一律改称为师。即于原来独立旅番号之前加上一百，如独立步兵第八旅改称为一○八师，事实上无所增减。此时开出长城口外进热河东境的有第一一六师、第一一九师、第一○八师和第一二九师、第一三○师等。这几个师均归第四军团指挥。三月二日，我带着少校参谋赵金铎、刘清昶二员及随从

277

副官一名出发，乘火车离北平，先到海阳镇与新编的第五十七军军长何柱国晤面，了解该军各部队——第一〇九师（何兼师长）、第一二〇师（师长常经武）、第一一五师（师长姚东藩）以及骑炮兵各一部布防情形，获悉宋哲元的第二十九军尚未出口，现在口外布防的只有东北军上述五个师，各配属些山炮。第二天，我离开海阳镇到昌黎县，县长替我们雇了毛驴，骑着出义院口。当晚抵达龙王庙，第一一六师部与该师师长缪澂流相晤，就地图研究了该师各团的部署情形。对于日军方面，只知道它已经在我军正面前展开，准备向我进攻。至于它的兵力和部队番号，还是模糊的。翌日，改换乘马出义院口，经行崎岖起伏的山道，当天黄昏，我们抵达距龙王庙约七十里的喇嘛洞，与第一〇八师刘元勋团长相晤。据称：东北军各部队开抵热河境内后，由于天寒地冻，积雪没胫，阵地工事构筑困难，只是简单地挖掘些个体散兵坑，很少掘成正式的整然的散兵壕。因此，对于固守没有很大把握。这几日来，前线除了担任搜索的小部队与日军不断交火外，还没有大规模的激烈战斗。刘团团部架有电话线同第一一九师和第一〇八师（两师部在一起）相通。当晚，我与两师长孙德荃、丁喜春在电话中作了长谈，了解了他们两师的部署情况，因而约定他俩于翌日正午前在公营子（凌源县南）相会，以便调整其部署。第二天拂晓，我带着官兵二十几人于大雪纷飞中由喇嘛洞出发北进，及午时左右，行至距公营子约里许处，忽闻汽车马达声，继见公路上有汽车从东向西驶，车上插有日本旗，隐约见日军大兵坐在车内，枪支竖立于车缘外，才悟到我军早已退下来，日兵正乘汽车追击。这条公路系锦（州）朝（阳）路的延长线，经公营子南侧西去再北折经凌源西行，可直达承德，日军的目标显然是直取热河全省政治中心的承德。事后才知道凌源方面的第一二九师（师长王永盛）和第一三〇师（师长于兆麟）未经激烈战斗而撤退，日军当天就侵占了承德。汤玉麟弃守承德，宣告热河沦陷。

当天下午我们被困于公营子北山沟里，除焦急外，一筹莫展。对于热河"抗日"如此结局，以为是幻梦，但事实如此，徒唤奈何。黄昏后，雇了一名乡民当向导，连夜向山嘴子追赶。翌日上午七点左右，到达山嘴子，会见了孙德荃和丁喜春，得知第一〇八、第一一九两师也被打散了。

一日之间垮了四个师，沦陷了几百里国土，实在是骇人听闻的事情。我们在山嘴子待了一天，于当日黄昏，偕同孙德荃师长带着那些残兵，用夜行军向河北属的都山县（在长城口外）撤退，以便据守长城线上。长城战役的序幕战，热河的沦陷，于此告一段落。

五　扼守长城界岭口东西各口子

一九三三年三月初，热河沦陷，出口抗日的东北军，退守长城线上。初时，只孙德荃所部第一一九师的步、骑兵各一团（另一步兵团于两日后跟踪而至）扼守长城界岭口及其以西三个无名小口。随后缪澂流率第一一六师由龙王庙、喇嘛洞等地也退进长城口内。我命缪师接守界岭口及其以东两个无名小口，以便与义院口的第五十七军部队衔接。如此部署就绪后，当将这部署情形，电陈张副司令（学良）。旋得复电：指定"以第一〇八师、第一一六师、第一一九师三个师编为第五十三军，命杨正治代理第五十三军军长兼第一〇八师师长（丁喜春撤职）。"旬日以来，关于作战军的编组，至今才明朗化。

当我于长城口上把缪、孙两师部署就绪后，第五十七军军长何柱国派了一个步兵团（团长邱立崞）和一个骑兵团（团长杨常林）开到界岭口来找我，何并明示："如找到你就听你的指挥。"我除感谢何的好意外，并且将界岭口布置情况以书面交由杨团长转达给何。该两团暂时控置于第五十七、第五十三两军空隙间，作为第五十三军的预备队。后来，第一〇八师前来后，该两团才归还原建制。

六　张学良被迫下野及东北军的整编

一九三〇年夏（七八月间），蒋介石为了要张学良带兵进关，为他排除异己，俾免后顾之忧，而令其驻沈阳代表吴铁城追随张氏于葫芦岛，最后投下香饵，以第二把"金交椅"——"陆海空军副总司令"畀予张氏，那不过是为了一时利用罢了。贵之贱之，翻云覆雨，蒋早已打下了主意，机会一到，岂肯放枪。因此，这时把热河沦陷的责任，完全推到张氏身上而迫张下野，而且拐弯抹角地对张说："一只破船不能同乘两个人，总得有一个人跳下水。"张素爽朗，抱着"好汉做事好汉当"的态度，放下了兵权，离开了故都。一九三三年三月中，我由滦河边卢龙县城接充第一〇八师师长，并宣布代理第五十三军军长后，回到北平，已不及见张，只得他留下的一封亲笔信（分给前方各师长，系用照相影印的）勉励大家好好掌握军队，团结一致，努力抗日。张学良下野离开北平，到了上海，在外国医生监督之下戒大烟约一个月，然后出国赴罗马。此是后话。张离平之前，将东北军整编为四个步兵军及其他。计：

第五十一军中将军长于学忠。辖：

第一一一师董英斌（宪章）、第一一三师李振堂（绍晟）、第一一四师陈冠群、第一一八师杜继武。

第四军团上将总指挥兼第五十三军军长万福麟，中将副军长杨正治。辖：

第一〇八师杨正治（安铭）、第一一二师张廷枢（慰九）、第一一六师缪澂流（开源）、第一一九师孙德荃（星五）、第一二九师周福成（全武）、第一三〇师朱鸿勋（伯亭）。

第五十七军中将军长何柱国。辖：

第一〇九师何柱国，后为牛元峰（抱奇）；第一一五师姚东藩（振篱），后为熊飞（正平）；第一二〇师常经武（羡韬）。

第六十七军中将军长王以哲（鼎方）。辖：

第一〇七师张政枋（立衡），后为刘翰东（维之）；第一一〇师何立申（舆权）；第一一七师翁照垣，后为吴克仁（静山）。

另外，第一〇五师刘多荃（芳波）。辖：

第一旅谭海、第二旅霍守义。

第一〇六师沈克（公侠）。

骑兵：第一师张诚德（外号"夜猫子张"，系收编察哈尔土著队伍）

第二师黄显声（警钟）

第三师郭希鹏（鼎九）

第四师王奇峰

第五师李福和

第六师白凤翔

第十师檀自新（义勇军收编）

炮兵：第六旅王和华（协亭）配属于第五十一军。

第七旅乔方（芝轩）配属于第五十三军。

第八旅黄永安（大定）配属于第五十七军。

张学良下野后，蒋介石令军政部长何应钦（敬之）北来代张主持北平军分会。我回到北平，于中南海居仁堂见到何，报告热河溃退及长城部署情况后，要求补充兵员和械弹，何都满口应允，并令第一〇八师继续扼守界岭口。

七 长城各口的战斗和撤退

一九三三年三月上旬，第一一六师扼守界岭口及其以东两小口，右与原来在义院口及其以南之线占领防御阵地的第五十一军部队相连接，左与扼守界岭口以西三小口的第一一九师队伍相衔接。此时，商震（启予）所部第三十二军从后方开到，把守冷口及其两边的峪园口。商震还兼充第二十军团总指挥（上将），司令部驻在京榆铁道上的开平车站。在商军左方扼守长城喜峰口和罗文峪等处的为宋哲元（明轩）所部第二十九军三个师——第三十七师（师长冯治安）、第三十八师（师长张自忠）和第一四三师（师长刘汝明）。各师系两个旅（每旅三个团）和一个特务团的编制。我回北平见何应钦后，逗留两天即回前线。旋得何的电令，第五十三军归商震节制指挥。我又到开平见商震。

十日后，敌之步炮兵在其飞机协同下，开始对我军攻击。东北军虽名为"师"而只有三个步兵团和临时配属的山炮兵（营）连。步兵团能上火线的战斗兵不过千来名。长城线上除了正式的口子而外，坍塌的缺口不知若干。《孙子兵法》云："备左则右寡，备右则左寡，无所不备，则无所不寡。"因此，长城线上到处感到薄弱。"火力主义"的日军，是轮番以空中轰炸和地面炮击作战的。为了防备敌军冲入，充实阵线起见，第一〇八师未待整顿就绪，即由卢龙前来加入火线。不久，北平军委分会拨来重炮兵（十生的加农炮）一营（八门）归第五十三军使用。

各口开火个把月（四月上旬），把守冷口的第三十二军部队抵抗不住，而放弃了冷口，越过建昌营退守迁安。这一下子就使第五十三军左翼发生一大空隙，日军钻入，异常活跃。我向北平何应钦告急，说明第五十三军三个残破师俱已摆在第一线，没有控置预备队，无法堵塞左翼空隙。何乃派第一〇六师沈克所部和第一一七师翁照垣所部前来增援。但沈部行至沙河驿野鸡坨附近，说是因为某方情况紧急被追了回去，只第一一七师开到滦河东岸。我闻讯于某日黄昏由燕河营到卢龙城与翁照垣相晤。告以商军撤离冷口后，我无力堵塞两军间的空隙，只于某小山派了一个步兵连据守，以掩护第五十三军的左侧背。翁当即要求明日将第一一七师加入火线。我答道：在情况上现无加入火线之必要，暂作预备队，控置在卢龙附近吧！因为正面火线据守长城，居高临下，一时不易被敌突破。现下问题，不光是第五十三军正面，而关系到右边的第五十七军。如果第三十二军不能恢复冷口，日军以重兵包围压迫第五十三军左侧背，后边既有滦河横阻，那么，第五十三军和第五十七军两个军俱有被吃掉的危险。第三十二军、第二十九军也将难保。这是全局关系，不光是一个军的问题。翁才安心待下来。

某日我得何应钦的电报称：已嘱令第三十二军即日举行反攻，恢复冷口。我请示：如商军不能恢复冷口，第五十三军将如何处置？旋得何应钦复电指示："四月×日×时为止，如商军不能恢复冷口原阵地，则第五十三军可以撤离长城，退守滦河西岸之线。"一九三三年四月中旬某日拂晓，系商军预定反攻前进的日子。殊知到了那时候，丝毫没听到什么枪炮声。于是，我依据何应钦的电令，到了所定的时刻，就下令把第五十三军全部撤离长城各口，退守滦河西岸。同天，第五十七军也退过滦河。铁桥炸毁一孔，舟桥全毁。第五十三军退守滦河西岸不几天，即奉令与从古北口开来的王以哲部第六十七军换防，而撤至稻地镇南北一线，构筑第二线阵地，借以整顿休息。五六天后，日军继续进攻，第五十七军、第六十七军两军又由滦河岸退至丰润一线。我所亲历的东北军长城战役至此结束。

界岭口抗日

毋景周[※]

一九三三年一月，日军攻占山海关，二月间向热河进军，由于汤玉麟弃城逃走，致使日军兵不血刃占领承德，热河沦陷。于是敌气焰嚣张，三月间又大举进攻长城各口。在喜峰口、古北口、冷口各地，与我守军发生战事，因而长城线上，一时颇为紧张。

此时第一一六师缪澂流部奉命由防地杨村向长城以北之都山县前进。官兵听到有开赴长城抗日的命令，都喜形于色。因为东北军在东北事变之后，普遍有家乡沦陷、在外流亡之感，认为借此机会可以打回老家去，所以一路前进，士气极为旺盛。为了掩护本师右后方的安全，在界岭口、义院口各留一个营防守。其余江惟仁的第六四五团、刘元勋的第六四六团（欠一营）、田朝风的第六四七团（欠一营）和师直属四个特种连以及无线电队，统由缪亲自率领，向界岭口以北开进。这一路都是山区，行军至感艰险。刘团为全师先头部队，搜索前进，并设哨警戒，以备万一。行至都山东北二十余华里之龙头村时，发现在喇嘛洞处有敌一队百余人。于是刘团即停止前进，并向师报告敌情，部队随即隐蔽，以两个连占领两侧制高点，以一个营潜伏在道路两旁高地，待敌深入而堵击之。敌未发现我军，竟毫不警觉地进入我伏击圈内。我军出敌不意，顿时以机枪、步枪、手榴弹从四面俯射轰击，除杀伤外，俘虏敌人三十二名，缴获机枪、步枪、子弹、军用通信器材、土工器具等甚多。

经过这次战斗，士兵们看到了日军并不是所向无敌，更鼓舞了士兵

※　作者当时系第一一六师军械处长，代理参谋长。

们的斗志。我师遂将俘虏押送后方，在龙头村一带，择要设防固守，并将情况报告军部。

不几日，接到军长电令，大意是日军由山海关以西向长城各口进攻，我右后方受敌威胁，命本师撤至界岭口占领阵地。到达界岭口后，我师以江团占据界岭口左侧山巅，以刘团占据界岭口右侧山巅，各筑工事，准备阻击敌人，以吕团（此时本师参谋处长吕正操已接任第六四七团团长）为师预备队，师部驻抚宁县之抬头营。我军部署方才就绪，敌人即开始进攻，炮火甚为猛烈。由于我军的坚强反击，敌人当日未能前进一步。如此对峙了不少日子，我军不断地给敌以挫折，士气极为旺盛。

五月某日，忽然接到军长电报，令我师撤至滦西待命。缪师长接电后，大为愕然。全师于次日夜十时开始撤退，日军并未追击。到达滦西后，缪即赴芦台去谒于学忠、万福麟两军长。归来后召集本师各处长、团营长开会，说明此次奉命后退，是因为军委会北平分会正在与日军谈判，准备签订停战协定，将滦东划为非战区，所以我们的军队必须撤至滦西。与会人员听后，心中抑郁不平，纷纷说："这样看来，东北家乡是给日本人了，热河土地也没有收复之望了！这样下去，华北也危险。"我们第一一六师全体官兵，自东北事变以来，流亡于华北，无时不想收复东北的国土，好容易盼到了开赴长城、进军热河的命令，讵料竟以《塘沽协定》而告终，实在令人痛心！

第六十七军古北口及滦河抗战

李树桂[※]

一九三三年春，我在陆军第六十七军军部当中校参谋，仅就自己亲身经历的古北口和滦河两次抗日作战的梗概，分述如下。

第一〇七师青石梁作战

一九三三年三月三日，热河省政府所在地承德被日军占领后，平津震惊，人心惶惶。以张学良为代理委员长的军事委员会北平分会乃急忙给在古北口新编成的陆军第六十七军下达"务严饬所部在白马关、古北口、黑峪关沿线从速完成防御配备，以阻承德之敌南下"的命令。

当时第六十七军军长为王以哲，所辖第一〇七师（师长张政枋）在石匣镇及古北口一带，第一一〇师（师长何立中）在怀柔、顺义一带，第一一七师（师长翁照垣）在芦龙及滦河沿线，军部在古北口街内。

我军受命后，乃令第一〇七师以一部派至青石梁（火斗山）附近，以一小部派驻黑峪关附近；令第一一〇师进驻密云县附近，以一部派至白马关；并令两师限期完成防御工事，对承德、滦平方面之敌严加戒备。

日军占领承德后，即集结兵力西犯，于兵不血刃的情况下垂手而得滦平县，继向古北口方面进犯。

第一〇七师原为独立第七旅。九一八之夜，该旅在沈阳北大营遭日军袭击，因蒋介石命令"绝对不抵抗"，致使官兵束手待毙，终至狼狈撤逃。该旅官兵对日军的仇恨，始终未得伸展与报复，人人义愤填膺，国

※　作者当时系第六十七军军部参谋，后任第一〇七师第六二〇团团附。

难家仇与日俱增。如今受命开赴疆场，与敌军作战，都发下誓愿：决心痛打侵略者，以报仇雪恨。

第一〇七师以第六二一团（团长王志军）占领古北口通滦平县中间的青石梁前进阵地；以第六二〇团（团长王铁汉）在石匣镇为预备队；以第六一九团（团长赵镇藩）一部驻黑峪关，另一部担负第六二一团的侧背掩护；师部率第六一九团主力在古北口。均限期构筑工事，严密搜索警戒，阻敌进犯。

为使古北口及青石梁的阵地加固，我曾建议从速征集民间材料及砍伐大树百余棵，构筑比较坚固的掩体工事，以抵御敌机敌炮的轰炸。军部又将配属的山炮第十一团（团长陈旭东）的一个营转拨给第一〇七师，对青石梁前进阵地行支援射击。官兵们在春寒刺骨的气候下，掘开冻土与石岩，昼夜不停地赶筑工事。

正当我部队构筑阵地时，青石梁正面已发现少数敌骑窜扰，均被击退。敌飞机对古北口、密云县乃至长城各口，轮番进行侦察及投弹扫射，向未间断。对青石梁阵地更是频繁。

未几，敌以较大兵力向青石梁阵地猛扑，入夜配合装甲车继续进犯，均被我守军击退。我军士气更形激昂，许多人轻伤不下火线。对于来犯之敌，多俟其到我阵地前，始集中火力猛烈射击，予以重创。敌军地面进攻受挫，便以重炮向我阵地猛轰，并以飞机多架轮番向青石梁、古北口的既设阵地和古北口市街滥施轰炸，街内硝烟弥漫，房倒屋塌，阵地一部被毁。我军官兵及当地居民的伤亡日增，但士气并未因此而受挫，仍奋不顾身，勇猛杀敌。除以炮兵及集束手榴弹炸毁敌人战车外，又组成"敢死队"，手持汽油瓶，俟敌战车接近阵地时，一鼓而起，爬上战车，向车内投入汽油及手榴弹，燃烧炸毁之。前后共炸坏烧毁敌战车四辆，装甲汽车六辆。官兵士气更为振奋。

第六一九团的一个营，曾利用夜暗，向青石梁右侧山地迂回敌后，出其不意予以奇袭，杀伤敌百余名，胜利返回。

敌恼羞成怒，乃以空炮联合，投以大量炮弹、炸弹，向我阵地做毁灭性轰击，将我阵地大部摧毁。我第六二一团因伤亡惨重，乃放弃青石梁前进阵地，退守古北口长城沿线的既设阵地。

敌占青石梁阵地后，节节进逼，飞机狂暴地向古北口市街乱投炸弹。地方机关职员、家属随同居民集体后撤，沿古北口通密云县的大路上，扶老携幼，推车挑担者，络绎于途，家具行囊，弃置满地，道路为之堵塞。一幅流亡离难图，惨不忍睹！

当青石梁战斗方酣时，白马关、黑峪关方面也发现敌情。军部乃令第一一○师主力向前推进，严防敌由古北口两侧山地窜入。同时决定仍以第一○七师主力占领古北口长城沿线既设阵地，加固工事，准备展开激战。但不数日，第二十五师关麟征部前来接替防务，乃在敌炮火飞机轰炸下交接阵地完毕，入夜撤离战场，稍行整理，又连夜向滦河一线转进。军长王以哲率领必要的幕僚人员乘车先行，到达卢龙县第一一七师师部了解当时敌情，预作部署。余两师也于三月中旬次第到达该线。第六十七军在古北口抗战遂告一段落。

此役第一○七师第六二一团团长王志军以下官兵伤亡共五百余人，予进犯敌军以痛击。平津报纸大为赞扬，各界慰劳团送来慰劳品很多。北平军委分会也对第一○七师传令嘉奖。

滦河作战及后撤

三月末，第六十七军全部到达滦河附近。军部在沙河驿，命第一一七师仍担任卢龙县城以南防务；第一一○师守县城以北，左翼与第一○六师沈克部衔接，沿滦河西岸从速构筑坚固的防御阵地，阻敌西犯；以第一○七师为预备队，在野鸡坨南北构筑第二线阵地。各师均限期完成工事。

四月中旬，各部队阵地构筑将告完成，由榆关西犯之敌，先以骑兵及小部队作前导向我攻击，被击退后，又以优势兵力大举进犯。我军依托既成工事，屡挫顽敌，连续激战十余日，相持不下。

在此期间，第一○七师（师长已换刘翰东）曾派第六一九团团长赵镇藩于某日夜间率部对盘踞在建昌营之敌施行出其不意的夜袭，毙敌数十名，除缴获战利品及重要文件外，还缴获日军杀害我同胞及幼童的照片多件，其中一部分曾登载在平津各报纸及军部的月刊上，更加激起我国军民对侵略者的义愤。军部对团长赵镇藩予以传令嘉奖，并向北平军委分会请功。

敌为报复建昌营的被袭，以飞机大炮轮番向我阵地猛轰，同时敌地面部队也以更大兵力，在炮火掩护下向我阵地连续猛扑。我军奋力抵抗，双方互有伤亡。军部所在地沙河驿遭敌机轰炸，损失较重。四月下旬某夜，敌在汉奸便衣队的引导下，在左翼第一一○师和第一○六师的接合部贯头山附近地区，集中兵力突破一点，乘势扩张，企图包围第一一○师师部，致该师部陷于混乱，师长何立中未及戴帽子仓皇跑到军部求援。该师部队因侧背受敌威胁，又失去指挥，遂相继溃退。不久军部也受到炮击，机枪、手榴弹响成一片。夜色中不知敌兵力多少，军部不安，乃下令撤退。由第一〇七师担任掩护，军部及其余两师沿京榆大道及两侧地区夺路而走。敌以战车、装甲车为前锋，步兵跟进，尾追我军。至丰润时，军部曾企图组织抵抗，未成。至五月初，军部退至廊坊附近，始受命停止。我由军部调第一〇七师第六二〇团任中校团附。滦河作战以撤退而告结束。不久就签订了《塘沽协定》。

古北口抗战纪实

杜聿明　郑洞国　覃异之[※]

第十七军的北上

一九三三年一月，日军侵占山海关、九门口以后，二月分兵三路进攻热河。南京工人通电抗日，平津等地工人、学生电请对日宣战。蒋介石在全国舆论的压迫下，不得不调一部分中央军北上抗日。驻在徐州蚌埠一带的第二十五师（属第十七军建制）奉命于二月二十六日开始输送，限三月五日以前在通县集中完毕。驻潼关、洛阳一带之第二师奉命于二月二十八日集中洛阳开始输送，限三月八日以前到达通县待命。在湖北花园孝感一带的第八十三师，于二月下旬集中汉口，三月上旬开洛阳（据说是为了对日军保密，故在洛阳绕道），三月二十日前后到达北平附近，三月二十五日集中密云。独立炮兵第四团、炮兵第七团、骑兵第一旅、重迫击炮第一营及其他直属部队等，均在三月下旬至四月上旬间，先后开到密云。以上各部队均归第十七军军长徐庭瑶指挥（战争末期第八十八师的一个旅曾开至北平待命）。

当时北上抗日部队在全国人民要求抗战呼声的鼓舞下，敌忾同仇的情绪很高，人人摩拳擦掌，准备效命疆场。就是一向热心"剿共"的徐庭瑶，本来奉命到江西上饶担任赣东北清剿指挥的任务（该军第四师正在上饶一带"剿共"），也请求北上抗日，可见要求抗日已成全国人心之所向。蒋介石迫于形势，提出一面抵抗一面交涉的方针；他既无抗日决

※　作者杜聿明当时系第十七军第二十五师第七十三旅旅长、代理师长；郑洞国系第二师第四旅旅长；覃异之系第二十五师第七十五旅第一四九团团长。

心，更谈不上抗日的准备工作。正因为这样，部队平日训练都以"剿共"为目的，对抗日所需要的对空和对战车以及近代的筑城作业等训练，根本不加注重。甚至第二十五师二月二十五日由徐州出发，三月份的伙食费还没有领到；该师临时在地方上借了十万元，部队才能开动。当时北平，尤其古北口一带，仍然是冰天雪地，而第二十五师到达时，尚是赤足草鞋；至于大衣等防寒服装，则更谈不到了。当时北平各界所组织的抗日后援会，尤其朱庆澜先生等所领导的后援会，竭尽全力为第二十五师捐送皮大衣等防寒装备，该师官兵对人民支援抗战的热忱非常感动。更荒唐的是第二师的轻机关枪还在仓库里，未发到士兵的手里。各部队的工作器具很缺乏，尤其在长城一带的山地，多半是岩石坚土，工具消耗又大。幸赖朱庆澜、车向忱等所领导的抗日后援会及时捐赠，全军官兵受到极大鼓舞。后勤部队卡车很少，勉强可供运输弹药之用；粮秣运输全靠骡驮和牛车，一日行程不及八十里。为了防空，行动都在下午五时以后，至翌日六时前，必须在树林中隐匿，由石匣往返北平一次，需六七日，给养时有中断之虞。

第二十五师接防古北口前后

第二十五师接到动员北上命令后，师长关麟征先遣第七十三旅旅长杜聿明乘快车赴北平，向军事委员会北平分会（以下简称军分会）代委员长张学良请示机宜，并了解日军进犯的情况。

杜聿明大概是三月一日到北平，住前门外李铁拐斜街中国饭店。在上午十时前后，打电话给军分会，要求见张学良，军分会交际处说张今天不会客。再打电话到顺承王府，张的左右说："少帅今天开会，恐怕今天不会客。"直到到第二天（二日）才得到通知，约杜午后四时在顺承王府会见。

张学良见杜时，对第二十五师的编制、装备、训练及日常事务生活等情况，问得非常详尽；但对于日军侵占热河、东北军抗战的情况，以及我军抗战计划、战略战术与经验教训等则毫无指示。杜聿明为急于了解这些情况，就问张："热河的情况如何？"张答当天尚未得到电报，但说日军并不多。杜又问我军现在何处作战，张说在承德附近。再问：对第二十五师计划如何使用？张说先到通县休息休息再说。最后杜问对日作战应注意些什么。张说日军飞机很厉害，要注意防空，详细情形将来同王以哲军长研究研究。张又对杜说："东北军打得很好，日军吃了很大的亏，中央军来更有办法。"但什么办法，张并未对杜说出，杜见此情况，即行辞去。杜在北平好几天，未得到热河敌我双方的真实情况。据说就是张学良本人也不十分了解。

三月五日，第二十五师在通县集中完毕，这时第十七军军部尚在蚌埠，该师归军分会直接指挥。六日奉张学良战字第五〇一五号命令，着该师即进驻密云待命。七日该师正向密云前进间（密云距通县一百二十华里），中途接张学良急电，大意是敌已侵入平泉、承德，其先头似达滦平；第一〇七师在青石梁、曹路口、巴克什营构筑工事；第一一二师在古北口加紧构筑坚固阵地，阻止敌人等语。八日午后六时该师全部到达密云县城，晚间各部队正在就寝中，于午后十时奉到张学良齐戌电："据报敌人今晨向我古北口外阵地开始攻击，刻正对战中。着第二十五师迅速向古北口前进，与在古北口之王以哲军长极力联系。"该师奉令后，即于夜十一时出发，于九日午前八时到达石匣镇。为避免日军飞机轰炸，休息至午后八时，继续向古北口前进。此时部队暂归第七十五旅旅长张耀明指挥。师长关麟征和第七十三旅旅长杜聿明乘汽车先到古北口与王以哲联络，了解情况，以便决定作战部署。

关、杜二人的汽车从石匣镇北开数里，即见东北军车马人员向南退，步骑炮兵及行李辎重毫无行军序列，道路为之阻塞。车行如牛，深夜十二时前后始到古北口。当时第一〇七师正由热河撤退下来，古北口街道，人喊马嘶，杂乱异常。这时王以哲和第一一二师师长张廷枢正在王的司令部，大声争吵。张说："你的队伍能走，我的队伍就不能走，是什么道理？"王说："没有命令你就不能走。"张说："听谁的命令？你能走，我也能走。"关、杜到后，争吵犹未停止。据王以哲说，有诸兵种联合之敌，兵力未详，已逼近长城，刻正与我占领长城一带阵地的第一一二师对战中。但关、杜二人当时未闻有枪炮声，似乎当日长城沿线并无战斗。事实上也是在翌日（十日）午后三时敌人才开始向古北口攻击。但此时王以哲要第二十五师接替长城一带第一一二师的阵地，关麟征则要第一一二师在第一线担任防守，第二十五师在古北口南城占领第二线阵地；关并请王以哲坐镇古北口指挥。王则既不同意第二十五师占领第二线阵地，又不欲在古北口指挥，而想急于交防撤退。双方争执，相持不下。在争执间，关曾问杜的意见，杜认为东北军士无斗志，王、张二人意见不合，既不可能强留，即留亦不能力战。从地形上看，长城居高临下，易守难攻。得之则占先制之利，可以瞰制敌人；失之则处于不利的态势（因古北口南城地形低于长城，是历史上战役中驻军后方所在，形成一个小市镇，北关大，城内小，军事上的价值不及市外的长城）。如我们坚持占领第二线阵地，第一一二师将弃长城而撤退，反不如以第二十五师接防古北口将军楼第一线阵地，让第一一二师占领古北口以西、河西镇以北长城及八道楼子之阵地，使双方阵地正面缩短，互有依托，而第一一二师不担任正面，尚可能多留几天。因之向关建议，可以照王以哲的意见，接替古北口长城第一一二师防务，但第一一二师必须担任河西镇及八道楼子防务，与第二十五师协同作战。当时关以杜未支持他的意见，内心非常不满，他坚决不同意接替长城第一线阵地，仍与王相争不已。直争到十日午前四时前后，王见第二十五师先头部队已到达古北口，遂令第一一二师守长城第一线，令第二十五师占领古北口南城东西两侧高地，并向两侧高地延伸，布置第二道防线。王下令后，即匆匆退去，第一一二师亦同时退出古北口，仅留一团步兵在长城第一线阵地。

十日上午六时，第二十五师第七十三旅已占领古北口南城东西两侧高地及龙儿峪阵地（即第一一二师右翼之第一线阵地），并加紧构筑防御工事。该旅的第一四五团在右地区，第一四六团（欠一营）在左地区，并以第一四五团的一营在右翼第一线占领龙儿峪阵地。第一四六团的一营为旅预备队。第七十五旅集结于黄道甸附近，师部及直属部队位置于古北口之关帝庙。

战斗经过概要

古北口之战

三月十日午前七时三十分，第七十三旅甫部署完毕，敌机一架即来古北口上空盘旋侦察，约一小时后投弹而去。午前九时，敌机五架又来盘旋轰炸，以后每小时一队敌机，往返轮流轰炸，竟日未曾停止。我军既无对空作战的有效武器，又无对空作战的经验。古北口长城一带高地都是坚硬的岩石秃山，构筑工事及掩蔽部极为不易，在潮河支流上游有少数树木，亦为敌人投弹目标。因此，在敌机低空更番轰炸之下，我军未战之前已有相当的伤亡。这可能是日军侵略我东北以来惯用的战法，企图以飞机轰炸吓退我抗日军。日军见我军被轰炸后屹然未动，遂于午后三时以炮兵掩护步兵向我第二十五师最右翼龙儿峪阵地及第一一二师右翼将军楼阵地开始攻击。敌人攻击正面虽广，但并未实行强攻，很显然，这种攻击是威力搜索的性质，做明日实行总攻击的准备。根据当时的情况判断，敌人可能从我最右翼的龙儿峪阵地进攻，企图突破我军一翼后，沿潮河支流大道包围古北口守军之后路。关麟征和杜聿明决定即将第七十三旅第一四五团的主力，增加到龙儿峪方面，左翼与第一一二师的将军楼连接，右翼延伸至龙儿峪以东五百米高地之线；并调第七十五旅（欠第一五〇团）集结于古北口东关相机策应。另派第七十五旅第一四九团的一营，于通司马台大道警戒我军的侧背。午后六时敌以威力侦察的目的已达，退回原线。我军乘夜间调整作战部署，准备迎接明日的激战。

十一日拂晓，敌军开始总攻，以飞机及炮火掩护其主力向我龙儿峪及将军楼阵地攻击；至十时许，将军楼我第一一二师阵地被敌突破。当时守古北口正面的第一一二师部队，既不支援将军楼的战斗，亦不固守古北口正面，仅于河西镇留步兵一团收容该师退却；古北口守军亦自动撤退。敌人占领古北口关口后，即乘胜以主力向我第二十五师右翼龙儿峪阵地包围攻击。我守该地的第一四五团，受敌两翼包围，伤亡惨重；而占领将军楼之敌又以猛烈的步炮火力封锁潮河支流上的交通，该团与旅部的交通电话，均被截断。同时古北口南城的战斗亦很激烈。当时关麟征决定要杜聿明指挥古北口南城正面的战斗，他亲率特务连赴右翼前线，指挥第七十五旅主力，拟恢复将军楼阵地以支援右翼第一四五团的战斗。出古北口东关不远，即与敌人的战斗前哨发生遭遇。关麟征亲率第一四九团拟强占潮河支流北岸（干沟）高地，走到山腰，即遭敌人的潜伏侦探狙击，双方短兵相接，关虽首先被手榴弹击伤，仍继续指挥第一四九团与敌搏斗，双方相继增援，战斗极为惨烈。我军终于将敌人击退，占领高地，并与第一四五团取得联系。是役第一四九团团长王润波阵亡。据关麟征说，在他身旁的士兵由于不会使用手榴弹，未拉引线即行掷出，结果并不爆炸，否则他是不会受伤的。他认为这是一次惨痛教训，所以后来他要求第二十五师士兵，每人都要投几个手榴弹才算及格。

关麟征受伤后，即调第七十三旅旅长杜聿明为副师长代理师长职务，第一四六团团长梁恺调为第七十三旅旅长，继续作战。午后六时许，河西镇第一一二师的一团又擅自撤退，第二十五师即派第七十五旅的第一五〇团推进至河西镇占领阵地，以巩固我军左翼。同时以骑兵连由北甸子经汤河向敌后迂回，以威胁敌之左侧背。激战竟日，第二十五师仍保持原阵地。

十一日晚，杜聿明与第七十五旅旅长张耀明，综合研究当时情况，认为敌我兵力悬殊，第二十五师除在河西镇之第一五〇团伤亡较小外，其余均伤亡惨重。目前第一线又与敌人胶着，欲抽调兵力缩短战线，势不可能；倘若敌增兵从我任何一翼迂回，或我某一阵地被突破时，均无兵力以挽回战局。为迟滞敌人前进，以待我后续部队到达计，决心以仅有的两连预备队及师部特务连，晚间在古北口以南高地及南天门一带占领预备阵地，在不得已时掩护师主力逐次转移到预备阵地，与敌作持久战斗。

十二日拂晓，敌增加重炮及飞机向我全面攻击，主力指向第一四五团，同时以大部兵力向我右翼延伸包围，战况较前两日更为激烈。官兵虽死伤相继，仍与敌顽抗，连续击退敌人三次攻击。在十二时前后，仅有的电话总机及无线电报机均被敌机炸毁，前后方失去联络；消息不通，后援不继，前方部队各自为战；同时向我右翼包围之敌有增无已。午后二时，敌已迂回到古北口东关附近，驻在关帝庙的司令部已被敌机关枪封锁，又无预备队以应付迂回之敌。此时，杜聿明与张耀明仓促离开司令部，到古北口南高地的预备阵地指挥。预备阵地与各部队间的电话亦被炸毁，阵地已被敌人截为两段。午后三时左右，杜聿明在指挥所看到第一线部队，自右翼起且战且退，已逐渐崩溃；由古北口东关，沿潮河支流谷道中，渐有官兵溃散下来。不久，两旅阵地（除第一五○团河西镇阵地外）完全崩溃，沿潮河支流溃退的大部队，成为敌人瞰射轰炸的有利目标，因而伤亡更为惨重。第七十三旅旅长梁恺负伤，各部队长对自己部队都失了掌握，未能按照预定计划转移阵地。仅有少数部队在古北口以南高地及其西南的南天门占领阵地，河西镇的第一五○团仍在原阵地，与敌隔河对战。

在这里有一件事是值得补述的：第一四五团派出的一个军士哨因远离主力，未及撤退，大部队转移后，该军士哨仍在继续抵抗，先后毙伤日士兵百余名。后来日军用大炮飞机联合轰击，始将该哨歼灭。日军对这军士哨的英勇精神，非常敬佩，曾把七个尸首埋葬起来，并题"支那七勇士之墓"。

十二日午后六时左右，杜聿明转移到南天门时，除师特务连及少数部队占领阵地外，其余部队都失去掌握。不久张、梁两旅长先后到南天门，才派出参谋传令，分头收容各旅官兵，逐渐占领阵地，与敌对峙。入夜，杜聿明为了缩短防线继续抵抗，乃重新调整部署，令第七十五旅的第一五○团由河西镇撤退至南天门以左高地占领阵地，南天门以左地区归第七十五旅守备，南天门以右地区归第七十三旅守备，师指挥所设于南天门。

十二日晚，第十七军军长徐庭瑶已到达密云，徐与杜通电话后，决定命令第二师星夜向南天门疾进，接替第二十五师防务。十三日上午五时前后，第二师郑洞国旅（第四旅）已到南天门，未及休息即接替阵地；第二十五师交防后，撤回密云整补。

第二十五师是一九三三年一月一日由第四师的独立旅扩编而成，二月下旬即匆匆北上抗日。该师除迫击炮外，山、野炮全无。是役仅以四个步兵团独当优势之敌（满洲派遣军两羲一第八师团全部及骑兵第三旅团）；既无坚固阵地可凭，友军又不协力抗战；加以官兵政治训练很差，虽有抗日爱国的热忱，而无对日作战的经验与技术，以故伤亡极重。计激战三昼夜，全师伤亡四千余人。但敌自侵入热河以来，又一次遇到顽强抵抗的中国军队，敌军伤亡不下两千人，不得不承认这一战役为"激战中之激战"。自三月十三日至四月二十日，将近四十天中，敌人未敢轻于冒进；一方面固然在玩弄外交阴谋，另一方面对于下一战役不能不集中更大兵力，做更周密的进攻准备。

南天门之战

古北口之战以后，日军为了进一步对蒋介石施加压力，以达其逐步控制华北的阴谋，决定首先集中兵力击破中央军；自四月十五日起，即将滦东兵力逐渐向古北口方面转移。除两羲一第八师团外，有坂本政右门第六师团主力，中村第三十三旅团（混成旅团，内有满蒙伪军及满韩联合军约六千人），并附有强大的空军、炮兵、坦克等部队。

我军鉴于古北口之战的经验，充分利用作战期间，加强阵地的构筑，并修筑阵地内的交通，以利炮兵的活动。南天门阵地，右自潮河岸的黄土梁起，左至长城上的八道楼子止；正面宽约十里的中段以 421 高地为据点。阵地编成系以抵抗巢为核心的纵深配备；并于南天门阵地后方，构筑六道预备阵地。

在双方对峙期间，各师自发地派遣别动队，迂回敌后袭击敌人。如四月五日第二师别动队在色树沟以短枪、手榴弹狙击，毙敌骑兵第八联队军官一员、士兵数十名并炸毁敌汽车数辆。又第八十三师由魏巍（不久升为团长）率领的别动队，袭击古北口北关，给敌后方部队以沉重打击。四月十一日同时在敌左右翼与敌之游动部队激战。我别动队曾将偏桥通承德的汽车道破坏，敌方接济为之断绝者多次。当时日文报纸曾说我军在运用苦鲁巴金战术。这种情况为何应钦知道后，曾责备各师长说："你们这样干，会惹起敌军进攻的，你们不出长城口去打他们，他们是不会大举进攻的。"徐庭瑶也认为敌人大举进攻南天门，是各师别动队在敌后活动所引起的，他在战斗报告中就这样写："此为战事剧烈之一大原因也。"

南天门之战，可以分为两个阶段：

第一阶段：四月二十一日至二十八日。

在战斗开始之前，四月十六日敌机轰炸第二师师部驻地石匣镇，十八日又轰炸第十七军军部驻地密云县城。二十日夜敌军派一个大队的兵力由古北口一个姓李的汉奸（原任保长）带路偷袭南天门左翼制高点八道楼子（该处有八座碉楼故名）。这八座碉楼建在很险要的山上，是南天门阵地左翼支撑点，原命令第二师派一营兵力防守。而第二师师长黄杰却认为日本兵穿皮靴，无论如何是爬不上这几座碉楼的，他决定只派一个连防守。这些官兵也以为地势险要，放松了警戒。一夜之间，这八座碉楼全部被敌占领。担任守备的是第二师第六旅第十一团。当时黄杰大为震惊，据说他将八道楼子失守的情况向徐庭瑶报告时，徐在电话中严责黄杰说："你们怎样失守，你们就负责任怎样收复。"第六旅旅长罗奇反攻无效，第四旅旅长郑洞国率第八团并指挥第六旅的第十一团继续反攻。因为敌人居高临下，仰攻徒遭伤亡，决定于二十二日夜间把阵地变换到田庄小桃园之线。二十三日午前七时起，敌人利用八道楼子瞰射之利，以陆空军联合向南天门阵地的中央据点421高地猛烈攻击，进攻四次，均被击退。二十四日午前六时起敌继续攻击，尤以午后的战况最为激烈，我守军第十一团伤亡颇大，旋派第七团前往增援，卒将敌击退。二十五日敌继续以炮火向该阵地射击，终日未止。第二师苦战五昼夜，伤亡甚大，疲劳不堪。于二十五日夜间，由第八十三师刘戡部接替南天门阵地的防守任务。二十六日拂晓，第八十三师接防甫毕，敌复集中炮火向421高地猛攻，防御工事全被击毁；继以步兵猛扑，经该师第四九七团顽强抵抗，激战至下午，因伤亡过大，终于放弃了这一重要据点。二十八日上午五时，敌集中火力向我南天门附近的372高地及425高地射击，其步兵分三纵队向我猛冲，同时以坦克车掩护骑兵向我左右翼威胁。第八十三师第四九七团及补充团的一营，与敌激战竟日，营长三员均负重伤，阵地工事完全被敌毁坏。因此于是晚变换阵地，占领南天门以南六百公尺的预备阵地。八昼夜的血战，敌人伤亡之大，为九一八以来所少有。而战线仍胶着在南天门附近，殊出敌预期之外。

第二阶段：五月十日至十四日。

四月二十九日以后，敌虽停止大规模进攻，每日仍以炮火向我阵地零星射击，时常以小部队向我袭击。

五月十日敌步兵五百余人，在炮火掩护下，向我车头峪阵地进攻，被第八十三师第四九三团击退。十一日上午一时，敌第三十一、第三十二两步兵联队约五千人，向我稻黄店涌泉庄及其以南高地，用密集队形夜袭，战斗非常激烈。第八十三师的第四九三团及补充团损失极大。午前五时，敌坦克车六辆冲至上店子，威胁我军侧背。午前七时，敌机八架在我阵地上空往复轰炸，协同敌步炮兵攻击，形成混战状态。午前八时，敌炮七十余门协同步骑联合兵两千余人，攻我左翼笔架山阵地，第四九四团竭力抵御，激战至午，团长魏巍受重伤，中校团附汪兴稼阵亡，士兵伤达三分之二。由于该师伤亡巨大，全线崩溃，不得已撤至后方五里的预备阵地，复以第二师接替第八十三师的战斗任务。

第八十三师师长刘戡以该师一昼夜间遭到惨重损失，被迫撤离阵地，感到非常悲愤，曾企图拔手枪自杀；当被参谋处长符昭骞、作战科长吴宗泰二人抢夺了手枪，这次自杀没有实现。

十一日午后，敌乘第二师郑洞国旅占领阵地未完毕之际，复向我磨石山、大小新开岭、香水峪一带阵地大举进攻，并以坦克十余辆，冲至白水涧附近，截击我后方的交通。继又增加兵力，乘夜猛攻我小新开岭左翼405高地。十二日敌复增加兵力，全线进攻；第二师各团伤亡惨重，遂撤至后方七里的新阵地。此时第二十五师覃异之团（第一四九团）尚在西北岭及下会之线与敌激战，支持至十三日始撤至后方六里的新阵地。

十二日下午三时，敌攻占我大小新开岭一带阵地后，乘胜向石匣镇攻击，第二师在摇亭南香峪之线与敌激战。傍晚，敌坦克十余辆冲至南茶蓬我炮兵阵地，炮兵第四团第九连军官全部伤亡，炮四门被毁。同时我在潮河西岸的炮兵被敌重炮轰击，毁炮三门。由于我炮兵受严重损害，火力间断，敌之战车更加活跃，激战至十三日午，全线后撤。徐庭瑶令守潮河右岸的第二十五师，抽出一个旅向左翼延伸，占领后方八里之新阵地，掩护第二师撤至黄岗峪不老屯之线。十三日午后一时，第二十五师第七十三旅向左翼移动（此时该师第七十五旅仍在城子村小槽村原阵地与敌激战），第七十三旅第一四六团未及占领阵地，即遭到优势之敌攻击。此时敌战车已越过石匣镇三里许，冲至我南山口附近阵地，午后四时敌炮兵向石匣镇集中射击，掩护其步兵前进，石匣镇遂陷敌手。第一四六团在南山口与向南追击之敌激战，死伤甚大，夜间十二时退守后方六里之新阵地。十四日拂晓，敌步骑炮联合两千余人在空军掩护下向我潮河右岸阵地攻击，其战车二十余辆由潮河滩上突进，与我第二十五师激战三小时，敌向石匣镇方向退去。同时黄岗峪不老屯之线亦发现敌之小部队进行扰乱。连日以来，第十七军各师死伤又达四千余人；如不补充，实不能再作有力之抵抗。随即奉令以第二十六军于十四日夜进入九松山预备阵地。第十七军除第二十五师一部担任石铁峪五座楼之线警戒任务外，余调密云整理补充。十五日各师开始移动，十七日复奉命调回怀柔、顺义之线。第八十三师奉命担任北平城防。

血战司马台口南天门一线

赵 平※

一九三三年三月，日军进攻长城各口，我们第八十三师（师长刘戡）奉命驰援。当时我是第四九四团第三营的营长。我们全师都是"德式"装备。每营两个步兵连，每连三个排九个班，全营官兵人数在五百名以上，士气相当高。我们抵达前线时，日军已攻占古北口。关麟征的第二十五师遭受重大伤亡，退到古北口以南的南天门一带防守。我军处于不利态势。

古北口以东的司马台口，原系宋哲元第二十九军的一个团防守。由于日军占据长城居高临下，瞰制着我军在长城脚下阵地，使我军终日挨打，防守困难。我营奉命接了第二十九军那个团的防务。日军发现我军接防，即轰炸炮击。我营终日伏在掩蔽部内不能露头，只有在夜晚方可活动。我为了改变不利的态势，即命令第九连夜袭日军，结果消灭长城上面三个碉堡内的日军一个排。此后日军飞机终日轮番轰炸，敌炮也集中射击，我营各连日有伤亡，但仍坚守阵地，与日军对峙了四十多天，曾得到北平军分会代理委员长何应钦的嘉奖。后我营调到后面整补，充当团预备队。

五月间的一天，我师接到北平军委分会密电，略谓：日军大量增兵，准备当晚攻击我南天门一带防线，命令我军加固防守。我营奉命防守南天门左翼。我当即集合队伍，动员全营官兵，为祖国存亡而战，为民族生存而战；同时将人民团体寄来的慰劳信件当场宣读，全营官兵感奋流

※ 作者当时系第十七军第八十三师第四九四团第三营营长。

涕，跑步进入阵地。当晚日军首先就攻击我营阵地，战斗非常激烈。经过一整夜的苦战，营预备队已用完，全营五百多人，绝大部分伤亡，只剩下三十多人。军官只剩下我和机枪连副连长二人，但我们每人手中有自动步枪一支，火力仍相当强。有的官兵负伤不下火线，继续与日军搏斗，真是可歌可泣。团长命中校团附率领第一营的一个排来支援我营，加强我营右翼后，在激战中全排牺牲，团附也阵亡。时已拂晓，不料南天门防线，正在这拂晓时间被日军突破，团长魏巍负伤，全团撤退。但我营未接到撤退命令，仍坚持阵地，虽遭日军飞机大炮轰击，终日不断，仍固守了三天三夜。据说何应钦几次打电话到师部询问我营下落。在与师取得联系后，我营方奉命后撤。

八道楼子战斗

张绍成[※]

一九三三年，日军侵犯古北口。我骑兵旅由郑州利用铁道输送到北平下车，转入河北省密云县，协同步兵军作战。这一地区山高沟深，限制了骑兵的活动，既不能有效地掩蔽抗战军的侧背，又不能翻山越过长城威胁敌人的侧背。骑兵旅调此角落，已说明进入了死胡同。可见调动兵力之先，参谋人员对当前敌情地形没有深入研究和判断，只是"想当然"，把骑兵旅配置到翼侧，是合乎骑兵战术原则的；没有考虑到地形会限制骑兵的活动，造成兵力的浪费。

骑兵旅接受古北口防军司令部下达的任务，战斗区分是：八道楼子（含）以东长城线属黄杰所率步兵所辖，八道楼子（不含）西南长城线属骑兵第一旅所辖。骑兵旅派我连，徒步翻山越岭，到达上级区分的地段。我们利用长城上几个据点，居高临下，不断用火力压制长城外日军的侦察活动。一星期后，传来东线冷口失守，古北口防线随之发生激战；八道楼子的制高点，又为寇兵占去。我防守部队被迫利用夜幕撤到长城以南新阵地。派走的骑兵连，因通信困难，没有接到撤退命令。拂晓后发现侧后方飞机、坦克、枪炮等轰隆声，始判明古北口防线有变，在艰难的情况下，用鲜血在长城上写下"再见"两字，告别了长城，绕道归队。一个骑兵旅，从千余里外调来参战，勉强用上一个骑兵连，这在军事上是失算的！

抗战军在古北口的防线，是凭万里长城建立起来的。防线西段大拐

※　作者当时系骑兵第一旅第一团第一营第二连连长。

弯处，古时建有碉楼，编号写"八道楼子"。该楼高出群峰，是一个光山秃岭的制高点。凭楼俯瞰长城外的古北口市镇，了如指掌。控制了八道楼子，就控制了古北口全市镇。所以八道楼子在防线中的地位，非常重要。可是防守部队只派出一个步兵排，作为防守这制高点的兵力；而对防守的通信、粮弹、饮水、医药等储备，以及掩蔽部、战壕等设施，概不过问。排长在无能为力的情况下，用小铁锹在碉楼外挖了几个卧射散兵坑。由于防守排长思想麻痹，每天允许小贩（实为汉奸）来此出售烟酒花生等零食，时隔数日，长城口的战事时断时续。一天拂晓，古北口市镇内的日军调动频繁。八道楼子守军排远望日军在炮火掩护下，向长城口我军阵地攻击。另一部日军利用高山深沟的荫蔽，向八道楼子西南方向运动。突然回过头来，集中重机枪、榴弹炮的火力，一面向楼子西南长城段守军射击，一面向不到二百平方米的八道楼子射击。占据楼子内外的守军排，在掩蔽薄弱的情况下，不到半小时，伤亡过半。眼见卖烟酒的家伙，带着敌兵，利用楼外羊肠小道，向楼子冲来。防守楼子西南城墙段的骑兵徒步连，在日军火力压制下，动弹不得，步兵援军又未及时赶到，八道楼子被日军占去了。中午，守军排所属的营，派来步枪连增援，到达八道楼子东面五百米外的山坳上，在无掩蔽的情况下，匆促发起向占据八道楼子的日军仰攻。一波上去仰攻的战士，一个接一个倒在血泊中，第二波上去，又全倒下去了。最后远望一群密集的战士，在冲锋号督促下，向八道楼子强冲，结果没有夺回八道楼子。可怜这些为国牺牲的战士，家中父母妻儿犹日夜盼望他们归来，有谁给他们家中捎回一个信息呢？

八道楼子失守后，敌兵又集结兵力，沿长城向东席卷，古北口防线宣告解体。

骑兵第一旅古北口抗日片段

吕雅堂[※]

一九三三年，我任骑兵第一旅第二团四连少校连长。这个旅以前的番号为骑兵第十五旅，分驻平汉铁路上的许昌、漯河、驻马店等地，担任护路任务。二月上旬，即奉调郑州集结，改编为骑兵第一旅，将原有的两个团合编为第二团，另将南京陆军骑兵教导队的一个团拨归骑兵第一旅建制，为第一团。改编后主官为中将旅长李家升，上校副旅长张植豫，上校参谋长刘晓五，第一团上校团长黄士相，第二团上校团长谭辅烈，徒步团上校团长肖克威等。

全旅在郑州训练约一个月，河南省政府主席兼绥靖主任刘峙即令该旅待命北上古北口抗日。不几天，刘峙亲自来到郑州检阅骑一旅，并向全旅官兵讲话。大意是：日军侵占我国东北，最近又进攻热河，有向古北口、喜峰口方面进犯的模样。值此国难当头，内忧外患之际，以国事为重，听从政府命令，共赴国难，为国捐躯，是吾等军人应尽之职责。你们将到古北口参加抗日战争，这是光荣任务。给养运输工具一切都给你们准备好了。望大家全力以赴，战胜归来，我再来欢迎你们。预祝你们胜利……当时一般下级官兵都认为日本军队侵占我东北三省，又进攻热河，还要向关内进犯，确是欺人太甚，无不愤慨，抱着杀身成仁、精忠报国的信念。路经北平时，不少下级军官都买了一把牛角把柄的配剑刀，准备不成功便成仁，绝不做日本的俘虏。当时士气旺盛，劲头十足。我记得有些官兵，由于马匹不足，未能到前方去抗日杀敌，甚至都哭起

※ 作者当时系第十七军骑兵第一旅第二团第四连连长。

来了，并说就是当个步兵也要到前方去。由此可见，官兵们的爱国思想是强烈的。

三月上旬，骑一旅乘火车到达北平，编入徐庭瑶的第十七军序列，向古北口开进。古北口是通热河的要道，在南天门以北约十华里。其左右还有小道，只能单人行走，车马不能通行。第十七军原定以第二十五师关麟征部守古北口，第二师黄杰部守南天门和左翼的八道楼子等地，第八十三师刘戡部在南天门右后翼为预备队，骑一旅李家升部在第二师的左翼守黑龙潭沟及其以西的白马关长城各口，军部驻密云县，石匣镇为各师联络和补给站的所在地。但东北军由热河向关内撤退时，日军尾追至古北口。这时第二十五师首先赶到，与日军遭遇。其他部队还没有到达。日军在飞机大炮的掩护下，向该师猛烈进攻，曾发生激烈的战斗。由于该师官兵奋勇抗敌，伤亡很重，即退守南天门。当时前方传来消息说，第二十五师打得不错，师长关麟征亲自到最前线指挥，不仅该师官兵伤亡很重，关本人也曾负伤。报纸登了不少关于他们的战况和战绩。因该师伤亡过重，南天门阵地相继调换第二师和第八十三师接替，继续抗击日军进攻。

骑一旅第一团驻守白马关，第二团驻南香峪，以第二连守黑龙潭沟，右与第二师第六旅相接，左翼按第四连、第一连和第三连的顺序展开，与白马关的第一团取得联络。全旅正面宽有二十余里。由于是山地，地形复杂难行，日军始终未从这方面进犯，故相当长时间未发生过激烈的战斗。约在四月下旬，日军开始由南天门全面进攻。守在黑龙潭沟的第二连，一天中午被占领八道楼子的日军进犯，曾发生战斗。骑二连在敌军火力猛烈射击下不支后撤，连长张绍成负伤，于是派我连增援。因日军已占领黑龙潭沟的左翼城墙，以机枪火力阻止我连前进，我连即占领小高地与之对峙。约半天之久，日军增调兵力，准备向骑二团两个连的阵地进攻，上级担心骑兵不擅阵地战，乃令黄杰部第六旅派一个营换防，将骑兵两个连调左翼长城碉楼地带担任警戒，直到战事结束。

约在五月中旬，南天门、八道楼子、黑龙潭沟等长城之线相继被日军侵占，我军逐步退守长城以内阵地。在八道楼子、黑龙潭沟以南方面是第六旅的一个团，在日军炮火和飞机的轰炸扫射之下，顽强抵抗，且战且退至北香峪附近高地。日军每次以一个排的兵力连续进攻，均被守军击退。后来日军以大炮飞机猛烈轰炸，守军不支，又逐步退到南香峪东北小高地上与敌对峙。日军受到伤亡，即停止进攻，再以大炮轰击，以飞机低空扫射，使南香峪附近阵地上的我第二师守军伤亡甚重。但我军仍顽强据守，未见有人撤退。当时我率四连在南香峪的左侧翼二里许半城子前南北高地上担任警戒，对攻防情况看得很清楚，上级未给我连出击的任务。这天下午，枪声逐渐稀少。不料到了三时的样子，忽然传来命令，叫我们撤退到密云县。我们觉得奇怪：未见敌人大部队进攻，我们也没有溃败的情况，为什么要后撤呢？我们随部队南行，到离北平二十余里的清河镇驻地，才知道是全线停战，与日军谈和不打了。

长城抗日的最后一场恶战

董其武[※]

徐庭瑶之中央军自古北口失守后，由南天门、石匣至密云，节节撤退，频频告急，北平岌岌可危。何应钦于一九三三年四月三十日急调傅作义之第五十九军开往昌平集结待命。张家口距昌平二百余华里，而且部队驻地分散，远近不等，但接到命令后立即出发，仅用了二十四个小时，全军于次日（五月一日）下午四时前，即全部到达昌平。傅作义总指挥到北平军分会报到时，何应钦对傅部如此迅速深感惊奇，赞扬他说："宜生兄进军如此神速，实在没料到，若不是训练有素，何以臻此？宜生兄治军有方，确实名不虚传。"何应钦这些话并不是过誉之词。傅总指挥在绥远练兵，经常练习一夜行军六十里，而且负重四五十斤。他练兵的一句重要口号就是"平时多流汗，战时少流血"，所以他的部队是"集合快、出发快、行军快"。

第五十九军到昌平，不数日即调往怀柔以西之牛栏山一带，以经石厂、高各店、齐家庄为第一道防线，以半壁店至稷山营为第二道防线，分别占领阵地，构筑工事。

具体部署，大致情况是：

一、第二一八曾延毅旅，附炮兵第三营为右区队；该旅又以我团第四三六团占领石厂子附近高地为主阵地，左接薄鑫第四二〇团，构筑工事，担任正面右翼阻敌任务；第四三五苏开元团在台上村北高地扼守平古公路要冲。

二、第二一〇叶启杰旅附炮兵第一营为左区队；以薄鑫的第四二〇

※ 作者当时系第七军团第五十九军第二一八旅第四三六团团长。

团占领齐家庄、杨家庄以西高地为主阵地，右接董团，构筑工事，担任正面左翼阻敌任务；第四一九张成义团占领封口山以西一带高地，构筑工事，扼守白河至茶坞一线，策应薄团。

三、第二一一金中和旅在平义坟西至半壁店间构筑工事，为第二防线。

四、军指挥所设于小汤山肖家村。

各团接受任务后，按照总部印发的工事图纸连夜构筑工事。各团、营、连的防御阵地，均为三线纵深配备。在阵地前沿挖四公尺深外壕两道，外壕外面埋设地雷，以防敌之坦克。在阵地上筑有各种掩体，并筑有坚固的掩蔽部、监视所等，均加以伪装。各种掩体之间构筑纵横交错的交通壕，前后左右四通八达。即使敌之飞机、大炮和坦克轰毁一层，仍有一层，破坏一点无碍全部。傅总指挥平素即最重视工事之构筑，认为我军武器装备落后，如欲战胜武器装备优良之敌军，除战术战略上的运用外，构筑防御工事最为重要。他不仅要求官兵"平时多流汗，战时少流血"，而且要求"七分用土（即构筑工事），三分用枪"。在各团构筑工事期间，傅总指挥几次到阵地视察，要求极为严格。对我团至薄团主阵地南北之线互枢连贯所筑工事表示满意。自五月十五日至二十日，不分昼夜地加紧构筑，并得到当地人民的多方热情援助。在此期间，敌机不时飞至我方上空侦察、投弹、扫射，因我方工事坚固，未有伤亡。

五月二十一日，我军与日军发生战斗，迨五月二十三日拂晓，日军第八师团的铃木旅团及川原旅团的福田支队，附坦克十余辆，各种炮三十余门，在飞机掩护下，步、炮联合向我团第十连前进阵地进攻。敌人的惯用战法就是先以飞机、大炮狂轰滥炸之后，再以坦克掩护步兵向我进攻。第十连位于我团主阵地前方的突出部分首当其冲，第十连在连长张惠源指挥下凭借坚固工事沉着应战。该连战士斗志昂扬，抱着誓与阵地共存亡的决心，当敌步兵接近外壕时，连长一声令下，机枪、手榴弹如雨点般猛烈还击。我在团指挥所观测孔看到敌兵在坦克车后面蜂拥而来，忙令炮火向外壕前方轰击。敌不支向后退去，又以十数门大炮向我阵地猛轰，我第十连前进阵地已成一片火海，炮弹落下，沙石纷飞，烟尘弥漫，敌人又一次号叫着冲来，此际我十连战士已经伤亡过半，仍与敌顽强战斗。自拂晓激战至上午七时，十连全连只剩下张惠源连长及士兵七人，敌人伤亡亦重。我随命张连撤下。与此同时左翼薄团前沿阵地第五连，亦遭敌集中炮火轰击，而后与敌步兵猛烈冲杀，敌我均有很大损失。我团第十连、薄团第五连坚持战斗三个多小时，完成了前进阻敌任务后，撤回各自的主阵地。

敌占据我前进阵地后，凶焰更盛。上午九时，敌又以步炮联合，向我团及薄团同时猛扑过来。我团扼守的平古公路两侧高地，乃通往北平要冲，为敌所必争。战斗一开始，十架敌机在我第四三六团阵地上空，轮番轰炸、扫射，并指示炮火向我阵地猛轰，在我团阵地上落下的炸弹及炮弹不下一千余颗。一时弹片横飞，尘烟笼罩整个阵地，能见度很低，敌步兵群在坦克车后面向我冲击。我团阵地居高临下，易守难攻，且地形复杂，工事纵横交错，虽遭敌人狂轰滥炸，我方并无大的损失，仅摧毁部分工事和有少量伤亡。当敌步兵冲近阵地时，我严阵以待的战士迅速进入战壕，步枪、机枪、手榴弹一齐发出，敌兵连滚带爬地缩了回去，死伤很多，特别是往高地上爬了半截的鬼子，很少生还，我正面高地下边敌尸累累。我伤亡亦大，尤其是首当其冲的第一营损失较重。

大约过了半个多小时，敌人组织第二次进攻。在战斗间隙，我各连亦修理工事，补充弹药，调整部署，加紧做好还击准备。敌人仍以炮火轰击，我战士均进入掩体或掩蔽部，只留少数监视兵。当敌兵在坦克掩护下扑来时，得到监视兵信号，即分别进入战壕的各自位置向敌人还击。敌人自东向西、由低向高进攻，在地势上对我有利，对敌不利。敌人的一辆坦克翻坠于外壕以内，轰鸣不止，左冲右突也上不来，我战士一阵手榴弹，坦克立刻变成一堆废铁。敌兵向高地攀登，远处一个戴眼镜的日本军官举着战刀在喊叫，我命第八连两个射击能手瞄准敌军官射击，连射两枪，那个军官即被打中，跑了两步便像死狗一样倒下去了。敌兵临近我射程时，我进入战壕的战士便投掷手榴弹和以机枪扫射。敌兵以波浪式向我正面反复冲击，表现甚是顽强，但在我英勇战士的猛烈反击下，敌迄未得逞，我正面阵地屹然无恙。

敌在我团正面阵地受阻后，改向左翼薄团猛攻，也是一场恶战，双方死伤惨重，但敌人亦寸步难进。时至中午，敌人向我团及薄团正面进攻，均遭到严厉打击无法前进，恼羞成怒，又令敌机在我阵地上空和阵地后方大肆轰炸、扫射，又令部分大炮向阵地猛轰，部分大炮向前延伸，轰击我后方封口山、平义坟一带，又一次冲击。几百个敌兵像野兽一样，黑压压一片高声吼叫着，端着枪向我团阵地正面及两侧同时往高地攀冲。敌人以密集火力射击，我战壕里的战士先以手榴弹还击，机枪扫射；敌人越爬越近，我第八连连长首先跃出战壕，战士们也跟着一跃而出，号兵们吹起冲锋号，前沿上几个连全部出动，与冲上高地的敌人，发挥第三十五军传统的拼刺刀，肉搏近战。有的将手榴弹扔向敌群，有的抱着机枪，依托着大石头、小土丘，与敌交火，一场恶战。我传令第三营进入前沿阵地。此时阵地前面，左右高地的坡崖上，刀光枪影，血肉横飞，举着小膏药旗的敌兵成了我方战士的目标，几乎无一幸免。敌人的飞机、大炮、坦克等现代化武器，在此时此地完全失掉作用，一场血战，终于把敌人打了下去。在平古公路大道及两侧高地的坡崖上，横七竖八地倒着伤亡的敌人。这次冲锋肉搏战，我团伤亡亦为惨重。大炮将我的团指挥所顶盖掀掉，电话兵死一伤一，电话全毁，我的帽子也打飞了。指挥所里的几个人浑身尘土，几乎谁也认不得谁。一个年轻的参谋说："咱们都成土地爷了。"大家都笑了。连忙跑下二层掩蔽部，重新装起电话，布置成临时指挥所。此时敌人撤退，我们战士也回到战壕修补工事，抢运伤员，擦拭武器。

下午一时许，敌人连续七次攻我正面主阵地，皆遭失败后，遂改变主攻方向，以骑兵第七十二联队和步兵早川联队，从第四二〇薄鑫团左迂回，绕四渡河高地，袭击该团后方之白河村，企图从侧背夹击薄团，吞掉薄团后，再围攻我第四三六团，打通平古路，进犯北平。这一招果然毒辣，白河村为薄团指挥所所在地，团预备队第三营在该地防守，薄团发现后，即命第一营营长曹子谦率该营迎头痛击。战斗异常激烈，该营第一连伤亡惨重，连长魏振海阵亡，营长曹子谦负伤，终以众寡悬殊，距白河村东北一里许之茶坞村为敌攻占。薄团战况危急万分，旅长叶启杰电请指挥部紧急增援。傅总指挥获悉后，即派第二一一旅第四二一孙兰峰团，向叶旅跑步前往支援。孙兰峰团长在行动中将其刘景新之第一营埋伏在苏家口附近高地，自己率第二、第三两营向迂回进犯之敌实行逆袭。敌骑兵一部乘马持刀越过孙团向苏家口奔袭，遭刘景新营之伏击，为我重机枪连组成之火网交相射击，敌骑纷纷中弹落马，毙伤极多，残余向原方向逃窜。孙团为了夺回茶坞村阵地，与敌几次搏斗，失而复得，得而复失三次之多。孙团这支生力军参加战斗后，战场局势顿时改观。我第二一八旅正面战况稍缓后，亦主动分兵配合，叶旅转危为安，便三面夹击迂回叶旅之早川联队。敌终不支退去，叶旅失去之阵地全部收复。薄团与我第四三六团正面与敌形成对峙状态。在叶旅阵地战斗激烈、我团局势缓和时，尽速抢运伤员，经过临时简单包扎后，陆续运往后方；赶修工事，调整部署，以原预备队之第三营置于前沿，第一营损失过重与第三营对调，重新编组，作为团的预备队。

孙兰峰第四二一团接替薄团防地，并选出勇敢善战的奋勇队五百人，拟于当晚夜袭敌营，出其不意予敌重创。不料突接北平军分会何应钦命令："着全军即刻停战，撤至高丽营集结。"总指挥部闻讯大为惊愕、愤慨。

原来何应钦取代张学良为北平军分会委员长时，即秉承蒋介石的

"一面抵抗，一面交涉"的指示，积极进行妥协，在长城各口相继失陷时，何应钦手忙脚乱，不知所措，已做好逃跑准备。蒋介石忙任黄郛为"北平政务整理委员会委员长"，到北平向日本表示亲善妥协，秘密接洽以"华北特殊化"换取停战。何应钦最初派徐祖诒前往日本关东军第八师团司令部，秘密接受该师团长两羲一的所谓临时停战办法，之后，又派熊斌到塘沽，于五月三十一日，与日本关东军代表冈村宁次签订了丧权辱国的《塘沽停战协定》。

五月二十三日，我军在怀柔县城以西，南自石经厂、北至长城一线，从拂晓到下午六时，连续血战十五个多小时，战事方酣，突接何应钦停火命令，傅作义总指挥心情十分沉重，他很不愿向前线下令撤退，但又不得不服从北平军分会的命令。他气愤地向参谋长陈炳谦说："这个仗打得太窝囊，牺牲了这么多官兵，他们以宝贵的生命换来的却是妥协停战，阵亡的将士能瞑目吗？"下午七时前，何应钦连续三次打电话给傅，命令马上撤至高丽营一线。傅回答说："只有敌军先撤，我们才能撤，我绝不在敌人火力下撤退！"何应钦又命军参谋长苗玉田持他的手令，让傅下令撤退。这时前方已无战斗，日军已在陆续后撤。傅这时才派参谋人员分赴前线各部，正式传达北平军分会的命令。午夜，由金中和的第二一一旅占领主阵地，掩护各团逐次向指定地点秘密撤退。二十四日上午，全军到达高丽营附近驻地。第五十九军自五月十七日开始与日寇接火，到二十三日，长城抗日的最后一场恶战，从此宣告结束。

傅作义将军指挥五十九军在怀柔战斗中，几次取得胜利的消息传出后，全国各报均以大字标题报道这一消息。天津《大公报》以"血肉当敌利器，傅部空前大牺牲，肉搏十多次，使敌失所长，沙场战士血，死也重泰山"等语，赞誉我军英勇杀敌的事迹。蒋介石、阎锡山也不得不有所表示：蒋奖五万元，阎奖五千元。北平、山西、绥远各爱国团体亦纷纷携带大批慰劳品前往前线慰问。

一九三三年五月中旬，长城各口陆续失守，日本侵略者窜入长城，越过燕山，趾高气扬，愈益猖狂。北平东部已无险可守，傅作义部占据的怀柔阵地，已是最后一道防线。在这次战役中，傅部面临具有飞机、大炮、坦克等精锐武器的虎狼之师，以寡敌众，以弱敌强，英勇奋战。日本随军记者在《朝日新闻》上报道说："人所共知的傅作义军……竟藐视日本军之威力，自到怀柔后，对我两羲一部，即采取抗战行动，我军对此执拗冥顽之中国军，实不得不予以严重打击……敌在高地筑有中国式的坚固阵地，该阵地两侧伸出，一队由密云前来之我军，一队由蓟县前来之我军，侧背之早川联队，突受敌千余人之进攻，结果伤亡三百余人。"在日本报纸上还有一则关于我军工事的报道:"五月二十四日参观中国式之阵地,实有相当之价值,且于坚硬之岩石中,凿成良好之战壕,殊令人惊叹。"云云。

怀柔之战,我军损失严重,共阵亡三百六十七人,伤四百余人;毙敌三百四十六人,伤六百余人。在正面主阵地上,我团与薄团损失最大。我团第七、第八、第十及重机枪等连队伤亡较重,重机枪连最后只剩下班长张恒顺一人,第十连只剩下八人,第十一连连长双腿受伤,仍坚持战斗;薄团第一连连长魏振海阵亡,营长曹子谦负伤;第五连只剩下五六个人,而且均负了伤。

六月二十八日,北平军分会正式命令傅部开回原防。七月初,全军返绥,途经张家口时,张市市民摆设茶点欢送。民众抗日同盟军总司令冯玉祥将军特到车站迎送,他对傅军长说:"你们是抗日胜利的英雄部队。"傅很谦虚地说:"冯将军才是真正的抗战英雄。"

第五十九军回师绥远后,仍恢复第三十五军的平时番号。为了纪念我军在长城抗战中阵亡将士,特在归绥(今呼和浩特市)北郊大青山麓购地一顷,辟为陵园,安葬了自怀柔运回阵亡将士的灵柩。竖立一座巍峨雄伟的"华北第五十九军抗日阵亡将士纪念碑"和烈士灵堂,碑文由胡适撰文,钱玄同书丹。为了缅怀当年抗日卫国、流血牺牲的战友,特将碑文录后:

中华民国二十二年三月,日本军队侵占了热河,全国都大震动。从三月初旬,我国的军队,在长城一带抗敌作战,曾有过几次很光荣的战斗,其中如宋哲元部在喜峰口的苦战,如徐庭瑶军关麟征、黄杰两师的中央军队在古北口南天门一带十余日的血战,都是天下皆知的。但这种最悲壮的牺牲,终于不能抵抗敌人最新、最猛烈的武器。五月十二日以后,东路我军都退却了;北路我军苦战三昼夜之后,也退到了密云。五月二十一、二两日,北平以北的中央军队,都奉命退到故都附近集中。二十二日夜,北平政务整理委员会委员长黄郛开始与敌方商议停战。

五月二十三日的早晨四时,当我国代表接受了一个城下之盟的早晨,离当时的北平六十来里的怀柔县附近正开始一场最壮烈的血战。这一战从上午四时直打到下午七时,一千多个中国健儿用他们的血洗去了那天城下之盟一部分的耻辱。

在怀柔作战的我方军队,是华北军第七军团第五十九军。

总指挥即是民国十六年北伐战争以孤军守涿县八十八日的傅作义军长。他们本奉令守张家口。四月二十九日，他们奉令开到昌平待命增援；命下之日全军欢呼出发，用每小时二十里的跑步赶赴阵地；五月一日全部到达昌平，仅走了二十四小时。五月十五日，第五十九军奉令开到怀柔以西，在怀柔西北高地经石厂至高各庄的线上构筑阵地，十七日复奉令用主力在此地后方三十余里的半壁店、稷山营的线上构筑主阵地。他们不顾敌军人数两倍的众多，也不顾敌军器械百倍的精利，他们在敌军飞机的侦察轰炸之下，不分昼夜赶筑他们的阵地，他们决心要在这最后一线的前进阵地上，用他们的血染中华民族历史的一页。二十三日天将明时，敌军用侵华主力的第八师团的铃木旅团及川原旅团的福田支队，向怀柔正面攻击；又用铃木旅团的早田联队作大规模的迂回，绕道袭击我军的后方；正面敌军用重野炮三十门，飞机十五架，自晨至午不断地轰炸。我方官兵因工事的坚固，士气的镇定，始终保守着高地的阵地。那绕道来袭的早田联队也被我军拦击，损失很大。我军所埋地雷杀敌也不少。我军的隐蔽工事仅留二寸见方的枪孔，等到敌人接近，然后伏枪伏炮齐出，用手掷弹投炸。凡敌人的长处到此都失了效用。敌军无法前进，只能向我高地阵地，作极猛烈的轰炸。有一次敌军一个中队攻进了我右方的阵地，终被我军奋力迎击，把阵地夺回。我军虽无必胜之念，而人人具必死之心：有全连被敌炮和飞机集中炸死五分之四，而阵地屹然未动的；有袒臂跳出战壕肉搏杀敌的；有携带十几个手掷弹，伏在外壕里一人独力杀敌人几十的。到了下午，他们接到了北平军分会的命令，因停战协定已定局，令他们撤退到高丽营后方。但他们正在酣战中势不使他们速行撤退，而那个国耻消息，又正使他们留恋这一个最后抗敌的机会。直到下午七时，战争渐入沉寂状态，我军才向高丽营撤退，敌军也没有追击。次日大阪《朝日新闻》的从军记者视察我军的高地阵地，电传彼国，曾说："敌人所筑的俄国式的阵地，实有相当的价值。且在坚硬的岩石中掘成良好的战壕，殊令人惊叹！"又云："看他们战壕中遗尸，其中有不过十六七岁的，也有很像学生的，青年人的狂热可以想见了。"怀柔之一战，第五十九军战死的官和兵共三百六十七人，受伤的共四百八十四人（当时查出的）。

五月三十一日停战协定在塘沽签字后，第五十九军开至昌平集结。凡本军战死官兵未及运回的，都由政府雇本地人民就地掩埋，暗竖标志。六月全军奉令开回绥远复员。九月怀柔日军撤退后，傅将军派人备棺木、殓衣，到作战地带寻找官兵遗骸二百零三具，全数运回绥远，绥远人民把他们葬在城北大青山下，建立抗日战死将士公墓，并且开为公园，垂为永久的纪念。公墓将成，我因傅作义将军的嘱托，叙述怀柔战役的经过，作为纪念碑文。并作铭曰：

"这里长眠的是三百六十七个中国好男子！
他们把他们的生命献给了他们的祖国！
我们和我们的子孙来这里凭吊敬礼的，
要想想我们应该用什么报答他们的血！"

纪念碑上均镌刻上烈士的名字，经过五十多年的漫长岁月，墓碑虽仍屹立，但碑座和陵园久经风雨侵蚀，多有坍毁。一九八二年，内蒙古自治区人民政府特拨款重加修葺，焕然一新，供人瞻仰，现在成为大青山下的游览区了。缅怀当年战友，我曾写下这样几句：

巍巍大青山，
浩浩烈士魂。
宁作战死鬼，
不当亡国民。
抗日怀壮志，
杀敌岂顾身？
再拜告英灵，
大地已回春。

第 五 章

察哈尔民众抗日同盟军

察哈尔民众抗日同盟军始末

高树勋　张允荣　邓哲熙※

九一八事变发生，冯玉祥坚决主张团结抗日，受到蒋介石的排斥。一年以后，冯终于组织了察哈尔民众抗日同盟军，举起抗日大旗。为了说明问题的来龙去脉，先从冯在九一八事变前后的活动叙起。

一　冯玉祥在九一八事变前后的活动

一九三〇年，阎锡山、冯玉祥联合讨蒋失败，冯即离开军队到山西汾阳玉带河隐居，但仍然与各方面有不少接触。当时为他向各方面联系的，有李兴中、邓哲熙、张允荣、李炘诸人。他们联系的对象，主要是西南方面的两广、冯的旧部以及其他方面可能结合的力量。同时，冯并通过关系与中国共产党取得联系。各方面到冯这里来过的，有四川方面的熊克武、但懋辛，邓演达的代表章伯钧以及其他方面的代表。冯与各方联系的主要目的是如何结成反蒋联合阵线，一俟时机成熟，便可东山再起。一九三一年夏季，共产党员萧明、张祝唐来到玉带河住了五天，每天和冯谈话，就当时国内和国际形势作了全面的分析，并且讨论了中国革命问题。萧、张此来，对冯很有影响；他们走后，冯曾对人说："我们知道得太少了。过去不但对于国际的形势不了解，就是对于国内的形势了解也很不够，更没有做过仔细的分析。这怎么能够打倒蒋介石呢？

※　作者高树勋当时系抗日同盟军第二挺进军司令；张允荣当时系抗日同盟军总司令部财政处处长；邓哲熙当时系抗日同盟军总司令部军法处处长。

至于革命的问题，那就更谈不到了。"从这以后，他曾召集过几次小组会，把讨论国内外形势作为会议内容之一，他要求大家对他的缺点在会上提出批评，并且分析和总结过去所以失败的原因（这样的小组会没有持续多久）。事后有人说："冯先生到了倒霉的时候就很虚心，一旦得志，就自以为是了。"冯在汾阳办有一个军官学校，李兴中任校长（后由支应遴继任），军校骨干如贾振中、周茂兰等都是共产党员，学员也多是进步青年。办这个军校的目的，是准备作为将来建军的基础。他在这一时期，还读过《资本论》、《政治经济学》等一类进步书籍。他在玉带河住了一年，表面上似乎是悠闲自在，而实际却有着"髀肉复生"之感。

九一八事变时，蒋介石命令张学良抱不抵抗主义，冯得此消息，首先发出梗（九月二十三日）电，谴责蒋介石穷兵黩武、媚外误国和执行不抵抗主义的罪行。继又发出答复熊希龄的宥（九月二十六日）电，表示反对国民党政府依赖国联的错误方针。以后又发出马（十二月二十一日）电，提出抗日救亡的十三项主张。在他去南京出席国民党四届一中全会的时候，又发表了共赴国难的书面谈话，并且向四届一中全会提出了组织全国国民救国会共赴国难、组织国防委员会武力收复失地和抚恤抗日阵亡官兵等三个提案。这时，国民党内部正因党务纠纷闹得乌烟瘴气，蒋介石躲在奉化谋转圜，汪精卫称病上海看风色，南京已陷入无政府状态。

冯玉祥这次到了南京，只凭满腔爱国热情向各方呼吁，并不了解当时国民党内部斗争的关键所在。他只是天真地抱着一种"兄弟阋墙，外御其侮"的想法，以为只要经过奔走呼吁，大家就可团结起来，共御外侮。因此，他赶到南京参加了四届一中全会之后，马上就前往上海催促汪精卫早日入京，共商国是。冯到沪后，先遣邓哲熙代表见汪。汪伪装卧病，见邓便问冯对时局的意见如何。邓答："冯先生一切唯先生之命是听，请先生从速入京主持大计。"汪说，对国事将唯利是视，现正患病，容从长计议。汪对"唯利是视"这句话还作了注解。他说："我所说的唯利是视，不是力量的力，而是利益的利。"冯急于见汪面谈，当晚亲去访汪，他万万没有料到，这位曾经共过患难（在扩大会议时冯汪合作讨蒋）的"精卫先生"（冯经常称汪为精卫先生）竟以病情严重为借口使他吃了闭门羹。他更没有料到，在他访汪碰壁的第二天，这个病情严重的汪精卫，竟然前往杭州与蒋介石会晤。冯得此消息，气愤已极，拍案大骂汪精卫毫无政治气节，纯粹是一个朝三暮四的投机政客。

冯回到南京，参加了由孙科倡议而组织起来并由他负责主持的国民党中政会特务委员会。但数日之后，情况又发生了变化，汪精卫、蒋介石相率到京，孙科受汪、蒋排挤去职。蒋介石为了缓和冯的反对情绪，授意孔祥熙邀宴。在宴席间，蒋介石装出忏悔的样子对冯说："过去都是我做兄弟的过错（冯与蒋是拜把兄弟），把国家闹到如此地步；可是大哥也有不对的地方，那就是太客气，不好意思当面指出兄弟的缺点。现在国难当前，我们必须精诚团结，才能挽救国家的危亡。希望大哥随时指教，再也不要客气了。"冯又一次受了蒋的欺骗，宴罢归来，逢人便说："蒋先生有了很大的转变。"实际的情况恰恰相反，蒋介石不但继续执行不抵抗主义，而且对冯本人也表现了敬而远之的冷淡态度。

一·二八上海抗日战争爆发，冯又在国民政府军事委员会提出：出兵十万增援第十九路军，沿海各口岸对日舰同时发动炮击，使日军穷于应付，将北方军队集中全力反攻。东北一案，虽经会议通过，但在蒋介石的阻挠下根本不能实现。不久，《淞沪停战协定》签订，冯在这一时期对抗日救亡所做的努力就完全落了空。他便怀着愤懑而又失望的心情登上泰山，恢复了他的隐居生活。

他在泰山居住的一段时期内，感到抗日必先倒蒋，只有打倒蒋介石之后，才有实行抗战的可能。于是又派李兴中、邓哲熙、张允荣、黄中汉等数度去广州与胡汉民、陈济棠、李宗仁、白崇禧等接洽，进行抗日反蒋活动。他并且经常做一些抗日救亡的宣传工作。

汪精卫当了国民政府行政院院长之后，曾请冯任内政部部长，冯辞不就职。冯到泰山后，汪派王懋功到泰山访冯，希望与冯重修旧好。旋又派郭春涛带两万元赠冯，冯拒绝了他的"好意"，并且打了一个借题发挥的电报把汪骂了一通。有一次汪去北平，他希望南下路经山东时与冯会晤，也为冯所谢绝。

冯对国联调查团的印象很坏。有一天，这个调查团的人员赴泰山游览，他们要求和冯见面，冯拒不接见，他说："失地未复，无颜见人。"在他离开泰山以前，对国联调查团报告书发表了坚决反对的谈话。接着又和李烈钧、程潜等十五人通电全国，指责报告书的谬误，并要求南京国民党当局"于政策要有坚决之转变，放弃不抵抗主义及依赖国联之谬想，速解人民束缚，切实与人民合作，全国动员，以抗暴日，而复失地。"

冯三番五次地发表抗战主张，一方面，固然是激于爱国热情，如鲠在喉，不吐不快；另一方面，则是以为不如此不足以扩大个人在社会上的影响。在他奔走于南京、上海、洛阳的几个月之中，使他深深感到，如果没有实力，什么主张也不会受人重视，更谈不到贯彻。因此，他迫切需要重新开创一个局面，有了地盘，有了实力，才能实现自己的抗日主张以及进行其他种种活动。可是山东的韩复榘对他很冷淡，只是因为旧日关系，不能不照顾他的生活。至于冯的一些活动，韩则大不谓然。韩常说："冯先生思想过左，他的左右都是共产党。"因而对冯颇有戒心。冯看到在泰山根本无法展开活动，需要另选一个适当的地方。适逢宋哲元发表担任察哈尔省主席，宋的将领冯治安、张自忠、刘汝明、佟麟阁等和冯的关系都很深，而且察省地处边远，在地理条件上，也比在山东较易活动，因此，他就决定迁往张家口居住。他不仅希望在宋哲元的第二十九军的掩护下进行抗日活动，更重要的是要在抗日旗帜的号召下，积蓄力量，为开创新的局面准备条件。计议既定，冯便在一九三二年十月九日到达张家口。从这时起，冯就开始了实行抗战的准备活动。不久，共产党人宣侠父、张存实等来到张家口，助冯策划一切。

二　抗日同盟军酝酿时期

冯玉祥进行抗日准备活动一开始，就引起了蒋介石严重的注意。他企图用劝导和诱骗的方法，使冯离开察省，屡次派人访冯，促其南下，且不惜许以要职，冀冯就范，企图达到阻冯抗战的目的。

一九三二年十二月下旬，日军调集大部兵力，准备大举进犯热河。不久，日军向山海关守军发动攻击，在占领山海关、九门口之后，即分兵三路向热河进犯。冯玉祥愤日军内侵日亟，乃决心组织抗日武装，相机发动抗日战争。为了争取各方的支援，于一九三三年一月七日分电两广胡汉民、陈济棠、邹鲁、李济深、李宗仁、白崇禧和在上海的国民党中委程潜、李烈钧等人说："华北危急，只有以全力与暴日作殊死战。军需至急，盼分头发起捐募，以应急需。"随后，又请徐谦往访胡汉民、李济深，说明冯不顾蒋介石的压制，决心依靠各方支援，特别是西南方面的支援，以便发动旧部和民众武装实行抗战。蒋介石闻冯积极准备抗战，乃以国民党中央执行委员会名义电请冯去南京，冯复电拒却说："榆关已失，热河告急，外交折冲，早陷绝境，此诚全国奋起抗战之时。"并提出当前急务十二条，作为最后的呼吁。蒋介石见冯谢绝入京，又派王法勤、黄少谷赴张家口访冯，敦促进京，并以监察院院长、黄河水利委员会委员长等职相许。但冯早已识破这个"调虎离山"的诡计，当向王、黄表示："蒋介石如决心抗日，当然可以合作，根本谈不到做官的问题。"并说："谁要是亲口妥协，谁就是我的敌人，决无合作之可能。"

三月，日军陷热河，长城各口告急。这时，华北军队不下十数万人，而且多数将领主战，第二十九军宋哲元部在喜峰口、罗文峪重创日军，其他各部亦有不同程度的抵抗，全国人心为之大振。但是，在蒋介石"有言抗战者，杀无赦"的密令下，以丧权辱国的《塘沽协定》结束了长城抗战。

这时，张学良已被迫引咎辞职，由何应钦代行北平军分会委员长职务。蒋介石曾派黄少谷持亲笔函再度赴张家口晤冯，促其即往南京。冯谓："华北局势更紧，不但本人不应南下，蒋及中央要员皆应北上，现寇已深入，非座谈抗日之时，只有大家上前线一拼。"越数日，蒋又派李烈钧访冯，冯表示："亟欲上火线与倭寇一拼，一切名义，概不愿任。"蒋由北平到保定时，汪精卫电请冯至保定与蒋一谈，冯拒不往。不久，汪精卫又派王懋功访冯。冯表示：如蒋、汪能北来抗日，愿与一晤，本人无去南京必要。数日后，国民党中央又电促冯氏南下，电文中有"迭电奉邀，未见命驾，同人日切翘盼，兹特再行电请，希即入京，共策大计"之语。冯得电对左右表示："宁为抗战而死，也不愿离开此地。"

负北方军事责任的何应钦，只知秉承蒋介石意旨多方阻挠抗战，以遂行其屈辱投降的亡国政策，而对由热河撤退到察省的军队，却毫无善后的准备。因此，察北、张北和张家口等地立即陷于惊慌混乱之中。首先是由东北和热河退下来的部队，如李忠义、邓文的义勇军，黄守中的热河抗日救国军，冯占海、刘震东、富春、姚景川和马冠军等的抗日部队，以及其他不甘投敌的零散部队，总计不下十余万人，他们都辗转撤入察境。但是，何应钦认为这些部队行同土匪，不予收容，任其自生自灭，使他们陷于无衣无食的窘境。他们在此彷徨无主的情况下，都投奔了主张抗日的冯玉祥。其次是察省本为瘠苦省份，骤然增加由前方撤下的大批军队、流亡机关和逃难人民，军队给养的补给、人民生活必需品的供应，立即出现了严重的紧张情况，地方秩序受了很大影响。这时，第二十九军军长兼察省主席宋哲元，因指挥长城抗战，尚驻冀东。代理主席仟庸，对此非常局势束手无策，他曾电北平当局请示办法，不得要领，遂以去平当面请示为名，一去不返。几名省府委员亦悄悄离开张家口，省政陷于停顿状态，而地方也感到军民交困。更严重的是《塘沽协定》虽已签订，但对于日本帝国主义来说，并不能发生丝毫拘束力，当日军将热河全部占领之后，紧接着就以伪军为前驱，由热西进，窥我察省。所有这一切，就给住在张家口的冯玉祥提出了一个必须回答的问题：是袖手旁观，还是投袂而起？他毫不犹豫地选择了后者。当时冯对大家表示："热河沦陷，察省眼看不保，我既然住在这里，决不能等着当俘虏，更不能当逃兵，我们必须立即拿起枪来，实行抗战。当然，困难是很多的，蒋介石一定要反对我，掣我的肘，拆我的台，甚至还会给我加上一个罪名。再就是我们现在还是赤手空拳，一没有军队，二没有粮饷，察省地方又很苦，这都是困难。可是也有有利的条件，只要我们树立起抗日的大旗，广大有爱国思想的民众和军队，都会支持我们，援助我们，特别是退到察省的如此众多的抗日队伍正在没有出路的时候，只要和他们联合起来共同抗日，就是一支不小的力量。至于其他方面的困难，就在于我们多想办法，总是可以克服的。"大家都同意他的看法。于是冯即采取积极措施，组织武装力量，准备实行抗战。

前面说过，冯在山西汾阳曾办一军官学校，冯离开汾阳后，交由宋哲元改编为第二十九军教导团，以支应遴为团长。是时，冯又电调该团开至张家口，以该团学员为基干，扩编成师，拨归佟麟阁指挥，是为冯的基本部队。方振武部原驻晋南襄城，还在冯初到张家口的时候，就派人前往联系，于抗日同盟军组成后亦到达张家口。从东北、热河退到察省的抗日部队联络成熟的，计有李忠义、邓文、黄守中、姚景川、富春、宋敬诚、汲汉东、马冠军等部；另有蒙古自卫军德穆楚特栋鲁普、卓特巴扎普和富龄阿等部，共四万余人，均愿服从冯的指挥。察哈尔地方武装四千余人，都积极要求保家卫国，经张砺生加以编组，称察哈尔民众自卫军，亦表示与冯合作。唯有驻在察东赤城、龙关一带的孙殿英，因别有企图，尚未表示明确的态度。孙与冯有一定的历史渊源。于是冯派张允荣为代表与孙晤商联合抗拒日军的步骤和办法。不料为何应钦所侦知，急派刘健群、戴笠等前往拉孙，并以察省主席为饵，诱使孙殿英以武力威胁冯玉祥离开察省。孙殿英在这种情况下，徘徊歧路，踌躇不决。他既不敢打冯，又不愿与冯合作，始终对冯敷衍搪塞。此外，冯占海在张家口时，本已表示与冯采取一致行动，后以张作相的关系（张是他的舅父），中途转向何应钦方面去了。

冯在联系友军的同时，并着手基本队伍的筹划。这时，冯的旧部吉鸿昌、孙良诚、高树勋、张凌云等已先后到达张家口，他们都把自己的财产拿来充作军费和购买枪支，经过短期的准备工作，吉鸿昌收集了退到察省、无人统辖的义勇军数部，加以整顿编制并予以服装械弹的补充，同时装备了志愿抗日的民众武装数部，计有周义宣、徐荣华、宣侠父、李廷振、王英等部。高树勋召集的，计有宋敬久、马金良等部。孙良诚召集的，计有雷中田、李海山、刘振玉等部。张凌云召集的，计有仝玉岭、胡云山等部。共计一万五千余人。

冯玉祥积极准备抗日的活动，引起了全国各方面的注视，广东、广西、福建等省当局先后电冯表示积极支持；上海、天津、北平等大城市及各地抗日救亡团体亦纷纷电冯，促请早日出山抗日，以慰民望。冯在各方属望、义不容辞的情况下，于五月九日在《大公报》上公开答复各民众团体，重申他抗日救亡的志愿和决心。

三　抗日同盟军行动时期

五月二十四日，盘踞多伦的日伪军南侵，沽源守军因无人负责指挥，纷纷后撤，敌即进占沽源，察省形势，益行危急。张家口军民各界及各军驻张代表，都认为时机迫切，奋起抗战，刻不容缓。经各界代表集议，立即组成了察哈尔省民众御侮救亡大会，经大会决议，组织民众抗日同盟军，公推冯玉祥为总司令，领导实行民众武装抗日斗争。二十六日，冯发出通电，宣告就职。这时，察省代理主席佟庸避居北平置身事外，冯玉祥为了加强战时体制，乃派原警务处处长佟麟阁暂代主席，以吉鸿昌代警务处处长兼张家口警备司令，张允荣代财政厅厅长。由于冯玉祥一贯主张抗战，在人民群众中有了威望，一旦举起抗日同盟军的旗帜，不仅察省人心为之大振，在全国范围内也引起了广泛的重视，很多人民团体、社会名流、省市当局以及高级将领纷纷致电冯玉祥，表示支持和祝贺。但是，同时也遭到了蒋介石集团的多方攻击和破坏。蒋介石因对冯屡次劝阻无效，乃进一步发动宣传攻势，给冯加上了宣传赤化的"罪名"，并且诬冯非真心抗日，乃系假借抗日之名以夺取宋哲元的地盘。同时对宋施加压力，使他逼冯离开察省。甚至对曾经以捐款接济冯氏的朱庆澜（时朱负责辽吉黑三省义勇军后援会工作，曾拨给冯抗日经费十万元）诬以贪污之罪，并要他立即前往南京，办理交代，使其对冯无法再予接济。

冯玉祥在各方面的瞩望和鼓舞之下，不顾蒋介石集团的百般阻挠，开始了整顿队伍的工作。这时参加抗日同盟军的军队和民众武装，共达八万余人，其中除少数基本部队而外，有的是久经转战东北三省和热河，已感师老兵疲；有的是由晋南长途跋涉，尚未休整；有的是由察省地方召集的民众武装，未经训练。情况相当复杂。当时一些反对抗战的人们，把抗日同盟军说成是乌合之众。但是冯玉祥对于这八万多所谓乌合之众，首先进行了抗日救亡的宣传鼓动工作，他每日轮流召集部队讲演，以教育士兵，并以"民众武装起来"为口号，以加强民众抗日意志。特别是在共产党员们的帮助下，在宣传鼓动工作中，充实了革命的政治思想教育的新内容。同时，又经过调整编制，补充服装，筹发给养，安抚伤病，军容士气乃大为改观。在短短时期内，便把这支队伍变成了朝气蓬勃的有生力量。

　　这时，热河伪满军司令官张海鹏偕同日军官多人到察东沽源县属之平定堡，召集伪军头目崔兴五计议分两路进犯：一路由多伦西犯宝昌、康保，而后南趋张北；一路由沽源南侵独石口、赤城，以威胁张家口侧背。六月一日，敌机开始轰炸独石口。四日，伪军张海鹏、崔兴五部陷宝昌。八日，陷康保。张北告急，张垣震动。冯玉祥一面派李忠义、乜玉岭、张砺生等部驰往张北布防，一面以张凌云为赤城龙关警备司令，率步兵一旅驰往独石口，并以方振武所属张人杰部为策应。何应钦闻讯，先后数度派人劝冯取消抗日同盟军名义，停止抗日军事行动，并说，万勿以抗日再招来第二个《塘沽协定》，均遭到冯的严词驳斥。何见计不得逞，乃一面电山西阎锡山商议对付冯的办法，阎即委孙楚为晋绥边防司令，设司令部于大同，并令原驻察省境内的晋军赵承绶、李服膺两部退集大同一带，表示不与冯合作。何又一面派庞炳勋为察省"剿匪"总司令，向平绥路开动。与此同时，还对冯施加所谓舆论的压力。国民党南京市党部发表通电，骂冯"冒名抗日，勾结汉奸，割据地盘，捕杀党员，宣传共产，实行赤化"；要求国民党中央开除冯的党籍，下令讨伐。阎锡山亦表示，如冯果有背叛"中央"举动，必须讨伐时，晋军绝对服从命令，负弩前驱。最无耻的是，假借东北四省、华北各省市及北宁、平绥两路局十二个国民党党部的名义发出通电，劝冯"放下屠刀，立地成佛"；并电国民党留粤中央委员，请他们对冯"责以大义，以弭巨患"。冯便把这些电报作为对军队的宣传材料，更加激起了将士们的义愤。北平军分会的宣传机器还制造种种谣言，对冯诋毁诬蔑，无所不用其极。他们把这次日军的进犯，说成是由于冯的抗战所引起，为日军的侵略制造借口。冯对于这种颠倒是非的造谣，除邀请新闻记者赴张参观以明真相外，并用通电给予有力的驳斥。同时，又请刘治洲到天津访晤河北省政府主席于学忠，李炘去济南访晤山东省政府主席韩复榘，李兴中去广州访晤西南政委会的负责当局，分别说明冯的抗日行动，请他们予以支援。

　　冯为了加强同盟军的军政设施和加强同盟军的内部团结，在六月十五日召开了同盟军第一次军民代表大会。出席代表六十一人，主席团为冯玉祥、王化三、张砺生、武纯仁、张慕陶、张允荣、方振武、吉鸿昌、邓文等九人，秘书长为陶新畬。会期五日，对同盟军的军事、政治、经济等各方面均作出了纲领性的决议案。这些决议案的要点是：抗日同盟军为革命军民的联合战线，旨在外抗暴日，内除国贼，主张武力收复失地，对日绝交，反对任何妥协；联合世界反对帝国主义势力，共同奋斗，完成中国之独立自由；肃清汉奸国贼，实现民众政权；取消苛捐杂税，改善工农、贫民、士兵生活；释放爱国政治犯，保障民众集会、结社、言论、出版、武装之自由；凡有志抗日救国的军民团体，均得加入同盟军。大会并通过决议，组织抗日同盟军军事委员会，为代表大会闭会期间的最高权力机关，处理军区内军事、政治、财政、外交等事宜。第一届军事委员会委员三十五人，候补委员二十九人，推冯玉祥、方振武、吉鸿昌、张允荣、邓文、佟麟阁、张人杰、邱山宁、宣侠父、张慕陶、孙良诚等十一人组成常务委员会，主席冯玉祥兼总司令。在这次会议之后，军中的革命青年立即根据纲领，展开了军队政治工作和民众运动，对于组织民众武装、协助军队运输和救护伤员以及筹措给养等等，起了很大的作用。

大会闭幕后，冯对军事又作了新的部署：任吉鸿昌为北路前敌总指挥，邓文为左翼副总指挥，李忠义为右翼副总指挥，率领大军克日北进。为了统一指挥，特派方振武为北路前敌总司令，所部进出张北，相机进击，地方武装，均配合活动。二十二日，察省自卫军第一支队王德重部首先克复了康保，伪军崔兴五部东退。二十三日，邓文、吉鸿昌、张凌云等部及察省自卫军之一部直趋宝昌，李忠义部直趋沽源。七月一日，在两地外围一度激战，宝昌方面的伪军张海鹏、崔兴五等部即向多伦溃退，我军收复宝昌。伪军刘桂棠部原踞沽源，至是反正，加入抗日同盟军。由于抗日同盟军声势浩大，许多被迫胁从的伪军也都相率来归。康保、沽源收复后，即以大部兵力向多伦前进。

正在各部乘胜前进的时刻，何应钦看到抗日同盟军的胜利，将对人民发生很大的影响，而不利于他们屈辱投降的反动政策，于是又千方百计地对冯施加威胁和利诱。除一面鼓动庞炳勋对张家口进行军事压迫外，一面对冯的代表孟宪章表示，希望冯：一、即日结束军事；二、通电取消抗日同盟军名义；三、宋哲元返察；四、请冯就全国林垦督办职。冯为了缓和对他的压迫，以争取抗战的时间，电复孟宪章说：抗日军已在多伦附近发生激战，收复多伦指日可期，平方所提四项办法，如多伦攻下，一切不成问题。

多伦是察省的商业重镇，当地人称之为小上海。日本帝国主义把它看作是攻略察、绥的战略据点，日军茂木骑兵第四旅团两千余人及炮兵部队设防固守，以伪军索华岑部为外围，集结在丰宁属之黄旗一带，日军西义一第八师团驻丰宁，以为策应。在这一线并且构筑了坚固的防御工事，但周围地形平坦开阔，是一个利于进攻、不利于防守的四战之地。因此，冯决定乘胜收复多伦，为进一步向热河进攻开辟道路。

七月四日，张凌云部在七里河孤子山驱逐敌人前哨，吉鸿昌、邓文、李忠义等部均进抵榆树沟一带。五日，接刘桂棠报告：据夏军长（可能是夏子明，确否待查）由承德脱险归来说：蒋介石与日军取得默契，由日方出兵夹击同盟军，索华岑部接到日军命令，即将有所举动，围场、大阁一带均有日军开到。吉等得此情报，立即召开会议，一致认为必须迅速进攻多伦，以收先发制人之效。乃以张凌云部任左翼，李忠义部在中央，刘桂棠部苏师任右翼，吉、邓两部为总预备队，七日下总攻击令。为了避免敌人飞机大炮的火力，决于当日夜间开始进攻，经过彻夜激战，至八日拂晓，攻克敌人战壕两道。天明之后，敌因获得大炮支援，战斗益趋激烈，吉、邓、李三人均亲临前线指挥，激战至下午六时，迫敌退入城内。九日拂晓前，继续进攻，敌城外大部分据点被我军占领。夜间，吉鸿昌指挥敢死队几度爬城突袭，阻于敌人猛烈火力，未获成功，伤亡二百余人。十日拂晓，又开始猛攻，因日机轰炸，伤亡甚众，乃在原地休整。十二日晨一时，再次总攻，吉鸿昌袒臂冲锋，士气益振，连克数垒，直逼城下。在总攻的前一天，吉派一副官带战士数十人化装伪军，潜入城内，迨城外我军接近城垣时，即高呼"同盟军进城了"，并四处开枪，造成城内秩序的混乱。日伪军闻变大惊，开始向城外溃窜，同盟军乃由南、西、北三门冲入城内，巷战约三小时，日伪残部由东门逃走。沦陷七十二天的多伦，经五昼夜的苦战，终被抗日同盟军所收复。在收复宝昌、康保和多伦三县的战役中，共击毙日伪军千余名，同盟军亦伤亡一千六百余名。

当同盟军进攻多伦之时，汪精卫电冯说，在察抗战，是走不通的一条死路，劝其早日赴京，徐图救国根本之计。冯复电说："我决心抗日，本来就是找死，但是死在抗日旗帜之下，良心是平安的。"迨同盟军收复多伦后，汪便造谣诬蔑，说："多伦已告收复，唯非取之于日本军队之手，乃取之于伪军之手，此等傀儡，何足一击。"又说，"多伦方面本无日军驻守，仅有伪满收编原来热军崔兴五之残部李守信部，约两千余人，所以一经接洽，一部分便服从收编了，一部分便站不住脚了。而吉鸿昌等部便进驻多伦了。"汪精卫这种贬低抗日同盟军战绩和为日本帝国主义张目的荒谬无耻的言论，立即遭到各方的驳斥和谴责。与此相反，收复多伦的消息传出后，全国民众救国联合会、上海各团体救国联合会、义勇军后援会、天津民众救国联合会、上海教育界联合会及学生联合会、西南各省人民对外协会、北平各界抗日联合会、华北青年抗日同盟以及其他省、市的人民团体，都纷纷来电祝贺。

在抗日同盟军收复多伦之后，东北的爱国军人和青年金典戎等多人纷至张垣投效。于是集议成立东北民众抗日大同盟，借以广泛吸收爱国人士。为了准备收复热河和东北三省，并扩大抗日战争的影响，又于七月中旬在张家口成立收复东北四省计划委员会，内分四个局：秘书局主任余心清，政治局主任温晋城，军事局主任阮玄武，经济局主任张允荣。抗日同盟军高级人员均为该会委员。

四 抗日同盟军的结束

南京国民党中央闻冯收复多伦，特召开中政会议，汪精卫等十数人出席，商讨对付冯玉祥的办法。从七月九日起，除令庞炳勋、冯钦哉等部进驻沙城、怀来之外，又陆续增派王以哲、徐庭瑶等部进驻平绥路线，前队达于下花园，令傅作义部由绥远沿平绥路向察省开动。冯玉祥以"中央"既对他采取军事行动，为了正当防卫，不得不采用一面抵抗敌伪，一面阻止"中央军"入察的对策。遂调吉鸿昌、方振武等部回驻张北、宣化，由多伦迄独石口之线则交刘桂棠防守。又调孙良诚部进驻于宣化之辛庄子，与何应钦所派入察部队之前锋，相距不过十三四里，双方对峙，战事很有一触即发的可能。十八日，"中央军"铁甲车突然开过下花园，冯部即将辛庄子铁桥拆毁，以阻铁甲车前进。北平当局认为冯玉祥此举已表明"反抗中央"的态度，"中央"不得不对冯采取武力解决。在这以前，何应钦本已下令庞炳勋、关麟征、冯钦哉各部在怀来、延庆集中完毕后，即以庞为总指挥分三路进攻张家口。但是，这里还有一个必须解决的问题，即孙殿英部自从由赤城、龙关移驻沙城后，即横隔于两军之间。这个投机取巧的孙殿英，一方面对冯表示为抗日同盟军看守大门，一方面又向何应钦讨价还价。何应钦为了使孙迅速离开沙城，除了许以青海西区屯垦督办和开拔费十万元以外，又增加了开拔费四十万元，孙殿英始率部离开沙城向西北开去。

正当蒋介石的军队向张家口节节进逼的时候，北平日使馆武官柴山，特为抗日同盟军收复多伦一事走访何应钦，他说："日方对此事，认为有违《塘沽停战协定》，请予注意。"日使馆并声明《塘沽停战协定》曾将多伦列入华军不得越过之界限内。但是，北平当局对此毫无根据的胡说并不予以驳斥。接着，日军平贺旅团及茂木旅团联合伪军张海鹏部共两万余人，齐向察边出动，企图夺回多伦、沽源等地。

与日使馆提出上述声明的同时，日军向冯玉祥也提出了让出多伦的要求。冯接到日军"觉书"，立即向他们提出让出热河的反要求。接着，日军又限冯于三日内对让出多伦的要求作出答复，否则将采取断然的军事行动。冯一面以严正的立场予以驳斥，一面下令对日军严加戒备（一直到冯玉祥离开察省，日军迄未能将多伦夺去）。

冯玉祥这时的处境，是既要抵挡日军的进攻，又要对付"中央军"的压迫，深感情势危急，难以应付，乃通电全国及西南当局，说明因抗战而获罪于"中央"，请各方主持正义。这个呼吁，立即得到各方面的反应。西南政委会电请北方各省当局和各将领，请他们仗义执言，并劝庞炳勋、关麟征、冯钦哉等"应以国家为前提，以民意为向背；不应为个人所利用，为乱命所操持"。李济深、陈铭枢致电南京国民政府五院院长，请他们"饬令停止入察之师，勿轻启兄弟阋墙之祸，为外人所笑"。胡汉民、陈济棠、白崇禧等并以强硬的态度致电南京国民党中央及国民政府，请其"速停入察之师，若仍一意冥顽，抑内媚外，决取断然处置"。蒋介石集团鉴于各方舆论和西南实力派的坚决态度，未敢立即言战，于是何应钦又派马伯援赴张，冯当即表示三点：一、抗日目的，始终不变；二、欲求和平，平方须将入察部队开回；三、取消抗日同盟军名义，须俟察省各军有善后办法以后。二十八日，蒋介石、汪精卫在庐山会议上又决定致冯俭（二十八日）电，提出最后通牒式的四项意见：一、勿擅立各种军政名义；二、勿妨害"中央"边防计划；三、勿滥收散军土匪；四、勿引用"共匪头目，煽扬赤祸"。并说事关察省存亡与全国安危，万不能因循迁就。冯得电愤极，乃于三十日发表通电，中有"吾人抗日，诚为有罪，而克复多伦，则尤罪在不赦，……祥屡次宣言，一则抗日到底，一则枪口决不对内，如'中央'严禁抗日，抗日即无异于反抗政府，则不但军事可以收束，即科我以应得之罪，亦所甘心"之语。蒋介石集团虽然对冯施加了种种压力，但冯仍不为所动。

当蒋、汪发出俭电的同时，已完成了军事部署，准备向张家口进攻的兵力计有十六个师、两队战斗机和八列钢甲车。正当统率三军的庞炳勋自告奋勇跃跃欲试的时候，忽然遭到了当头一棒。首先是激怒了宋哲元和他的将领。某日，宋授意冯治安和秦德纯去当面问庞，他们对庞说："听说大哥要打冯先生，是吗？"这个老奸巨猾的庞炳勋一看情形不对，赶快以解释的口吻说："这怎么能够。不错，是有人叫我打冯先生，可是请二位老弟想一想，他是我多年的老长官，我怎么能够打他呢？"冯治安为了表明第二十九军的态度，便直截了当地说："我们也不相信你会打冯先生；如果真的要打，那么，我们就要对不起大哥了！"庞又赶快说："不能！不能！绝对不能！"庞嘴里虽然这样说，但他仍在做着察省主席的迷梦，接着便到前方，进行作战的准备。先派人到张家口见冯，希望通过和平的方法把主席的职位拿到手。冯给庞写了一封复信，大意是：外间有些谣传，但我却不置信。兄如来察，欢迎与我共同抗日。庞炳勋碰了冯的钉子，便召集他的将领会议，宣布了"中央"决定以武力解决察事的意旨，旅长陈春荣当场提出异议说："冯是抗日的，先不必说别的，就是在人格上也不能打他。"庞恼羞成怒，立即指为违抗命令，将陈扣押。因而引起了其他将领的纷纷议论，有的还秘密派人与冯联系，表示脱离庞炳勋随冯抗战。北平当局得此消息，深恐发生意外，乃急将庞部后调，改调第八十七师王敬玖部前往接防。

何应钦对冯，一方面从外部进行军事压迫，另一方面，又从抗日同盟军内部进行收买瓦解。对张人杰、李忠义和邓文等都进行了种种的勾引工作，这些消息传开之后，造成了抗日同盟军内部思想上的混乱与动摇。邓文的将领檀自新、吴松林等，曾为邓文与何应钦的勾结一事向冯玉祥告密，冯以不了解他们内部的情况，初上来还以为是他们与邓不和，故对檀、吴二人未作具体表示；不料在七月三十日这天，竟然发生邓文被人暗杀之事，更加引起了人们的惶惑不安。

到了八月初，抗日同盟军在日军和中央军的大包围中，军事封锁益加严密，包围大军节节进逼，而抗日同盟军内部又发生了动摇。加以外无实力响应，内有财政困难，冯本人处在这个危疑震荡、困难重重的形势下，对抗战到底的主张已失去信心。某日，抗日同盟军召开军政领导人会议，出席三十余人，冯派张允荣代表出席，意在听取大家意见，当时群情愤激，多数主张坚决执行同盟军"外抗暴日，内除国贼"的行动纲领，继续奋斗，立即通电讨蒋。其中以方振武、张慕陶、宣侠父等主张最力。但亦有少数人鉴于形势不利，不愿牺牲实力。众说纷纭，莫衷一是。会议进行至深夜，迄未提出全体一致同意的办法，最后商定请示冯总司令后再作决定。次日，冯另行召集了有十余人参加的会议，冯在会上表示：如引起内战，将使日本帝国主义坐收渔人之利，希望宋哲元早日回察，抗日同盟军的名义虽不存在，但可借宋的掩护，使这一部分抗日力量得到保存。冯既如此表示，主张讨蒋的方振武等自亦不便坚持他们的意见，而全国广大爱国人民所属望的抗日同盟军，就在这次会议上结束了它的使命。

关于宋哲元回察的问题，还在多伦收复不久的时候，冯就表示了态度。那时，蒋介石集团曾诬冯为非真心抗日，乃是意在夺取宋哲元的地盘。冯为了表明心迹，曾于答复邓哲熙、李炘等的电报中说："兄（冯自称）志在抗日收复失地，枪口始终向外，现多伦已复，保察志愿已遂，此后但求收复东北四省，如南京有整个计划，兄自当尽力赞助。明轩（即宋哲元）弟如有接防可能，只要第二十九军开过沙城，兄即交出政权。"在冯以为，宋如回察，即可缓冲蒋介石集团对他的军事压迫，并可借宋的掩护继续进行活动。但是，蒋介石集团并不这样愚蠢，如果在冯玉祥继续留在察省的情况下使宋哲元回察，这将无异为虎添翼。于是北平军分会就发表了宋哲元与庞炳勋同时入察的命令，借以监视宋的行动。一方面摆出命宋回察的姿态，一方面却给宋提出了逼冯离开察省的难题。宋哲元虽然不愿意放弃察省地盘，但又感于情况复杂，对劝冯离察没有把握，因而托病去西山休养。何应钦见宋表示消极，乃又转过头来令庞炳勋执行武力解决的计划。不料庞内部发生变化，何的这一步骤又遭到阻碍。正在这个时候，冯的态度又进一步地软化下来。在他给邓哲熙、秦德纯的电报中说："国难严重，不忍自相残杀，愿收束军事，盼转知前途来接察政。"邓接电后，于八月二日在天津各报发表了谈话，大意是："余同李炘往来平津，始终本冯先生意旨奔走和平，冯先生一再诚意表示志在抗日，不在对内，蒋、汪俭电四项，以假定口气希望冯不要如此，冯一非赤化，二不割据，谈不到接受与否。冯前昨均有电来，绝对主张和平，重点在希望宋主席回察，本人进退不成问题。政府则望冯先取消名义，如何方妥，诚不易言。个人以为政令不便中断，事实上以宋主席先行回察为宜。余等正在与各方共策进行，政府方面托熊哲明（即熊斌）先生代陈，当局屡次表示和平，和平当非无望。"八月三日，北平军分会亦在各报发表消息，说军分会、政委会早已明令宋哲元回察，此间当局始终主张宋哲元回察云云。四日，又在报上补发了一道命令："着宋哲元驰赴沙城，接收察政，处理一切善后事宜。"五日，冯发出歌电，略谓："自即日起，完全收缩军事，政权归之政府，复土交诸国人，并请政府即令原任察省主席宋哲元克日回察，接收一切，办理善后。"歌电发出的第二天，何应钦便发表了如下的谈话："察事已初步解决，冯既无发号施令之名义，此后不足虑。唯共产党在察活动颇力，将成隐患。"宋哲元于六日偕同邓哲熙、李炘、秦德纯等抵沙城，邓、李先到张家口见冯报告各方情况，并劝冯离张。冯于六日发出通告说："顷宋主席抵察，即日起将军政事宜交宋接收。"冯的通告发出后，蒋介石、汪精卫便给冯一电促其克期离察入京，共商大计。而宋哲元也希望冯离开察省，善后问题才好着手处理。同时，经邓哲熙、李炘等与韩复榘联系，韩表示欢迎冯仍去山东。冯本来希望在宋哲元的掩护下留在察省，以便等待时机，进行活动。但是，从各方面的情形看来，他已经没有继续留察的可能。虽然他已清楚地看到，一旦离开察省，就完全失去了活动的凭借。因此，对这一去留问题，总是踌躇不决，初意不愿赴鲁。余心清建议北去内蒙古，到万不得已时，还可投往苏联。冯也未采纳。嗣经邓哲熙、秦德纯等力劝，一直挨到十一日晚间才决定离开张家口，仍回泰山。宋哲元于十二日到张，冯于十四日离张。濒行的前一日晚间，冯召集抗日同盟军将领及高级人员二十余人话别，倡议组织抗日救国同盟会，志愿参加者，歃血为盟，向国耻地图（用红颜色在地图上标出被日本帝国主义侵占的东北四省，上写"还我河山"四字）宣誓，作为分手后各自努力奋斗的共同目标。

冯的留察计划既不获实现，乃在迫不得已的情况下采取了保存实力的最后办法，派张允荣为骑兵第二军长，责成他借着宋哲元的掩护以收容冯的基本部队，并且与抗日同盟军其他部队取得联系。支应遴部原为收容的主要对象，但该部的军校派如贾振中等，不愿留在察省，而要西去投奔陕北苏区，因中途遭受阎锡山部的截击，无法通过，且损失甚巨，不得已，折回察省，仍由张允荣收容。吉鸿昌、方振武因坚持抗日反蒋主张，偕同张慕陶、宣侠父等人率部东下，行至小汤山一带，因何应钦早与日军洽妥联合攻击的办法，经商震、庞炳勋、关麟征等部和日军的夹击，并有日机跟踪轰炸，死伤惨重，吉鸿昌等逃出，部队被消灭。抗日同盟军其余各部，有的由第二十九军收编，有的自谋出路，震动一时的察哈尔民众抗日同盟军，至此遂完全解体。

（戈定远　王式九　吴锡祺　软墨林整理）

跟随冯玉祥在张家口抗日

刘公武[※]

一九二六年至一九二七年，长沙"马日事变"前，我在家乡湖南华容县参加革命群众运动。大革命失败后，逃到新加坡栖身，随转往德国留学，在柏林期间，结识了李德全（冯玉祥之妻）的大弟李连山，成为至交。九一八事变后，我俩先后相继归国，希望能有所作为。但回国后所见到的却仍是外患日亟，而内战不休，感到政治上无望。乃一同誓志从事实业，自立立国，遂筹集资本在北平后门外创办"力资羊毛纺织厂"。日军侵犯长城各口，北平危急，加以厂的产品毛呢质低，成本高，不能与进口产品相竞争，因而滞销积压，周转不灵，不仅生产不下去，职工生活也难维持，只好停工。我与李连山商量同去张家口向其姐夫冯玉祥求援增资，准备继续办下去。不料我们同到张家口，见了冯玉祥将军，他明白我俩的来意后，哈哈大笑地说："你们两个书呆子，今天已到亡国无日的时候了，哪还容许你们搞这个蚀本生意，就此收场吧！"经过他一番开导，打消了我俩继续办厂的念头。冯并把我留下伴同他住在土儿沟图书馆旧址，当一名食客。

一 冯玉祥坐镇张家口抗日

冯原来居住泰山，为反对蒋介石的"攘外必先安内，抗日必先剿共"的反动政策，表示决心抗日救国，离开妻室，只身移居到抗日前线阵地

※ 作者当时系抗日同盟军总司令部上校秘书和该军干部学校总教官。

张家口，号召全国枪口一致对外，收复失地，雪耻图存。

　　我自从同冯生活在一起，看到他身穿土蓝布短棉袄，腰捆围带，裤脚扎着，踏上一双厚底棉鞋，土气十足，活像北方农民。但说起话来，文质彬彬，雍容有度，平易近人，和蔼可亲，令人肃然起敬。全屋不见一件洋货与装饰品，家具食具都是土制粗糙的，他安之若素，只讲求实效。人都称他为"基督将军"，但未曾见他持读《圣经》。和他亲近并为他所最敬重的是老翰林王铁珊先生，王是他的老师。冯勤奋好学，爱读线装书。晨起必写日记，从不间断。他休息时，坐靠摇椅，来回摆动，独自引吭高歌，仰天长啸；或口中念念有词，像背诵诗文似的，引以为乐。午休后，必外出散步，看士兵出操，成为了嗜好，一日不看到士兵活动，就状似不快。有时晚上看看电影，多为他治军慰问伤病兵所摄制的纪录片。与人谈话时，不是气愤地指责"不抵抗主义"和"三日亡国论者"，就是讽刺那些软骨头的"唯武器论者"的"恐日病"，浩气凛然，自强不息。我受他的熏陶颇深，衷心感服，也和他的随从人员一起尊称他为"先生"。

　　来访的宾客，我陪坐接待过的有李烈钧、丁超五等国民党要员，还有较为显眼的，居于冯、汪（精卫）之间来回传话的黄少谷。他们多系从南京来劝驾的。但冯坚决表示：不抗日是不愿去南京的，除非蒋介石下定决心抗日。他总反复一遍又一遍地郑重声明："不抗日必亡，不亡只有抗日。爱国抗日的是朋友，是同志，是兄弟，好商量办事；搞不抵抗，屈辱投降，那是卖国贼，决不妥协，我是不会受到欺骗的。"

　　另一方面，来看望他的人，有吉鸿昌、张慕陶、宣侠父等，似在共同密商什么，我没有被叫去作陪，不得其详，总觉得是在准备什么似的。大有"山雨欲来风满楼"之势。自然我不敢启齿，有所探问，只是守口如瓶而已。

　　一日，来访的一位日本记者，自己带有翻译员，冯出接见，来回问答中，日本记者表述来到张家口的观感时说，登上赐儿山一望景色，有与高丽地方所见相似。冯敏感地立即愤然指骂说："我想你的妈是一个窑姐儿（娼妓）。"当时翻译结口辍舌，不敢实译。冯催他照实译告。日本记者惊慌之下，问为什么这样突然骂他。冯理直气壮地反驳说："你侮辱我是亡国奴，我就说你妈是窑姐儿。"这个日本记者自知失言，垂头丧气而去。

　　当蒋介石在江西指挥围攻中共工农红军时（约是第三次"围剿"），传来消息，损失了十来个师。冯感慨地说："你看蒋介石对日本是那么忍辱负重，不抵抗，还标榜什么'攘外必先安内'。是安内吗？这是搬起砖头打自己的脚，是在造乱，屠杀老百姓，愈杀愈乱，哪能安得下来啰？这是自欺欺人，甘心给日本当差，走的是亡国之路啊！今天想起当年在五原誓师，悔不该没有把枪杆子发给老百姓，只有老百姓武装起来，才能救国啊！"言下之意，认为他的旧部如石友三、韩复榘之流被蒋介石收买了，与人民为敌，心中感到内疚。使自己陷于报国有心而难有作为的境地。

二 民众抗日同盟军的成立与胜利

当日军侵入冀东，进犯长城各口，喜峰口一役，宋哲元部的大刀队出奇突袭，使敌吃了败仗，伤亡重大，我取得了惊人的胜利。然而国民党政府倒反签订了丧权辱国的《塘沽协定》。全国激愤，忍无可忍。正在这时，冯玉祥在张家口举起义旗，成立了察哈尔民众抗日同盟军。

一九三三年五月二十六日拂晓，原宋哲元留驻张家口给冯担任警卫的一个团，分兵出动，把国民党中央分布在张家口的宪兵队以及税收等机关一起接管了。早餐后，我被叫到一个较大一点的房间和几个人正在书写安民告示，宣布民众抗日同盟军的成立，号召全国共同奋起，枪口一致对外，实行抗日。冯走进办公室，忽大声诙谐地叫道："你们在造反啊！"我暗中思忖：这不是你要搞的吗？怎么说我们在造反啊？当日冯玉祥发出通电，宣告就任察哈尔民众抗日同盟军总司令之职，在张家口正式揭开了人民大众起来抗日的序幕。

跟着，冯总司令任命方振武为北路前敌总司令，吉鸿昌为北路前敌总指挥，除由方振武率领开来的张人杰师外，把上述宋哲元留下来的那一个团立即扩编为一个师。原来冯早把在山西汾阳办的军官学校留守的员兵及时调到张家口来了，组成了另一个师，再从东北抗日撤退到察哈尔来的义勇军部队改编为三个师的番号，加上察哈尔地方的保安团队，合计号称十万之众，声势浩大，震动全国。

开始在土儿沟大操坪各部队集合整编时，冯亲自主持训练，讲演枪口一致对外、爱国抗日救亡的道理，以及严守纪律，搞好军民关系的重要意义。他一边演讲，一边拿着步枪作选择地形、立射、跪射和卧射等姿势，说明枪不乱发，要珍惜子弹，准确地射杀日本侵略者。一连集训了三个上午。冯的声音洪亮，说话通俗，以身示范，精神抖擞，具有惊人的魅力，全体官兵无不为之动容，同声高呼，下定决心，誓和日本侵略者一拼。气壮山河，开创了抗日的新局面。

同盟军首先出师察北，连战皆捷，收复了沽源、康保、宝昌和多伦四个县。进军猛勇，敌难阻挡，龟缩到热河境内。当在张家口举行庆祝收复多伦胜利大会，群众游行示威，欢呼口号，锣鼓喧天，十分热烈。特别传遍了吉鸿昌将军勇敢善战，是一位抗日英雄，顿使这一边城活跃起来，为全国所瞩目了。

从平津各界前来慰问的代表团，一个接着一个，一致表示坚决积极支援，拥护民众抗日同盟军。朱庆澜将军领导的东北抗日军后援会首先捐助经费大洋十万元，广西省也汇来了小洋十万元。抗日同盟军第一次发了饷，我就领到八块钱，大家无不喜形于色，军心振奋，对抗日前途，充满了信心。

平津一带的青年学生受到察北集战告捷的鼓舞，陆续不断地涌集到张家口来了，要以实际行动参加抗日新阵营。冯乃适时地成立了察哈尔民众抗日军干部学校，自任校长，迎接了这股爱国洪流。当时还在南京陆军大学当学员的冯的连襟张克侠（以后在淮海战役中同何基沣一道率部起义）前来探视冯氏，被冯留下派充干部学校副校长，负实际责任，主管校务。我从总司令部上校秘书调任干校总教官，协助张的工作。开始在爱吾庐设立干校校本部，办理接待学员报名、登记、录取等手续，共计入校的学员有二百多人，分编为两个中队，进行训练。这些青年都具有雄心壮志，生气勃勃，是一支抗日生力军。

抗日同盟军总司令部的名义虽已公布，但总司令部的机构与人事，还没有来得及全面铺开。只正式任命了张允荣为秘书长，张慕陶为政治部主任。其他如参谋、经理、医务等处，都没有正式建立。其总务副官业务与对外联络工作，是由李连海、李连成和李连志三兄弟担任。一切在草创，正待逐步开展。

三　冯玉祥被迫还居泰山及其尾声

到了七月初旬，不料这一轰轰烈烈已经兴盛起来的民众抗日新阵容，从北平、上海传来消息，蒋介石、汪精卫放出毒箭，制造借口，叫嚷什么"张家口赤化了！"要把这一新生的婴儿、真正抗日的力量扼杀在摇篮里。何应钦驻北平，调集国民党中央军关麟征、刘戡等师向察哈尔进逼，声言要解决张家口的问题。原来驻扎在平绥铁路沿线曾表示过愿接受冯的指挥调遣的孙殿英部已开始向西移动，让开大路方便国民党中央军接防，形势顿时紧张起来。冯一面动员在张家口外围，向南深挖战壕，准备防堵；一面抗议并揭露南京政府加罪爱国抗日的无耻谎言。对这前门拒虎、后门进狼的局势，冯一时陷于进退不得之苦。如硬抗下去，面临打内战的威胁，与枪口一致对外的主旨相违背，实为亲者痛，仇者快。加之孙殿英已表露不可靠，复传鲍刚等已被收买，将拆台内应。冯氏深谋远虑，当机立断，乃于八月中旬，乘宋哲元回任察哈尔省政府主席之日，也给宋留个面子，秘而不宣地登上火车转回泰山旧居。至此，在张家口燃烧起来的抗日烈火，终于被熄灭，遭夭折，成为昙花一现的历史记录。

就在冯决定还居泰山的那天下午，叫去张克侠副校长，面授机宜，说明不得已要离开张家口，当即发交张硬币二百元，花机关枪四挺，卫士四人，每个学员配发手榴弹两枚，嘱令率领干部学校全体人员于翌晨出发，向北撤走。次日清早，大家在悲愤之中撤出口外，行军到了万全县，遇见前敌总司令方振武，我请示今后行止，他亦茫然不知所答。看来他亦在惊惶中有说不出的痛苦。我们只得分道扬镳，各奔前程。干部学校这一支队伍盲目地游食于张北、康保一带，就地无偿地索粮，使老百姓闻风逃避，几至十室九空。一日抵达一个村庄宿营时，不见张副校长来到。据说是他尾随大队之后，被地方枪兵抓去了。一时群龙无首，我更忧心如焚。深夜得讯，知张的下落，我就随同一个老百姓去找张。由这位老百姓提着灯笼居前引导，到了一个土城围着的寨子，叫开城门，走进了一个院落，步入房间，看到一伙人横七竖八倒在大炕上抽鸦片烟，云雾沉沉，臭味熏人，真是一个黑窝子，令人生畏。一个大胡子站起来问我来干什么的。他明白了我的来意后就指向另一间房，我走进去，只见张副校长孤独一人坐在土炕上纳闷。他告诉我：由于我们队伍路过此地时，把当地放牧的马拉走了几匹，他殿后被赶来的地方武装抓住了，作为人质关押着的。我立即找到头人交涉，说张是我们队伍的负责人，要求把他放回去好进行查办，由我替换待在这里。再三恳求，没有变通余地，只能是放马回来，才能放人。我只好跟着原来的带路人走出寨子折返。途中突发狂风暴雨，灯笼熄灭，迷失了方向，寻不到归路，就在原地打转转，直到天亮后方回到原来的宿营地。查明是一位副官带头干的，把马送还，张副校长也就归队了。对这种无纪律的行动所造成的事故，张副校长宽大为怀，没有加以追究，不了了之。

往后过了几天，宋哲元派来的部队节节进逼，勒令我们的队伍归顺接管。我们仅有的四挺花机关枪也打不响，只是摆着看的；各人所带的手榴弹没有试掷过，也不知是否管用。二百余人等于都是徒手，无法与之抵抗。继续流亡吗？北走草地或西去河套，转眼入冬期近，缺衣缺粮，那只有冻死饿死之一途。张副校长和我商量，势逼处此，为了爱护青年学生，免遭无意义的牺牲，只有我俩不告而走，先引离队，好让他们去接受接管。天未见晓，正是塞外秋高气爽之时，我俩各自骑上马，归心似箭，快步加鞭地奔驰，整日途中没有停憩，行程百余里。傍晚时分，安然逃到张家口，住下旅店，立即改换装束，正是"脱我战时袍，着我旧时衣"。有如一场惊梦醒来，深感"何处是归程"，茫然不知所措了。第二日一早搭上火车回到北平，正是国民党宪兵第三团布满爪牙，到处捕杀可疑之人，风声鹤唳，草木皆兵，看来待不下去了，决定南归。路过泰安，下车上山晋谒冯先生，汇报别后情况。他默默地听着，既不垂问什么，也不见有何指示，似有"无可奈何春去也"之感。寒暄之余，再也不留我们食客了。下得山来，黯然伤神，有如失群孤雁。

我参加民众抗日同盟军的经过

张砺生※

一 民众抗日同盟军的兴起

冯玉祥自中原混战失败后，先在山西汾阳居住，名为隐居，实则仍然秘密联系各方反蒋并与中共取得联系。九一八事变发生后，冯为抗日到了南京，呼吁团结一致对外，但在蒋、汪勾结下，冯的抗日救亡活动成了画饼，在气愤之下到泰山隐居。这时他意识到要抗日必先倒蒋，可是在山东他又得不到韩复榘的帮助，真是一筹莫展。这时，适逢发表宋哲元任察省主席职，冯意识到察省地处边远，活动较易，于是于一九三二年十月初移住张家口。从此时起，冯在张家口开始了抗日的准备工作。我回到张家口后，因李烈钧先生早言与冯的关系，冯对我是推心置腹的。这时，冯的旧部不少也到了张家口，尤以吉鸿昌为最热情。冯有一次对我说："方振武部从山西开拔来察，但由于东北军所属张诚德骑兵师之阻拦，很为费事，听说张诚德系你之旧部，你是否可派人说张，请他让路于方，他如能听从也算他间接帮助了抗日。"我当即派旧部团长王法之（后任傅作义部第一〇四军副军长）去见张诚德。经过说服，张答应让路，因之方部才能陆续进入察省。

在方振武未进入察省之前，各方抗日人士多已到达张家口。五月下旬，日伪军由热河大举南侵。在沽源沦陷后，察全境告急，在此危急之秋，冯玉祥乃召集到达张家口的各方人士，开会讨论迅速成立抗日军之

※ 作者当时系抗日同盟军民众自卫军军长。

事宜。经过周密会商，立即组成了察哈尔省民众御侮救亡大会。大会决议组织民众抗日同盟军，并公推冯玉祥为总司令，方振武为副总司令。五月二十六日，冯、方发出通电，宣告就职，同时成立张家口卫戍司令部，以吉鸿昌为司令，我为副司令，先以解决张家口之治安为主。同时，冯任命佟麟阁为察省代理主席，并兼任第一军军长；吉鸿昌为第二军军长；我为察哈尔民众抗日自卫军军长。其他任军长的我记得有高树勋、张人杰、张凌云、邓文、冯占海、黄守中、檀自新、李忠义等。另外孙良诚被任命为骑兵挺进军总指挥。在这些人当中，任吉部师长的宣侠父，实际上是代表中共推动民众抗日同盟军的中坚人物。总之同盟军的将领不下五六十人。六月十五日，在张家口召开了同盟军第一次代表大会，冯、方、吉、张（张砺生）、张允荣、邓文、张慕陶、武纯仁等被推为主席团。决议成立民众抗日同盟军军事委员会，为代表大会闭会期间之最高权力机关，处理同盟军区域内的一切军、政、财、外交等事宜。大会还选举了军事委员会的委员、候补委员及常务委员。会后，吉鸿昌就任北路前敌总指挥职，率军北开收复失地。我奉命收复了康保，吉则继续率军攻克宝昌、沽源直至收复多伦。吉之英勇善战，实为同人等之所不及。

二　蒋介石对我的策反活动

在抗日同盟军宣布成立不久，蒋即派原任骑二师的政治部主任赵清源（赵乃陕西人，黄埔一期毕业）给我来信，信中备道蒋对我关怀之情和借重之意，并提出只要我脱离现在的处境（意即脱离冯），蒋决在华北给我一适当位置，军政由我一人主持，说明了就是当察哈尔省主席兼一个军长。我未作复并将信交给了冯玉祥。跟着陈果夫、陈立夫兄弟又让苗培成派我的旧部要焕文亲来张家口见我。要说苗培成希望我要珍视我在国民党内的历史，二陈已向委座陈述，以他们和我的私交来看，我是可以重新回来的。并提出：第一，要我将部队拉出，编为一个军，待遇完全按中央军一样，察主席一职当然非我莫属；第二，如部队拉不出来，那就希望我只身出走，通电斥冯，除当主席与军长外，何应钦还答应以军委会北平分会委员和行政院华北政务整理委员会委员相许。我说："你跟我多年，对我的为人不是不知，我一生最不愿干的就是倒戈叛卖之勾当，尤其冯是在抗日，你想我能这样做吗？总之，士各有志，大人先生们这些话我不爱听，你赶快离张回平答复他们，不要再在这里进行其他活动，否则我就要将你扣起来。多年袍泽，你要留下我欢迎，不然你即刻就走。"要就这样被我撵走了。事后我向冯作了汇报，冯对我大为嘉勉，并表示了对我信任不疑。

三 同盟军之处境和失败

同盟军一成立，即遭到蒋介石、汪精卫、何应钦的指责。继而勾结日本侵略者破坏同盟军。三则利用汉奸、特务散布各种流言蜚语，说冯借抗日之名，实则要割据赤化等等。蒋、汪并利用"中央"命令，迫冯取消同盟军番号，交还政权，听候"中央"处理。并派遣蓝衣社特务，潜入察省，进行瓦解同盟军的活动。他们还大力拉拢处于骑墙态度的孙殿英部，企图叫孙打冯，冯因此派我和张允荣为代表去见孙，探其真实态度。孙表示他绝不打同盟军（后来孙接受了蒋的青海西区屯垦督办的名号，领了几十万元的开拔费，离开察省向西开去，不意走到宁夏，即被蒋和马家军消灭了）。此计不成，就决计以武力解决。他们首先联合日军，商订了协同进攻同盟军的计划，继则调集兵力二十多万，准备进攻张家口。进攻前，蒋、汪先打电报给冯玉祥，提出四项最后通牒，即（一）勿擅立军政名义；（二）勿妨害"中央边防计划"；（三）勿滥收散兵土匪；（四）勿引用"共匪头目"煽扬赤祸。四项要求提出后，进攻张家口之军事部署也已完成。步步进逼，内战一触即发。这时，北平军分会的何应钦，又要宋哲元入察。冯玉祥即乘势提出，如宋哲元回察，他愿交出军政权。冯玉祥在压力下，乃召集了同盟军的高级将领开会，发表讲话，其大意是：同盟军已处在内外交逼的情况之下，如继续干下去，势必引起内战，这样徒使日本帝国主义坐收渔人之利，不如以宋哲元回察主政，这样还可以在宋的掩护下保存一部分抗日力量，以图将来等语。这时，我主张应继续保存同盟军番号，冯下野可以，我们可以推他人继冯。于是就改推方振武为代理同盟军总司令。冯离张家口后，宋哲元即于八月中旬进入张家口，同盟军各部分别退往察北一带。在一次会议上，方振武、吉鸿昌主张东进平津，我则主张西退大青山，再进而到河套宁夏一带打游击，并相机与北上的红军取得联系，在西北内蒙古形成一个抗战的局势，与日本帝国主义周旋到底。我认为进攻平津无疑是以卵击石，平津一带国民党军队云集，我们的力量不够，这样硬碰，是一定要失败的。方、吉两位说，宁肯失败也要以这一行动来唤起国人奋起抗日之雄心。我因所带部队都是地方武装，他们一听要离开家乡东开，都或先或后溜回了家乡。最后到了尚义县已所剩无几了，不但东开不成，就是西退大青山也成为泡影，没有办法只好在我的家乡尚义县宣布解散。至此，我个人已完全处于失败的境地，方、吉二人不久也被打散，同盟军至此完全失败了。

商震巧释方振武、吉鸿昌

王兴纲[※]

自九一八事变以后，东北三省很快沦入敌手。日军仍继续节节进逼，侵占热河后，又进攻长城，冷口至山海关一线相继失守。而国民党政府仍持不抵抗主义。全国人民热血沸腾，义愤填膺，奋起要求抗战。一九三三年初，冯玉祥在张家口组织抗日同盟军，举国欢呼，全国各地爱国人士尤其青年知识分子，纷纷奔赴张北，参加抗日同盟军。冯氏初衷，本期振臂一呼，全国响应，可以造成轰轰烈烈的抗战局面，达到抗战的目的。但是由于蒋介石实行种种破坏手段，因而冯掌握军权的旧部宋哲元、庞炳勋等则不听指挥，而内部意见亦甚复杂。于是，声势浩大之抗日同盟军随即陷于土崩瓦解之势。最后剩下方振武、吉鸿昌等少数部队，向冀东一带挺进，意欲在长城内外开展游击战争。及至进至北平附近，经平津一些社会名流多次与方、吉接洽，结果商定由商震收编。记得当时蒋介石给商震电报有云：方振武罪无可逭，吉鸿昌情有可原，希秉承敬之意旨办理等语。为什么蒋介石对方振武处理要严，对吉鸿昌处理要宽？可能是因为方振武过去的地位声望比吉鸿昌高些，或许国民党特务机关还不了解吉鸿昌的政治面貌。

大概是一九三三年秋季的一天，在北平东北郊孙河镇一个院落里，商震和方振武、吉鸿昌见了面。一见面，方振武首先说："你来了很好，都交给你吧。"商说："好办，好办，一切都好办。"吉鸿昌接着问商说：

※ 作者当时系第三十二军副官。

"凌勉之①还在智利吗?"商答:"还在。"吉鸿昌又说:"我想到智利去可以吗?"商答:"可以。"商震又对方振武说:"你怎么打算?"方说:"我想先到天津待一待再说。"于是商震示意随从人员都退出。他们三人又小声谈了一会儿。谈什么在窗外听不清。以后就同吃午饭。同时在孙河镇广场上有许多士兵架枪休息,其中不少人痛哭流涕,大概是伤心外患日急和抗日同盟军的覆灭下场。饭后商震派大汽车两辆,由卫士队队长沙金章带士兵一部分,押送方振武、吉鸿昌及其幕僚二十余人赴天津。开车不久,方、吉以下车解手为借口,入高粱地而逃走。其幕僚等则继续前进,开赴天津,经河西务时关麟征之第二十五师曾登车检查,指名问方、吉二人,沙金章答以未来而罢。此事究竟是商震故意释放了方、吉二人,还是取得了何应钦的默许,则不得而知。抗日同盟军余部约千余人,则由商震部第一四二师收编,据说其中有不少爱国青年知识分子,也有一些党员,以后均相继离去。当时国民党宪兵第三团正驻在北平,缇骑四出,白色恐怖十分严重,一部分革命青年,能在商部暂时栖身避难,亦不幸中之幸事。方、吉之所以同意由商震收编,未尝不寓有此意也。其中有一人魏书林,又名一鸣,西安市人,共产党员,是我们河北军事政治学校同学,经我和另一同学向商震推荐,商委为军部上尉参谋,不久他回陕西,后任杨虎城部张汉民旅参谋长。后来听说与张汉民在陕西不幸一同遇难牺牲。作者当时任商震第三十二军军部副官,曾亲历此事。虽属一鳞半爪,但可用以弥补史料之不足。

---

① 凌勉之即凌冰,当时任国民政府驻智利公使,河南人,与吉鸿昌有同乡之谊。

宋哲元与抗日同盟军

张俊声※

一九三三年五月，蒋介石政府和日本帝国主义签订了丧权辱国的《塘沽协定》，全国军民激愤，舆论哗然。与此同时，冯玉祥在张家口组织了察哈尔民众抗日同盟军。旬月之内，就集合了近十万人的队伍。这时，朱庆澜先生在北平成立了抗日后援会，各大城镇也设立了分会。各地各界爱国人士听说冯玉祥先生领导抗日，纷纷踊跃捐献，支援前方。朱庆澜派杨慕时先后解送捐款与抗日同盟军约数十万元，李宗仁、白崇禧也派人送给冯先生协饷十万元，各地经后援会送去的捐款也不在少数。

西北军旧日的军官吉鸿昌、方振武首先向冯先生报到，参加抗日同盟军。吉鸿昌见了冯先生，跪在地上大哭，表示要随着冯先生抗日到底，以死报国。冯先生也流泪不止，双手扶起吉鸿昌，委吉为北路前敌总指挥。随又委方振武为北路前敌总司令，将同盟军一半留在后方训练，一半交吉鸿昌率领北上抗日，先收复了沽源，接着又收复了康保和宝昌，最后还攻下了多伦，给日本帝国主义以沉重的打击。同盟军也伤亡惨重，但士气旺盛，众志成城，以收复失地为抗日同盟军的首要责任。

这时，蒋介石、汪精卫电冯，阻止其抗日行动，冯置之不理。蒋又令何应钦组织实力破坏同盟军，何则先调冯钦哉进攻张家口，冯钦哉表示："冯先生是抗日的，是受人民拥护的，又是老长官，我不能接受这个任务。"何又令庞炳勋以武力解决同盟军，并许庞炳勋以察哈尔省主席为酬劳条件，庞即调兵遣将去打张家口。他的旅长陈春荣带着全旅官长去

※ 作者当时系第二十九军参议。

见庞说："要打冯玉祥，我们不能去，因为他是抗日的，是保卫国土的，我们不能昧着良心去干这种事。"庞炳勋顿时大怒，便伸手打了陈春荣一个耳光，立即撤换了陈春荣的旅长职务（宋哲元听说此事马上邀请陈春荣到北平，委任他为第三十七师第一〇九旅旅长）。庞炳勋屈于冯先生的崇高威信，同时也受制约于部下（部下均不同意他倒戈攻冯）。他不敢马上进攻张家口，却想尽办法要夺得察哈尔省主席，于是派其秘书长代表他到张家口见冯玉祥先生说："东北军是干儿子，他是亲儿子，如果叫他当了察哈尔省主席，必定拥护冯先生听其指挥。"这个表示，是他的缓兵之计，也是他伺机进攻冯先生的烟幕。

第二十九军由喜峰口撤至北平近郊后，便受蒋系部队的牵制和何应钦的监视，处境极为困难，只求如何保存冯先生和自己的实力，待机进行抗日。如何阻止庞炳勋进攻张家口，便成为当前最严重的问题。我那时在第二十九军里任参议，经常和宋军长在一起。一天，我亲见宋军长坐卧不宁，一人在室内踱步，自言自语地叫着自己的名字说："宋哲元啊，宋哲元！你就睁眼看着他们攻打冯先生吗？宋哲元，你就袖手旁观叫他们消灭抗日同盟军吗？不能！不能！一定不能！……"当日晚上，第二十九军举行了首脑会议，张自忠、冯治安、刘汝明、秦德纯等全体出席，一致决议："如果庞炳勋胆敢进攻冯先生，第二十九军即以全力消灭庞炳勋部。"会议并决定派秦德纯、冯治安二人去见庞炳勋，当面告知第二十九军有这样的决议，而且作了部署，请其斟酌行事。庞炳勋这才撤回攻打张家口的部队，跑来见宋哲元，又哭又发誓，表白他没有攻打冯先生的意思。解除了冯先生后顾之忧患，宋军长将前后情况以及第二十九军的处境写成书面报告，命我亲送张家口，面交冯先生。随后秦德纯又代表宋哲元来见冯先生，详陈一切。冯先生为了保存抗日实力，审时度势，发电报给蒋介石，表示："如派宋哲元带第二十九军回察哈尔省，我便引退。"是年八月，何应钦遂命宋哲元率领第二十九军入察接事。宋哲元去张家口，冯先生在车站接他，宋见冯先生到车站来，车未停稳，即从车上跳下，向冯先生施一军礼。冯对宋说："车站上欢迎的人很多，你先去办公，我在新村等你，过一会儿再谈吧！"宋军长在车站与欢迎的人见面之后，即到新村见冯先生。冯先生一见宋到，即放声痛哭，声震屋宇。宋流着泪向冯先生表示自己无能，致使先生空怀抗日救国的志愿，不得一展，只能委曲求全地听人家摆布……

冯先生不能在张家口住下去了，宋哲元与韩复榘（当时韩任山东省政府主席）协商，仍请冯先生回泰山五贤祠。冯先生于八月十四日离开张家口，由宋派专车送至丰台，韩由丰台派专车接至山东，冯先生就这样无声无息地引退到泰安城。

第 六 章

绥远抗战

绥远抗战始末

孙兰峰　董其武※

　　绥远抗战发生于一九三六年，它包括两个组成部分，按发生的时间顺序，一是红格尔图战役，当时习惯上也称为绥东抗战；二是百灵庙战役，其尾声是收复大庙子。那时，傅作义先生和我们都是四十岁左右的人。我们只有一个朴素的爱国思想，就是中国绝不能忍受外国的欺侮、侵略，作为军人，更有守土卫国的责任。我们的口号是："宁为战死鬼，不做亡国奴。"绥远抗战，得到了全国人民的热情支援，受到中国共产党和毛泽东主席的高度评价。敬爱的周总理一九四六年参加军事三人小组莅临归绥时，在讲话中曾代表中国共产党又一次赞扬了绥远抗战。这是令人永远难以忘怀的。

　　现将我们亲身参加绥远抗战的经历整理如下。

日本帝国主义侵绥阴谋种种

　　日本帝国主义自确定了先占满蒙，后占华北，然后吞并全中国的侵华政策以后，无时无刻不在处心积虑地向我国推行其侵略计划，以期把中国变为它的殖民地。继一九三一年九一八事变侵占我东北辽宁、吉林、黑龙江三省后，一九三三年又侵占我热河省。一九三五年十一月又唆使汉奸殷汝耕成立了傀儡政权"冀东防共自治政府"。一九三六年春，又指使伪蒙军侵占我察北六县，并将冀、察两省特殊化。犹野心不死，得陇

　　※　作者孙兰峰当时系第三十五军第七十三师第二一一旅旅长，董其武系第七十三师第二一八旅旅长。

望蜀，企图控制整个华北，还妄想夺取绥远大青山以北各县，将其侵略魔掌伸向西北甘、宁、新三省，实现其所谓满蒙政策。

日本侵略者为了实现以上计划，在华北和绥远各地设置特务机关，派和知鹰二为太原特务机关长；田中隆吉为化德特务机关长；羽山喜郎为归绥（现呼和浩特）特务机关长。这些特务机关成立后，进行其卑鄙无耻的勾当，挑拨分化民族感情，拉拢收买民族败类，捣乱破坏社会秩序，而最主要的是扶植卖国贼组织傀儡政权。

日本帝国主义经营蒙绥，颇费心机。一九三六年唆使蒙奸德穆楚克栋鲁普（德王）、李守信、包悦卿等组成所谓"蒙古军政府"和"蒙古军总司令部"，以德穆楚克栋鲁普为总司令兼第二军军长，李守信为副司令兼第一军军长；又指使匪首王英、张万庆、金宪章、石玉山、葛子厚、安华亭、王子修等组成伪"西北防共自治军"，以王英为总司令，张万庆、雷中田为副司令，派遣大量日本军官担任伪军部队的训练和作战指挥，补给伪军大批军需用品。令蒙奸德穆楚克栋鲁普驻嘉卜寺（化德），李守信部驻张北及庙滩，王英部驻尚义、商都，伪蒙古军第七师穆克登宝部（德穆楚克栋鲁普嫡系）驻百灵庙，并以伪满抽调骑兵五千名，由热河东部北票开驻察北多伦、沽源、平定堡一带。日本侵略者的总企图是于必要时指挥伪满部队和德、李、王的伪军合力侵占绥远。

一九三五年夏，羽山喜郎到归绥后，认为归绥新旧城中间地区的九一八纪念堂（抗战期间已遭日军破坏，其遗址为现在的工人文化宫）和旧城北门外公主府的抗日烈士公墓及纪念碑上"抗日阵亡将士纪念碑"等字样，有碍日中亲善，要求取消。绥远省主席兼第三十五军军长傅作义本着"小不忍则乱大谋"的原则，遂将九一八纪念堂改为公共会堂，抗日烈士公墓改为烈士公园，抗日阵亡将士纪念碑改为"长城战役阵亡将士纪念碑"。但反过来，傅作义主席也向日方提出：用特务机关来搞中日亲善，不但不能起好的作用，反而会激起群众的不满，"特务机关"四字是我方所不能接受的。于是，羽山喜郎也不得不将"特务机关"四字改为羽山公馆。

不久，羽山喜郎又借日中亲善之名，提出取消一切反日组织，检查中国归绥驻军中有无反日情绪等无理要求，均遭傅主席拒绝。羽山见其特务活动无法得逞，遂又派遣大批日本浪人，分往包头、莎县、集宁、丰镇等地，借口经营商业，无故寻衅闹事，进行破坏捣乱。傅主席密令各该地军、政人员，采取周密的办法和相应的对策，予以打击。

一九三六年，羽山喜郎竟要求在包头飞机场内修建日本飞机库，傅主席当以国家主权不容破坏严词拒绝。而羽山竟由天津运来大批钢板及日本技术人员和工人，强行动工修建。对此情况，我方除一面向羽山严重抗议外；一面下令包头县政府派警宪和地方保安队，开至飞机场内搭起帐篷作长期露营演习，用武力制止日本人动工。

一九三六年六月间，日本帝国主义特派其关东军参谋长板垣征四郎乘飞机来绥远"访问"傅主席。傅在绥远省政府正厅接见了板垣。在接谈中，板垣征四郎说什么"日中是同文同种的两个兄弟国家，应该互相亲善，不应该互相仇视，影响两国邦交"。傅说："中日亲善必须平等互惠，以互相尊重国家领土、主权完整为前提，如果以'亲善'两字做幌子，而迫使一方接受丧权辱国的条件，那就根本谈不上互相亲善。"板垣仍厚颜无耻地对傅说："宋哲元虽和我们签了协定（当时即将日宋协定副本递给傅看），但我们认为宋哲元在华北的声望不够，领导不起华北来；傅将军是中国的伟大人物，是华北的名将，在华北的威望最高，应该给华北人民做一番事业，改善日中关系，我们大日本帝国将全力来支持你。"傅听到这里即正告说："华北是中国的领土，绝不许任何人出来自搞一个独立局面。"板垣转而提出蒙绥"自治"问题来和傅交换意见。傅说："内蒙和绥远都是中国的领土，不许任何人来分割独立，也不许任何人来侵占蹂躏，如果德穆楚克栋鲁普不顾国家民族利益，自搞分裂，背叛祖国，发兵进犯绥远，我们将坚决予以消灭。我是国家边防负责人，守土有责，绝不容许任何叛离祖国和民族者来犯，使国家领土受到损失。"板垣的游说、分化、离间阴谋未能得逞，第二天乘飞机扫兴而去。

红格尔图战役

日伪军侵犯绥东计划与我军部署

一九三六年十一月五日，日本侵略者在嘉卜寺召开侵绥军事会议。会议由日本关东军派遣的特务机关长田中隆吉主持，参加人员有：蒙奸德穆楚克栋鲁普、蒙奸李守信、匪首王英以及卓古海、张海鹏等。共开三日，于十一月七日闭幕。会议决定以王英、李守信两部为主力进犯绥远。王部由商都进犯陶林红格尔图，兵站及后援部队设商都及嘉卜寺；李部由张北以西之南壕堑、大青沟，直犯兴和，兵站及后援部队设张北。得手后，再以李守信率伪蒙古军第一军由兴和出动，以德穆楚克栋鲁普的伪蒙第二军，由绥北土木尔台出动，以穆克登宝伪蒙古骑兵第七师由百灵庙出动，分路进犯归绥。会后关东军派出飞机多架，集结于张北及商都机场，每天飞到我绥东及武川一带，进行侦察活动。敌伪总兵力号称四万。

傅主席侦得上述情况后，决心奋起抗击侵略者。他对各界人士发表谈话，大意如下：蒙奸德穆楚克栋鲁普和李守信、匪首王英等，既已决心背叛祖国，甘心出卖国家民族，认贼作父，在日本帝国主义者的指挥下，妄图进犯我绥蒙边疆，我们自应不计任何牺牲，坚决进行反击。我们一定要坚毅、沉着地积极做好一切准备，为完成抗战救国的艰巨伟大任务而奋斗。

一九三六年十一月八日晚，傅主席在总部会议室召开营长以上军官秘密军事会议，商讨抗战对策。确定绥东红格尔图方面的作战，由第二一八旅旅长董其武负责；进击绥北之敌的任务，由第二一一旅旅长孙兰峰负责①。傅主席指示说：绥远为西北数省的门户，保卫绥远，就是保卫西北，关系非常重大。大家的精神很好，但只凭血气之勇，还不能战胜敌人，必须讲求策略和很好地运用战术，才能克敌制胜。要出奇兵，必须行动迅速，严守秘密。战士们要配备开道用的工具，扫除路上的积雪，要携带防空用的白布，利用雪地伪装，使敌机不能发现我军。傅主席最后要求大家激励全体官兵，全力以赴，只能打胜，不能打败。

保卫红格尔图之战

十一月十二日，日本侵略者命令王英为前敌总指挥，率领石玉山、杨守城两个骑兵旅及金甲三步兵旅和炮兵两个连等部，向我红格尔图进犯。日军指挥官和王英司令部设在土城子村。日军飞机三架轰炸我红格尔图守军阵地，掩护伪军进攻。

红格尔图是一个不大的村镇，但具有重要军事价值，是由察哈尔省西部商都县进入绥远的必经之路。防守红格尔图的我军，仅有第二一八旅第四三六团第三营一个步兵连、骑兵团第二团两个骑兵连，另有当地自卫队百余名，由第四三六团团附张著负责指挥。十三日夜，敌伪先头部队同我守军发生前哨战斗，被我军击退。十四日上午八时，日伪军千余名，在日飞机大炮掩护下，向我军猛烈进犯。我守军奋勇抵抗，战至下午五时，将敌击退。十五日晨六时，日特务机关长田中隆吉亲自指挥李守信的伪骑兵第二师尹宝山部，王英的石玉山、杨守诚两骑兵旅，金甲三步兵旅共五千余兵力，在野炮、装甲车、飞机掩护下，向我红格尔图守军阵地轮番轰炸，猛烈攻击，先后冲锋达七次之多，战至午后六时，

---

① 据其他材料所记，红格尔图作战时前线总指挥为彭毓斌，董其武为副总指挥；百灵庙作战时前线总指挥为孙长胜，孙兰峰为副总指挥。

又被我军击退。是日我守军英勇抗击，军民勠力同心，战斗情绪极为高涨。父老兄弟帮助守军修工事，抬伤兵，运子弹，送水送饭，激励士气。十五日晚，我骑兵第二团团长张培勋亲率骑兵两连，星夜驰往增援，守军士气更为昂扬。十六日、十七日、十八日，日伪军连续猛攻，均未得逞。我军阵地坚固，官兵抱着誓与阵地共存亡之决心，个个英勇奋发，越战越强，不时跳出战壕，同敌拼杀。敌军死者遗尸遍地，生者狼狈逃窜。

夜袭敌军指挥部

当战斗激烈进行时，傅主席亲往集宁前线指挥了解战况，令董其武亲率所部，出敌不意，抄袭敌穴。为保守秘密，董其武采取迅雷不及掩耳般地快速运兵，密令汽车队开赴卓资山、集宁两地待命，同时令第二一八旅李作栋团、第二一一旅孙兰峰部驻旗下营的王雷震团、第六十八师李服膺部的李钟颐团、赵承绥部骑兵第一师彭毓斌部的周团、炮兵第二十五团的杨茂材营，分别由卓资山、集宁两地，星夜乘汽车秘密开往红格尔图西之丹岱沟一带集结，并限于十一月十八日夜间十二时前到达。当夜十二时，董其武在十二苏木（红格尔图南）召开部队长秘密会议，下达攻击作战命令：令王雷震、李作栋两步兵团，各配属炮兵一连，由董亲自指挥，于十九日晨二时，分别向红格尔图东北之打拉村、土城子（王英和日指挥官田中隆吉驻地）、七股地、二台子一带之日伪军进行包围袭击；令骑兵周团秘密迂回于打拉村、土城子以东地区，截击溃退和增援之敌，并担任追击任务；其余为预备队随指挥部前进。各部队长立即传达部署，按时开始行动，向打拉村、土城子等地之敌猛烈突击。敌以事出不意，仓促应战。激战至拂晓，敌不支，狼狈向西北方向溃退，从土城子冲出七辆汽车，拼死仓皇东遁。事后得知，日军指挥官田中隆吉及匪首王英均在车中，可惜未能截住。

当我援军勇猛冲击打拉村、土城子之敌时，我红格尔图守军也乘势出击，给敌以沉痛打击。至十九日上午七时，敌全线溃退。我步骑兵追至察境的统领地，即停止追击。

红格尔图战役自十一月十三日开始至十九日结束，战斗七昼夜，打退了日伪军的进攻，摧毁了田中隆吉和王英指挥部，缴获甚多。王英连自己乘坐的马车也未及带走。在大捷后召开的庆祝大会上，汪精卫、阎锡山即乘坐王英的马车检阅部队。王英部电台台长、雇员均为日本人，被我军俘虏，彼等随身所带日关东军使用的电台联络表和电报密码本，均为我军抄获，为尔后我军侦知敌情起了很大作用。我方官兵及民众，也有相当伤亡。此次战役中，正黄旗总管兼绥东四旗剿匪司令达密楞苏龙，亲率蒙古民众大力协助，并担任向导等，对战役胜利出力不少，证明蒙古同胞爱国不甘后人，抗战行动也很坚决。

红格尔图战役胜利结束后，傅主席为加强该地的防务及防止日伪军向百灵庙大批增援，特令董其武派李钟颐步兵团接替红格尔图及其附近地区防务，另派骑兵两连驻防土木尔台，以为必要时调用，余均返原防地，待命行动。

田中隆吉和德穆楚克栋鲁普对于他们在红格尔图的失败大为恐慌，深恐我军乘胜攻其老巢，遂召集李守信、王英诸逆及日方在伪军部队中的指导官①十数人，在商都开紧急会议。一面加强商都、化德等地防务；一面由各地调遣部队，妄图再犯。王英令其副司令张万庆指挥安华亭、王子修等部，于十一月二十日向我兴和县进犯②，被我兴和县长孟文仲指挥驻该县之部队和地方团队击退。十一月二十一日，日飞机三架，飞我红格尔图守军上空投弹、扫射，被我军用步枪击中其中一架的油箱，在飞返商都附近时焚毁。红格尔图战役的成功，大大鼓舞了我军民的士气，为尔后收复百灵庙的作战打下胜利的基础，可以说红格尔图战役的胜利，是百灵庙战役的先声。

百灵庙战役

战役前的敌我态势

百灵庙是绥远省乌兰察布盟草原上的一个有名的大庙，在绥远省会归绥城西北三百四十余华里，地势险要，建筑宏伟，四周群山环绕，两旁各有小河一条（一为女儿河，一为百灵河），南通归绥、包头，东连察哈尔，西达宁夏，西北沿草地可抵新疆，北与外蒙古接壤。百里之内，都是一片起伏不平的旷野草原地带，人烟稀少，无水可吃，唯独这个庙上有水，所以这里便成为绥远北部的宗教、经济与交通中心。庙内经常有喇嘛五六百人，庙东是商业区。蒙奸德穆楚克栋鲁普投靠日本侵略军后，即企图以百灵庙为其在绥远北部的根据地。

红格尔图战役后，日伪深恐我军捣毁其伪政权，除派王英部金宪章、石玉山两旅进占大庙（百灵庙东二百余华里），增强百灵庙外围防御力量

---

① 名义为"指导官"，实际指挥军事。
② 查其他资料，王英匪军十一月十九日进犯兴和。

外，并令伪蒙军第七师穆克登宝部，沿百灵庙山顶、山腰、山脚构筑坚强防御工事，积极备战。日本侵略者还特派关东军某要员（名字失记）来嘉卜寺，召集田中隆吉、德穆楚克栋鲁普、李守信、王英等开重要军事会议，给伪军打气，并决定再增派日本军官二百余人，补充各伪军部队任指导官。另外，还拟抽调伪满及日军一部，由赤峰开往多伦、商都、百灵庙等地，待机进犯绥东、绥北。

傅主席得知上述情况后，即在总部召开各部队长秘密军事会议，指出日伪军似有在近日由百灵庙向我绥北发动进犯之企图。我军应在敌未发动进犯前，机智快速，先发制人，出敌不意，以远距离奔袭战术，将百灵庙收复，以毁其巢穴，破坏其狂妄计划，保卫我边防国土。到会者一致同意这一决定，大家认为，要达到出奇制胜，就要想方设法在三百多华里的进军中，保守秘密，不使敌人发觉；需在零下二十多度的寒冷天气里，不使士兵冻伤；还要克服一尺多深的积雪的阻碍；这就必须发挥官兵的智慧、才能和坚毅精神。最后，傅主席口头命令如下：一、令第二一一旅旅长孙兰峰为前敌总指挥，指挥所部张成义、刘景新两步兵团，第七〇师刘效曾步兵团，孙长胜师一个骑兵团，附山炮兵一营，苏鲁通小炮一队，汽车和装甲车各一队，以快速果敢之行动，收复百灵庙；二、各部队限于十一月二十三日下午六时前秘密集结于百灵庙东南五十华里附近的二分子、公胡同一带，尔后听从前敌总指挥孙兰峰之命令行动；三、各部队情况及时报告。会议结束后，各部队长分返原地，秘密向指定地点集结待命。

为了迷惑日军特务机关长羽山喜郎，不使其发觉我军行动，傅主席令驻小校场的孙兰峰旅，每天早上到归绥以东三十余华里的白塔一带，进行野外演习，天黑后又返回驻地，一连演习数日，使日军特务机关及一般人均认为部队出动是例行野外演习，不生其他猜疑。

为了摸清敌情，除由爱国商贩将日伪军的一些情况及时供给我军外，我方还特派情报参谋人员化装成商贩亲至百灵庙，将该地的地形及敌之工事构筑、兵力配备以及我军的行动路线、集结地点、攻击准备位置、攻击方向、目标和其他有关作战事项等，均在现地作了详细侦察。

十一月二十三日，各部队到达指定地点集结。孙兰峰即召集连长以上军官，说明敌方兵力配备、工事构筑等情况后，对我军行动作如下部署：一、第二一一旅（欠第四二二团）附山炮一营，苏鲁通小炮大队、汽车队和装甲车队为主攻部队，其所属第四一九团（张成义部）为左梯队，从百灵庙南面攻击，直取该庙；第四二一团（刘景新部，欠第一营）为右梯队，从百灵庙东面攻击，并抽派一部先期至该庙东北通滂江之大道上，选择有利地形，伏击敌人，断敌归路。二、刘效曾步兵团为佯攻部队，由百灵庙以西地区，先行向敌袭击，将敌之注意力吸引到该团方面，使主力部队攻击容易，并与左梯队切取联系。三、骑兵团绕出于百灵庙东北地区，与步兵右梯队协同由庙北面攻击；占领北山，控制敌飞机场，并追击败退之敌。四、步兵第四二一团第一营（韩天春营）为预备队，位置于百灵庙南山东南大道以左高地附近。五、各部队均须在二十三日夜十二时，到达攻击准备位置，向敌开始攻击，并互相密切联系。

我军收复百灵庙

十一月二十三日由黄昏到深夜，在以二分子、公胡同一带直到百灵庙的条条大路上，全体官兵个个斗志昂扬，情绪高涨，虽然天气在零下二十多度，积雪没膝，行进特别吃力，而各部队均于当夜十二时，到达攻击准备位置，二十四日零时开始攻击。由于我军行动极为秘密，日伪军事前毫无察知。百灵庙及其周围山上山下虽有坚固工事，但无日伪军防守，及至我军将敌警戒哨兵捕获，听见我军枪声大震时，日伪军始从梦中惊醒。伪军在日军指导官的威迫下，慌乱进入阵地，进行抵抗。

半小时后，孙兰峰得知我军在各个方面均已打响，刘效曾团战斗非常激烈，已将敌之注意力吸引到该团方面，遂命令张成义团即向敌发起总攻。张成义团长亲率全团官兵向敌猛烈攻击。正当我军向敌后纵深突击时，日特务机关长胜岛角芳（此人化装喇嘛，潜伏内蒙古各地，专做地图测绘及特务工作二十多年。因其精通蒙语，始终未被发现。一九三七年春季返回日本东京。曾在东京市日比谷公园大会堂中，向日人作过一次化装蒙古喇嘛在内蒙古潜伏活动二十多年的情况报告）拔出战刀亲自指挥督战，集中全部火力，拼死阻止我军突击，并向女儿山阵地增加轻重机枪十余挺，以炽盛火力，阻我前进。激战达三四小时，敌凭工事火力顽强抵抗，我军进展较慢。这时，离天明只有两小时，如在拂晓前不能结束战斗，天明后，敌人援军赶到，再加飞机轰炸、扫射，收复百灵庙的任务，恐难完成。孙兰峰感到情况紧张，遂决定全力以赴，坚决在拂晓以前，全歼敌军，收复百灵庙。即令山炮营推进至百灵庙南山大道以东高地附近占领阵地，集中猛烈炮火，向女儿山之敌行摧毁射击，掩护我装甲车队及步兵攻击前进。而后延伸射程向庙内固守之敌猛烈射击，支援我步兵向庙内攻击。并令预备队第四二一团第一营也投入战斗，以加强攻击力量。

我军在步、炮、装甲车各兵种密切协同下，向敌发起拂晓总攻。山炮十二门同时发射，苏鲁通小炮八门，用破甲弹向女儿山敌之轻重机枪掩体行直接瞄准射击，掩护装甲车及步兵攻击，短时间内，敌阵地为我猛烈炮火摧毁。我装甲车及步兵，由东南山公路向敌猛烈冲击，不意正进行中，最前面的装甲车驾驶兵被敌弹击中身亡，第二辆装甲车被敌用手榴弹炸毁，驾驶兵受伤，这个受伤的驾驶员，冒弹爬进第一辆装甲车，开足马力向敌猛冲。继而我汽车六辆满载步兵也由最大的土山口冲入。敌不支纷向庙内败退，我军跟踪冲入庙内。这时刘效曾团和其他部队也向庙内之敌包围过来。张成义团长又选拔奋勇队杨天柱连突破庙前缺口，将前院后院割为数段。我骑兵团攻占北山，控制了敌之飞机场，将敌军后路切断。敌遂惊慌失措，无心再守。恰于此时，伪蒙军一排官兵二十余人，在战场起义，掉转枪口向日本指挥官射击。日特务机关长胜岛角芳和伪蒙军师长穆克登宝，见我军已攻入庙内，援军又一时增援不来，顽抗下去，势必为我军俘虏，乃急乘汽车数辆，由日本指挥官用机枪射击掩护，朝着东北方向夺路逃窜。

孙兰峰接到报告，谓有汽车数辆从庙内冲击，直奔东北方向急驰而去，判断可能是胜岛角芳和穆克登宝逃走，遂令第四二一团第三营第七连乘汽车五辆，带小炮两门，向逃敌跟踪追击。但因道路地形不熟，汽车开得太快，最前边的汽车不慎陷入山涧沟渠，摔伤士兵十数名，后边的四辆被阻隔，以致未能追上逃敌，任其豕奔而去。胜岛角芳和穆克登宝逃窜后，伪军即全线崩溃，纷纷向我军投降。激战至二十四日上午八时，我军全歼日伪军，收复了百灵庙。

孙兰峰进入庙内，一面令部队清扫战场，一面向傅主席报捷。接着派第四二一团刘景新部景彦清营附山炮一连、重机枪一连驻庙防守，其余部队均撤至二分子、公胡同原集结地附近休整。是役共毙敌三百余人，内中有日人尸体二十余具，伤敌六百余人，俘敌四百余人；缴获步兵炮三门，迫击炮六门，步枪六百余支，无线电机三台，汽油五百余桶，弹药一大库房，白面两万余袋，以及其他军用轻重器材及日伪重要文件、军用地图及战马等。我军伤亡三百余人。对此役的俘虏，经电请傅主席同意，每人发给白面一袋、银洋五元，释放回去。

日伪军反攻百灵庙被击溃

日本侵略者对百灵庙的失败犹不甘心，除连日用飞机向我绥东集宁及绥北百灵庙一带滥施轰炸、扫射及侦察外，并积极准备反攻。十二月二日晚，胜岛角芳和王英的副司令雷中田率领日伪军四千余名，乘汽车百余辆由锡拉木楞庙（即大庙）向百灵庙疾进，拟于十二月三日拂晓向我百灵庙反攻（汽车将日伪军送到离百灵庙适当距离时，即将日伪军放下，空车返回）。

我防守百灵庙的景彦清营长得知上述情况后，急电傅主席和孙兰峰旅长，力陈百灵庙不可久守，建议将庙焚毁，把部队撤回原防。傅主席接电后，极为震怒，除对景彦清严加申斥外，并令孙兰峰即率所部前往坚守。孙兰峰到庙后，将部队依地形及工事配备完毕，亲到各部队阵地视察，并告以务要远派战斗小组，加强警戒，防敌夜袭。时天将午夜，朔风劲吹，继而乌云密集，空中大雪纷飞，顿时山河尽着银装。孙兰峰认为这正是敌人偷袭的好机会，遂不时用电话与前方警戒部队联系。突接报告说：警戒哨兵在距庙两千多公尺的西山坡附近发现似乎是一大羊群向东蠕动。孙听后感到：羊在夏天，还能吃露水草，此时大雪遍野，地冻天寒，寸草不见，天刚蒙蒙亮，哪能放牧？肯定是敌人伪装。马上命令各部队，即刻进入阵地，准备战斗。这时，前方又有电话打来说：伪装之敌，已与我哨兵发生接触。孙即命令警戒部队阻止敌人前进，同时又令韩天春营的奋勇队张振基连，将皮衣翻穿，也扮成羊群，绕到敌后，占领西山东南以左高地，居高临下，予敌以前后夹击；并令山炮营集中炮火射击伪装羊群之敌，掩护张连攻击。这时庙东南及西北之敌，也以炽盛火力，向我守军阵地，发起攻击。三方面均发生战斗。从敌之攻击情况，判定敌之主力仍在正面方向，孙兰峰即令各部队分头迎击当面之敌，并令韩天春营长即率该营强袭敌之侧后，给以致命打击。战斗从黎明至上午九时，激战达三个多小时。敌方虽有日军指导官充当其各级指挥人员，督战非常严厉，但由于下级官兵不肯为日军卖命，战斗遂越打越消沉。我军乘机全线出击，敌不支纷纷溃逃，战斗即告结束。是役打死打伤日伪军五百余名，俘敌二百余人，并将其副司令雷中田当场击毙。战斗结束后，孙兰峰恐敌再来反攻，遂一面向傅主席告捷，一面命令各部队加强防务，严行戒备。对被俘的伪军人员，仍按上次规定，每人发给白面一袋、银洋五元，释放回去。

我军乘胜收复大庙

日伪军两次战役失败后，王英部大部分官兵，深感跟着匪首王英投靠日本帝国主义当汉奸，出卖国家民族，遭到国人的唾弃，毫无出路。加以我方又公布了投诚赏格，故多数都想脱离日伪组成，回返祖国怀抱，并与我方秘密联系，接洽投诚。金宪章、石玉山两旅，乘我军击退日伪反攻之机，于十二月八、九两日，先将在该部的日军指导官小滨大佐等三十余人，全部处死，复将大庙的伪蒙骑兵第七师穆克登宝残部悉数解决，并将该部的枪械、弹药以及一切军用品全部缴获，率步骑兵全部开往指定地点集结，于十日正式通电反正。该两旅共步、骑兵十个团，反正后，即开往绥北乌兰花一带，整顿改编。

这时，傅主席决意乘胜收复大庙，彻底肃清大青山以北日伪残部，因而令孙长胜骑兵旅经乌兰花向大庙逼近。十二月九日，金宪章、石玉山两部反正后，傅主席即下令围攻大庙，残余日伪部队如惊弓之鸟，稍一接触，即向草地败溃。我军除派骑兵一部跟踪追击外，遂于当日上午十时，收复了日伪进犯百灵庙的根据地大庙。首次开驻大庙的我军为李思温步兵团。至此，百灵庙战役全部结束。

十二月十七日，匪首王英部所属安华亭、王子修两旅长也率部反正，开至兴和县榆树乡一带集结待命。

举国欢腾庆胜利

收复百灵庙的消息于十一月二十四日中午传到全国各地，各报纸纷纷刊发号外。人心振奋，万众欢腾，各地人民发起了援绥抗日运动。国内外各地向傅主席和前方抗日将士祝贺与慰问的电信，如雪片飞来。上海、天津、北平、西安、武汉以及全国其他各大城市的人民团体代表，携带慰问品和捐款，相继于途。爱国人士和进步青年还组成团体，来绥做战地服务工作。中共中央在贺电中说：傅作义将军发起的绥远抗战，是中国人民抗日的先声。蒋介石也发来贺电说：百灵庙之收复，实为我民族复兴之起点。

全国各地先后来绥慰劳者有：上海市慰问总会黄炎培等；上海市商会、上海市地方协会、中国红十字总会共同组成的绥远抗敌慰劳救护队；北平市民战地服务团，清华大学绥远抗战前线服务团，北京大学抗战后援会，北平师范大学、北平大学工学院等的代表，如朱自清教授等；西安各界抗日援绥大会代表团，旅陕东北民众慰劳绥远抗战代表团；两广代表团；等等。晋、绥两省在日本的留学生杜勤书、靳书科、赵厉士等在日本留学生中发起捐款慰劳绥远抗日将士；绥远在德国的留学生秦丰川向在德国的中国留学生作绥远抗战的报告。太原女子师范看护队二十余人，穿着士兵皮大衣，吃着士兵饭食，为伤兵服务；上海市文艺界著名电影表演艺术家陈波儿，来绥演出《放下你的鞭子》；著名音乐家吕骥写了一首《三十五军军歌》，亲自到部队教唱，并向各地军民教唱义勇军进行曲，著名作家谢冰心为一些战斗英雄写了小传；上海联华电影公司导演，山西太原西北电影制片厂导演石记圃，特来绥远战地拍摄纪录影片。特别值得提出的是中国共产党派来了包括南汉宸同志在内的代表团，携带锦旗和致前方将士的慰问信等，来绥慰问。

全国各地以及国外的华侨和留学生的慰问电报、信件及捐款、物品甚多，据估计收到的慰劳物资和现款合计在百万元以上。仅津、沪两地《大公报》代收的捐款，截至一九三六年底即达二十三万元之多，并在报上公布了各捐款人的姓名。这些捐款和慰问品，除特别提出一部分抚恤抗日阵亡将士家属及分发各参战部队官兵及负伤官兵外，还购买了二百多辆载重汽车，分发各部队使用，并编了一个汽车兵团，以便于尔后作战。

对于全国各界的祝贺慰问，傅主席曾多次发表鸣谢声明与启事，略云：近来国人对作义同情援助，个人愧不敢当。我身为边疆大吏，守土乃我之天职；而躬冒炮火，侧身锋刃，则前线士卒较作义尤为苦劳。盖自国家多事以来，各地袍泽情愫隐忧，爱国之殷，谋国之忠，均十倍于作义。抗敌乃军人天职，忝首虚名，益增惭愧。全国慰劳之情，真挚热烈，尤其是学生青年不吃饭、不生火，并有愿至前线为国牺牲者，更为可爱可敬。由此肯定国家必能复兴，民族必能自救，其理由不仅是军人敢于牺牲，敢于打仗，而是全国人心不死。换言之，我人民虽可屠杀，而救国心理则任何人不能改变，凭此一片诚心，即能战胜一切侵略者。此次绥远抗战，迭蒙海内外爱国人士热情援助，既予物资补充，复荷精神鼓励，可钦可敬。但慰劳意义，非仅限于今日作战官兵，要在激励将来无穷斗志；非仅限于今日爱国热忱，要在唤醒将来全民奋起。目前大多数民众对爱国已有深切认识，确为国运一大转机。所谓目前抗战守土，窃恐不足表明复兴；今之全国慰劳情绪，却表示整个民族精神，复兴之基，即在于此。换言之，纵使前线战士，肯流血牺牲，未必使谋我者即知敛迹；唯全国民众整个发挥团结精神与力量，始足使对方另作估价，知所顾忌。

大青山下吊忠魂

一九三七年三月十五日上午十一时，在大青山下烈士公园，举行绥远抗战阵亡军民追悼大会。国民政府特派行政院院长汪精卫为代表和阎锡山乘飞机前来参加典礼。是日会场有"浩气千秋"、"舍生卫国"、"卫国铭勋"、"气壮山河"等匾额。参加者有各界代表和军民共三万余人。会上由傅作义主席亲致悼词如下：

民国二十六年（一九三七年）三月十五日，绥远省政府主席兼晋绥军前敌总指挥傅作义，谨以最敬礼致祭于我抗战阵亡军民烈士之灵前曰：

这次绥远抗战，敌炮摧残你们的肢体，毒气瓦斯遏止你们的呼吸，还加风雪严威刺裂你们的肌肤，但是凭你们热血的沸腾，终于战胜一切，完成下列使命：一、尽了守土的责任；二、保证绥远领土的完整；三、恢复民族自尊心。今天大家到这里来凭吊，不仅有你们共患难的战友，还有全国最高当局和各省市代表，以及其他各界的同人；不仅绥远一隅的表现，这是全国整个的敬仰；不仅目前暂时的热烈，这是将来永久的崇拜。我个人对于你们，不但不表示悲哀，回想起杀敌的忠勇，反增强了羡慕。要知道人生的短促，谁能不死，可是死的代价就有"轻如鸿毛"、"重于泰山"的悬殊。我们后死的人，纵然抱着必死决心，能不能得到这样死的机会，又未必都像你们的这样光荣。你们在抗战的时候，抛弃了父母慈爱，捐除妻子依恋，但凭报国精神而不顾一切。我们未死者要替你们尽到仰事俯蓄的义务，使你们在天之灵，得到安慰。将来一面请政府优恤，一面向社会极大呼吁。以你们这样壮烈的牺牲，或者引起大多数同情的援助。你们也许对你们的使命还不大放心，我敢代表作一句恳切答复：现在中华民族已走上复兴之路，相信你们的鲜血灌溉了四万万人的心灵，而充实了自力更生的信念。只要后死者一息尚存，应当继续着你们的伟大精神，共同奋斗。我们虔诚地在烈士灵前喊几句口号，权且结束这篇沉痛的哀词。你们为国家之生存而奋斗，你们为民族的解放而奋斗，中华民族的前途，虽不由你们手完全建筑成功，可是你们的热血来开阔了这一条新的路线。你们看：我们要循着这条复兴大道，踏着你们光荣的血迹，一致努力前进，前进，更猛地前进！

各地代表也纷纷在追悼大会上致辞，略谓：绥远抗战胜利，提高了我国的国际地位，使敌人不敢轻视我国，而全世界也已认识到我国人民抗敌之决心。此次追悼抗战阵亡将士军民，全国代表纷纷来绥致祭，即系此共同爱国心之激动。此后全国上下如能以绥远抗战为榜样，则中华民族之复兴，我们是充满信心的。

记红格尔图之战

李忠孚[※]

 绥东红格尔图抗日战争，发生于一九三六年冬，是百灵庙战役的序幕战。

 日本帝国主义发动九一八事变，侵占我东北四省和东蒙后，除继续向华北扩张外，并将其矛头指向西蒙。它首先是拉拢出卖祖国、出卖民族的德穆楚克栋鲁普（即当时的德王）。德穆楚克栋鲁普是一个极端反动的野心家，他以锡林郭勒盟副盟长和苏尼特右旗札萨克的地位，借九一八事变国家多事之秋，乘机活动。他开始打着"蒙古民族自治运动"的招牌，操纵百灵庙蒙古地方自治政务委员会和后来的察境蒙古地方自治政务委员会，在日本帝国主义的导演和指使下，利用蒋介石对日妥协的一切空隙，进行分裂祖国的勾当；继而成立伪蒙古军总司令部和伪蒙古军政府，扩编军队，作为日本帝国主义的侵略工具。一九三六年九月，他把从各盟旗搜罗来的零杂武装，拼凑了六个骑兵师，连李守信从热河带来的三个骑兵师，合编了两个骑兵军、一个警卫师和一个炮兵团。德穆楚克栋鲁普任伪蒙古军总司令兼第二军军长，辖第五、第六、第七、第八师，李守信任副司令兼第一军军长，辖他原有的三个师（第一、第二、第三师）和新编第四师，第九师为警卫师，总共一万二三千人。

 日本帝国主义除收买蒙古封建王公作为它的侵略工具外，还大肆收买汉奸土匪队伍。日本驻化德特务机关长田中隆吉从冀东伪组织挪出经费八十万元（一说是一百八十万元）收买了汉奸王英、王子修、安华亭、石玉山、金宪章、葛子厚、赵奎阁等背叛祖国的地方团队和土匪，共六

 ※ 作者当时系第三十五军第七十三师第二一八旅军需主任。

七千人，编成了所谓"西北防共自治军"，在商都设司令部，以多年为匪的土军阀王英为总司令，雷中田为副司令，由化德特务机关长直接统辖。

这两部分蒙伪军编成后，日本即派出顾问和指导官，加紧进行训练，准备西侵。

一九三五年夏，日本帝国主义在归绥设立特务机关，派羽山喜郎为特务机关长，进行绥远特殊化的阴谋活动。当时所谓"羽山公馆"即设在归绥旧城西菜园胡老虎的两个大院内。羽山喜郎到绥后，首先向绥远省政府主席傅作义提出了中日亲善，取缔一切反日组织，彻底消灭国民党在绥远的活动等要求，还要求检查绥远的部队中是否还有反日情绪。这个要求提出后，部队官兵极为愤怒，在上级长官的婉词说服下，才接受了检查。首先要检查的是驻归绥小教场的部队。当羽山喜郎到达营门外时，见院内部队枪上刺刀，气势汹汹，未敢冒入，仅在营门外巡视一周而去。新旧城马路上有座九一八纪念堂，羽山喜郎认为这个名称妨碍中日亲善，当局便改称为公共会堂。铁道北公主府附近的第三十五军烈士公墓纪念碑上的"抗日战役阵亡将士纪念碑"一行大字，也被迫改为"长城战役阵亡将士纪念碑"。羽山喜郎吹毛求疵，到处找麻烦。傅作义采取了表面敷衍，暗中监视的办法来应付。他派第三十五军参谋处长李英夫（日本陆军士官学校毕业）专门招待羽山喜郎，日夜陪其吃喝玩乐。同时，又派遣便衣警宪在特务机关周围严加监视，并派了些人做反间谍活动。日本人外出活动时，则由便衣人员秘密尾随。日本特务机关还派遣了大批日韩浪人，在平绥路沿线的丰镇、集宁、萨拉齐、包头等城市进行破坏和捣乱，到处搜集情报，放赌贩毒，寻衅闹事，破坏社会秩序，毒化中国人民。日本帝国主义的特务魔爪也伸入到两公旗和阿拉善、额济纳旗，并在包头强建飞机库。各地军政当局和省政府派在基层的乡村工作指导员，在傅作义将军的指示下，也采取了相应的对策来限制日本特务机关的种种阴谋活动。

一九三六年夏，日本关东军参谋长板垣征四郎亲自飞化德、归绥等地，加紧侵略绥远的策划，绥远局势日趋紧张。傅作义将军认识到只有抗日才有出路。因此，成立了抗日指挥部，对部队进行抗日教育，积极完成了各项抗战准备。

一九三六年十月，日本侵略军完成了进攻绥远的准备。李守信的伪蒙古第一军部署于察绥边境之尚义、兴和等县的边境线上，德穆楚克栋鲁普的第二军部署于土木尔台迤北西至百灵庙之线。第七师全部驻百灵庙。王英的"西北防共自治军"集结商都附近，号称大军四万。十一月十二日，伪蒙军在日本特务机关长田中隆吉指挥下，开始向绥东之红格尔图发动进攻，企图侵占红格尔图后，直迫绥远省府归绥，同时从百灵庙与兴和两翼一齐包围，一举而占领绥远。田中隆吉命令王英部打前锋，李守信的第二师为预备队。王英的司令部进驻红格尔图东北之土城子村，以副司令雷中田为前线指挥，主攻兵力四千余人，日本飞机六架和炮兵配合行动。

红格尔图是绥远省陶林县城北一百六十里的一个小村，居民百余户，是绥北的门户，为商都通百灵庙的中间点，原驻有晋绥军彭毓斌骑兵第二旅两个骑兵连。战事发生后，两骑兵连协同当地的团队，自卫队八十余人（均有枪支），在姜团附的指挥下，深沟高垒，奋勇抵抗。军民抗日情绪极为高涨，父老兄弟日夜送饭送水，支持部队作战，敌人屡次猛攻均被击退。城内居民搜集土火药自制地雷，埋在阵地前面，炸死敌人不少。在敌人飞机大炮协同配合猛烈攻击下，红格尔图军民坚守七昼夜，敌人终未得逞。

傅作义得报后，密召驻平地泉（即集宁）之骑兵第一师师长彭毓斌、步兵第二一八旅旅长董其武到绥面授机宜，任彭毓斌为前方总指挥，董其武为副总指挥，并谓这次作战关系重大，国家民族安危所系，因此只能胜，不能败。为保守军事秘密，免被在绥远的日本特务机关侦知，傅采用了快速运兵的办法，省垣部队一概未动，亦未下达书面命令，仅密派汽车队分赴卓资山和平地泉两地听候使用，事先不宣布作战任务。彭、董两旅长返防后，于十一月六日晚①，电话命令各参战部队，限十一月八日夜到达红格尔图南之丹岱沟一带集结待命，亦未说明作战任务。参战部队计有：步兵第二一八旅（董其武旅）驻卓资山之李作栋团、第二一一旅（孙兰峰旅）驻旗下营之王雷震团和第六十八师（李服膺师）之李钟颐团，骑兵第一师（彭毓斌旅）的周团，炮兵第二十五团一个营。各部分别由卓资山、平地泉两地乘汽车快速开赴前方（王雷震团和李钟颐团先乘火车到平地泉后，改乘汽车）。

十一月八日夜十二时，彭、董两指挥官在红格尔图南的十二苏木召开了各部队长军事会议，宣布了作战命令，决定先打红格尔图东北之土城子（王英司令部所在地）。王雷震团从土城子西面进攻，李作栋团从东面进攻，李钟颐团作预备队，均配附炮兵，骑兵担任切断、搜索和追击任务。部署后于拂晓开始攻击，我红格尔图守兵乘势出击，战斗甚为激烈。天明后，敌机轮番轰炸扫射助战。九日上午十时许，我军王团先攻

---

① 日期有误，根据董其武等口述稿，十一月八日傅作义召开秘密军事会议，部署红格尔战役计划。

进土城子，敌人全线退却，我军占领红格尔图。我军随即乘胜追击，下午二时追至统领地。这次战役敌人伤亡甚大，我俘获战利品很多，王英自乘的大马车也扔下了。战事结束后，由李钟颐团接换了骑兵旅在红格尔图的防务。田中隆吉和德穆楚克栋鲁普深恐我军乘势进攻，覆其老巢，急忙调遣军队加强商都和化德的防务，并将王英部略事整理，把石玉山、金宪章、葛子厚、赵奎阁等部开往百灵庙，王子修、安华亭部开往尚义及兴和边境之南壕堑休整，以图再举。

红格尔图战争发生以前，日本关东军司令部曾于十一月初命令伪满洲国驻林西之"兴安西省"警备军骑兵旅旅长达理札布、日本顾问牟田少佐率领全旅向张北开拔，配合蒙古军进攻绥远。该旅辖两个团，一个山炮连，共一千五百余人，行至察北平定堡附近之二号地，将伪满洲国兴安军的肩章符号全更换为蒙古军的肩章符号，伪装为伪蒙古军。该旅于十一月中旬到达张北，同时热河的伪教导团也开抵张北，遂暂驻于张北。

王英手下的那些头目们本想依靠日本军国主义扩大势力，卖国求荣，可是他们投靠日本后，发觉并不是那样理想，同时又受到日本军官蛮横无理的待遇，颇为失望。红格尔图战事失败后，王子修、安华亭便率部反正。此事经过如下。

一九三六年秋，王子修在张家口时，曾与其同乡翟中玉（翟当时在张家口经商，是王子修在张宗昌部任鲁东民兵总司令时的部下，为王反正奔走，后为日本杀害）秘密商量，如有机会，即摆脱日本人的驱使。一九三六年十月末（红格尔图战争爆发前），王子修的妻子徐爱锦（任王部军医处护士）到张家口为部队买药品，翟告以已与绥远省政府驻张家口办事处处长刘云峰接洽过，并偕徐见刘作了进一步商谈。红格尔图战役结束后，徐返南壕堑防地（当时王子修、安华亭两部均驻南壕堑），把和刘云峰的商谈情况告诉了王子修，王子修叫她休息两天再去张家口联系，并说："现在看来，势在必走，我们既要弃暗投明，不能多讲条件。"次日晚，适安华亭来访王子修。在谈话中也吐露不满，认为不能这样继续下去，王子修便叫徐爱锦把在张家口和刘云峰见面的情形告安。安当即表示同意这么办。两人商定后，过一两日，徐又到张家口，把王子修、安华亭愿意一同过来的事告诉了刘云峰。刘向傅作义请示后，即派人陪徐来绥。傅派蒙骑指导长官公署参赞石华岩和徐商谈。商定编安华亭为新编第五旅，王子修为新编第六旅，在南壕堑反正，由傅派人会同兴和县长孟文仲办理接收补给等事。计议妥当后，徐带上傅的任命状返回南壕堑防地复命。接着安、王两部即在南壕堑起义反正。安、王反正后，王英部即土崩瓦解。

361

红格尔图保卫战

张培勋※

日本帝国主义侵占东北后，又加紧了对内蒙古的侵略。一九三六年一月，日伪组织"蒙政会"所属的守备队官兵两千余人，在共产党人乌兰夫领导下于百灵庙举行武装起义，振奋了内蒙古广大人民抗日精神，打击了内蒙古上层阶级中的卖国分子，迫使德王集团把其驻地迁往了察北的嘉卜寺。一九三六年春夏之交，在日本关东军的指使下成立了以德王为首的伪"蒙古军政府"，拼凑了以李守信、王英为首的伪"蒙古军"和"西北防共自卫军"，积极准备进攻绥远。

八月初，伪军司令王道一率部三千余人第一次进攻绥远红格尔图。当时红格尔图守军——晋绥骑兵第三团，在群众支援下奋起抵抗，伪军败退红格尔图以东四十余里的头股地驻扎，准备再次进犯。

这时，我在赵承绶部下任骑兵第六团团长，驻防集宁。一天，师长彭毓斌令我连夜率领所部向红山集中（红山是傅作义部绥东司令部所在地）。我正在行军途中，彭师长乘车赶来，让我与他一起共乘车先行到达红山，与该地驻军共同研究袭击头股地伪军的计划。之后，彭师长当面把前往头股地袭击敌人（王道一）的任务交给我，并说："你先从小路挺进，我从大路支援，但必须在三点以前到达。"我随即挑选精干弟兄八十名，由蒙古旅战士做向导，轻装出发，全速挺进，连翻十三个山头，于夜二时许，提前赶到。经侦察，伪军毫无防备，为了出敌不意给予痛击，决定不等彭师长到达就先进攻。部队从暗水道钻进围墙，立即冲进伪军驻院，用手榴弹向敌猛烈轰击。伪军仍在梦中，又摸不清进来多少人，

※　作者当时系晋绥军骑兵第一师第六团团长。

有的仓促爬起应战，有的赤身四处逃窜，乱成一团。唯有一碉堡内伪军用较重火力向我射击，被我集中火力予以消灭。全部战斗三小时许，当彭师长率主力到达时，战斗已胜利结束。敌人伤亡惨重，大部逃散，枪支弹药遗弃满地。但敌人并不甘心失败，继续招兵买马，扩充伪军，企图卷土重来。

十一月上旬，日本侵略军认为已准备就绪，便指使伪司令王英带领一万余众，在日军官指挥下，再次向红格尔图发起了更大规模的进攻。

这时，我团一半由中校团附张少良率领在红格尔图驻守，另一半由我率领在距红格尔图二十里外的高家地驻防。十一月十二日上午九点半，敌人开始向红格尔图四面进攻，我一面电话命令其团附死守待援，一面准备亲带所部在夜间冲入红格尔图，加强防御力量。同时，师部也命令我团死守三天。当日黄昏，我集合部队向红格尔图增援。走到距红格尔图六七里的地方，天色已全黑了，枪炮声也稀疏下来。我命令部队不准说话，不准开灯，没有命令不准开枪，继续快速前进。就这样从敌人的缝隙间穿插而过。敌人虽发现了我们，但是既未呼询口令，又未射击，大概是把我们当作他们自己人的缘故吧！

全团会合后，我和团附研究了情况。第二天一早，我向部队讲话，说明东四省沦陷后，东北人民处在水深火热的亡国奴境地。我们必须誓死保卫红格尔图，剩下一兵一卒也要坚持，为国牺牲了也是光荣的。全团官兵士气很高，一致表示愿为国尽忠。由于预料敌人会很快进攻，所以部队饱餐之后，立即进入阵地。不一会儿，敌人就开始了更猛烈的进攻。他们上用六架飞机沿着阵地轮番轰炸，用机关炮连续扫射，下用十门大炮不停地轰击，其万余步兵波浪式地向我进攻。但是我团在群众全力支援和鼓舞下，坚决抗击，一次又一次地打退了敌人的进攻，并用轻机枪击伤敌机一架。激烈的战斗持续了三天三夜，敌人兵力虽占绝对优势，但始终未能越雷池一步。红格尔图仍为我军所控制。

红格尔图的胜利和随后收复百灵庙的消息传出，全国振奋。各地各界赴绥慰劳人员络绎不绝，形成了一九三六年冬季的援绥热潮。青年学生为抗日部队大演救亡歌曲和戏剧，尤其是有关东北的流亡歌曲，唱者泪零，闻者欲泣。学生和士兵沸腾的抗日情绪交织在一起，极其高涨，令人感奋。

收复百灵庙的战斗

韩天春[※]

　　百灵庙位于绥远省北面草地，距归绥市三百余华里，建筑宏伟，四周群山环绕，东南、东北、正北、西北、西南有五道沟可以通行。山外地势平坦开阔，百里内无村庄，由外向内，逐渐升高，以百灵庙为中心，对四周形成瞰制之势。山内为幅员三四华里的小盆地，有一小河，由东偏南流向西北，分河东河西两部，河东多为汉人行商，河西地区较大，为喇嘛集居之所。庙内大殿林立，房屋亦多，日军在这里驻有特务机关长胜岛领导下的军事人员。他们把百灵庙这个地方作为进攻绥远的基地，运来大批粮秣械弹。伪蒙军李守信部骑兵约三千人，在周围山上筑有工事。

　　当时驻绥远的傅作义第三十五军辖三个步兵旅、六个步兵团，大部在绥东、绥北各要点构筑国防工事。第二一一旅第四二一团驻武川县境，我任该团第一营营长，率部在归绥以北四十余华里的大青山上老爷庙附近构筑点工事。老爷庙是归绥市经武川县到达百灵庙的必经要点。我们亲眼看到日军运输粮秣械弹的汽车横冲直撞，路上行人躲闪不及，日军司机助手即以铁棍击头。遇有庙会的时候，他们开着汽车故意往人多的地方乱闯，逞威风取乐，我广大官兵个个义愤填膺，忍无可忍。

　　一九三六年八月，日军指挥德穆楚克栋鲁普和李守信以及安华亭、石玉山、金宪章等伪蒙军，进攻察西商都县属的土木尔台、红格尔图和南壕堑（即尚义县）等地，并以一部兵力协同盘踞在百灵庙的伪蒙军从绥北的大庙直向大青山以北威胁，企图逐步侵占绥远全省。

※　作者当时系第三十五军第七十二师第二一一旅第四二一团第一营营长。

　　傅作义将军看到日伪军越逼越紧，形势岌岌可危，就在全国人民的热烈声援和绥远人民的直接支持下，掀起了保卫绥远的抗日战争。他把第三十五军和在绥东驻防的赵承绶骑兵都动员起来，对日军所指挥的伪蒙军进行了猛烈的反击，取得了红格尔图等地战役的胜利，并且在这一胜利的基础上准备进一步收复百灵庙。

　　一九三六年十一月下旬，傅作义在百灵庙正南近一百华里的二分子、公胡同等地区集结了骑兵一师、步兵一旅，各辖两个团，附山炮、苏鲁通高射炮各一营，装甲汽车一队和汽车数十辆，五千余人，以骑兵师师长孙长胜为总指挥，步兵旅旅长孙兰峰为副总指挥。当时的作战部署是：步兵旅附山炮、苏鲁通炮为主攻部队，由正面攻击。分为左右两个梯队：左梯队为第四一九团，由团长张成义指挥，从西南口攻入；右梯队为第四二一团，以第二营从东南口攻入，第三营掩护旅之右侧，并打敌增援，第一营为总预备队，随指挥部沿东南大道右侧跟进。骑兵师进出敌之背后，与步兵协同，由北山围攻，并追击溃退之敌。

　　部署既定，各部队于当日（具体日期忘记）黄昏前即由集结地出发。因收复百灵庙是近于急袭性质的战斗，为避免敌机侦察和轰炸，须在夜间行军，以便于翌日拂晓前接近敌阵，发起突然攻击，消灭敌人。并为保持部队战斗力，约三分之二以上的行程，是在黄昏前和皓月下以汽车运送的。

　　午夜过后，左梯队第四一九团即开始向敌攻击，继之，右梯队第四二一团第二营也开始了进攻。因官兵对日本侵略者蓄恨已深，战斗一开始，就奋不顾身地勇猛冲杀。激战数小时，敌不支后撤。将至拂晓，敌凭借最后高山和工事，负隅顽抗，致使我军前进困难，第四一九团伤亡较大。孙兰峰旅长为在拂晓前攻击成功，乃决心用第四二一团第一营投入战斗，并指定第三连由连长张振基率领，乘装甲汽车六辆，由东陌山口（沟内可通汽车）直冲敌后，围歼高山之敌。敌人以炽盛火力阻击我装甲车，该连仍奋勇前进，在重机枪掩护下冲至沟中。敌以集束手掷弹将我先头装甲车击毁一辆，致后续各车不易前进。第三连官兵当即迅速下车，勇敢地向山上之敌猛攻，战斗十分激烈。由于我第三连吸引了敌人的注意力，第一、第二两连便乘机沿沟的东西两侧山梁登到山腹，借我山炮威力的掩护，一举而把第三连当面之敌消灭，其他山头之敌即向庙内溃退。当我第一、第二两连跟踪追进山内时，见有小汽车两辆由庙内驶向东北（后据悉是日本特务机关长胜岛及其指挥部人员）。残敌向东北方向沿通滂江大道逃窜。战斗于上午八时许结束，第四一九团与第四二一团共俘敌二百余人（多系伪蒙军），缴获轻重机枪十余挺、步枪一百余支及其他大量军用物资①。

在收复百灵庙的当天，从正午十二时至下午四时，日军飞机数架不断飞至百灵庙上空，侦察庙内我军情况并轮番投弹。傅作义将军为避免部队受无谓损失及防御敌人反攻，电令除留第四二一团担任百灵庙守卫任务外，其他步、骑、炮各部队一律于当日撤回百华里以外各村庄隐蔽，以便于日军反攻时及时支援留庙的守军。各部队奉令后，即星夜撤到指定地点。

第四二一团团长刘景新分配第一营在东北山，第三营在东山，第二营在东南山，冒着严寒加速构筑防御工事。

日军不仅派机在百灵庙上空不断侦察，且指挥伪蒙军步、骑兵各两师从大庙方向出发，逐渐迫近百灵庙，企图进行大规模反攻。傅作义据报后，仍令孙兰峰率原山炮、小炮等各部队即从武川开回百灵庙，坐镇指挥。嗣又令王靖国部驻包头的步兵补充第一团，由团长刘效曾率领，开到百灵庙参加防御战斗。

刘效曾团到达之日下午，指挥部即令该团接替第四二一团第一营担任的东北山上的防御阵地（因东北口系通德王府、溏江和大庙的大道，判断日军可能从此方而为攻击重点，故控制较大兵力），并令第四二一团第一营于当日将防务交给刘团后，即刻到庙南的康熙佛爷山构筑防御工事（因该山大而险峻且背向南方，我增援亦易，在补充第一团未来以前，因兵力所限，未能设防）。

第四二一团第一营交防后，天色已晚。我率领各连长到南山侦察地形时，因天色大黑，不便作周密部署，并料定日军不敢于当晚来攻，当即在大山北腹选择要点，着第三连布置连哨，严行戒备，令其余各连，暂在山下及庙南空地搭蒙古包休息，准备次日拂晓，再在山上周密布防。

不料日军飞机前几日侦知我方在南山未布置兵力，是个空隙，乃于当晚午夜后选拔奋勇队六百余名，利用雪夜，反穿白茬羊皮大衣，从南面偷袭我军，企图占领南山，以居高临下之势，向庙内反攻，重行侵占百灵庙。

从南面向康熙佛爷山攀登的敌人快至山顶时，天将破晓，被我第三连第二排哨长韩镇中发现，突然给以射击。敌人不知弹从何来，慌忙伏地作无目标的还击。我第三连官兵立即进入阵地，向敌射击，第二连则迅速从东边登山，向敌人右翼包围。我也指挥第一连和重机枪连从右方

---

① 俘敌与缴获战利品数目，与董其武口述稿有出入。

登上康熙佛爷山西端的最高顶。当时天已发亮，我见东方枪声激烈处似有羊群活动，初还以为是敌人用来踏地雷的，及用望远镜详细观察，才发现是一支反穿皮袄的敌人，正在南山正面雪地上匍匐前进，与我第三连激战中，我乃急令重机枪连占领阵地，居高临下，向敌侧面猛烈狙击，着第一连配合东面第二连，向敌左右两翼包围。激战至上午十时，敌以死伤枕藉又孤立无援，正欲弃阵脱逃。第二连排长齐振海率士兵十余名冲至敌人右侧后，以轻机枪、手榴弹阻断敌人去路。第一、第二两连乘敌混乱之际，以炽盛火力合击围歼。计打死打伤敌人数十名，生俘敌官兵百余名，获冲锋枪、手枪、步枪共一百二十余支，残敌狼狈向东逃窜。敌奋勇队被歼后，主力亦向东北方向逃窜，未敢再来进犯。

一九三七年春季，绥远军民在归绥市举行了庆祝绥东抗日和收复百灵庙胜利盛大典礼和阅兵仪式。蒙汉群众个个扬眉吐气，欢呼雀跃，团结爱国的热情空前高涨。

血战百灵庙

刘效曾[※]

一九三一年九一八事变后，日本帝国主义侵占我国东北，得寸进尺，一面策动"华北自治"，一面策动内蒙古王公脱离中国。一九三六年八月和十一月，日本关东军指使伪蒙军侵扰绥远、察哈尔各地，被我军粉碎。随后，我军乘胜一举攻克百灵庙，在国内国外引起强烈反响。我当年率领一个团的兵力，亲身参与此役，现就记忆所及追述于下。

奉命进行军事演习

一九三六年十一月十七日下午，田澍梅旅长用电话召我由包头城外到城内旅部，对我说："你团担任构筑大青山一带国防工事已有几个月了，现在天寒，集中回来整训，明天可以全副武装到固阳县练习练习行军。我给你配备两门山炮，再给你两辆载重汽车，好拉给养和辎重。"接着，他又补了一句："把你团的无线电台也带上。"他说这些话，丝毫没有露出有任务的样子，我自然不加思考地接受了命令。

我回到团部，连夜做了准备，拟订演习计划；包头距固阳城一百二十里，第一日以旅次行军，沿包头到固阳的公路走六十里，到沙坝子村宿营；第二日改战备行军，并拟出攻击固阳城的决定。

十八日，全团（欠第九连）依计划出发，作旅次行军，途中特意演习了几次防空。当天下午到达沙坝子村，作了半天营的宿营演习和夜间警戒。

※ 作者当时系晋绥军第七十军补充第一团团长。

十九日，按照规定作战备行军。下午二时到达距固阳城五六里处，正当全团准备"展开"演习攻城时，忽然旅部中校参谋李书篯乘汽车由包头来到，叫我坐上汽车一同火速进固阳城。我问他："有什么事？"他说："连我也不知道。进城后再在电话上和旅长联系。"我说："那么，你先进城给旅长打电话，我接着演习，随后我骑马进城咱们见面，你看如何？"他说："不行。"我开玩笑地向他说："你看我全团就要'展开'，说话就有'激战'，我还能临阵脱逃？再说，我行军还不到两天，骑着马又不累，进城只有几里地，用不着照顾我坐汽车。"但不管我说什么，他的回答总是个"不行"。就这样耽误了约有半小时，我只好把演习计划交给少校团附姚茂业，让他带领队伍继续演习，我就跟李上了汽车。

在车上他看我有些不乐意，便说："伙计！我在包头上汽车时，老田（指田旅长）还一再嘱咐我，一定要同刘团长一块坐汽车进固阳城。你也知道老田的脾气，你要不坐车去，他知道了，我可吃不消。"我便以讽刺的口吻对他说："到底你是将门之子，又受过日本人的严格训练，服从命令。"（他是军阀李景林的儿子，日本士官学校毕业生。）

进城后，他立刻向旅长打电话，很快便回来对我说："你的部队明天（二十日）晚上九点以前，必须到达乌克忽洞这个村子。"我说："什么任务？"他说："旅长说，到后再听命令。"

我们两个人展开地图，看见乌克忽洞在固阳县北约一百二十里处，已是五万分之一的军用地图上最边沿的一个村庄，沿途小村庄也很少。按地图上的符号看，乌克忽洞这个村子也就只有几家人。我说："部队吃的怎么办？"他说："县政府已经给你准备了熟粮、白面，你派人去领，以后再结算。"还说，"乌克忽洞长途电话已通，我刚才在电话局还问了问，那里没有什么事。旅长说，你的部队现在就应出发，不然明天一天怕赶不到目的地。"

我立刻下令，着部队停止演习，安顿吃住，饭后赶快休息。另外，我召集营长们开会，传达旅长命令，并向电话局派人看着通乌克忽洞的电话。我心想，县上这样准备粮，架电话，一定是上边有指示，有任务是没问题。

这时，塞外天气已冷，不时还下点小雪。我团新建部队的士兵，身上只有棉衣一套、棉毯一条，大小皮衣全无。考虑到部队的休息和沿途没有个适当的打尖村落，我们在会议上决定：夜十二时开始以营为单位，按第一、第二、第三营顺序，每隔三十分钟出发一批，团部及所属小部队随第二营行动。由第二营派出一个排乘汽车一辆先到乌克忽洞布置警戒，封锁行人。我们按计划行动，因为天冷，反使部队行军速度很快，途中没有休息，只在中间几个稍大村庄预先烧好水，随过随喝。二十日晚九时，全部到达乌克忽洞，只有几个士兵落伍。布置警戒宿营后，我同留在固阳城的李参谋通电话，他还是说："等候命令。"

二分子会议

乌克忽洞全村只有六七家人，最大户仅有四五间小土房。打粮的场倒不少，每个场的边缘都堆放着不少荞麦秸。次日（二十一）天一亮，我就起来到村外四周视察部队和地形。此时小雪已停，天气晴朗，我站在村中最高处，也望不见树木山水，到处都是像波浪一样平缓的起伏地，白蒙蒙的看不见边。除去担任警戒的人员之外，士兵都在场内酣睡，周围宁静得听不到一点声音。团部设在两间小土房里，没有院墙。我穿着皮大衣，身上还觉得冷飕飕的。我用电话和固阳李参谋联络，要求能为士兵送来一些皮衣。由于在所带地图上乌克忽洞正北、正东和西南都是空白，地形不明。于是我由村中找了两个年老村民，询问地形和地方情形。

上午九时许，哨兵报告由东南来了一辆汽车，经过查问，把车子开到我的房前，车上只司机一个人。司机把傅作义主席签名的一份命令交给我，请我立刻坐上这个车到二分子开会。命令很简单，只写命骑兵第二师师长孙长胜为总指挥，步兵第二一一旅旅长孙兰峰为副总指挥，补充第一团归其指挥。我就安顿部队擦拭武器，好好休息待命，即乘上汽车前往。

乌克忽洞距二分子仅八十余里，因无正式道路，沿途还有积雪，上午十一时才到达。这个村比较大，有二十多家住户。指挥部驻在一个很大的院子内，还架有长途电话线，我感到今天的事已早有准备。卫兵把我领到北房外厅内，和孙师长、孙旅长见了面。在座的还有骑兵第五团刘团长、步兵第四二一团团长刘景新、炮兵第一团第一营营长李春园等。他们都已先到。

开会时，大家围坐在一条长桌旁，孙师长、孙旅长也在座。会议开始，首由第二一一旅参谋长袁庆荣发给每人一张百灵庙地形草图，是用复写纸复写的。他说："这是我们派去百灵庙参加德王召集的所谓'蒙疆自治委员会扩大会议'的人凭着肉眼一时看到的山势，回到归绥后凭记忆描绘的，很不可靠。但我们没有这方面的地图，有这个图，聊胜于无吧。"他接着说："我们现在的任务，就是要袭占百灵庙，用夜袭方式速战速决，今天晚上就要行动。"还说了些战术原则上的话，然后发给每人一份复写的命令。

命令内容是兵力部署、战斗区分和通信联络等，对敌情也没有提。兵力是：步兵孙兰峰旅两个团（欠一个营），我团全部（欠一个连），骑兵孙长胜师一个团，加上师部特务连，共五个骑兵大连，炮兵第一团第一营全营（大约是山炮十二门）。作战部署和区分是：包围攻击，由百灵庙中心南北之线划开，我团担任西半面，骑兵袭击庙西北的飞机场，其余为主力，担任庙的东半面。主攻方向是由庙南通绥远的大道。决战时间是当日（二十一）夜十二点。袁参谋长读完命令，孙旅长站起来说："我们一定要在今晚十二点钟攻占百灵庙，大家赶快回去准备。"

袁参谋长问大家有什么意见，我就说："第一，我团是个新兵团，还欠个第九连，担任包围敌人的半个圈，恐怕难以完成任务；第二，按战术原则，大部队夜间作战，决战时间应该选在第二日拂晓前后。因为在拂晓前，天色还黑，敌我分不清，常发生误会；第三，现在已经下午两点，二分子距乌克忽洞八十多里，乌克忽洞距百灵庙估计也有八十多里，我立即回去带上部队就走，要在今晚十二点赶到百灵庙，也是不可能的。作战时间请再考虑。"

正在这时，傅主席来电话请孙旅长说话。过了十几分钟，孙旅长回来说："傅主席电话说，据飞机报告，大庙（距百灵庙二百余华里）方面发现敌人汽车二百余辆。说到这里电话线断了，一直到现在还叫不通，正在检查故障。"他说完后，在厅内踱来踱去，显然有些着急，大家也都着急地等着。

到了下午四点，还不能决定。我觉得无论如何，今天晚上不能行动。我把我的意见又说了一遍，孙旅长考虑后对袁参谋长说："把命令上的攻击日期改为明天吧。"会议就此结束了。

这时太阳已快落山，我坐上汽车往回走，一会儿天就黑了。因为根本就没有道路，车走得很慢。走着走着汽车陷进一个雪坑内，我和卫士下车帮着司机铲雪。又耽误了不少时间，回到团部，已是半夜十一点钟了。

收复百灵庙

二十二日清早，固阳李参谋来电话说："告你个好消息，田旅长已经向傅主席为你团请准了六百件大衣，正在车运途中。"

我随即召集全团连长以上官佐开会，宣布指挥部的命令，研究如何行动。因为百灵庙地形图太简单，我们就在村内找了几个向导，分配到各营，下午开始向目的地开进。正在行进途中，发现正东有敌机两架飞来，此时正是下午五点，太阳距入山只有一竿多高。我立即命令部队停止前进，向两侧散开。敌机在我们上空盘旋约半小时，就向北飞去了，我顺着它飞的方向看去，见有骑兵奔驰，猜想这一定是担任袭击敌人飞机场的骑兵第五团正在前进。

夜十一点钟，我部来到百灵庙东山口，我命令前卫队伍就地警戒，掩护主力前进。第一营在左，第三营在右，第二营在后，呈倒"品"字形向前搜索。这时南面传来急剧的机关枪声，我判断：敌我双方已在那里展开激战。一看表，正是十二点钟。我传令：装上刺刀，急速前进，绝不要轻易开枪，以便接近敌人，一鼓而聚歼之。

次日（二十三日）① 凌晨两点，远处有红色黄色绿色的信号弹不断出现，说不准是敌人放的，还是我们自己放的，也不知是何用意。我便带领几个兵士往前察看。忽见西北方一片火光，我想，也许是我军骑兵团已经攻占飞机场，便命令各营急速前进。这时天刚有点亮，右前方高山上的敌人先以步枪连续向我射击，接着就是重机枪的连发。子弹从我们头上吱吱飞过。我跑到重机枪跟前，问道："你们能看见敌人吗？"班长说："只能看见敌人射击的火光，没法瞄准，不能射击。"为了吸引这方面的敌人，我就说："你用水平射击压制高山上的敌人火力，马上射击！"他们打了几梭子子弹，敌人的机枪就转向我机枪阵地射击。我又命令山炮发射，打了四五炮，都没有命中，我又命令第八连马连长带领两个排，绕过山口由南边爬上高山袭击敌人后侧。

天刚蒙蒙亮，远远望去，只见东边有个像塔顶模样的尖子露出来，我断定就是百灵庙的所在，便命令发炮射击。山炮排李排长测了测距离，说四千公尺，我让他上五千公尺打了五六炮。李排长说没法观察弹着点。我说我们的目的已达到了，不必再打炮。果然，敌人的火力逐渐减少，山头上的敌人有的已向后跑。我判断敌人开始撤退，便吩咐姚团附照料队伍全面向前推进，自己则带领几名卫士和传令兵轻装前进。

在前进途中，我在沟内道上见有两个敌人尸首。第七连的一个冲锋上士（当时的编制，每排有一名冲锋上士，类似排长，专负带头冲锋的责任）带着几名士兵，顺着沟内的道路向前追赶一个敌人。沟内路面几乎完全是冰，有的地方现出未冻的水面，是小河由上向下的急流处，水声哗哗地响着。那个敌人在冰上走得并不快，我一面下沟一面叫左右人

---

① 总攻百灵庙是十一月二十四日零时，当日上午攻克百灵庙。

喊："不要把敌人打死，要捉活的。"我想由他口中得点情况。但是当我们赶到沟底时，那个敌人已死在地上。冲锋上士带着兵飞快向前追着其他的敌人。我们也跟着跑，途中不断看见道旁敌人扔下的枪支，没人顾得捡。

约莫在沟内向前走了二里多地，在一个拐弯处看见路南有个岔沟，旁边一块小平地上有几个蒙古包，已被烧成灰烬，还冒着烟。我想，这大概就是那幅草图上所画的敌人营房，被我们前边部队烧了的。再往前走了三几里地，就看见了百灵庙。到了里山口，看得更清楚。一个小盆地内，靠西北有一片庙宇，有许多旗杆，还有两根很高的无线电天线杆。第二营营长张宏正在山口内对着几十名俘虏说话。俘虏都穿着大半身白茬皮袄，有极少数穿着带灰布面的皮大衣，头上戴的全是长毛皮帽。旁边乱放着几堆步枪；南边有一群马，都是好几个马缰绳绑在一起，周围有士兵看管着。一个士兵见了我，很快跑来行个礼说："第五连和第六连一部在天明时都已进了庙。"这时，庙东边远远的有辆汽车，飞快地向东北开去，后面有一群敌人骑兵也飞快地向那个方向跑，尘土在后面飞扬。我说："敌人正在溃逃，我们要截击敌人，还要在山上布置警戒，防备敌人反攻。"他说："山上我们留有部队，还有清理战场的。"说话中间，由南山上还不断向这里送来俘虏和缴获的马和枪。我说："叫俘虏们坐下，免得出意外，主要的是让他们安心，不要害怕，还要安顿他们吃喝。"一说罢，我就向北边走去。

这时东方太阳刚露出头，东南方我军主力方面还有重机枪声音，庙内有零星的步枪声。到了山口北面，等了一会儿，第一营营长刘德奎由山上下来说："第一连已经由山上下来，进到庙的北面，全营只有几个受伤的，俘虏还不清楚。"我说："把伤兵赶快送到团部。还要布置警戒，防备敌人反攻。"他又上了山。我这才缓了一口气，感到全身棉衣都汗湿透了。从包头出发时，我就穿着大马靴，翻了几座山，走了十几里路，脚上有点不舒服。我想坐下歇一会儿，也想到庙内看看，遂留人在外边等姚团附及后续部队，让他们在这山边集结休息。

我到了庙的南面，第六连张排长跑到我跟前说："我们排负责看管这个庙内的东西，并担任对庙东的警戒。"他还指着距我们不远的一辆载重汽车说："这是我们截下敌人的。这个庙内物资特别多。"他领我进入庙内。这座庙很大，南边有几间庙房，房的北面空地上就是那两根很高的天线杆。南房设有无线电台，像是五百瓦的。张排长说："这个院和周围共有敌人五部无线电台，数这个台最大。看样子机器都还完整。"向北去又上了个不很高的台阶，院中间有个大过庭，两边满满地堆放着汽油箱，中间只能通过行人，正北面是庙宇，东西两边是长长的廊房，都堆放着白面袋。我们由东边廊房进去转了一圈，屋内除了住人和办公的地方，放的都是汽油箱和子弹箱。北房里有年久失修的神像，也放着子弹箱，有的箱子被打开，整排的步枪子弹扔在地上。两边耳房都是住人的。

院外东北高地上的烟火仍很大，据说那里是德王蒙古包式的会议厅。就是德王召开伪"蒙疆自治委员会扩大会议"的地方。这个院像是敌人兵站仓库。我无心再到其他地方查看，便很快走了出来。只见有些士兵在庙内乱转，我叫张排长在庙门前设卫兵，不许士兵们随便进来，并要防止着火。

二十三日上午九时，五架敌机在庙的四周盘旋，在我团警戒阵地上扔了几个炸弹。因敌机飞得很低，可以清楚地看见，两个翅膀上涂着日本国徽。部队都隐蔽在山坡或山沟内，没有伤亡。

下午三点多钟，我们的两位指挥已到庙东南口内一处小房，我赶快跑去报告我团战斗经过情况。孙旅长说他们部队牺牲很大，眼里好像还流着泪，不过屋内很暗，我看不清。孙师长安慰他说："作战，部队牺牲是常事。打了胜仗，付出点代价也值得，战士们的血没有白流，不要过于悲痛了。"大家沉默了一会儿，我就问："部队今后怎么办？"这时有人进来给送电报，孙师长和孙旅长看完电报，停了一会儿，孙旅长说："你团仍回乌克忽洞待命。为了避免敌机袭击，下午五时以后再开始行动。"我又问："我们俘获敌人几十个人、几十匹马、一百多支枪怎样办？"他说："都交到二分子旅部。"

我问了几个俘虏，他们说：守百灵庙的伪蒙军共有四个骑兵团，其中守东山口的一个骑兵团，约六百来人。庙西北还有个骑兵学校。每团人数不等，有的有马，有的没马，士兵绝大多数是蒙古人，也有很少的汉人。有的团内有日本顾问，其余都不清楚。

当天晚上，第二营营长给我送来两支手枪，其中一支很精致的小八音手枪，还有一架小照相机，外边皮盒上很显明地写着"中岛"二字。他说，他们进入庙内日本总顾问的房内时，屋内还点着灯，炉内的火还很旺，炉上炖着一小锅牛肉，还在咕嘟咕嘟地响。

保卫战经过

二十四日下午，驻守百灵庙的孙旅第四二一团团长刘景新来电与我团取得了联系。因为我团给养困难，第二天，我便派人持信带上两辆汽车到百灵庙拉缴获敌人的粮食。晚上拉回两车白面，领队人说："第四二一团刘团长对我们很好，亲自接见，还说，白面你们随便拉，需要汽油也可拉。还给你回了一封信。"既然这样，我想乘机多拉回点粮，第二次除派两辆汽车外，又在村中雇了五辆牛车。第二趟汽车回来，司机就说："不能拉了，物资都有人管理。人家说：'上边有命令，非有孙旅旅部证件，谁也不能拉，你们这次来了，少拉点回去吧。'"以后就再没去拉。

在乌克忽洞驻了四五天，我很着急，要是没有情况就应令我回原防，要是有情况就应让我到百灵庙。那样给养有办法，还可熟悉熟悉地形。为什么放在这个小村内不动？第六天，刘景新团长来电说："情况紧张，希望你能随时支援。"我回电说："只要你那儿需要，我可以随时出援。"第七天早晨，他来电要求我在晚九时以前全团到达百灵庙。我就立刻下令，率队前往，按时到达。见面后，他很高兴地说："几天来，我身上好像压了几百斤重的担子，你团一来，我轻快了许多。"我问他情况怎样，他说："敌人将有行动。详细情形，等孙旅长一会儿来到再说。请你们先在汉人街住下。"

晚十点来钟，孙兰峰旅长乘汽车到了。他说："目前情况虽然还不十分清楚，但敌人一定会有行动。山炮营和中央（指蒋介石）配给绥远的高射炮连一个排（两门高射炮）都已来了。"接着又对我说，"你团今晚先休息，明天咱们侦察地形后再决定布置。"

次日，大约是十二月一日早晨，我到了旅部随着孙旅长，还有刘景新团长、炮兵营营长李春园和旅部的参谋，到庙的周围山上，查看了一上午。到了下午，孙旅长指定由庙东南通归绥大道口（路口包括在内）到庙东北山口，整半个圈，由我团布防。刘景新原防不动。我回到团部立刻领上全团连长以上军官又到所分的防区内详细侦察地形，随即构筑必要的防御设施。

十二月二日早四点多钟，我朦胧中听见砰砰两声枪响，接着又听见正南方一阵轻机关枪的连发声。这时天色尚黑，周围看不见什么。我便往南走，忽然看见西南山坡上隐隐约约地像一群白绵羊由下向上蠕动。我脑子里很快想到：上次俘虏的敌人都是穿的白茬皮袄，这一定是敌人。

这时其他方面还没有枪声，发现的敌人并不在我的防区，但我的心情紧张得比打冲锋还厉害。因为一方面不知道在我防区的敌人有多少，主力由哪里来；另一方面，如果刘团防守的庙区被敌攻破，我团将无法支撑。这里四面荒野，退也没个退处。

我很快跑回团部，先向旅部打电话，报告了我所见的情况。然后我又打电话问正南第二连连长李居阳的情况。他说："刚才的枪是我连的哨兵听见阵地前面有动静才打的，现在还看不清目标，所以没有再打。"我说:"你现在就命令你连的那两架重机关枪向山下射击。"因为这样一来,可以扰乱向西南山坡前进的敌人,同时可以告诉我们全军,敌人已来攻击了。

过了一会儿,天色已亮,但还看不远。很快地,第一营正面都开了火,第三连方面最激烈,情况很紧。敌机两架由东南方飞来,到处扔炸弹,在第三连阵地上扔得最多,不过地面上的敌人并没发动攻击。我便趁机调整炮位,派奋勇队出击。

奋勇队很快抓回一个俘虏,送到我这里。这人个子不算高,有三十来岁,身体很健壮,满脸黑胡楂,穿着深灰色挂面的皮军衣,灯芯绒古铜色裤子,短腰的棕色马靴,一看就知道不是士兵。我问他姓名、所在部队等情况,他说他是金宪章师士官队的学员,全队共有六百多人,这次全队来到,担任袭击百灵庙西角主要山头的任务。我又问他:"你们是由哪里调来的?还有哪些部队?有多少日本人?有些什么武器?"他说:"我们是由张北调来的,坐汽车坐了两三天,部队都是代号,我闹不清。听说,金师长全师都来了。有日本顾问,没有见日本兵。"

一直打到下午,我军固守阵地,敌人伤亡很大,无力再攻,开始撤退。我向旅部报告了情况。旅长立即组织骑兵追击。我追击队由南边大道口冲出去不远,敌机两架迎面而来,乱扔炸弹,阻止我骑兵队伍追击。旅部又派出两部卡车,满载步兵,一并出击,也被敌机所阻。这样,敌人便在飞机的掩护下逃脱了。

我军攻占百灵庙,又打退敌人的反扑,这一胜利在国内外引起强烈反响。各地各界纷纷派来慰问团,还有国外华侨代表,几乎每天都有,有时一天就有好几批。他们都是由归绥乘汽车来的,傅作义主席也曾率领慰问团来过。每次慰问团来,都带来慰问品,并恳切地鼓励我们说:"你们的胜利就是全国人民的胜利,你们这里缺少什么,需要什么,我们后方全力支援你们。"文艺团体还在空场上演街头剧。我记得电影明星陈波儿也来此演过《放下你的鞭子》。这些慰问,给了我们很大鼓舞,部队士气十分高涨。

附录

九一八事变到七七事变前大事记

一九三一年

九月十八日

△ 夜十时三十分，日本关东军在沈阳北郊制造柳条湖事件，突然袭击北大营中国驻军营房，九一八事变由此爆发。

△ 东北军电询南京国民政府处置办法，南京复电："日军此举不过寻常寻衅性质，为免事件扩大，绝对不抵抗。"

十九日

△ 拂晓，沈阳被日军侵占。

△ 日军强占长春、四平、公主岭、铁岭、抚顺、安东、凤城、本溪、辽阳、海城、营口等地。

二十日

△ 日军侵占葫芦岛。

二十一日

△ 日军侵占吉林省城吉林市。原东北边防军驻吉林军署参谋长熙洽投敌。

△ 驻朝鲜日军一部越中朝边境抵沈阳。

二十二日

△ 蒋介石发表《告全国同胞书》，提出要坚定沉着，信任国联之公理处断。

△ 日军侵占辽源、昌图、洮南等地。

△ 中共中央发表《反对日本帝国主义侵略中国的宣言》。提出"组织东北游击战争，直接给日本帝国主义以打击"。

二十三日

△ 张学良通电在锦州设立东北边防司令长官公署，以张作相代理司令官。

二十四日

△ 国联理事会决议，要日军十一月十六日以前撤出占领东北之地方，由中国军队接收，并设调和公断之永久机关。

二十五日

△ 东北民众抗日救国会在北平成立。

二十八日

△ 北平二十万民众举行抗日救国大会，要求南京国民政府对日宣战，收复失地。

十月一日

△ 上海商业界宣誓不买不卖日本货。

二日

△ 上海工人聚会，要求政府出兵抗日。

三日

△ 湖南民众在长沙举行反日大会。

△ 开封八千余学生请愿抗日。

五日

△ 广州各界民众举行反日示威。

△ 日空军轰炸锦州。

六日

△ 日本军舰四艘（载陆战队四百名）到上海挑衅。

七日

△ 日军炮击新民。

八日

△ 日机再炸锦州。

△ 日舰开入长江并向江阴两岸扫射。

十日

△ 日军侵占秦皇岛。

十六日

△ 叛军张海鹏率部向嫩江之江桥进犯，守军将其击溃。

十七日

△ 日本将废清肃亲王、恭亲王邀至沈阳，阴谋拥立满洲傀儡皇帝。

二十一日

△ 马占山就任黑龙江省代理省政府主席兼黑省军队总指挥。

二十四日

△ 日军派员赴黑，要马占山退出，由日方任命的张海鹏至黑，马严词拒绝。

二十六日

△ 日本政府向国际联盟声明，不履行撤兵政策。

二十九日

△ 日本土肥原大佐到天津，图谋劫废帝溥仪赴沈阳，制造伪满傀儡。

三十一日

△ 日机协同伪蒙军袭击通辽。

十一月一日

△ 日军炮击通辽。

四日

△ 马占山部在嫩江桥奋起抗日，战至六日，守军撤退。

五日

△ 马占山部继续与日军激战。

八日

△ 马占山部与日军在洮昂线激战。

十日

△ 日本土肥原大佐挟废帝溥仪乘日舰赴大连。

十二日

△ 吉林省政府成立，诚允任省主席，李振声代理吉林边防军副司令长官。

十四日

△ 马占山部与日军死战。

十七日

△ 国民政府特令马占山为黑龙江省政府主席。

十八日

△ 马占山军退往海伦。

十九日

△ 日军攻占龙江和齐齐哈尔，马占山率黑省军政人员退往克山、海伦。

△ 张海鹏自动反正并与日军开战，日本改用张景惠为黑省傀儡。

二十一日

△ 马占山在海伦筹组黑省政府。

二十六日

△ 日军向辽西发动进攻。

二十七日

△ 日军进攻锦州。

十二月四日

△ 日军炮击营口。

二十日

△ 日军向锦州、营口总攻。

二十一日

△ 日军攻昌图、新民。

二十六日

△ 日军进攻锦州。

二十七日

△ 日军继续攻锦州。

二十九日

△ 日军侵占盘山。

三十一日

△ 日军侵占沟帮子。

一九三二年

一月一日

△ 锦州中国守军向关内撤退。

二日

△ 日军侵占锦州。

四日

△ 日军侵占绥中。

七日

△ 张景惠就任黑龙江伪省政府主席。

十三日

△ 日军分三路入侵热河。

十五日

△ 日军侵占阜新。

十七日

△ 日军猛攻热河五顶山，被东北义勇军击退。

△ 清废帝溥仪潜赴沈阳。

二十日

△ 日军侵占吉林农安。

二十二日

△ 东北义勇军在兴城与日军激战。

二十三日

△ 日本军舰数艘到沪。

二十五日

△ 李杜、丁超等成立吉林自卫军总司令部，李杜任总司令，丁超任护路总司令，计划防守哈尔滨。

二十六日

△ 日军进攻哈尔滨。

二十七日

△ 东北义勇军进占锦西。

△ 东北义勇军攻占新民。

二十八日

△ 日军向我上海驻军突袭，强占闸北，第十九路军奋起抵抗，淞沪战争爆发。

二十九日

△ 第十九路军将领蒋光鼐、蔡廷锴发出通电，表示誓死保卫国土。

三十日

△ 国民政府迁都洛阳办公，并发表洛阳宣言。蒋介石通电全国将士切勿轻动，要枕戈待命。

△ 宋庆龄、何香凝等在真如慰问抗日将士。

三十一日

△ 东北军一部在双城袭击攻哈日军先头部队，取得胜利。

二月一日

△ 蒋介石在徐州主持召开军事会议，研讨对日作战计划。

△ 日舰在南京长江江面向下关开炮。

△ 吉林自卫军在双城附近全歼伪军刘宝林旅，并袭击攻哈日军。

四日

△ 日军向江湾、吴淞一带发动第一次总攻，被我军粉碎。

五日

△ 李杜、丁超各部义勇军在哈尔滨与日军巷战。

六日

△ 日军攻占哈尔滨，守军退守方正一带。

八日

△ 日军进攻闸北、吴淞，守军英勇抵抗。

十八日

△ 张治中率第五军全部抵吴淞前线，归蒋光鼐指挥，参加作战。

△ 日军司令植田谦吉向我军提出最后通牒，要我军从吴淞、闸北后退二十里。

二十日

△ 第十九路军发出通电，决以铁血答复日本通牒。

△ 日军又发动总攻，吴淞全线激战。

二十二日

△ 日军倾巢续攻庙行镇以南阵地，战斗空前激烈，终被张治中将军率部击退，我军声誉大振。

二十四日

△ 马占山变节降敌，在龙江任伪黑龙江省省长。

二十六日

△ 中共中央作出《关于一·二八事变的决议》。

二十九日

△ 日军再度发动新的总攻，我军在闸北八字桥、天通庵与敌激战。

三月一日

△ 日军在江湾、庙行镇一线进行全面攻击，并在浏河强行登陆，浏河沦陷。

△ 蒋光鼐令淞沪守军撤至黄渡、方泰镇、嘉定、太仓一线。

二日

△ 第十九路军向全国各界发出退守待援电文。

三日

△ 国际联盟特别大会决定，要求中日双方停止战争。

△ 日军占领浏河、嘉定，南翔、真如一线并发表停战声明。

二十一日

△ 唐聚伍在辽宁省桓仁县召开万人抗日誓师大会，宣布成立辽宁民众自卫军。

△ 中日停战会议议定淞沪停战三原则。

二十四日

△ 中日代表举行第一次正式停战撤兵会议。

三十日

△ 东北义勇军自农安攻长春。

三十一日

△ 苏炳文在海拉尔通电就任黑龙江省自卫军总司令。

四月一日

△ 马占山率部反正，重举抗日战旗。

三日

△ 日军攻占方正，吉林省自卫军退往依兰。

七日

△ 国民政府在洛阳召开国难会议，讨论安内攘外政策，决议对日交涉，全力"剿共"。

二十日

△ 国联十九国委员会决议，敦促日本迅速撤军。

△ 马占山率部进攻松浦镇日军。

二十九日

△ 侵华日军司令白川义则被炸重伤，五月二十六日死亡。

五月五日

△ 《淞沪停战协定》签订。一·二八淞沪抗日战争宣告结束。

七日

△ 吉林抗日自卫军克珠河，歼日伪军千余，俘虏五百余人。

九日

△ 日军自浏河、嘉定、南翔撤兵。

十七日

△ 依兰失陷。

二十四日

△ 国民政府任蒋介石兼豫鄂皖三省剿匪总司令，李济深为副司令。

三十日

△ 日机滥炸海伦。

三十一日

△ 日本侵沪陆军全部撤退。

六月四日

△ 日军在呼海路发动总攻，海沦失守。

九日

△ 蒋介石在庐山豫鄂皖赣湘五省"剿匪"会议上，宣布"攘外必先安内"政策。

十三日

△ 东北义勇军猛攻哈尔滨，与日军在东南郊激战。

十七日

△ 日本侵沪海军陆战队全部撤退。

二十四日

△ 东北大通线义勇军攻克通辽。

二十六日

△ 东北自卫军二万余攻抚顺千家寨。

二十七日

△ 马占山部包围呼海路张维屯。

二十八日

△ 东北义勇军攻克榆树，向舒兰进攻。

二十九日

△ 马占山部突破呼海路日军包围圈。

七月八日

△ 东北义勇军攻克横道河子。

十一日

△ 东北义勇军攻克安达。

十八日

△ 东北义勇军攻营口。

二十一日

△ 国民政府电令汤玉麟全力抵抗日军进攻热河。

二十二日

△ 东北义勇军进攻凤凰城。

二十三日

△ 东北义勇军攻克一面城。

八月一日

△ 东北义勇军进攻长春。

二日

△ 东北义勇军进攻海城。

四日

△ 东北义勇军在营口附近与日军激战。

五日

△ 东北义勇军继续攻击海城、营口。

十六日

△ 国民政府准张学良辞北平绥靖公署主任职。

十七日

△ 国民党中央政治会议决议，北平绥靖公署暂停设，改置军事委员会分会，由蒋介石兼任委员长。

十九日

△ 东北义勇军攻克牛庄。

二十一日

△ 日军大举进犯热河，在南岭激战。

二十二日

△　东北义勇军攻克沈海路营盘。

△　日军猛攻口北，汤玉麟部奋勇抵抗。

二十三日

△　东北义勇军进攻铁岭。

二十六日

△　东北义勇军在绥中与日军激战。

二十九日

△　东北义勇军攻沈阳，烧日飞机场，毁机二十七架。

九月一日

△　东北义勇军同时向沈阳、长春、抚顺日军进攻。

六日

△　伪满军于芷山部千余人在沈阳北大营哗变。

七日

△　察哈尔、热河义勇军组成军委会指挥部联合抗日，民团蜂起响应。

十日

△　东北义勇军在宽甸县之太平哨与日军激战。

十五日

△　东北义勇军进攻哈尔滨。

二十四日

△　吉、黑抗日联军合攻哈尔滨。

二十七日

△　东北义勇军耿继周部攻克锦西。

二十八日

△　苏炳文率中东铁路护路军反正，占领满洲里。

△　东北义勇军攻克通辽。

十月一日

△　苏炳文在满洲里就任护国军司令，率部进迫黑龙江省垣。

△　东北义勇军攻克彰武。

十日

△　日本关东军大举进犯辽东，东北义勇军奋力抗敌。

二十六日

△　马占山部克复绥滨。

二十七日

△　马占山率部攻黑垣，苏炳文率部遮断齐克路。

三十日

△ 辽西义勇军进攻锦州。

十一月一日

△ 吉林抗日救国军王德林部克复宁安。

九日

△ 马占山部与苏炳文部在兴安岭会合。

十一日

△ 丁超、李杜两部进攻佳木斯。

十九日

△ 日军向呼伦贝尔大举进攻。

三十日

△ 日军侵占扎兰屯，民众救国军向海拉尔方向撤退。

十二月一日

△ 国民政府由洛阳迁回南京。

二日

△ 日军侵占哈拉苏。

△ 马占山在兴安岭指挥所部与日军激战。

四日

△ 苏炳文部弹尽援绝，不得已退入苏联境内。马占山亦随同进入苏境。

△ 日军侵占海拉尔。

六日

△ 日军侵占满洲里。

八日

△ 日军炮轰榆关。

十三日

△ 日军展开向辽南义勇军进攻，李纯华率三千余人退出辽南，后退入热河省。

十九日

△ 鞍山日军被义勇军包围聚歼。

二十日

△ 日军飞机轰炸朝阳。

一九三三年

一月一日

△ 日军陆空联合进逼北票，义勇军朱斋青部与之激战。

△ 日军攻击山海关。

三日

△ 日军侵占山海关，守军安德馨营全部壮烈牺牲。

五日

△ 阎锡山、韩复榘发出通电，誓为抗日前驱。

八日

△ 日军陆战队在秦皇岛登陆。

十日

△ 日军进攻九门口要塞。

△ 丁超、李杜率部退入苏联境内。

十二日

△ 九门口失陷。

十六日

△ 热边义勇军进攻通辽。

二十一日

△ 日军攻占石门寨。

二十二日

△ 国民政府外交部再次照会日本驻华大使，要求撤退榆关日军。

二十五日

△ 日军增兵榆关。

二十七日

△ 蒋介石到江西督剿红军。

二十八日

△ 日军在锦州设立总指挥部。

二十九日

△ 义勇军在九门口外与日军激战。

二月四日

△ 日军大举调兵辽西。

十二日

△ 日军袭击开鲁，守军坚守。

十三日

△ 日军大举进攻阜新。

十四日

△ 义勇军进攻绥中车站，午夜攻克马甸。

十七日

△ 日军继续增兵锦西、朝阳。

　　△　日军下达进攻热河的作战命令。

十八日

　　△　张学良抵达热河，与热河省政府主席汤玉麟联合发表决心守土的抗日通电。

二十日

　　△　伪满洲国任命张景惠为攻热总司令，张海鹏为前敌总指挥。

　　△　北平军分会做出决定，成立两个集团军与日军作战。第一集团军总司令由张学良兼任，第二集团军总司令张作相，副总司令为汤玉麟。

二十一日

　　△　日军开始向热河总攻。

二十五日

　　△　守军在朝阳、凌南一带与日军激战。

二十六日

　　△　第二十九军奉命开赴遵化，接第四军团之防。

二十八日

　　△　汤玉麟赴前线督战。

三月二日

　　△　日军侵占赤峰。

三日

　　△　日军进军承德，汤玉麟率部不战而退滦平。万福林部退入喜峰口，张作相部退入古北口，热河沦陷。

四日

　　△　日军追击至长城之线。

六日

　　△　蒋介石飞汉口，当晚专车北上保定。

　　△　喜峰口守军与日军激战。

　　△　日军向滦平推进。

七日

　　△　国民政府明令通缉汤玉麟。

　　△　张学良电国民政府引咎辞职。

八日

　　△　蒋介石抵石家庄。

　　△　第二十九军奉令接喜峰口防务。

　　△　日军猛攻古北口，战事激烈。

九日

△ 蒋介石抵达保定，当日约见张学良并召集军事会议，准张学良辞去本兼各职，派军政部部长何应钦代理北平军分会委员长。

△ 第二十九军在喜峰口与日军激战。

十日

△ 张学良发表辞职通电。

△ 第二十九军赵登禹旅在喜峰口与日军激战。

△ 日军进攻古北口，第十七军与敌激战。

十二日

△ 古北口失陷，守军退至南天门及其左右占领阵地。

△ 国民政府明令公布：张学良辞去本兼各职，任命何应钦兼代军事委员会北平分会委员长。东北军编为四个军，归北平军分会指挥。

△ 张学良由北平飞抵上海。

十三日

△ 第二十九军攻陷喜峰口附近日军炮兵阵地。

十四日

△ 第二十九军克复喜峰口外老婆山。

十六日

△ 日军进攻界岭口，并进入长城内郭家厂、石家口一带。第三十二军一部与敌激战，而后形成对峙。

十七日

△ 日军进攻罗文峪口。第二十九军第一四三师与敌激战。

十八日

△ 日军攻击潘家口，并在潘家口、喜峰口、铁门关、董家口一线与第二十九军形成对峙。

十九日

△ 蒋介石在保定召见第二十九军军长宋哲元，嘉勉第二十九军战绩。

二十日

△ 北平军分会令何柱国部撤离滦东，日军侵入滦东地区。

二十一日

△ 财政部部长孔祥熙代表蒋介石到喜峰口慰劳第二十九军将士。

二十四日

△ 蒋介石到北平，召开军事会议，晚返保定。

二十六日

△ 蒋介石返抵南京。

二十七日

△ 日本政府正式通告退出国际联盟。

三十一日

△ 马占山由苏境电上海市政府，决由欧返国。

四月十日

△ 日军再次向长城各口进攻。

△ 张学良携眷出国考察。

十一日

△ 日军侵占冷口。

十五日

△ 日军增兵续攻喜峰口之滦阳城。

△ 我秦皇岛守军退往昌黎。

十六日

△ 日军侵占北戴河、昌黎。

二十日

△ 日军猛攻南天门阵地，第十七军与之激战。

二十三日

△ 滦河西岸守军全线反攻，收复卢龙、迁安等县。

二十六日

△ 南天门已激战五昼夜，双方伤亡惨重。

二十九日

△ 何柱国所部攻克北戴河。

△ 多伦失守。

三十日

△ 北平军分会调傅作义部由张家口开赴昌平集结待命。

五月一日

△ 傅作义部到达昌平。

四日

△ 行政院设驻北平政务整理委员会，黄郛为委员长，与日谈判停战。

七日

△ 日军进攻抚宁。

十三日

△ 日军渡过滦河，大举西犯。

十四日

△ 日军侵占滦州（县）。

十六日

△　唐山失陷。

十七日

△　黄郛抵北平。

二十一日

△　傅作义部在怀柔城西与日军激战。直战至二十三日。

二十四日

△　日军侵占宁河。

二十五日

△　中共中央发表《为反对国民党出卖华北平津告民众书》。

二十六日

△　冯玉祥在张家口组织民众抗日同盟军，发表通电宣告就任总司令职。

△　冯玉祥委任佟麟阁暂代察哈尔省政府主席，委托吉鸿昌为察哈尔省警备司令。

二十九日

△　中日双方交战部队本日各后撤三十里，以进行和谈。

三十日

△　中日双方在塘沽进行停战谈判。

三十一日

△　《塘沽停战协定》签订。

六月二日

△　冯玉祥在察哈尔省广征民兵，以抗战救国。

三日

△　马占山、苏炳文等绕道苏联、德国、香港返国抵沪。

十二日

△　华北各军战时组织及防空司令部结束。

二十二日

△　马占山、苏炳文被国民党中央任命为军事委员会委员。

△　察哈尔民众抗日同盟军收复康保。

二十六日

△　伪军刘桂棠通电反正。

七月一日

△　察哈尔民众抗日同盟军收复宝昌、沽源。

六日

△　中日大连谈判结束。决定中方将伪军收容三分之一，改编为保

安队，北宁路恢复事变前状态。

八日

△　吉林省自卫军总司令李杜经欧洲返国抵沪。

十二日

△　察哈尔民众抗日同盟军克复多伦。

八月四日

△　日军开始从唐山以东驻地向关外撤退。

△　何应钦命宋哲元回察哈尔处理一切。

十二日

△　宋哲元晤冯玉祥，冯表示将察哈尔省军政交宋并赴泰山安居。

十三日

△　日军又侵多伦。

十四日

△　冯玉祥被迫离察返山东泰山，民众抗日同盟军解体。

二十八日

△　宋哲元回察主政。

九月十八日

△　南满游击队编为东北人民革命军第一军第一独立师，杨靖宇为师长兼政委。

十月十六日

△　方振武、吉鸿昌部队交商震收编，方、吉离队赴津。

十一月十六日

△　一万二千余名日军开抵山海关。

二十日

△　"福建事变"发生。陈铭枢、蔡廷锴、李济深、蒋光鼐等通电成立"中华共和国"。

十二月四日

△　日军海军部派员密测长江要塞。

十六日

△　日伪军进犯长城以北之喜峰寨，守军退独石口。

一九三四年

一月一日

△　蒋介石下令对第十九路军实行总攻击。

二十八日

△ 日军围攻察哈尔。

四月十日

△ 日军连日派员详测长城关隘要塞。

五月八日

△ 日军在天津南开八里台强占民田，修建飞机场，我外交部提出抗议。

二十四日

△ 长城各口日军陆续增调兵力。

六月四日

△ 日本人霸占兴隆金矿。

七月十六日

△ 日军在天津八里台强筑飞机场竣工。

三十一日

△ 日军在榆关一带遍设警察机关。

八月四日

△ 日军在塘沽演习巷战。

十三日

△ 驻山海关、秦皇岛日军举行大规模演习。

三十日

△ 七十二名旅日华侨被日本驱逐回国。

十月二十六日

△ 国民党军对中央苏区的五次"围剿"结束。红军长征北上抗日。

十一月二十六日

△ 日军在唐山、滦县一带举行为期三日的军事演习。

一九三五年

一月三十日

△ 日军进攻内蒙古，与蒙军激战。

十月五日

△ 日本关东军司令南次郎乘飞机侦察我长城各口。

十三日

△ 日本参谋官会议在大连开幕，冈村传达日陆军部对华政策。

二十日

△ 日本在上海举行陆海军武官会议。

十一月十六日

△ 日军连日大批运兵抵山海关，达一万二千余名。

二十五日

△ 殷汝耕降日叛国，以冀东二十二县成立"冀东防共自治委员会"于通县。

二十六日

△ 国民政府撤销北平军事委员会分会，任宋哲元为冀察绥靖主任，何应钦为行政院驻平办事处长官。

二十八日

△ 中共中央发表《抗日救国宣言》。

十二月一日

△ 日军络绎开进山海关内。

五日

△ 日军飞机多架在北平市上空散发鼓动自治传单。

九日

△ 北平学生游行，反对自治伪组织，要求团结抗日救国。

十一日

△ 宋哲元被国民政府任命为冀察政务委员会委员长。

十六日

△ 全国各地学生游行，反对冀东伪政权。

一九三六年

一月三日

△ 蒋介石电宋哲元，本维护领土原则，妥慎处理察哈尔省政务。

四日

△ 伪满军队在日军唆使与支持下，侵占察哈尔省东北五县。

五日

△ 北平朝阳门发生日兵枪击我守军事件。

六日

△ 冯玉祥就任国民政府军事委员会副委员长。

八日

△ 宋哲元就任河北省政府主席。

十四日

△ 冀察绥靖公署成立，宋哲元就任主任职。

十七日

△ 伪满军李守信部侵占张家口之大境门。

二十九日

△ 伪满军李守信部在张北设立"临时军政府"。

二月二十日

△ 红军抗日先锋军渡黄河东征。

四月九日

△ 周恩来与张学良在陕北延安举行联合抗日会谈。

五月一日

△ 日本命令田代皖一郎继任华北驻屯军司令。

十四日

△ 日本借口保侨增兵华北。

六月一日

△ 全国各界救国联合会在上海成立。

二十一日

△ 刘汝明就任察哈尔省政府主席。

二十七日

△ 丰台日军殴伤我第二十九军马夫，扣留军马，反向我方提抗议。

二十八日

△ 内蒙古成立伪军政府。

七月十日

△ 日军与我大沽守军发生冲突。

八月二十五日

△ 中共中央致函国民党中央，再次呼吁停止内战，一致抗日，要求建立两党共同抗日的统一战线。

九月二十二日

△ 毛泽东、张学良分别代表中国红军和东北军签署《抗日救国协定》。

十月二十二日

△ 红军一、二、四方面军突破国民党军的围追堵截，在甘肃会宁将台堡会师。

十一月四日

△ 平津日军大演习完毕。

十日

△ 伪满军由百灵庙进犯绥北，被驻军击退。

十一日

△ 第二十九军举行大演习。

十二日

△ 伪满军由察哈尔进犯绥远。

十四日

△ 北平学生绝食抗议日本侵略绥远。

十五日

△ 傅作义率部在红格尔图一带反击进犯绥远之敌。

二十二日

△ 上海爱国领袖沈钧儒、章乃器等七人被国民党政府逮捕。

二十四日

△ 傅作义部攻克百灵庙。

二十九日

△ 伪军李宗信部反正。

十二月二日

△ 日军进犯商都。

三日

△ 日本海军陆战队千余名在青岛登陆。

五日

△ 日机轰炸百灵庙。

九日

△ 绥远部队克复绥北大庙。

十二日

△ 西安事变发生，张学良、杨虎城兵谏蒋停止"剿共"，实行抗日。

十五日

△ 青岛日本海军陆战队撤退。

一九三七年

二月十日

△ 中共中央致电国民党五届三中全会，提出"停止内战，一致对外"等五项国策。

四月二十五日

△ 华北日本驻屯军开始演习。

五月二日

△ 察北伪蒙军在商都增兵南犯。

六月二十一日

△ 华北日军司令部成立临时作战课。

二十七日

△ 丰台日军七百余名在卢沟桥永定河河套演习。

七月七日

△ 卢沟桥事变爆发。